Der erfolgreiche Berliner Boxer Gustav »Bubi« Scholz war in den fünfziger und sechziger Jahren Inbegriff für den Wiederaufstieg Deutschlands aus dem Nichts. Geboren im Arbeiterbezirk Prenzlauer Berg, aufgewachsen in den Ruinen des Zweiten Weltkriegs, boxte er sich buchstäblich nach oben. Nach dem Ende seiner Karriere allerdings führte sein Lebensweg ebenso schnell wieder nach unten. Alkoholprobleme und die Unfähigkeit mit der Popularität fertigzuwerden, endeten in der öffentlich sichtbaren Katastrophe: 1984 erschoß Gustav Scholz seine Frau und mußte für 6 Jahre ins Gefängnis. Sein 1980 erstmals erschienener, hier unverändert vorgelegter Lebensbericht »Der Weg aus dem Nichts« ist ein bis heute höchst lesenswertes Zeitdokument.

Bubi Scholz, geboren 1930 im Berliner Bezirk Prenzlauer Berg, lebt in Berlin im Ruhestand.

BUBI SCHOLZ

DER WEG AUS DEM NICHTS

DIE AUTOBIOGRAPHIE

FISCHER
TASCHENBUCH
VERLAG

Veröffentlicht im Fischer Taschenbuch Verlag GmbH,
Frankfurt am Main, November 1998

Lizenzausgabe mit freundlicher Genehmigung des
Wolfgang Krüger Verlags GmbH, Frankfurt am Main

Gesamtherstellung: Clausen & Bosse, Leck
Printed in Germany
ISBN 3-596-14291-1

EINLEITUNG:

Ich habe mich auf jeden meiner rund hundert Kämpfe als Profiboxer mit größter Sorgfalt vorbereitet. Ich wußte immer: Was du im Training, aus Bequemlichkeit oder aus Schludrigkeit versäumst, fehlt dir im Kampf, das bekommst du an den Kopf, und das kann Folgen fürs Leben haben.
Auf dieses Buch habe ich mich so lange vorbereitet wie auf keinen Kampf: über zwei Jahre waren es!
In meinem zweiten Leben nach dem Boxen, das nun schon eineinhalb Jahrzehnte dauert, bin ich von unendlich vielen neuen Erlebnissen überspült worden; in der Erinnerung an *damals* ist manches vielleicht ausgewaschen oder von einem gewissen eitlen kleinen Mann, den jeder in sich trägt, kosmetisch verklärt worden. Darum die zwei Jahre, darum heute: nach bestem Wissen und Gewissen ...
Wo es um die sportlichen Ereignisse ging, da war es relativ einfach. Journalisten wie der Berliner Gerry Reimann oder der Hamburger Jürgen Juckel, die mich als Sportler publizistisch begleitet haben, relativierten meine Erinnerungen oder frischten sie auf. Ihnen verdankt dieses Buch manche Farbstriche, sehr poppige zum Teil.
Mein Verleger hat zu mir gesagt: »Sie sind Bubi Scholz, der Boxer!« Die Betonung lag dabei auf Boxer. Das ist richtig, und ich kann verstehen, daß er darauf bestanden hat, ein gutes Teil dieses Buches auf das große und so eindeutige Schwarz-Weiß-Spiel des Boxens zu beziehen, das soviel brutaler ist als unser heutiges Leben mit seinen vielfältigen sozialen Sicherungsnetzen: Einer liegt unten, und einer ist oben. Ich, der Autor.
Wenn man in etwa hundert Kämpfen nur zweimal verloren hat, beide Male umstritten durch das Urteil von ein paar Kampfrichtern, deren Namen niemand mehr kennt, und wenn man

Europameister, also Europas Bester, in zwei Gewichtsklassen – Mittel- und Halbschwergewicht – war, dann könnte so ein Manuskript eine Art von Rekordbuch sein, ein Buch der Aufzählung und der Statistik. Doch eine Statistik erzählt nichts über das Leben eines Jungen vom Prenzlauer Berg in Berlin; heute Ost, muß man hinzufügen. In der steht nichts von grauen Hinterhöfen, in denen die Mauern geweint haben würden ob der Trostlosigkeit, wenn Steine Tränen hätten. Die Zimmerlinde meiner Mutter war so ungefähr der einzige Baum, den ich als kleines Kind gesehen habe.
Prenzlauer Berg, Choriner Straße – das ist nichts, was mich heute beschämt. Ein paar Straßenzüge weiter ist mein Freund Hans Rosenthal aufgewachsen. Aus dem ist ja schließlich auch etwas geworden, oder? Ohne Boxen. *Dalli-Dalli.*
Aber wenn der Hans und ich uns heute irgendwo auf einer Party treffen, dann gibt es da manchmal so einen schnellen Blick, so ein Verstehen ohne Worte. Den können nur zwei aus demselben Kiez wechseln, zwei, die nicht vergessen haben, wie diese Hinterhöfe mit den rotznäsigen Gören und den Kötern ohne Stammbaum aussahen, wie es in den Treppenhäusern ewig nach Braunkohlebriketts und den Wäschepötten mit Windeln für die sich Jahr für Jahr einstellenden Babies roch.
Die Statistik sagt auch nichts über die Erfahrungen eines vierzehnjährigen Bubi Scholz hinter den Panzersperren im verwesenden Berlin der letzten Kriegstage, über die Gläubigkeit des Pimpfen und Fahrrad-Melders an den *Endsieg,* und über den Eindruck, den der Einmarsch der Sowjets ihm machte. Nichts über die Überlebens-Übungen der folgenden Jahre, die *lebens*-wichtig waren und für heute Vierzehn- oder Fünfzehnjährige wie Erzählungen aus der Märchenwelt der Brüder Grimm klingen mögen.
Da sind die sprudelnden, vibrierenden fünfziger Jahre Berlins schon lustiger, mit den nicht endenden Jazz-Nächten in der

Badewanne und der Rock 'n' Roll-Akrobatik von Kalle Gaffkus und Karin Baal, als der tiefe Pessimismus meiner Stadt sich endlich und gottlob löste, und die Menschen versuchten, mit Vergnügungen aller Art ihre Probleme wenigstens für Stunden zu vergessen. Selbstbetrug – aber ohne kommt das Leben nun einmal nicht aus, auch heute nicht.
Der Kalle, der heute ein übergewichtiger Budiker ist, der schmiß nicht nur dieses blonde Zaubermädchen Karin Baal beim Rock 'n' Roll unter die Decke, der symbolisierte auch so ein bißchen uns alle: unten das schäbige, abgelatschte Parkett, aber darüber das gleißende Licht der neuen Neonröhren – die miese Vergangenheit und die (hoffentlich) strahlende Zukunft.
Das Schicksal, das – nach dem Klischee – den Boxer andauernd im Ring streift, hat mich gebeutelt, als ich monatelang in einem Schwarzwald-Sanatorium in der Tbc-Station lag. Ein 25jähriger, der in der scheinbaren Unerschöpflichkeit beneideter Körperlichkeit bedenkenlos gelebt hatte, ist da nachdenklich geworden. Ich werde das ausführlich erzählen, weil es mich, meine ich, entscheidend geprägt hat.
Es hat mir auch etwas mitgegeben, das ich im Leben immer wieder verwertet habe und sicherlich noch oft benutzen kann – die Erfahrung, aus einem abgrundhäßlichen Negativ-Erleben noch einen positiven Erfahrungstropfen zu keltern.
Das alles, die glücklicherweise rarer gewordenen schwarzen Stunden der Enttäuschung und die Euphorie, der Spaß, das ist mein ganz persönlicher Weg aus dem Nichts, das ist der Inhalt dieses Buches. Wenn ich es richtig geschrieben habe, werden sich allerdings viele darin wiederfinden, jedenfalls in den Ereignissen; eine ganze Generation, meine Generation, die in den ganz schlimmen Tagen zu jung zum Rauchen, aber alt genug fürs Sterben war.
Der Weg aus dem Nichts, doppelbödig, weil er für einen und

für alle gilt, ist ein Buch der Erinnerungen, geschrieben von einem Boxer a.D., der nun seit bald zwanzig Jahren als Werbekaufmann arbeitet und Erfolg sucht. So etwas verändert das Denken und – beim Korrekturlesen ist mir das erst so richtig klar geworden – die Sprache.

Das *Icke, icke, olle Bubi* ist am Prenzlauer Berg liegen geblieben, auf den Trümmergrundstücken zwischen Schutt und alten Konservendosen. Es ist nicht mehr meine Sprache, ich beherrsche sie nicht mehr, ich habe darum gar nicht versucht, sie aus dem Gedächtnis hervorzuwühlen.

Einige Passagen dieses Manuskriptes hat Harald Juhnke gelesen, seit vielen Jahren ein wirklich guter Freund. Jeder dieser egozentrischen Bühnen-Menschen, der bereitwillig etwas liest, worin nicht eventuell die nächste Rolle stecken könnte, ist ein sehr guter Freund.

Harald Juhnke hat dem von Zweifeln geplagten Jung-Autor Scholz (50), der nach Zuspruch und Ermutigung gierte wie früher der ausgelaugte Fighter Scholz nach einem saftigen Steak, liebevoll-spöttisch gesagt: »Mensch, Bubi, du bist ja ein Poet. Biß'ken Fontane, und so 'ne Art Zille-Verschnitt.«

Damit kann ich leben, Harald. Denn ein bißchen Poesie ist in jedem und allem.

Noch eine Lebenserfahrung.

1.

Als die Scheinwerfer mich packten, die vier bleichen Lichtfinger aus dem im Dunkel mehr erahnten Massiv der Tribüne des Berliner Olympiastadions, ließ ich automatisch den Kopf etwas nach vorn fallen und begann mit einer Art reduziertem Schattenboxen. Tänzelnd, mit dem Oberkörper pendelnd und angedeutete rechte und linke Haken schlagend nähere ich mich dem Ring. Das hält die Kampfmaschine auf Touren, läßt das Blut zirkulieren und die Zuschauer wohlig aufseufzen! Gleich, ein paar Minuten noch, dann geht's los.

Mir ist das, wenn man heraus war aus der *Zelle,* wie ich die Kabine in der letzten Stunde vor dem Fight immer empfunden und genannt habe, immer wie der Beginn der Show vorgekommen, dieser erste Blickkontakt mit dem vollen Haus oder dem überfüllten Stadion. In Film- und Fernseh-Studios ist das genauso, wenn es endlich »Achtung, Aufnahme!« heißt.

Nur, daß vor den Kameras das Drehbuch festliegt: da ist man der Gute oder der Böse, die Schöne oder die Intrigante. Beim Boxen dagegen hat man noch eine Minute oder weniger zum Ring, und keiner weiß so richtig: bist du Held, oder bist du Opfer, gehst du diese albernen paar Meter zurück als Star mit der sonnigen Zukunft oder als Arbeitsloser? An die Trage, die da in der Nähe für den Berufsunfall bereit steht, gar nicht zu denken.

Reiß dich zusammen, Bubi, zuviel Phantasie schadet in diesem Geschäft! Das belastet nur.

Die vier Scheinwerfer, die mich grell beleuchten, haben am anderen Ende des Stadion-Dachs vier Brüder. Die treiben das Spiel mit Charles Humez, dem französischen Mittelgewichts-Europameister, mit dem ich gleich um den Titel boxen werde. Was der wohl denkt? Einmal hat er ja schon die Entscheidung der Punktrichter gegen mich bekommen. Meine einzige Niederlage... Naja, in Paris.

Je näher wir an den Ring kommen, desto näher rückt der Konvoi meiner vier Begleiter an mich heran: mein Trainer Lado Taubeneck, der wache Freddy Teichmann, mein Chauffeur, Telefonist, Sparringspartner, eben Mädchen für alles in den letzten Wochen, Manager Fritz Gretzschel und der in Paris lebende Emigrant Max Stadtlander, Gretzschels Interessenvertreter. Sie agieren, obwohl sie viel kurzatmiger sein müßten als ich, wie emsige Geleitschiffe, die einen Schirm bilden. Schade, daß sie mich beim Rendezvous mit Monsieur Humez nicht auch so hingebungsvoll schützen können.
Während ich mechanisch den Kreislauf auf Touren halte – rechte Haken, zweimal, kurz die Linke hinterher –, steigt mir scharfer Eukalyptus-Duft in die Nase. Schweiß und Massagealkohol, die unverkennbare Duft-Komposition, parfum boxeur oder wie das heißen mag, wenn sie mich verstehen, Monsieur Humez. Aber um mein Französisch geht's ja nicht heute abend. Da würde ich lieber nicht in den Ring steigen, Monsieur. Man muß wissen, wann man aufgibt. 30000 sind an diesem 4. Oktober 1958 ins Olympia-Stadion gekommen, und es ist phantastisch, wenn man im Zotteltrab auf so eine Riesen-Masse Mensch zuläuft. Das murmelt und raunt und wird immer stärker, als ob man in tiefer Nacht auf das Meer zugeht: erst ist es nur ein einziger Geräuschbrei, dann hört man die Brandung heraus, und zuletzt jede Welle, wie sie an den Sand klatscht. Und dann hat man nasse Füße und weiß: Hallo, das ist es.
Jetzt habe ich, zwischen Gretzschels Bauch und Taubenecks Tasche mit den Sekundanten-Utensilien, doch einen Bekannten entdeckt: Wolfgang Müller steht da, der mit Neuss, dem anderen Wolfgang, dem Mann mit der Pauke, gerade den Riesenerfolg mit dem *Wirtshaus im Spessart* hat, ein Film, der in allen Kinos läuft. Er steht da mit einem Kollegen, an den Namen kann ich mich nicht erinnern, aber er hat auch eines dieser

Schauspieler-Gesichter, die zivil ohne Schminke irgendwie nackt aussehen.
Im Vorbeitänzeln klopfe ich ihm auf die Schulter und flachse ihn an: »Heute abend wird mal nicht vom Theater gequatscht, das Thema ist Boxen!« Wolfgangs unvergleichliche Komödianten-Visage, die mit den nach der Pointe abrupt hochgezogenen Augenbrauen zum Ausrufezeichen werden kann – *Begriffen!? Dann klatscht gefälligst!* –, gerät aus den Fugen. Jetzt sieht er aus wie ein leibhaftiges Fragezeichen der Ratlosigkeit. Noch Jahre später nannte er mich den Boxer mit der größten Chuzpe.
Neben mir murmelt Gretzschel etwas, was ich nicht verstehe. »Lausekopp!« wird's wohl gewesen sein, oder vielleicht »Abgebrühtes Frettchen!« Manager-Jargon, den ich seit Jahren kenne.
Die Regie scheint zu klappen. Wir kommen an den ersten Reihen vorbei, 30 oder 40 Meter vor Charles Humez, wie es sich gehört: er ist der Gast, er ist mit 31 drei Jahre älter als ich, und er ist schließlich – noch! – der Titelverteidiger, der Ranghöhere. Nix faux pas, Monsieur, nix in Berlin. Na ja, Französisch. Geboxt wird wenigstens international, und da, Pardon, Monsieur, bin ich perfekt!
Als ich die erste Stufe zum Ring hinaufklettere, gibt es den vorprogrammierten Beifalls-Sturm (wenn ich nicht selbst schreiben müßte, würde ich Orkan sagen). Keiner sitzt auf seinen Händen, als ich, zweifarbiger rundlicher Teddybär in grünen Trainingshosen und blauem, vom Stallgefährten Uli Nitschke noch schnell ausgeliehenen Bademantel über dem eigenen weißen, in die Ringmitte steppe und mit meiner Vorstellung beginne.
30 Sekunden später ist Humez da, und der Applaus bekommt nun Akzent: schließlich ist Berlin alliiert besetzt, und wer von der französischen Garnison nicht gerade Dienst schiebt, will

den *Löwen von Flandern* erleben. Am liebsten, wie er im Ring den Bubi aus Berlin zerreißt.
Ich gehe hinüber in die Ecke von Charles Humez und lächele ihn an. Hinter ihm stehen Marcel Petit, sein Trainer, und der Korse Philippe Filippi. Das ist sein Manager, von dem man an der Gerüchtebörse des internationalen Boxens tolle Dinge flüstert über seine Beziehungen zu geheimen Unterwelt-Organisationen. Filippi und Petit haben Mienen aufgesetzt, die man eigentlich für die Beerdigung eines ehrenwert-lästigen Konkurrenten reservieren sollte. Humez ist infiziert von dieser Stimmung.
Erst als ich, und ich strapaziere jetzt zum letzten Male mein nur in homöopathischen Dosen vorhandenes Französisch, zu Humez »Merde!« sage, was in diesem Falle nicht »Scheiße!«, sondern »Viel Glück!« oder »Toitoi!« bedeutet, reißt sein kantiges Gesicht mit den blauschwarzen Bartstoppeln zu einem Lächeln auf. Den Zahnschutz hat er noch nicht im Mund, und ich sehe die breite Lücke, wo mindestens zwei Zähne fehlen. Er sieht so friedlich aus wie ein altgedienter Pirat unmittelbar vor dem Enterkommando.
Ich gehe zurück in meine Ecke, zu Taubeneck, dem *Chefsekundanten,* und Freddy Teichmann, dem zweiten Mann. Ich setze mich auf meinen Schemel, lehne den Oberkörper gegen die in der Ringecke gespannte Matte und stelle die Beine entspannt vor mich. Das ist Routine, das hilft der Blutzirkulation. Freddy Teichmann lockert den breiten Hosenbund: das lenkt ab, ist gut für die Psyche. Es atmet sich leichter. Tausendfach geübte, mechanische Handgriffe sind das. Taubeneck geht in die Ringmitte, wo der italienische Ringrichter Tinelli auch Petit zum Auslosen der Handschuhe – wie es die Regeln der Europäischen Box-Union vorschreiben – hinbeordert hat.
Tinelli ist schön. Er ist vielleicht 40, der Typ des Roman Lover, braungebrannt, mit pechschwarzen Haaren und vollen Lippen.

Er ist so umwerfend, daß ich mich frage, warum sie ihn nicht längst in die römischen Filmstudios geholt haben, damit sich die Lollo und die Loren um ihn reißen. Ein großer Italiener. Er überragt uns fast um Haupteslänge.

Dann sehe ich wieder hinunter, in die Menschenmenge, die da um den Ring sitzt. Berlins Regierender, der hieß damals noch Willy Brandt, ist da. Die Prominenz des Boxens, die Aktuellen und die Ehemaligen wie Gustav Eder, Walter Neusel und natürlich der Größte von allen, Max Schmeling.

Meine Freunde aus der Zelluloid-Branche: Wolfgang Müller habe ich schon gesagt, sein Partner Neuss, der Regisseur Alfred Weidenmann, *Canaris* hat er gedreht und den Bundesfilm-Preis bekommen, Wolfgang Preiss, Harald Juhnke, O.E. Hasse, Uschi Lingen, Kurt Meisel. – Freunde, Bekannte und Prominente, zu deren Premieren ich gegangen war und die nun zu meiner Gala gekommen sind. Natürlich kann ich sie nicht alle sehen. Es interessiert mich auch in dieser Phase nicht. Aber die Presse war voll davon, wer, mit wem und wie gekleidet am Ring sein würde.

Irgendwo sitzt Curd Jürgens und wirft diese Blicke aus blauen Augen, Lassos für Frauenherzen, diskret in die Nachbarschaft. Diskret, weil seine junge Frau Simone Bicheron sich an ihn schmiegt, vielleicht zum ersten Mal nicht in Harmonie mit Curd – schließlich ist sie Französin und Humez Franzose.

Die Hauptkämpfer stehen immer im Blickpunkt. Aber vor so einem großen, einem so entscheidenden Kampf schauen die Tausende besonders fasziniert auf die Akteure im Ring, und da ist sicherlich viel Rätselhaftes und auch falsch Hinein-Interpretiertes, was die letzten Minuten vor dem ersten Gong angeht. Da sitzt ein Humez, da sitzt ein Scholz, umsorgt werden sie wie die Neugeborenen, da wird hantiert und geflüstert in der Ecke und vermutet rund um den Ring. Aber was passiert eigentlich in diesen letzten Sekunden?

Da passiert nichts, worüber man sich den Kopf zerbrechen oder wozu man die Phantasie bemühen müßte. Alles ist sichtbar: Hände werden bandagiert mit Mullbinden und die werden wiederum sorgsam mit Leukoplast befestigt, Handschuhe werden übergestreift und ordentlich verschnürt. Ordentlich, das heißt: sie müssen fest sitzen, aber sie dürfen den Blutkreislauf nicht hemmen. Das ist Handwerk, vergleichbar dem Treiben eines Konditors, der seine Torte noch überzieht. Man kann es mit ein bißchen Aufwand tun, die Mona Lisa auf den Kuchen spritzen, oder einfach eine saubere Glasur abliefern. Entscheidendes, den bevorstehenden Zusammenprall von 145 Pfund Mensch (im Mittelgewicht), die Risikobereitschaft, Leidensfähigkeit, Boxkunst (das Wort benutze ich mit allem Ernst) und vor allem den Charakter Beeinflussendes geschieht da nie.
Kein Trainer wird sagen: »Der Humez sieht aber heute mies aus, dem ist der Spinat nicht bekommen, also hau ihn auf den Bauch!« Der Boxer würde nach dem Psychiater für seinen Trainer schreien.
Kein Manager ist jemals zu seinem Fighter gestürzt und hat geschrien: »Ich habe da eben noch eine tolle Information erhalten: Humez ist total fertig, seine Frau Suzanne will sich scheiden lassen.« Nebenbei: Suzanne Humez sitzt im Hotel Lichtburg, sie hat ihren Mann noch nie im Ring gesehen, sie wartet immer nur auf ihn. Vielleicht betet sie auch für ihn.
Das gibt's also alles nicht, und ich habe auch noch nie gehört, daß es so etwas gegeben hat, seit J.S. Douglas, der achte Marquess of Queensbury, die 1867 nach ihm benannten und publizierten Grundregeln des modernen Boxens verfaßte.
Was zu besprechen ist, die Allerweltsweisheit von der strammen Rechten des Charles Humez oder seiner Methode, in der Halbdistanz die Widerstandsfähigkeit und Kondition aus seinen Gegnern herauszuschlagen, das ist das kleine ABC. Das hat man seit Jahren drin, das ist eingebrannt wie Emaille: spä-

testens hat man sich, im Falle Bubi Scholz, für die Eigenheiten, Schwächen und Stärken dieses Herrn zu interessieren begonnen, als man selbst am 19. Mai 1951 gegen einen gewissen Herrn Schneider aus Celle Deutscher Weltergewichtsmeister wurde und der Herr Humez vier Wochen später am 13. Juni gegen den Kollegen Eddie Thomas in Porthcawl irgendwo in England die Europameisterschaft dieser Klasse errang.
Da war diese lockere Verbindung mit einem, den man nie gesehen hatte: Deutscher Meister, Europameister – Bruder, in der Hitliste bist du der Nächste! Schließlich möchte jeder Obergefreite einmal Unteroffizier werden, oder?
Im Weltergewicht waren wir nie zusammengekommen. Konrad Adenauer und Robert Schuman hatten zwar schon 1951 die Montan-Union erfunden und damit die deutsch-französische Kooperation vorangetrieben, aber für die Zusammenarbeit der Boxer hieß das gar nichts. Box-Funktionäre sind nicht so flexibel, so pragmatisch wie Politiker, die nehmen auf die angeblichen Ressentiments ihrer zahlenden Zuschauer Rücksicht.
Das habe ich übrigens bestimmt nicht gedacht, als ich in meiner Ringecke Charles Humez gegenüber saß und auf den ersten Gong wartete. Das fällt mir nur jetzt ein, in der Distanz von reichlich zwei Jahrzehnten, in denen ich mich auch verändert habe. Es ist eine Reflexion meiner späten Jahre, sie schleicht sich ein, sie gehört hier nicht hin. Entschuldigung, das hat der heutige Scholz so eben einmal gedacht.
Da gibt es also in der Ecke nur noch eine gewisse Sorte Small Talk. »Haste drüben die Knef gesehen?« fragt der Teichmann, nur um irgend etwas zu sagen. »Habe ich!« sage ich, und denke an ganz etwas anderes. An was?
In der Kabine, dieser kalkweißen Klause mit einer Massagebank, im Grunde genommen gar keinem Umkleideraum, sondern nur einer Notunterkunft für einen Abend, in der die Sech-

zig-Watt-Birne nicht einmal einen Schirm hatte und nur so aus dem improvisierten Anschluß baumelte, da hatte ich noch selbst gedacht. Ich selbst, der Mensch Gustav Scholz, den sie Bubi nannten (und immer noch nennen, 20 Jahre später, das ist nicht abzuwaschen).

Da hatte ich in der Einsamkeit der *Zelle,* denn Taubeneck, mein Trainer, und Teichmann, mein Schatten, sekundierten wie üblich meine *Stallgefährten* Nitzschke, Borczowskowski und Wemhöner in den Rahmenkämpfen (die 20 Prozent an meiner Börse ließen Manager Gretzschel schließlich nicht die Prozente an deren kleineren Börsen mißachten), vor mir den Film abgespielt, den mein Unterbewußtsein für dieses Allein-sein, Allein-gelassen-werden, bereit hielt. Es war mein 72. Kampf, und reichlich fünfzigmal hatte ich den Streifen schon gesehen.

Es fing eigentlich an mit meinem ersten Fight, den ich als Achtzehnjähriger bekam. Ich wollte ihn nicht.

Ich hatte in einer Sportschule trainiert, und obwohl ich Löcher in den Sohlen hatte, war das eigentlich im Stil eines Herrensportlers geschehen: ich fand es chic, und ich genoß auch meine offenbar vorhandenen und manchmal von Oldtimern bestätigten Talente fürs Boxen. Aber eine innere Beziehung dazu hatte ich zunächst gar nicht.

Ich dachte also, Schnitt zurück zum Humez-Kampf: Wenn du jetzt auf dem Weg zum Ring umknickst, dir den Knöchel verstauchst, vielleicht brichst – Krankenhäuser kennst du! –, dann brauchst du nicht zu boxen! Hallelujah!

728 Möglichkeiten dieser Art habe ich mir in den Jahren einfallen lassen seit meinem Eichler-Kampf im Oktober 1948, in dem ich die Unschuld verlor. Ich bin immer in den Ring gegangen.

Routine hat eben auch ihre Werte. Man spielt eine Situation – den Knöchelbruch beispielsweise – in der Phantasie durch,

aber man tut es ohne Leidenschaft. Die Erfahrung sagt: natürlich boxt du!
Aber ist es nicht schön, sich in solch einem Wachtraum den ungeliebten Risiken und Konsequenzen zu entziehen?
Ich weiß aus meinem Erleben: ob man gegen einen davongelaufenen Bananen-Pflücker aus Nicaragua boxt (was ich nie getan habe), oder gegen einen wirklichen, aus dem Wissen und dem Gefühl heraus ehrlich respektierten Champion wie Humez – der Film ist, von Nuancen abgesehen, stets derselbe.
Für mich hat es immer nur eine Zäsur gegeben. Das war der erste Schritt hinein in die Arena, in das Stadion, oder wo immer sie das seilumspannte Viereck aufgebaut hatten. Dann war die Angst vorbei, ich hatte mich eingefangen. Natürlich hatte die Realität des Vertrages mit Garantiesumme und Beteiligung an den Einnahmen eine Dimension, die mich für den Kampf motivierte. Wenn ich durch die Seile stieg, rückte das jedoch in weite Ferne. Jetzt beherrschte mich nur noch ein Gedanke: Wie komme ich hier gesund wieder raus. Der Sieg stand erst an zweiter Stelle.
Boxen ist ein riskanter Sport. Der Risikozuschlag der Versicherungen stand in keiner Relation zu meinen Einnahmen. Also war ich meine eigene Versicherung. Trainingsfleiß verschaffte mir Kondition. Und Kondition Sicherheit. In der nächsten Stunde mußte sich meine Philosophie wieder bewähren, denn 15mal drei Minuten mit jeweils einer Minute Pause zwischen den Runden sind eine Stunde. In dieser Stunde war ich allein auf mich gestellt. Da konnten mir niemand und nichts helfen.
Ein paar Freunde, die da in der Nachtkühle im Olympiastadion auf ihren 200-Mark-Plätzen hockten, würden mir – falls nötig – nach dem Kampf zur Seite stehen. Und natürlich Helga, meine Frau, die Cleverness, Ruhe und Optimismus um sich verbreitete und es nicht ausgehalten hätte, wie Suzanne Humez an ei-

nem Telefon zu sitzen. Helfen, das wußte sie wie die Französin, konnte sie mir nicht in der nächsten Stunde. Aber bei mir sein, mich erleben im Positiven oder Negativen, das wollte sie. Meine Frau, der Fixstern an einem Himmel voller Sternschnuppen.

2. Wie bei allen Berliner Kämpfen spielen Helga und ich auch diesmal wieder unsere Spielchen. Schon seit langem bildet sie sich ein – und hat auch mich davon überzeugt –, daß ein neues Kleid oder Kostüm oder ein neuer Mantel den Ausgang meines Kampfes jeweils positiv beeinflußt. Und das stimmte in der Vergangenheit ja auch immer. Ergebnis: Helga sitzt in einem klassisch geschnittenen, neuen Wollmantel mit Nerzkragen in der ersten Reihe. Ihr Spiel. Meine Rechnung.
Jetzt bin ich am Zuge: Ganz klar, Helga steht in den letzten Stunden vor dem Kampf im Mittelpunkt. Ich bin ja aus der Öffentlichkeit verbannt. *Publikumsverkehr in der Garderobe unerwünscht!* Also nimmt Helga die Toitoitois in Empfang, die mir gelten. Auch die guten Ratschläge und die besorgten Fragen. Und sie genießt diese Rolle, für die sie sich nicht geplagt hat, weit mehr, als sie zugeben mag.
Gerechterweise muß ich allerdings einräumen, daß sie meine Launen während der Trainingsmonate stets mit freundlicher Gelassenheit erträgt. Deshalb gönne ich Helga auch ihre kleine Show, was mich aber nicht daran hindert, ihren Blick zu suchen. Das mag sie nicht, weil das sofort die Neugier des Publikums wachruft. Jede Menge Augenpaare richten sich auf Helga. Sie fühlt sich ungemütlich, schlägt prompt die Augen nieder und wendet sich schnell zur Seite. – Die Amtsanmaßung ist gesühnt. Spiel zu Ende.
Ich muß grinsen, Freddy Teichmann sieht mich irritiert an. »Is was, Bubi?« fragt er besorgt. »Alles bestens, Freddy«, antworte ich und verscheuche das Lächeln. Inzwischen werden unter größter Aufmerksamkeit der 30000 Besucher schon die Handschuhe ausgelost.
Dieses Auslosen, das ist vor Meisterschaften auch so eine pseudo-sakrale Handlung. Die Handschuhe ähneln sich natürlich wie ein VW dem anderen: sie wiegen, vor Titelkämpfen,

nach alter Tradition fünf Unzen. Das Boxen kommt aus England, die alte englische Ounce hat 28,35 Gramm, und nun kann sich jeder ausrechnen, was an Leder und Polsterung eine Boxerfaust schützt oder, andersherum, einen Schädel bei einem Profikampf trifft. Von den Bandagen, Mullbinden von zweieinhalb Meter Länge und genau vorgeschriebener Breite, gar nicht zu sprechen. Denn die haben, sorgsam gewickelt, auch eine doppelte Funktion: sie sind Schutz für das Knochengerüst der eigenen Hand und Waffe beim Aufprall auf den Körper oder Kopf des Rivalen.

Die Handschuhe selbst, die vor dem Kampftag eine Sportartikel-Firma aus einem Regal anliefert, in dem wahrscheinlich Hunderte genau gleich aussehender Exemplare liegen, haben erst nach dem Kampf Bedeutung: die vom Sieger bekommen einen Ehrenplatz in einer Sportschule oder, wenn der neue Champ noch sehr jung und trophäenhungrig ist, in seinem Privat-Museum. Der Verlierer schmeißt seine in der ersten Reaktion wahrscheinlich mit einem wüsten Wort in eine dunkle Ecke.

So ist das also mit den Handschuhen.

Lado Taubeneck und Teichmann helfen mir in die braunroten Dinger, jetzt wird es tatsächlich ernst. Jetzt muß sich zeigen, ob die Schinderei der letzten Wochen, die Läufe durch den Grunewald, die vielen hundert Trainingsrunden in der Sportschule, die drei Wochen der Askese im Hotel Gerhus, sich bezahlt machen. Besonders das Gerhus liegt mir auf dem Magen. Da habe ich konsequenter gelitten als ein Mullah im Ramadan, dem islamischen Fastenmonat.

Wie meistens ging es um das Gewicht, um diese magischen 145 Mittelgewichts-Pfunde. Die Steaks sahen so aus, daß man sie auf einem *Kinderteller Pippi Langstrumpf* reklamiert hätte, und am schlimmsten war es mit den Getränken. Dazu das beinahe totale Abgeschnittensein von Freunden – selbst das Tele-

fon wurde abgeschirmt. Ich kann mir gut vorstellen, wie einem entmachteten und in Schutzhaft genommenen Spitzenfunktionär in einer Diktatur zumute ist.
Mit Freddy Teichmann, den ich zu meinem ständigen Begleiter ernannt hatte, war ich in dieser letzten Phase mehr zusammen gewesen als mit meiner Frau seit unseren Flitterwochen. Dabei ziehe ich eigentlich die Nähe von weiblichen Wesen vor . . .
In der BILD-Zeitung hatte Jürgen Juckel meine *Ehe* mit Freddy, der Chauffeur, Bodyguard, Amme und Irrenwärter in einer Person war, sehr schön beschrieben. Betitelt war die Geschichte: *Der Hund, der Herr Teichmann hieß,* weil Freddy angeblich sogar mit dem Rücken an der Tür des Kühlschranks geschlafen hatte, in dem die Säfte und das Selters standen.
Ihn und Lado Taubeneck, den anderen Sklaventreiber mit den sanften braunen Augen und der leisen Stimme eines Beichtvaters, habe ich in einem besonders durstigen Augenblick, mit trocken-kratzender Kehle, irrem Augenflackern (wie die beiden hinterher behaupteten), dabei aber geradezu genial-treffend (wie ich meine), als »Kapos, die man aus einem sibirischen Zwangsarbeitslager wegen übergroßer Grausamkeit gefeuert hat«, beschimpft.
Der Satz paßt auf die letzten Wochen vor allen meinen wichtigen Kämpfen. In einer ähnlichen Formulierung und mit der gleichen Inbrunst haben ihn Tausende anderer Boxer gedacht.
Tinelli winkt. Zu dritt stehen wir nun in der Mitte des Ringes, der für die nächste Stunde uns dreien gehört: dem eleganten, schon etwas feist werdenden italienischen Ringrichter, dem in sich hineinbrütenden Charles Humez, und mir. Tinelli murmelt irgend etwas, noch einmal Show für die Masse. Das notwendige Gespräch über Kommandos und Regeln hatte es vor einer Stunde schon gegeben. Dann der entlassende Klaps auf den

Rücken und das klassische: »Kämpft, wenn ihr jetzt aus den Ecken kommt!«
Ich habe die Augenlider gesenkt, als ich in meine Ecke gehe, ich konzentriere mich und horche noch einmal in mich selbst hinein. Teichmann zieht mir den Bademantel von den Schultern. – Lohnt sich das alles?
Dann kommt es: »Ring frei – zur ersten Runde!«
Humez nimmt mich an wie der Stier den Torero. Die erste linke Gerade, der erste Versuch, eine Hakenserie zu schlagen! Ich blocke ab, mit vorgeschobener Schulter, stoße ihm zum ersten Male die rechte Gerade steif ins Gesicht. Der Fanzose schüttelt sich, marschiert sofort wieder auf mich zu.
Charles Humez kann nicht anders, er muß versuchen, ein hohes Tempo zu gehen und mir seine Haken nicht einmal, sondern gleich massenhaft zu verkaufen – wie im Sonderangebot, meistens ist es nix, aber manchmal findet man auch etwas.
In Paris, in diesem einzigen Fight, den ich bisher verloren habe und der mich immer noch wurmt, habe ich gegen diese menschliche Dampfwalze erst in den letzten drei von zehn Runden ein wirksames Konzept gefunden. Spät, aber wertvoll. Nicht mehr für Paris, obwohl ich heute noch meine, daß ich da auch ein Unentschieden verdient gehabt hätte, aber wertvoll für diese Europameisterschaft: was man einmal gefunden hat, braucht man nicht neu und zeitraubend zu suchen. Und risikovoll!
In Paris, da hat Humez wahrscheinlich – bestimmt! – Glück gehabt, daß nach zehn Runden alles vorbei war! Hier geht's über 15 Runden!
Verdammt! Mich durchzuckt ein rasender Schmerz. Einer seiner linken Haken ist wie eine Granate in der Nierenpartie eingeschlagen! Das ist ein verbotener Schlag, aber so etwas passiert schon einmal in einem Schlagabtausch. Nicht soviel denken, machen. Die Rechte hineinstoßen in den herandrängenden Humez, eine Linke hinterher. Perfekt war sie nicht, aber

vorsichtiger läßt sie ihn vielleicht werden. Ich spüre den Schlag immer noch.
In Paris hat mir Charles Humez mit einem ähnlichen Treffer eine Rippe gebrochen. Mit solch einem linken Hammer hatte Joe Louis 1938 im Weltmeisterschaftskampf Max Schmeling einen Dorn der Wirbelsäule demoliert und alles entschieden. Ich habe eine irrsinnige Angst vor solchen Grüßen. Ihre Wirkung strahlt paralysierend bis in die Beine, und alles kann ich mir leisten gegen diesen Franzosen, bloß meine Beweglichkeit muß ich mir erhalten.
Gleich muß Rundenschluß sein. Mir gelingt eine Rechte, ein kurzer linker Stopper. Gut so, und da ist der Gong.
60 Sekunden Erholung, 60 Sekunden innerliches Aufarbeiten dieser Eröffnungsrunde und neue Konzentration. 60 Sekunden können eine wunderschöne Ewigkeit sein, mit einem geliebten Menschen. Im Boxring sind sie schäbig kurz.
Der Mann, dessen Titel ich haben will, beginnt Runde 2, wie er die erste aufgehört hat: als ein schlagendes, schnaufendes Ungewitter. Wo Humez eine Blöße zu sehen glaubt, schlägt er. Wenn er keine Blöße sieht, aber die Distanz stimmt, hämmert er bedenkenlos auf meine Deckung.
Und ich antworte, methodisch und immer reaktionssicherer. Mit rechten Jabs, steifen Haken, hinter denen das ganze Körpergewicht liegt, und kurzen linken Geraden, die ich vom Brustbein schlage und den anrennenden Gegner damit kontere.
Am Seil pendele ich die meisten seiner verbissenen Schlagversuche aus (gleich nach dem Betreten des Ringes hatte ich mich probeweise hineinfallen lassen, um mich zu überzeugen, ob es, wie angeordnet, straff gespannt ist). In der Hüfte bin ich beweglicher als der Franzose, mein gutes Reaktionsvermögen hilft mir, den Kopf um den Zentimeter aus der Schlagrichtung zu nehmen, oder auszupendeln.

Unten am Ring stöhnen sie auf, wenn ich am Seil stehe. Sicherlich brüllen ein paar gute Freunde längst »Raus aus dem Seil, Bubi!« Ich höre das nicht, ich fühle mich ziemlich wohl. Und ich schlage, aus dem Pendeln, Beine fest auf dem Canvas (so heißt der Ringbelag), Rechte und Linke, Linke und Rechte. Sie treffen ein anstürmendes Ziel, sie hinterlassen Wirkung. Das ist einfache Physik, das Gesetz von Masse und Beschleunigung, das ist der Alltag der Unfall-Chirurgie. Damit ist es erzählt: das hab' ich in Paris gelernt!
Ich kann heute, nach mehr als 20 Jahren, nicht mehr jede Runde und jeden der Schläge, ausgeteilte und erhaltene, eines Kampfes aufzählen. Das verschwimmt in der Erinnerung, das ist, als ob ein Zug in der Nacht an einem vorbeirast: helle Fenster, dunkle Fenster, eine flimmernde Kette.
In dieser zweiten Runde habe ich Charles Humez, ich meine mit einer harten Linken, das Nasenbein gebrochen und die Lippe gespalten. Für viele Boxer wäre das genug gewesen. Sie hätten aufgesteckt. Ich kann nicht sagen, wie ich mich selbst in einer solchen Situation verhalten hätte, die ich mir allerdings nie vorstellen konnte und die mich auch nie ereilt hat. Aber viele, die ich kenne, und ich meine erstklassige, beherzte Fighter, hätten hier aufgegeben.
Nicht Charles Humez.
Und ich will jetzt einmal etwas Grundsätzliches sagen über diesen Boxer, den man in Frankreich den *Löwen von Flandern* getauft hatte, zu Recht, wie ich felsenfest glaube, und der im November 1979 in Nizza als 53jähriger einem Blutsturz erlegen ist. Viel zu früh.
Charles Humez – das war der Härteste, das Verbissenste, was der europäische Boxsport in diesen Jahren aufbieten konnte. Der frühere Bergmann war ein Produkt des nordfranzösischen Reviers, in dem jedes Jahr Millionen Tonnen Kohle produziert werden und vielleicht jedes Jahrzehnt einmal so ein Mann:

Kantig, mit einem nur mit dem Preßlufthammer zu zerstörenden Kampfgeist, mit der körperlichen Physis eines Riesen in einem nicht einmal übermäßig muskulös erscheinenden Körper.
Er lebte in der Tradition der gegen sich selbst schonungslosen französischen Boxer, die mehr geben wollten, als die Vernunft zuließ. Ich denke da an Emile Pladner, der als halbblinder Mann noch in den Ring ging. An den eleganten Halbschwergewichtler George Carpentier, der den K.o.-Spezialisten und Schwergewichts-Weltmeister Jack Dempsey akzeptierte, als man ihn bei der Ehre nahm. Schließlich an Marcel Cerdan, der es fassungslos weinend nicht verstehen konnte, daß ihn nach 15 Profi-Jahren ohne entscheidende Niederlage die Beine nicht mehr zu einer neuen fürchterlichen Runde mit Jake LaMotta tragen wollten.
Der Boxer und Bergmann Humez hatte immer nach dem Kodex napoleonischer Offiziere geboxt: *Die Garde stirbt, aber sie ergibt sich nicht.* So war es auch in dieser Nacht in Berlin. Humez steckte Schläge ein, die ihn entsetzlich geschmerzt haben müssen. In der fünften Runde schlug ich ihm zum ersten Male den Mundschutz heraus. Das passierte wieder und wieder, zuletzt warf er ihn weg. Es kostete ihn, kleine Münze in so einem Aufeinanderprall, einen Goldzahn.
Ich habe auch eine Krise gehabt, bei mir war es die achte Runde. Der Gang vorher war unheimlich gewesen. Mit der Energie und dem Überlebensdrang eines Steinzeitmenschen, so schien es mir, hatte Humez mich angegriffen. Vielleicht spielte da der Aberglaube eine Rolle, die Sage, daß die siebentc eine besondere Runde ist. Um das zu belegen, wird immer wieder die Boxgeschichte herangezogen.
In der siebenten Runde hat Max Schmeling einmal einen schon verloren scheinenden Kampf gegen Hein Domgörgen herumgerissen.

In der *Magischen* mußte sich Walter Neusel zum ersten Mal in seiner Karriere gegen Hein ten Hoff auszählen lassen.
In ihr setzte der Ring-Methusalem Jersey Joe Walcott, der 38 Jahre alt war und dem Titel 20 Jahre lang nachlaufen mußte, Ezzard Charles auf die Bretter.
In einer siebenten Runde glaubte sich Jack Dempsey allerdings auch schon gegen Gene Tunney, den boxenden Intellektuellen, Sieger und verlor doch noch.
Es soll irgend etwas sein an dieser siebenten Runde, etwas, das ich nie gespürt habe, aber vielleicht hatte Charles Humez andere Informationen. Er schien alles auf eine Karte zu setzen. Blutend und prustend, die gebrochene Nase mußte ihm das Atmen unglaublich erschweren, stürmte er immer wieder auf mich ein, einen roten Atem-Sprühregen vor sich hinblasend. Und Wirkungstreffer, die ich mit Dutzenden von Kontern bei ihm landete, waren ihm einfach nicht anzumerken.
Vielleicht fehlte mir das Stimulans des Erfolges. Vielleicht war es unbemerkt Resignation, die sich einschlich, weil Schläge Humez scheinbar überhaupt nicht stoppen konnten – die achte Runde wurde für mich kritisch.
Ich erreichte einen toten Punkt – ob aus körperlichen oder anderen Gründen, weiß ich nicht genau. Meine Beine waren träge, als hätte ich Marmelade in den Adern, mein Timing – der Sekundenbruchteil, in dem man die Ideal-Position zum Gegner und für einen Schlag erkennt und nutzt – stimmte nicht, mir fehlte der zündende Funke.
Humez aber riß sich den Mundschutz heraus, schleuderte ihn achtlos in seine Ecke, um besser atmen zu können, und griff weiter an. Verzweifelt bemühte ich mich, mit diskretem Halten und Klammern Zeit schindend, wenigstens ab und an und mehr aus optischen Gründen, diese Kampfmaschine zu kontern und mit rechten Geraden zu bremsen. Ich war froh, als diese endlosen 180 Sekunden vorbei waren.

Es war mir auch egal, daß ich sie wahrscheinlich – zum ersten Male an diesem Abend – auf den Punktzetteln verloren hatte.

In meiner Ecke ging es in der Pause nicht gerade fröhlich zu. Ich war zwar bemüht, ruhig und beherrscht auf meinem Schemel zu sitzen, und ich fixierte auch weiterhin unentwegt und kühl Humez in seiner Ecke. Aber Lado Taubeneck kannte mich viel zu genau, um nicht zu wissen, was tatsächlich los war.

Ich stieg in dieser Pause in den inneren Menschen Gustav Scholz hinab. »Du hast alles Menschenmögliche in der Vorbereitung zu diesem Kampf getan«, sagte ich mir. »Du hast dich geschunden, hast dich gefordert bis an den Rand deiner physischen Kräfte. Hast gelebt wie ein Asket. Du hast dir nichts vorzuwerfen.« Moralisch waren wir uns wieder einig, ich und der Boxer.

In der neunten Runde stand wieder der alte Scholz im Ring, der richtige Scholz. Der tote Punkt war vergessen. Aus irgendeinem geheimen Reservoir strömten mir offenbar neue Kräfte zu. Die Beine wurden wieder locker, das Timing stimmte wieder.

Es gelang mir, Humez beim ersten Schlagabtausch in diesem neunten Gang kalt zurückzuschlagen: mit Treffern, die Druck hatten und Präzision.

Die 30000 Zuschauer im Dunkel des Olympiastadions, die mit angehaltenem Atem und zuletzt wahrscheinlich mit vielen Ängsten um den Bubi Scholz diese Ringschlacht verfolgt hatten, merkten es vielleicht noch gar nicht: in dieser Runde habe ich den Kämpfer Charles Humez zerbrochen! Ich habe ihm noch nicht den entscheidenden Schlag mitgegeben. Aber als er in seine Ecke abdrehte, nach dem trockenen Scheppern des Gongs, da hatte ich den Glauben an eine erfolgreiche Titelverteidigung aus ihm herausgeschlagen.

Ich wußte es instinktiv, und ich fühlte es, als wir uns zur zehnten Runde trafen: plötzlich fehlte seinen Schlägen der Biß. Er ging zwar noch roboterhaft nach vorn, die Fäuste wirbelten noch, aber das tat er mechanisch. Die Flamme war erloschen, die einen Europameister Charles Humez getrieben hatte, die die Gegner verbrannt hatte. Er war demoralisiert.

In der elften Runde hat dieser Humez, der größte und tapferste Gegner, auf den ich jemals getroffen bin, einen verzweifelten Zwei-Fronten-Krieg geführt: gegen mich, der ich nun eindeutig bestimmte, und gegen sich selbst.

Er hat ihn, müde, blutend, leidend, von Atemnot gequält, in der zwölften noch einmal aufgenommen. Zwei Minuten und 20 Sekunden lang.

Aus einem Schlagabtausch heraus drehte Charles Humez dann ab. Der Europameister hob den rechten Arm, er ließ den Oberkörper Halt suchend auf das Seil fallen. Die Augen unendlich traurig in seine Ecke gerichtet, in der Filippi und Petit bleich geworden sind, kommt es gurgelnd aus seinem Mund: »Je n'en peux plus – ich kann nicht mehr . . .«

Ich höre den Satz, und ich höre ihn nicht. Ich stehe zwei Schritte von Humez entfernt, die Fäuste vor der Brust, bereit zum nächsten Angriff, und ich muß den Satz, die armen, kurzen vier Worte, erst verarbeiten. Gibt's das – Humez kann nicht mehr? Charles Humez!?

Ich habe nicht umsonst gehungert, gedürstet, mir die Lunge aus dem Hals gerannt, mich selbst kasteit. Ich bin da, wo ich hin will. Mein eigener Nanga Parbat ist erklommen, so fühlte sich Amundsen, als er den Pol erreichte, Edison, als er die Glühlampe erfand, und Otto Lilienthal, als er zum ersten Male flog. Denn es ist nicht die Sache. An die glaubt man ohnehin, sonst finge man überhaupt nicht an. Es ist, für einen Menschen persönlich, das Ziel, das er plötzlich erreicht hat. – Ich bin Europameister!

Während mir diese Gedanken durch den Kopf schießen, wende ich mich meiner Ringecke zu. Doch Humez hält mich zurück. Mit beiden Fäusten reißt er meinen rechten Arm hoch. Mein erster Gratulant, Charles Humez.
Und nun bricht das Chaos los.
Man hängt mir einen Riesenkranz um die Schultern, einen mit diesen widerlich pieksenden, goldbronzierten Lorbeerblättern. Das war noch zu ertragen. Der Ring wimmelt von Menschen, Offiziellen, Fotografen, Managern und Betreuern. Ich werde hin- und hergestoßen, die Blitzlichter flammen auf, die ersten Mikrofone stoßen mir, gefährlich wie die Haken von Humez, vor das Gesicht.
Der Franzose ist in seiner Ecke, sie schneiden ihm die Verschnürungen der Handschuhe auf, haben ihm das Blut aus dem Gesicht gewischt. Alle wollen mit mir reden, keiner spricht mit dem Ex-Europameister.
Ich dränge mich durch zu ihm. Er lächelt mühsam, schüttelt mir die Hand. Ich nehme ihn mit in die Ringmitte, in das Gewitterzucken der Fotoapparate. Jetzt müssen sie ihn mit aufs Bild nehmen, so geht das doch nicht. Schwer atmend, mit gesenktem Kopf und Schweißperlen im Gesicht und auf der Brust mit der dunklen Behaarung, steht er unglücklich neben mir. Charles Humez ist kein routinierter Verlierer. Er hatte wenig Gelegenheit, es zu lernen.
Seine Betreuer holen ihn in ihre Ecke zurück. Ich werde im wahrsten Sinne des Wortes vom Jubel gepackt und geschlagen. Schulterklopfen links, Schulterklopfen rechts, rechte Hand gedrückt, linke Hand gedrückt. Fürs Siegesküßchen wird mein Kopf bald hierhin bald dorthin gezerrt. Selbst vor Umarmungen bin ich nicht sicher. Wahrlich ein anstrengender Sieg. Und alle meinen es so gut mit mir!
Polizei bildet einen Schirm um mich, als ich endlich aus dem Ring klettern kann. Plötzlich drängt sich ein massiver, dunkel-

haariger Mann zu mir durch, legt den Arm um mich. »Bubi, laß dir helfen!« Das ist Gerhard Wendland, Platten-Troubadour und einer, der mit Gedanken, Wünschen und Hoffnungen ganz nah bei mir gewesen ist. Der darf mich stützen, obwohl es ohne Hilfe vielleicht bequemer für mich gewesen wäre, der braucht das – nach all der Aufregung.

Vor meiner Kabine wartet, bescheiden im Hintergrund, ein anderes vertrautes Gesicht auf mich: mein Vater, weiße Schläfen, brauner Hut und in den Augenwinkeln verdächtiges und eigentlich fremdes Naß. »Hallo, Papa!« rufe ich.

Er macht ein paar Schritte auf mich zu, hebt die Hand und dreht dann ab. Das ist nicht seine Welt, dieser Trubel, diese nervösen Lacher und angefangenen und nie zu Ende gebrachten Sätze der Boxclique, wenn die Spannung vorbei und alles zu einem guten Ende gekommen ist. Mein Vater verschwindet im Dunkel. Dabei war er mir so nahe, innerlich, das weiß ich bestimmt, wie niemals seit dem Tage, als ich die ersten Schläge von ihm bekam.

Helga, die nicht nur tüchtig Daumen gedrückt hatte, sondern meinen Sieg auch durch den Kauf eines neuen Mantels vorprogrammiert hatte – was bedeutete schon mein schweißtreibendes Training gegenüber Helgas gutem Omen? –, war wie immer sofort nach dem Kampf zusammen mit Freunden verschwunden. Sie wußte, daß der jetzt folgende Presserummel genauso wichtig und unvermeidlich war wie die Publicity vor dem Kampftag. Außerdem gab es zwischen Helga und mir die stille Übereinkunft, daß die erste private Stunde nach dem Fight mir ganz allein gehörte. Die brauchte ich, um mich zu regenerieren und zu sammeln. In dieser Stunde wollte ich niemanden sehen und von niemandem gesehen werden. Das war wichtig für mich, und Helga akzeptierte diesen Wunsch.

Weder mein Vater noch meine Frau waren Boxsport-Enthusiasten. Aber für Scholz wurden sie es.

»Was zieht Sie bloß zum Boxen, diesem blutigen, grausamen Sport?« hat eine Dame, die bereits drei Ehemännern einen K.o. versetzt hatte und mit dem vierten gerade im Ring war, meine Frau einmal gefragt.
»Ich gehe nicht zum Boxen, ich gehe zu meinem Mann«, hat Helga ganz kühl geantwortet. (Hätte von mir sein können.)
Ich kann aber auch, und Helga pflichtet mir da bei, eine Madame Humez verstehen, die im Hotel Lichtburg auf ihren Mann wartet. Und wie wartet! Sie versteht kaum ein Wort Deutsch, aber sie hat um ein Radio gebeten und sie hat sich die Direkt-Übertragung des RIAS angehört. Sie hat elf Runden lang, elfmal drei Minuten und elf Pausen, auf die unbekannten, ihr hart ins Ohr dringenden Worte des Reporters gelauscht, fremde, unverständliche Silben und Laute. In der zwölften Runde hat sie, das ist international, »k.o.« verstanden.
Dann war da »Bubi Scholz – Champion!« Frau Humez hat's gehört, aber sie hat verwirrt und nervös sich selbst nicht getraut. Glauben konnte sie das schon gar nicht. Sie geht zum Telefon und ruft den französisch sprechenden Empfangschef an. »Bitte«, sagt sie ängstlich, »bitte sagen Sie mir – wer hat gewonnen?«
»Gustav Scholz!« antwortet der Empfangschef, »durch k.o. in der zwölften Runde!«
Madame Humez fragt zurück: »Sie meinen, Scholz ist k.o.?«
»Es tut mir leid, Ihr Gatte hat nach einem phantastischen Kampf verloren. Scholz ist Champion.«
Der Mann an der Rezeption hört einen tiefen Seufzer. Dann knackt es in der Leitung.
So jedenfalls erzählte er die Geschichte meinem Blumenhändler, den ich damit beauftragt hatte, einen Strauß Blumen für Madame Humez abzugeben. *Es kann keiner besser siegen, als Ihr Mann verloren hat,* stand sorgfältig ins Französische übersetzt auf der Karte, die ich beifügen ließ.

Der Rezeptionschef muß übrigens einen ausgeprägten Sinn für Publicity und gute Pressekontakte gehabt haben. Denn anderntags konnte man die Story, noch um einige Ausschmükkungen bereichert, bereits in den Zeitungen lesen.
An Madame Humez mußte ich denken, als ich im Olympiastadion noch den 30000 gehörte. Man geht in solch eine Arena, ich habe davon gesprochen, immer mit ein wenig gemischten Gefühlen. Denn viele halten einem die Daumen, aber es gibt auch andere, die warten nur darauf, daß man endlich einmal verliert. So ist das Leben, Schwachsinn, es sich anders zurechtzudenken.
Aber als an diesem Abend auf ein Kommando des Sprechers in dem riesigen Oval plötzlich 30000 Zündhölzchen aufflammten, ein hinreißendes Flackerwerk des Triumphes meines Sieges, da waren sie mir pauschal sympathisch, alle 30000.
Bei soviel Feuer fällt es eben auch einem Skeptiker wie mir schwer, nicht erwärmt zu werden.
Aber das war bei weitem nicht alles. An diesem Abend habe ich in Deutschland einige Dinge ausgelöst, von denen ich noch keine Ahnung hatte, als ich mich in meinen Wagen setzte – nicht ohne gewisse Dinge zwischen Freddy Teichmann und mir wieder geradezurücken.
»Den Wagenschlüssel bitte«, sage ich zu Teichmann.
»Du bist doch viel zu aufgeregt«, wehrt er sich.
»Autofahren beruhigt die Nerven!« bescheide ich ihn und fahre über die Heerstraße, am Funkhaus vorbei, zum Kurfürstendamm und in die Bayerische Straße. In meine Wohnung, die ich drei Wochen nicht gesehen habe.
Endlich fühle ich mich wieder privat.

3.

Ich fühlte mich privat, aber einige andere Leute waren mit dem Ereignis *Scholz Europameister im Mittelgewicht!* noch lange nicht fertig.
In Stuttgart unterbrach Peter Frankenfeld, mit dem ich manche Partie Schach gespielt habe, seine Fernseh-Show. Mit ernster Miene begann er: »Es ist kein nationales Unglück . . .«, dann unterbrach er sich, sah bedeutungsvoll in die Runde und nestelte an seinem karierten Jackett, um noch einmal zu beginnen: »Es ist kein nationales Unglück für Frankreich, daß der neue Europameister im Mittelgewicht Bubi Scholz heißt!«
In der Sportredaktion von BILD, die Zeitung saß damals noch in dem klobigen Ullstein-Gebäude in Tempelhof und nicht an der Kochstraße mit dem Blick über die Mauer, wirbelte eine aus allen Redaktionen zusammengeholte Experten-Besetzung: man druckte zum ersten Male in der Geschichte dieses großen Blattes eine Sonderausgabe, die noch vor Mitternacht auf dem Kurfürstendamm und an anderen zentralen Punkten des nächtlichen Wochenend-Berlins kostenlos verteilt wurde. Das ist etwas, worauf ich noch heute stolz bin – etwas, das ich eingeleitet habe und das seitdem bei wichtigen Gelegenheiten von BILD wiederholt worden ist.
Vor einiger Zeit ist mir erzählt worden, daß es auch bei einer anderen Zeitung etwas Sensationelles gab: bei der Rheinischen Post in Düsseldorf, einer der bedeutenden deutschen Regionalzeitungen, nahm man in der Montag-Ausgabe erstmals einen Sportartikel auf der ersten Seite auf. Bis dahin hatte es bei dem konservativen Blatt, dessen Verwaltungsrat ein Bischof vorstand, auf der Kopfseite gerade eben Raum für die Ergebnisse der Fußball-Oberliga West (die Bundesliga war ja noch nicht geboren) gegeben. Geburtshelfer waren von dem Humez-Kampf faszinierte Kultur-Redakteure und ihre Kollegen aus dem politischen Ressort . . .
Bei meinen engen Freunden ging es nicht so ernsthaft, dafür

aber feuchter zu. Gustav Knuth und Walter Gross betranken sich gemeinschaftlich, und das in fürchterlicher Weise.
Bei Harald Juhnke, der eine Siegesfeier mit Strömen von Champagner arrangiert hatte, versuchte Wolfgang Preiss zwischen Bodenvasen, Snacks und vollen Gläsern meinen Fight mit den Ausdrucksmitteln des Schauspielers noch einmal darzustellen. In der Runde acht – da hatte ich meinen toten Punkt zu überwinden – brach er zehn Sekunden, bevor der rettende Gong ertönte, zusammen. Nicht ganz authentisch, aber natürlich ungeheuer effektvoll.
Die Feier bei Harald Juhnke stand mir noch bevor, und sie sollte mir körperlich fast ebensoviel abverlangen, wie die zwölf Runden mit Charles Humez. Aber das wußte ich noch nicht, als ich in der Bayerischen Straße ankam.
Mille Böhm, die schon Kindermädchen meiner Frau gewesen war und die wir als Haushälterin übernommen hatten, stand schon in der Tür, ein bißchen besorgt, ein bißchen stolz, ein bißchen gerührt. Sie kannte mich zu gut, um jetzt unpassende Fragen zu stellen oder eine unbeholfene Gratulation anzubringen.
Mille wußte, wonach mir der Sinn stand, wonach ich geradezu lechzte. Und ihre Frage lautete denn auch ganz praktisch: »Wieviel Eigelb sollen in den Drink, Herr Scholz?« »Fünf«, sagte ich. Alles andere hatte sie schon vorbereitet: Milch, Traubenzucker, Honig, Früchte waren schon im Mixer. In Windeseile hatte Mille einen Liter dieses Aufbaugetränks fertig. Ganz frisch. Und unendlich köstlich für einen, der wochenlang asketisch gelebt und eben erst viel Schweiß bei einem Kampf um die Europameisterschaft vergossen hatte. Das war Milles Glückwunsch. Und auf den hatte ich schon gewartet und mich gefreut.
Während die ersten Telegramme eintreffen und Gerhard Wendland und Freddy Teichmann, die hinter mir hergefahren

waren, die Wohnung okkupieren, Platten auflegen und einen Sektkorken knallen lassen, habe ich mich mit meinem Literglas ins Bad verzogen. Mille hatte schon Wasser ein- und ständig warm nachlaufen lassen, das gehörte zum Ritual meiner Berliner Kämpfe. Darüber brauchten wir gar nicht zu reden, Mille und ich.

Mollig-warm ist es im Bad, und die Essenzen – wozu haben wir zwei Parfümerien? – duften himmlisch. Durch die Tür höre ich verschwommen die Unterhaltung von Wendland und Teichmann. Die Stereo-Anlage vermittelt mir ein Rendezvous mit Frank Sinatra, Les Baxter und André Kostelanetz – süß, sentimental, wie ich es mag, Musik zum Träumen.
Ich versinke im Badeschaum, neben mir den kühlen Drink, und ich träume tatsächlich. Nicht von der Zukunft, ich bin ein Realitätsmensch, die wird mir schon noch begegnen. Mehr von den Jahren hinter mir, in denen wenig Zeit für Tagträume war. Ich bin, die Musik ist schön, das Wasser wärmt mich, und der Tag war gut und glücklich, rundherum zufrieden. Zufrieden auch mit mir, und – was noch mehr ist – mit meinem Leben.
Für einen Jungen aus der Choriner Straße, Berlin N58, heute sowjetischer Sektor, denke ich, kannst du auch zufrieden sein. Chancengleichheit, was für ein Wort, die gab's da sowenig, wie man das vielbenutzte und heute schon beinahe abgegriffene Wort überhaupt kannte. Du willst eine Chance vom Leben? – Nimm sie dir doch, wenn du es schaffst! Ich habe sie mir genommen und habe gewonnen.
Die Sicherheit, daß es tatsächlich passiert ist, daß ich auf dem *Treppchen* stehe, nicht dem soviel zitierten des Olympiasiegers, das allzuoft nicht mehr ist als eine Luftschaukel für ein paar Lebensaugenblicke, sondern auf dem in eine gute Zukunft, wärmt mehr als das Wasser. Das Gefühl schießt mir geradezu in die Adern.

Ich sehe mich in der ordentlichen Welt von Helgas kleinem Badezimmer um. Die Zahnputz-Gläser mit den Bürsten, die so zueinander geneigt sind, als ob sie sich dringende Dinge zu erzählen hätten. Vertraulichkeit und Intimität, die ich mit Helga habe und genieße.
Ihr flauschiger, weicher Bademantel – der symbolisiert Geborgenheit, Eingehülltsein. Die Tiegelchen, Töpfchen, Flacons – der Hauch von Luxus und Wohlleben, von dem ich mich so ungern für diese notwendig-lästigen Eremiten-Wochen vor den Kämpfen trenne, und zu dem ich dann so gern zurückkehre.
Alles für einen Bengel, dem die Hosen mal zu lang über die Knie saßen, weil sie auf Zuwachs gekauft waren, und mal zu kurz waren, weil sie noch ein paar Wochen halten mußten. Der sich in Hinterhöfen beim Fußballspielen die letzten Schuhe zerkloppt hatte an Blechdosen, wenn der einzige Ball in der Choriner Straße gerade wieder einmal den Atem verloren hatte. Der sich seine Murmeln mühsam zusammengespielt hatte und der, als er genug hatte, dafür eine Kompagnie Zinnsoldaten eintauschte – damit Mutter sie, ich weiß immer noch nicht warum, eines Tages wegwarf.
Auch die Betrübnisse, die kindlichen Kümmernisse, fallen mir wieder ein.
Ich denke an den blassen Bengel mit der blonden Tolle, den sie in die Kinderlandverschickung verstoßen hatten. So sah ich das damals. In Wahrheit sollte ich natürlich nur heraus aus dem schon aus vielen Wunden blutenden Berlin mit seinen Fliegeralarmen, Versorgungs-Schwierigkeiten und Ausfällen von Schulstunden. Ein paar Pfund mehr auf den Rippen, hat man damals wohl gedacht, könnten mir auch nicht schaden.
Für den elf- oder zwölfjährigen Bubi war Kinderlandverschikkung gleich Exil. Lieber meinen Kiez mit allen seinen Nachteilen, aber auch Freundschaften und kleinen Alltäglichkeiten, als

die dicken Brotscheiben mit Butter, die Bratkartoffeln und die ungestörten Nächte unter erstickend-heißen Federbetten in Ostpreußen und Thüringen.
Zweimal bin ich abgehauen. In der Gruppe bin ich jedesmal hingefahren, allein bin ich wiedergekommen – ein blinder Passagier mit nackten Beinen und einem häßlichen, braunen Pappkoffer. Gelenkig, mißtrauisch und wachsam wie eine streunende Katze, ohne Lebenserfahrung, aber mit einem gesunden Instinkt für das Machbare. So sagt man das jedenfalls heute.
Das Bild des abgeschriebenen, Tbc-kranken Boxers Scholz, der im Schwarzwald-Sanatorium liegt, kommt mir flüchtig in den Sinn, mir, dem 28jährigen Europameister Gustav Scholz in seiner Badewanne nach seinem bisher größten Fight. Viele Bilder aus meinem Leben zogen damals an mir vorbei: apokalyptische gefolgt von frechen, rührende gefolgt von brutalen, lustige vermischt mit verliebten und kühl geschäftsmäßigen. Alles lief durcheinander und ergab doch ein Ganzes . . .
Für Sie, verehrte Leserin, verehrter Leser, werde ich versuchen, ein wenig Ordnung in mein Leben zu bringen. Nicht zuviel natürlich. Sonst würden mich meine Freunde in diesem Buch nicht wiedererkennen. Ich neige nun einmal zu spontanen Sprüngen beim Erzählen. Warum das verleugnen?!

4. Ich saß in einem Zug, es war dunkel, und jedes Rattern über die Schwellen brachte mich ein kleines Stück weiter nach Hause. Die Fenster waren mit schwarzen Rollos aus dickem Packpapier zugezogen, von der Decke baumelte eine blauangestrichene, trübe blinzelnde Glühbirne, und in dem fast undurchdringlichen Dämmer leuchteten die Zigaretten rot wie Glühwürmchen auf. Es roch beißend nach Machorka, dem scharfen, die Kehle kratzenden russischen Tabak, der fachmännisch in Zeitungspapier zu einer plumpen Zigarette gedreht worden war. Dazwischen mischte sich der Geruch von Karbol, letzter Gruß der Entlausungsanstalt aus den Weiten der Sowjetunion. In Schneidemühl hatte ich den D-Zug Königsberg–Berlin erwischt, einen Fronturlauber-Express. Wenn ich, im Begriff einzuschlafen, zur Seite kippte, scheuerte ich an rauhem Uniform-Feldgrau.

Mein kleiner Koffer hatte einen schmalen Platz zwischen Tornistern und solide, aber ungeübt mit dickem Papierbindfaden verschnürten Paketen im Gepäcknetz gefunden. Ab und zu fiel mir ein Tröpfchen salziger Lake ins Gesicht: einer hatte doch tatsächlich ein Fäßchen Salzheringe in Rußland ergattert, die nun in Hamburg, Köln oder Stuttgart den Speisezettel der Familie bereichern sollten.

Es war 1943, die Zeit der seligen Kaffee- und Schokoladen-Pakete – ganz zu schweigen von seidenen Strümpfen – aus Frankreich, Belgien und Holland lag drei oder vier Jahre zurück. Jetzt war Sonnenblumenöl das übliche Mitbringsel, ein Stück Speck eine Occasion.

Aber die großartige Stimmung, die optimistischen Erzählungen vom Panzervorstoß über die Maas bei Sedan, von der Schlacht in Flandern und dem Wettrennen mit den Engländern nach Dünkirchen gehörten ja auch der Vergangenheit an. Was die Männer in Feldgrau sich erzählten, kurz wie ein Stenogramm und immer beendet mit einem fatalistischen Schulter-

zucken, waren Geschichten von der Räumung Charkows, von der Hölle bei Orel und vom Rückzug aus dem Kuban-Brükkenkopf.
Und die Gesichter waren anders. Es war immer noch der preußisch kurze Haarschnitt und der charakteristische rote Rand an der Stirn, da, wo der Stahlhelm sich hineingebissen hatte. Aber diese Soldatengesichter leuchteten nicht mehr von innerem Optimismus und dem Gedanken an zukünftige Siege. Die Männer wirkten grau, müde und schrecklich alt.
Die Spangen und Orden waren zahlreicher geworden. Ich kannte sie alle: das schwarzweißrote Bändchen vom EK II, das silberne, baumelige Infanterie-Sturmabzeichen, das schwarze Verwundeten-Abzeichen, die Ostmedaille, die sie den *Gefrierfleischorden* nannten, weil sie nach dem schrecklichen ersten Rußland-Winter 1941 mit seinen Zigtausenden von Erfrierungen beinahe inflationär verliehen werden mußte. Das EK I saß auf der linken Brust, die Stoffaufnäher mit der Panzer-Silhouette erzählten von erfolgreichen Abschüssen mit der Panzerfaust oder anderen Nahkampfmitteln. Ärmelschilde wiesen Veteranen von Narvik oder der Krim aus.
Die Vergangenheit der letzten zwei oder drei Jahre trugen diese jung Gealterten ablesbar an der Brust, und ich war im Deuten Experte. Ich und meine ganze Generation.
Was uns nicht so sehr auffiel, vielleicht wollten wir es auch nicht sehen, waren die anderen Nachrichten aus dieser Kriegswelt, in der es so korrekt zuging mit Orden für Kriegsleistungen, mit der sorgfältigen Entlausung, um die Heimat nicht durch die kleinen Blutsauger zu erschrecken: die Krücken, die im Abteil neben den Karabinern standen, die leeren Ärmel der Uniformjacken, die in dieser ordentlichen Welt so unordentlich dahinschlenkerten.
Da gab es immer nur ein kameradschaftlich-höfliches »Laß, Kamerad, ich mache das schon!«, wenn so ein Krüppel seinen

Koffer in das Gepäcknetz heben wollte, aber ich habe nie die kameradschaftlich-mitfühlende Frage »Warum mußte das bloß passieren?« gehört. Wahrscheinlich wollte ich die auch gar nicht hören, wahrscheinlich wäre sie mir in meiner kindlichen Unbeholfenheit der Gefühle sogar unfein vorgekommen.

Ich fühlte mich wohl und akzeptiert in dieser Männer-Gesellschaft. »Na Buttje, auch zu Muttern?« hatte mich einer, ein Hamburger sicherlich, begrüßt. Die anderen hatten nur freundlich genickt. Zu Muttern, das Synonym für nach Hause, für Familie und die schöne private Welt ohne Appelle, Angst und Blut, eben Frieden.

Eine Welt, an die ich, mit neun in den Krieg und mit zehn in die erste Jungvolk-Uniform hineingewachsen, mich kaum noch erinnern konnte und die fast nicht mehr vorstellbar war.

Ich habe in Berlin die ersten Schuljahre in der 15. Volksschule in der Kastanienallee abgesessen. Gleich nach dem Kriegsbeginn wurde die Schule in die Eberswalder Straße verlagert. Mein alter Schulkomplex mit dem riesigen Pausenhof eignete sich vorzüglich als Drillacker für HJ und Pimpfe: die übernahmen darum auch alles.

Die Jugendorganisationen der Partei drangen einfach in unser Leben ein, auf ganz simple Weise. So konnte seit 1941 zum Beispiel – was für mich wichtig war – kein Junge mehr Fußball in einem Verein spielen, der von seiner Fähnlein-Geschäftsstelle nicht monatlich einen Stempel über regelmäßige Teilnahme am *Dienst* vorweisen konnte.

Der Dienst bestand aus Rechts-um und Links-um, aber auch aus Tätigkeiten, die heute Kinder nicht ohne Sonderzuweisung zum Taschengeld leisten würden: Altpapier oder Stanniol sammeln, denn der Führer brauchte für die Rüstung Altmetalle, oder Abfüllen von Sandsäcken für die Brandbekämpfung bei den zu erwartenden Luftangriffen auf Berlin.

Der Sport hat mir damals Vorteile verschafft. Weil ich im Verein spielte, in der Schul- und in der Jungstamm-Auswahl des Jungvolks (bis 14 Jahre), wurde ich vom Treppenterriern nach alten Zahnpasta-Tuben und dem Sandeintüten freigestellt – ich sagte mit wichtiger Miene nur »Training!« und war entschuldigt.

Einen richtiggehenden Job hatte ich in diesen ersten Kriegsjahren auch schon. Ich trug Zeitungen aus, die *Berliner Volkszeitung*. Sie erschien zweimal täglich, morgens in der Früh und nachmittags, und war ausgesprochen handlich, im Vergleich zu dem riesigen, großkotzigen Format des Parteiblatts *Völkischer Beobachter*.

Meine Schwester half mir beim Austragen und auch sonnabends beim Kassieren der 65 Pfennige, die die BVZ pro Woche kostete. Bald stellte sich heraus, daß meine Gehilfin regelmäßig mehr Trinkgeld abschleppte als ich. Zwar wußte ich nicht immer genau, bei wem ich *Guten Tag* und bei wem ich *Heil Hitler!* sagen mußte, und meine Schwester war natürlich hübscher als ich und konnte als Dankeschön einen kessen Knicks anbringen, daß sie deswegen mehr Trinkgeld bekam, fand ich aber dennoch nicht in Ordnung. Gleiche Arbeit, gleiches Geld, dachte ich.

Beim Lutscherkaufen kam mir endlich die Idee, die der Gerechtigkeit zum Durchbruch verhelfen sollte: Dem Laden waren offenbar die Groschen und Sechser ausgegangen. Jedenfalls gab mir die Verkäuferin als Wechselgeld lauter einzelne Pfennige heraus. Und da tickte es bei mir.

Bevor ich am folgenden Sonnabend zum Kassieren loszog, tauschte ich Groschen in Pfennige um und steckte sie in meine linke Hosentasche. Und immer, wenn ein Knickriger unter meinen Kunden die Hand nach dem Wechselgeld ausstreckte – die meisten zahlten mit einem Markstück – , gab ich erst zwei Groschen zurück und begann dann den Rest umständlich

Pfennig für Pfennig aus der Hosentasche zu fingern. Für diese Pfennigfuchserei waren sich selbst die größten Geizhälse zu fein. »Laß schon gut sein« oder »Mensch, hau ab mit deinen Pfennigen!« wurde mir gesagt. Und das war genau das, was ich hören wollte. Meine Einnahmen stiegen schlagartig.

Die Zeitungstour war genau ausgetüftelt. Sie führte durch verdunkelte Treppenhäuser und Bodenkammern, die ich als Abkürzungen zu den Hinterhäusern benutzte, um ein Raufrunter zu sparen. Aufgeschlagene Knie waren manchmal die Folge dieser rationellen Arbeitsweise, wenn der Luftschutzwart, vielleicht auf Anweisung des Blockwarts oder aus eigener Einsicht, das Arrangement seiner Sandsack- und Wassereimer-Munition gegen die bösen englischen Bomben verändert hatte.
Eine Stabtaschenlampe besaß ich zwar, aber Batterien waren rund um den Prenzlauer Berg nur schwer aufzutreiben.
Dafür hatte ich, elf oder zwölf Jahre alt und nicht ganz frei von Furcht vor den dunklen, von Pennern, Fahnenflüchtigen und auf der Flucht Befindlichen gelegentlich als Unterschlupf benutzten Kellern oder Boden-Stockwerken, sicherheitshalber mein Fahrtenmesser vom Jungvolk bei mir. Alles nach dem Pimpfen-Motto *Zäh wie Leder, flink wie die Windhunde, hart wie Kruppstahl.*
Die erste Kinderlandverschickung hatte ich 1941 genossen. Es ging nach Thüringen. Drei Monate blieb die Klasse in Eisenach im Hotel *Zur guten Quelle.* Dann ging es ab nach Friedrichroda in ein Sammellager.
Zu uns stießen Rheinländer, Hessen und Kinder aus norddeutschen Großstädten. Untergebracht waren wir in Schlafsälen so groß wie Turnhallen, mit doppelstöckigen Betten. Zu Hause hatte ich auch nicht wie im Grandhotel gelebt, aber hier knatterte der Tag nur so von Befehlen: Waldlauf, Bettenappell, Fahnenhissen, im Gleichschritt zur Schule, zum Essen, Tisch-

dienst mit Auftragen und Abräumen, Küchendienst mit Kartoffelschälen und Holzholen.
Mir fällt da ein: *Und wenn sich Tisch und Bänke biegen, wir werden den Fraß schon runterkriegen. Haut rein!* Das war das, was man unter Tischgebet verstand.
Nachmittags im Gleichschritt zum Sport, zum politischen Unterricht, der für uns noch in den Räuberpistolen aus der *Kampfzeit* bestand: der Tod des von der Kommune und Rotfront feige erschossenen Horst Wessel, das Sterben des braven Hitlerjungen Horst Quex. Wir bekamen rote Ohren und ballten die Fäuste, wenn wir das hörten. Und wir haben's geschluckt!
Ich sage das ganz bewußt, um deutlich zu machen, welchem Trommelfeuer wir hilflos ausgeliefert waren! Da kann mir heute ein neunmalkluger, dialektisch geschulter und politisch aufgeklärter Zeitgenosse erzählen was er will: so war es, und es konnte gar nicht anders sein.
Einen Text analysieren, relativieren, diskutieren: das gab es nicht! Das sind doch Vokabeln, die wir damals überhaupt nicht kannten. Meinung – das war das, was der Jungzug-Führer mit der grünen Fangschnur sagte. Es passiert mir heute, daß ich in Debatten jüngerer Leute einfach verstumme und in mich hineinhorche. Wenn abstrakte Überlegungen angestellt werden, Marx oder Marcuse am Tisch sitzen, die ganze Vielfalt 1980 jederzeit erreichbaren kritischen Gedankengutes einfließt, frage ich mich: Und was hattest du?
Ich müßte dann sagen: ich hatte eine Blut-und-Boden-Ideologie von den gestohlenen Kolonien in Afrika und dem einst von Goten, also Germanen, besiedelten deutschen Lebensraum im Osten. Der mußte zurückerobert werden.
Niemand sollte mich für so schwachsinnig halten, daß ich sagen würde: Prima! Aber bitte schön, noch ein Beispiel, das mir einfällt: das Fernsehen sendet die *Buddenbrooks,* und alle Welt

liest wieder Thomas Mann. Der war, noch bevor ich lesen konnte, in Deutschland mit Hunderten anderer *artfremder* Autoren verbrannt worden. Ich, und mit mir viele Menschen meiner Generation, wären heute sicherlich gebildeter, wenn das nicht passiert wäre.

Statt zu lesen spielte ich Fußball. Zu lesen gab es schließlich nur Geprüftes, wahrscheinlich von Joseph Goebbels' Propagandaministerium Ausgewähltes. Das fand ich langweilig, denn einen *Tom Mix* oder *Billy Jenkins,* Superman und Batman meiner Kindheit, konnte man selbst in Berlin nur noch in abgelesenen Heftchen auftreiben und im Thüringer Wald längst nicht mehr. Aber im Fußball war ich gut.

Wir spielten, Vorbereitung von Kindergruppen auf den unvermeidlichen Dienst für das großdeutsche Reich, vor allem Fußball: Kampf-, Kontaktspiel. Die Berliner gegen die Hessen, die Rheinländer gegen die Bremer, kreuz und quer und systematisch. Ich war, was man einen Torjäger nennt, und das brachte mir Pluspunkte. Jedenfalls bis zu meiner ersten Flucht.

Ich unternahm sie, weil ich Geschirrspülen, Kartoffelnschälen, Kartoffelkäfersammeln und Blaubeerenverlesen – dabei verrieten sich die heimlichen Fresser durch blaue Lippen und Zungen – satt hatte. Mit einem Persilkarton türmte ich und kam mit der Thüringer Waldstraßenbahn, die die Kurorte anfuhr, immerhin bis nach Jena. Eine HJ-Streife schnappte mich schließlich und brachte mich ins Lager zurück.

Dort wurden zunächst, Torjäger hin oder her, die Privilegien gestrichen. Ich schaufelte Koks von einem Kellerraum in den nächsten, und als ich fertig war, durfte ich alles zurückschippen.

In den Gebäuden standen große Bottiche mit Löschwasser, daneben hingen die Feuerpatschen, um Brandherde auszuschlagen. Das Wasser haben sie mich in die Kübel hinein- und wie-

der herausschöpfen lassen. Sie schafften es, mich mit diesen Erziehungsmitteln gründlich sauer zu machen.
Ich entfernte mich zum zweiten Male ohne Urlaubsschein. Gewitzter geworden, mied ich diesmal die Waldstraßenbahn und versuchte es als Anhalter. Von Gotha aus fuhr ich mit dem Zug nach Berlin.
Vater machte die Tür auf und musterte mich von oben. »Wo kommst du denn her?« war seine erste Frage. Ich war heilfroh, als er gar keine Antwort abwartete und »Komm rein!« hinzufügte.
An diese erste Flucht aus der Kinderlandverschickung mußte ich denken, als ich nun zum zweiten Male, gewissermaßen als Deserteur, Berlin entgegenfuhr. Ich wachte aus meinem unruhigen Halbschlaf auf, als die Tür aufgerissen wurde und eine zackige Stimme sagte: »Wehrmachtsangehörige bitte die Papiere!« In der Abteiltür stand eine Doppelstreife, stämmige, ältere Unteroffiziere mit einem breiten silbernen Schild an einer Gliederkette um den Hals.
»Kettenhunde!« sagte neben mir halblaut ein Feldwebel, und es klang nicht besonders freundlich. Bei den Frontsoldaten waren die Angehörigen der Feldpolizei nicht besonders beliebt. Unzählige Geschichten von ihren Standgerichten und Erschießungen kursierten, und oft waren die Verurteilten arme Hunde – mit dann nutzlosen Auszeichnungen – die nach Tagen und Wochen im Dreck und im schweren Beschuß nur die Nerven verloren hatten.
Da ich offenkundig kein Wehrmachtsangehöriger sein konnte, wollte niemand Papiere oder Auskünfte von mir. Ich schlief weiter, ich träumte vor mich hin, zwischen sieben ausgewachsenen Männern und ihrer Ausdünstung von grobem Leder, durchschwitzten Uniformen und kratzendem Tabaksrauch.
Was hinter mir lag, KLV II für mich, das würde ich hoffentlich bald vergessen haben. Am Anfang war es ja noch ganz lustig

gewesen, die Reise nach Heilsberg ins ostpreußische Ermland und dann die Weiterfahrt mit einer klapprigen Kleinbahn zu einem entlegenen Nest, wo die Bauern mit Leiterwagen und Kutschen auf ihre billigen Arbeitskräfte aus der Stadt warteten: ich war, lagererfahren, ein kleiner, cleverer Star.
Mit meinem Klassenkameraden Baumann hatte ich sofort die schönste Kutsche unter den Abholern für uns ausgesucht. Leider fuhr der Bauer, den wir zu unserem Schutzpatron ernannt hatten, nicht zu unserem Dorf, sondern zu einem Kaff mit Namen Springborn. Als alle Kinder Unterkünfte hatten, blieben Baumann und ich übrig. Der Bürgermeister fand unsere Namen auch nicht in seiner Liste, was für einen PG sicherlich eine teuflische Erkenntnis war.
Unsere Notunterkunft war erst einmal ein Kloster. Den frommen Brüdern erzählten wir jeden Morgen, daß wir Schule hätten. Und dann gingen wir *organisieren*.
Das ist ein Begriff aus diesen verdrehten Kriegsjahren, den ich gerade wieder mühsam aus meinem passiven Wortschatz geklaubt habe. *Organisieren* – das hieß beschaffen, und zwar am Rande der Legalität. Es konnte Tausch- oder Schwarzhandel bedeuten, aber auch eine sanfte Form des Diebstahls. Wegnehmen, sollte ich vielleicht sagen oder besser noch Mundraub.
Das Ermland war Bauernland mit Einzelgehöften, verbunden nur durch runzelige Landstraßen mit Kurven, die für Pferdefuhrwerke, aber nicht für Autos gebaut waren. Zu den Höfen führten von der Landstraße lange, staubige Feldwege. An den Zumündungen standen hölzerne Podeste. Auf die stellten die Bauern die Milchkanne, die der Molkereiwagen täglich einsammelte.
Aus der Molkerei wurde einmal in der Woche die Butter für die Bauern gebracht. Die Wochenration wurde, logisch, vom Milch-Abholer auf das Podest gelegt. Von dieser Butter haben

Baumann und ich uns ein Deputat genommen und es nach Berlin zu unseren Eltern geschickt, meistens noch garniert mit ein paar Eiern, die eilige Hennen irgendwo verloren hatten. Manchmal geriet auch Obst in die Pakete.
Uns erschien das gerecht. Daß die Bäuerin, bei der wir nach dem Gastspiel bei den Mönchen gelandet waren, ohnehin schwarz butterte (was streng verboten, aber allgemein üblich war), hatten wir nämlich sehr schnell mitbekommen. Warum sollte nicht auch meine halbverhungerte Familie in Berlin Anteil an den Segnungen des reichen Ostpreußen haben?
Unser Versandgeschäft flog auf, als meine Mutter sich in einem Brief detailliert bedankte. Den Brief las, neugieriges altes Weib das sie war, meine Bäuerin.
Der Bürgermeister, dem der Fall der beiden Berliner Kriminellen vorgetragen wurde, bedrohte uns mit der Jugendstrafanstalt, hart und schreiend. Erst als seine Frau, mütterlich und blondbezopft, in der Amtsstube – die die gute Stube des Bürgermeisters war – beschwichtigend eingriff, gab es Milde für uns: wir wurden zu einer Bauernfamilie gesteckt, einer mit sieben Kindern.
Inzwischen weiß ich, daß Bürgermeister, Gattin und Geschädigte ein wohldurchdachtes Rollenspiel vorgetragen haben. Es ging nicht um die paar Pfund Butter, es ging um ein ganzes, den Zeiten angepaßtes System, das wir in unserem Organisierdrang fast zum Einsturz gebracht hätten.
Das Bürgerliche Gesetzbuch spielte 1943 keine allzu große Rolle mehr. Das Wort, das mit tödlichen Konsequenzen an der Wand stand, hieß *Wirtschaftsverbrechen,* und die Skala der Ahndung reichte bis zur Todesstrafe – für die Leute, die mit ergebenem Nicken ihre Molkerei-Wochenration in Empfang nahmen und hinter verhängten Fenstern dazu butterten, was ihnen notwendig erschien.
Freund Baumann und ich kamen jedenfalls auf den Hof mit

dem Mückenschwarm von Kindern. Sie hätten uns auch in ein Arbeitslager oder in eine Strafkolonie stecken können.
Um fünf Uhr wurde geweckt, und es ging erst einmal zwei Stunden aufs Feld. Rüben verziehen, Kartoffeln ausnehmen, Unkraut jäten – ich habe elementare Landwirtschaft zu spüren bekommen. Von meinem rechten Zeh ist mir viele Jahre lang ein Nagel abgegangen, ich glaube heute noch, daß ich die Wurzel zerstört oder beschädigt habe mit den 50-Pfund-Kartoffelkiepen aus störrischem Weidengeflecht, die mir darauf gefallen sind.
Nach einem sehr mittelmäßigen Frühstück – bei der ersten Bäuerin und erst recht bei den Mönchen war es besser gewesen – kam die Schule, dann wieder eine Brotzeit und noch einmal fünf oder sechs Stunden Feldarbeit. Wenn es draußen dämmerte, stellte die Bäuerin endlich eine warme Mahlzeit auf den Tisch.
Nach drei Wochen waren meine Beine mit offenen Stellen, Furunkeln und Schwären bedeckt. Es wurde Zeit, daß ich eine *planmäßige Absetzbewegung* einleitete. Die Formulierung hatte ich aus dem Wehrmacht-Bericht des OKW.
Mein Rückzug aus Ostpreußen begann also im September 1943. Die russischen Armeen hatten damals den Dnjepr noch nicht überschritten, die Krim war fest in deutscher Hand, Witebsk und Mogiljow wurden erfolgreich verteidigt. Mir wurde es aus anderen Gründen ungemütlich.
Mit einem Leiterwagen nahm mich ein Bauer zur Kleinbahnstation mit. Von dort fuhr ich schwarz nach Heilsberg und weiter nach Schneidemühl. Da habe ich mir erstmals eine Fahrkarte gekauft, und nun fühlte ich mich richtig gut aufgehoben und sicher. Ich hörte, wie der Schaffner auf eine Frage sagte: »Noch drei Stunden bis Berlin-Anhalter-Bahnhof« und schlief ein.

5. Ich wachte auf, als der Zug mit einem Ruck hielt. Eisenbahner mit abgedunkelten Laternen liefen an den Waggons entlang. »Verdunkelung!« hörte ich rauhe Rufe. Neben mir brummte ein Unteroffizier mißmutig: »Da kommste aus der Scheiße, und wenn du fast zu Hause bist, biste wieder drin! Nur, daß es diesmal englische Scheiße ist!«
Es war kurz nach Mitternacht, und die Engländer griffen wieder einmal Berlin an. Das bedeutete für den Zug zunächst: Keine Einfahrt, Festliegen auf freier Strecke, bis der Feuerzauber vorbei war. Ich drängte mich auf den Gang, wo alles aus den Fenstern starrte.
Über Berlin standen die Tannenbäume. Das waren die wie Tropfen vom Himmel heruntergleitenden riesigen Magnesium-Signale, die die schnellen *Mosquitos,* die Kundschafter der bombenschleppenden Flugzeug-Wellen, an bestimmten Markierungspunkten abgesetzt hatten. Die *Lancaster, Halifax* und *Liberator* und wie die viermotorigen *Fliegenden Festungen* alle hießen, setzten nach diesen Signalen zu ihren fürchterlichen Flächenwürfen an, die ganze Straßenzüge in Minutenschnelle zu Staub zerrieben oder, wenn die Phosphorbomben wie Hagelkörner in einen Block prasselten, in Flammen aufgehen ließen.
Sonst hatte ich immer nur im Keller gehockt, mit Mutter und den beiden Schwestern. Die Koffer mit dem Notgepäck zwischen den Beinen, saß man da und horchte angstvoll auf das Pfeifen der Bomben und zählte die Sekunden bis zum Einschlag. Nehmen sie sich uns vor oder wollen sie zu Borsig, was nicht sehr weit, aber doch immerhin ein paar Kilometer entfernt ist, knallen sie diesmal im Westen rein, oder?
Die Frage nach dem *Oder,* stets hielten dann alle den Atem an, wollte nie jemand beantworten. Es war die Frage, die den Unterschied zwischen einer gestörten Nachtruhe und dem schrecklichen Satz *Wir sind ausgebombt!* ausmachte. Mit dem

stellte man sich automatisch in der Schlange der Verarmten an, der Bittsteller um ein Notquartier in einer Schule, oder der Lästigen, die in einem Zimmer bei noch verschonten Verwandten oder Freunden eine enge Bleibe belegten.
Daß es bei Bombenangriffen nicht nur um geraubten Schlaf gehen konnte oder um eine verlorene Wohnung, daran hat man als Noch-Halb-Kind dieser Zeit gar nicht gedacht, jedenfalls nicht bis Ende 1942. Die Toten, die gräßlich Verstümmelten und die zur Unkenntlichkeit Verkohlten, die kamen erst später – für mich jedenfalls.
Ich sah mir – es war September 1943, und in der Kinderlandverschickung waren mir diese Gedanken an das Kriegsgebiet Berlin mit seinen tödlichen Gefahren und grausamen Opfern blaß geworden – aus dem Zugfenster den Luftkrieg in einer noch nie erlebten Form an: glücklicherweise ohne die Phantasie, die Angst erzeugt, sondern mehr wie eine Wochenschau, die man im Kino betrachtet.
Ich sah Feuerschein, rötlich und eigentlich ganz hübsch und recht harmlos wirkend. Aus 50 Kilometer Distanz wird für ein Kind offenbar ein Flächenbrand, in dem Menschen schreien, ehe sie verglühen, zu einer Art Kaminfeuer. Ich sah die bleichen, tastenden Spinnenfinger der Schweinwerfer, die über den Himmel geisterten.
Dazwischen platzten hoch oben Granaten; ganz flach, scheinbar unmittelbar über der Erde, perlten die Leuchtspurgeschosse der leichten Flak. Das mußten die Zweizentimeter-Geschütze sein, wie sie inzwischen auf den Betonwürfeln der großen Luftschutzbunker standen.
Ein- oder zweimal sah ich auch, wie in der Luft, wo eben noch nichts gewesen war, wie durch Zauberei ein Ball zerplatzte. »Da haben sie einen erwischt«, sagte der Unteroffizier neben mir. Er sagte das ganz sachlich, unpersönlich wie ein Buchhalter, der seine Zahlen addiert. Ich fand das in Ordnung.

Da war wahrscheinlich niemand in diesem ganzen Zug, der einem Jungen erklärt hätte: »Jetzt eben sind fünf oder sechs englische Flieger gestorben!« Genausowenig wie jemand, der, wenn es irgendwo an der Erde aufflammte, gesagt hätte: »Da hat dieser wahnsinnige Krieg wieder ein Dutzend Menschen getötet oder verstümmelt.« Es kommt einem heute, die Worte Humanität, Kriegsgreuel, Sicherheit und Zukunft gehen so leicht über die Lippen, unglaublich vor – aber 1943 habe ich an sie keinen Gedanken verschwendet. Lag es an der Zeit, lag es daran, daß man noch ein Kind war?
Als der Zug, zwei Stunden hatten wir mindestens auf der Strecke gestanden, endlich wieder anruckte, setzte ich mich in meine Ecke. »Über zwei Stunden – dann gibt's 20 Zigaretten Sonderzuteilung und vielleicht ein bißchen Kaffee«, sagte ich, und mein Unteroffizier antwortete schon im Einschlafen: »Selbst diese Scheiße hat eben noch was Gutes!«
Auf die Idee, daß eine Bombe vielleicht meine Familie getroffen haben könnte, bin ich nicht gekommen.
Sie war am anderen Morgen auch noch vollständig da. Nach meiner nächtlichen Ankunft auf dem Anhalter Bahnhof war ich zu Fuß nach Hause gelaufen, und als ich in der Choriner Straße klingelte, machte sich Vater gerade zur Frühschicht fertig. Mit überschwenglicher Begeisterung bin ich, lag's an der frühen Stunde oder an meinem neuerlichen Ausreißen aus dem KLV-Lager, nicht gerade aufgenommen worden.
Damals, im Herbst 1943, konnte man es einer Familie nicht einmal verdenken, daß sie die Heimkehr eines 13jährigen Sohnes, den man in der Kinderlandverschickung zumindest materiell gut versorgt wußte, nicht mit Jubelstürmen feierte. So ein Halbwüchsiger macht Arbeit und hat ständig Hunger. Und für Mutter gab es schon ohne mich genügend Probleme, die Familie satt zu bekommen. Die Sorgen überlagerten die Gefühle.

In meiner Erinnerung ist es so, als ob sich damals neben aller Bedrohung auch eine zunehmende Kälte der Herzen ausgebreitet hätte. Das haben andere Leute möglicherweise ganz anders erlebt. Ich kann nur von der Situation in einem Berliner Arbeiter-Viertel sprechen, und ich kann es nur so hinschreiben, wie es die inzwischen verflossenen Jahrzehnte in mir hinterlassen haben.
Aber irgendwie erscheint mir das auch erklärlich. Meine Mutter hatte schließlich keinen Supermarkt, durch den man geht und den Einkaufswagen vollwirft. Sie hatte in der Zeitung die *Aufrufe* zu verfolgen: auf Abschnitt D, Normalverbraucher, gab es zusätzlich 100 Gramm Quark. Dann mußte sie sehen, wer den Quark auch tatsächlich im Laden hatte. Und dann stand sie, mit 40 oder 70 anderen Frauen in einer langen Schlange, um nach eineinhalb Stunden Warten, nur noch drei andere Enttäuschte vor sich, zu hören: »Ausverkauft!«
Da blieb nichts anderes übrig, als einen anderen Laden zu suchen, um das Pfund Quark für unseren Fünf-Personen-Haushalt doch noch zu bekommen und ein bißchen Abwechslung in den Essensfahrplan zu kriegen. Beim anderen Laden, da begann alles von vorn: 20 Frauen oder 30 oder noch mehr, die Schlange bis auf den Gehsteig hinaus, im Winter im Schnee und im Sommer in brütender Hitze ... Von der Not erfinderisch gemacht, standen mitunter Mutter, Schwester, Bruder in drei verschiedenen Schlangen an. Dadurch erhöhten sich unsere Chancen.
Oder die Parolen, die man hörte: »In Nauen hat die Frau Meier neulich zehn Pfund Rosenkohl gekriegt, ohne alle Schwierigkeiten!« Dann setzte man sich, was tat man nicht alles für die Aussicht auf zehn Pfund Rosenkohl oder Mohrrüben, in die S-Bahn nach Spandau, stieg um in den Vorortzug und dampfte über Falkensee, Brieselang nach Nauen – und bekam zu hören: »Den Rosenkohl, gute Frau, den hatten wir vor drei Tagen!«

Verrückt? Das sagt man heute so einfach, weil das eine Zeit ist, in der Diät-Pläne mehr Faszination besitzen als Kochrezepte zum Sattwerden.
Ist das ein Wunder, wenn eine Wochenration in diesen Tagen aus 2230 Gramm Brot, 150 Gramm Butter, 70 Gramm Margarine, 175 Gramm Marmelade, 200 Gramm Zucker, 250 Gramm Fleisch, 150 Gramm Nährmittel, 60 Gramm Käse und 50 Gramm Kaffee-Ersatz, wohlgemerkt *Ersatz,* bestand? Wobei man noch eines hinzusetzen muß: das war eine Ration für Fronturlauber, für die braven Jungens, die sich nach 20 oder mehr Monaten in der Ukraine, in Finnland, auf einem U-Boot oder in den Pripjet-Sümpfen zu Hause einmal *richtig erholen* sollten. Die Karten für Normalverbraucher waren ärmlicher.
Allein dieser tägliche Kampf um das liebe Brot konnte einem den Nerv rauben. Außerdem gab es natürlich noch die *Kleiderkarte* mit den Jahrespunkten. Man konnte sich aussuchen, ob man einen neuen Anzug anschaffte oder, für drei Hemden, Unterwäsche und Strümpfe, dazu vielleicht noch ein Pulloverchen, den Anzugwunsch in das nächste Jahr verlegte.
Auf den Bezugschein-Ämtern wurden Schuhe zugeteilt. »Aber hören Sie, für den Gustav haben Sie doch erst vor 16 Monaten ein Paar Schuhe bekommen!« hieß es da.
Mutter sagte dann: »Ja, aber davon wissen dem seine Füße nichts, die wachsen einfach, ohne an den Bezugschein zu denken!« Was sie nicht sagte, wäre ehrlich und dumm zugleich gewesen: der Bengel spielt Fußball wie ein Verrückter und zerkloppt sich dauernd die Stiefel! Aber das hätte so ein Bürokrat wahrscheinlich noch weniger verstanden.
Für Notfälle gab es noch Sonderbezugscheine. Nach schweren Bombenangriffen versuchte man, auch ohne ausgebombt zu sein, Kleidungsstücke erneuern zu lassen. *Kleidungsschäden beim Rettungseinsatz* hieß die Formel, die beim Bezugscheinamt mitunter Erfolg hatte.

Wenn gar nichts mehr lief, gab es noch die Tauschzentralen. Das waren Läden, die längst keine Waren mehr hatten und nun in Kommission nahmen, was bei allem Mangel noch übrig war. *Fast neue Heizsonne gegen Skihose für Knaben gesucht!* stand auf popligen Schildern in den Schaufenstern.
Die meisten Leute versuchten für die elektrischen Eisenbahnen ihrer Söhne, die an der Ostfront standen oder auf dem Balkan gefallen waren, etwas Nützliches einzutauschen – aber jene, die die Eisenbahn gern für ihre kleinen Söhne gehabt hätten, brauchten das verlangte Plaid selbst, um die Kinder beim nächtlichen Ausflug in den Luftschutzkeller einzuwickeln.
Es war eine Zeit wie vor vielen hundert Jahren, als Sammler und Jäger an die Wintermonate denken und die Sippe bevorraten mußten. In den Fabriken dieser riesigen Werkstatt Deutschland wurden zwar trotz aller Bombenangriffe noch Tausende perfekt entwickelter Flugzeuge wie die schnellen Jäger *FW190* mit dem bulligen Stern- oder *Me109* mit dem schlanken Reihenmotor von den Fließbändern entlassen, in den einstigen Waggon- und Lokomotiv-Fabriken verließen jeden Tag Dutzende Panzer vom Typ *Tiger* und *Panther* die Hallen, und in Peenemünde schloß man die Entwicklung der Wunderwaffen *V1* und *V2* ab, der fliegenden Bomben, die England in die Knie zwingen sollten.
Aber für den privaten Konsum – da wurde kaum noch etwas getan! *Kanonen statt Butter* war die erste Parole, mit der man uns schon beim italienischen Abessinien-Abenteuer Benito Mussolinis den Verzicht gelehrt hatte. Nun stand an den Zügen, in denen man kaum noch einen Platz bekam, *Räder müssen rollen für den Sieg.* Gemeint waren damit zwar die Räder der Deutschen Reichsbahn, aber tatsächlich handelte es sich um jedes Rad in jeder deutschen Fabrik. Die Fabriken erzeugten Waffen für die Front. Als Nebenprodukt, keiner redete darüber, lieferten sie für die Heimat die Entbehrung dazu. Und

für die Frauen, die an der *Heimatfront,* wie das hieß, die tägliche Arbeit mit den Kindern und den Alten hatten, herrschte eine nie gekannte Hetze, seelische Belastung und Härte – zunächst sich selbst gegenüber, und wenn da nichts mehr herauszuholen war, zwangsläufig gegenüber den Nachbarn und endlich, das war die letzte Station dieses Trübsinns, auch gegenüber der Familie.
Der tat man, einfallsreich und armselig zugleich, Weihnachten schon Gutes, wenn man aus Gries, Bittermandelöl und einer Prise Puderzucker *Marzipan-Kartoffeln* unter den Baum legen konnte, der – natürlich! – auch *organisiert,* sprich geklaut war.
In diese Atmospäre der abgehetzten, sorgengeplagten Mütter kehrte ich im Herbst 1943 aus dem ostpreußischen KLV-Paradies zurück. Natürlich hat Mutter zuerst denken müssen *Noch ein Mund mehr, der satt werden will!* Vielleicht hat sie auch einen zweiten Gedanken gehabt: *Jetzt schickt er nicht mehr, jetzt will er von uns was abhaben!* Vielleicht – ich habe meine Mutter nie nach ihren Gefühlen gefragt; inzwischen kann ich es nicht mehr.
Vater lebt in meiner Erinnerung als ein großer, starker Mann mit zupackenden Fäusten. Aber auch als ein ernster, mit Worten und Gefühlen sparsam umgehender Mann. Heute kann ich mir das erklären, es erscheint mir logisch, daß er so sein mußte. Als Kind habe ich mir sicherlich – welche Kinder haben das nicht? – einen nicht so eckigen Mann als Vater erträumt.
Vater war Vollwaise. Großvater ist im ersten Weltkrieg als Offizier gefallen, Großmutter starb kurz darauf. Die Kinder wurden unter die Verwandten aufgeteilt, einige (sie waren sieben) fanden im Waisenhaus ihren sicherlich erbärmlichen Familienersatz. Vater hatte Glück. Ein Onkel nahm ihn auf.
Der besaß eine große Schmiede, und so gab es gar kein Herumraten um Vaters Beruf: er wurde Schmied. Als er seinen Gesel-

lenbrief hatte, folgten die üblichen Jahre als wandernder Handwerksgeselle. Berlin war die Endstation, und da traf er Mutter, die aus Ostpreußen in die Stadt gekommen war.

Zwei junge Menschen vom Lande, sicherlich vereinsamt und unsicher in der hektischen Metropole mit ihren hitzigen Aufmärschen von KPD und NSDAP und dem ganzen politischen Wirbel, den schäbigen Hinterhöfen der Armen in Wedding und Moabit, den Kellerkneipen um den Alexanderplatz mit den Unterschlüpfen der Ringvereine und kleinen Gauner, dazu den glitzernden Schaufenstern des Kurfürstendamms und um den Tauentzien – zwei junge Menschen gerieten hinein in das Zeitalter der sogenannten *Golden Twenties,* die für die meisten Menschen gar nicht so golden waren –, sie fanden sich eben, krochen Wärme suchend zusammen und sind beieinander geblieben.

Ich habe Vater einmal, ich muß wohl schon 14 gewesen sein, nach dem Datum seiner Heirat gefragt.

»Du weißt doch, wie alt deine Schwester ist«, hat er mir geantwortet. Mehr nicht.

Das *Wunschkind* der Familie Scholz bin ich dann gewesen, der Stammhalter. Aber selbst ein Wunschkind war im Jahr 1930, mit seinen Auswirkungen der Weltwirtschaftskrise von 1929 und den furchtbaren Erinnerungen daran, mehr ein Problemkind. Arbeitslosigkeit herrschte schließlich unverändert, und die marode Weimarer Republik zahlte Arbeitslosensätze von 14 Mark oder noch weniger in der Woche – für Familienväter.

Auch wenn man sich die tägliche warme Mahlzeit, eine Suppe war es gewöhnlich, an der Armenküche holt, begrüßt man ein Baby sicherlich mit Freude und Liebe. Aber der zweite Gedanke an so ein Kind ist bestimmt: in welche Welt entläßt du dieses Würmchen?

Ich muß allerdings auch ein ziemlich unbequemes Kind gewesen sein. Ich habe mich oft ungerecht behandelt gefühlt und früh ein extremes Gespür für Gerechtigkeit entwickelt. Ein kleiner Kohldampf war ich immer, das verstanden meine Eltern, aber daß ich außerdem auch noch so eine Art Michael Kohlhaas wurde, das war unter Garantie lästig.

Da war zum Beispiel die Sache mit dem halbabgefahrenen Zeh. Ich ging damals noch nicht zur Schule, aber ich erinnere mich noch genau daran.

Wir spielten in der Hochmeisterstraße Fußball, quer über den Damm. Die Tore waren zwei sich gegenüberliegende Haustüren. Wann immer der Ball verschossen wurde, mußte ihn der Kleinste holen. Das fand ich ziemlich mies, denn natürlich war ich der Zwerg im Spiel.

Als es wieder einmal soweit war, pöbelte ich meine Mitspieler an. Und weil ich auch sehen wollte, ob meine Sätze Wirkung hinterließen, schaute ich zurück, als ich mich hinter dem Ball herbewegte. Den schweren Bierwagen der Brauerei, von zwei dicken Rössern gezogen, bemerkte ich erst, als es zu spät war. Das hintere der dicken, mit eisernen Bändern beschlagenen Holzräder fuhr mir über den rechten großen Zeh. Der Schmerz war so ungeheuerlich und so betäubend, daß ich zunächst nicht einmal schreien konnte. Das habe ich später ausgiebig nachgeholt.

Auf dem Rinnstein sitzend starrte ich meinen blutenden Zeh an. Ich wußte nicht, worüber ich mehr heulen sollte, über den Schmerz oder über die Tracht Prügel, die es wahrscheinlich nachsetzen würde, weil ich nicht aufgepaßt hatte.

Schließlich packte mich der Arm eines hilfreichen Menschen, der mich zum nächsten Arzt trug. Und das alles an einem Sonnabend-Mittag. Mein Vater wurde herbeigerufen. Im Bademantel, den Rasierschaum im Gesicht, kam er angelaufen; (nach getaner Arbeit war er gerade bei der Wochenend-Toilette, als ihn die Hiobsbotschaft erreichte).

Den schreienden Balg versuchten der Doktor und der Vater nun zu beruhigen. Es würde nicht wehtun, versprachen sie im Duett, und Vater versprach mir dazu noch ein Album mit Autobildern, wenn ich endlich den Mund hielte und mit Schreien aufhören würde.
Wenn man nicht einmal sechs Jahre alt ist und wenn dazu auch noch so eine Autorität im weißen Kittel auf einen einredet, glaubt man einfach. Daß ein zerquetschter Zeh, über den ein tonnenschwerer Bierwagen gerollt ist, nicht so ganz problemlos aus einem Schuh geschnitten werden kann, weiß man noch nicht. Es tat grauenhaft weh, aber für meine Verhältnisse beherrschte ich mich – das Album vor meinem Auge! – hervorragend.
Als ich zu Hause war, hatte der Fuß wieder zu bluten begonnen. Mutter brachte mich mit der Straßenbahn sofort in ein Krankenhaus. Vater fuhr mit dem Fahrrad hinterher, weil's billiger war. Immerhin: die Aufnahme in die Klinik hat mich davor bewahrt, den ganzen Zeh durch eine Amputation zu verlieren. Ein halber blieb mir. Und der reichte.
Als Vater mich zwei Tage später im Krankenhaus besuchte, fragte ich ihn sofort nach dem Album. Vater wußte gar nicht mehr, daß er mir etwas versprochen hatte. Ich habe die Autobilder auch nie bekommen.
Von dieser Qualität habe ich noch ein zweites Arzt-Erlebnis. Nach einer Diphtherie sollten bei meiner Schwester und mir Abstriche und Stirnhöhlen-Auspinselungen gemacht werden. Wieder hieß es, daß das nicht die Spur schmerzen würde, und versprochen wurde uns ein Riegel Schokolade, wenn wir nicht weinten. Ich hielt mich tapfer. Meine Schwester heulte. Schokolade erhielten wir beide. Als Belohnung. Jetzt heulte ich.
Das klingt alles lächerlich: ein Riegel Schokolade, ein Album mit Zigarettenbildern oder die Sechser und Groschen, die ich, obwohl versprochen, nie bekommen habe. Aber ich finde, es

sagt einiges aus, über die enge ärmliche Welt der Choriner Straße, in der ich aufwuchs, und auch darüber, was die Erwachsenen unter Erziehung verstanden. Sie waren sich wohl kaum im klaren darüber, daß sie schwerwiegende positive und negative Akzente setzten, die den Lebensweg eines Kindes nachhaltig beeinflussen können.
Ich glaube auch, daß das Beharren auf meinem Recht oder auf meinem Standpunkt, das bei dem aufstrebenden Boxer Bubi Scholz die sogenannten wohlmeinenden Manager und Veranstalter zur Weißglut gebracht hat, seine Wurzeln in solchen Kindheitserlebnissen hat. Man kann sie einfach nicht vergessen.

6. Am engsten verbunden habe ich mich meinem Vater in gefährlichen, in Krisensituationen gefühlt. Ich meine Gelegenheiten, in denen wir nicht so sehr Vater und Sohn waren, sondern mehr Partner, die sich schweigend und selbstverständlich aufeinander verlassen konnten. Ohne sich umzusehen, ohne nachzudenken.

Im November 1943 flogen die Amerikaner einen der schwersten Luftangriffe auf die damalige Reichshauptstadt. In der Sprache der Zeit waren das übrigens *Terror-Angriffe*. Bei diesem Angriff erwischte es nun auch den Prenzlauer Berg voll mit einer Lage Brandbomben.

In der Choriner Straße loderte es rechts und links neben uns, und auch das Hinterhaus brannte völlig aus. Das Vorderhaus wurde ebenfalls betroffen, in unserer Wohnung standen Vorhänge in Flammen, und die Dielen begannen zu schwelen. Aber das bekamen wir in den Griff. Frauen, Kinder und die paar anwesenden Männer bildeten eine Kette. Wir reichten uns die Wassereimer zu, die an einer Wasserpumpe auf der Straße gefüllt worden waren. Als die Schwelbrände in unserem Haus beseitigt waren, haben wir, Vater und ich, dann zusammengeräumt: alle Habseligkeiten, die uns wichtig erschienen, wurden in das Kinderbett meiner kleinen Schwester geworfen, und mit diesem *Container* sind Vater und ich schließlich drei Treppen hinunter auf die Straße gestolpert. Zwischen den brennenden Häusern, deren Fensterscheiben unter der Hitzeeinwirkung klirrend barsten und einen feinen Splitterregen über uns schütteten, sind wir mit dem Bett die Straße entlanggezogen bis zu einer Häuserreihe, die von Bomben verschont geblieben war. Die Schwestern paßten dort auf unser Eigentum auf, und wir stürzten uns wieder in die Flammen. Rauch und Qualm waren so stark, daß man manchmal die gegenüberliegenden Gebäude nicht sehen konnte. Ich holte mir eine Rauchvergiftung und mußte mich mehrmals übergeben. Aber ich hielt mich dicht bei

Vater und wäre trotz aller Übelkeit nicht wegzubringen gewesen, hätte mich zuletzt nicht noch ein Auto mit Luftschutzhelfern aus anderen, unversehrt gebliebenen Stadtteilen angefahren. Es bewegte sich glücklicherweise nur im Schrittempo; ich kam mit ein paar Blutergüssen davon.
Vier Tage nach dem Angriff, in unserer Wohnung waren Brand- und Wasserschäden notdürftig beseitigt und vor die defekten Fenster hatten wir provisorisch Pappe genagelt, schleppten vier Männer das Kinderbett mit Inhalt in unsere Wohnung zurück, den *Container,* den Vater und ich 13jähriger Bubi zwischen Bränden und stürzenden Dachziegeln *allein* herausgeholt hatten . . .
Andere Kinder sind großgezogen worden, umsorgt von den Eltern, Lehrern und anderen gutmeinenden Menschen. Ich meine, ich bin sehr wenig in diesem Sinne gefördert worden – ich mußte einfach groß werden, ob ich wollte oder nicht. Die Umstände haben es einfach erfordert.
Die Umstände halfen noch einmal kräftig nach, als Vater bald darauf dienstverpflichtet wurde. Im *besetzten Gebiet,* in der CSSR, wurde er Leiter der Härterei in einem Rüstungsbetrieb. Damit war ich das einzige männliche Familienmitglied in Berlin. Die Verpflichtungen, die zwangsläufig auf mich zukamen, telegrafierten mir die immer blasser werdenden Nasen meiner beiden Schwestern und ein Blick auf die Lebensmittelkarten mit ihren immer ärmlicher werdenden Rationen, aber auch das Knurren meines eigenen Magens: die Versorgung der Familie.
Auf Kriegsdeutsch im Jahre 1944 hieß das: ich begann, mich für die Chancen des *Schwarzen Marktes* zu interessieren.
Bei uns in der Nachbarschaft, exakt in der Winsstraße 11, hatte ein Konditor besonderer Art seine Backstube: ein Mann mit Holzbein, der zu einer Zeit, zu der die Mehrzahl seiner Zunftbrüder nur noch Brot oder das wenig gehaltvolle Gebäck jener

Tage herstellte, für Regierungsstellen und diplomatische Missionen arbeitete. Da offiziell bei Empfängen, besonders wenn Ausländer unter den Eingeladenen waren, nicht eingestanden werden sollte, wie erbärmlich es um die Versorgung des Großdeutschen Reiches bestellt war, konnte der Meister noch immer in die Vollen greifen.
Ich hatte da ab und an auf meiner Zeitungstour ein Sahnebaiser oder ein Stück der himmlisch süßen Petit Fours geschenkt bekommen. Als ich fragte, ob ich nicht so ein bißchen *Ausschuß* kaufen könnte, waren wir schnell im Geschäft – zu Überpreisen natürlich, wie sich von selbst versteht.
Die Gesetze der Marktwirtschaft begriff ich blitzschnell: hier fünf Prozentchen und da auch einmal zehn oder zwanzig, wie das eben so ist, wenn das Angebot die Nachfrage nicht decken kann. Vom Gebäck erweiterte ich mein Sortiment zwangsläufig: wer kein Geld hatte, um meine wahrscheinlich ziemlich unverschämten Preise für Backwaren zu bezahlen, gab Zigaretten, Schnaps, Kaffee oder was auch immer in Zahlung.
Besonders die Frauen, deren Männer an der Front standen und die in unserer kinderreichen Gegend viele kleine Mäuler zu stopfen hatten, gaben gern ihre Zigaretten-Rationen – 40 gabs in einer Bewirtschaftungs-Periode, sprich vier Wochen! – in Kommission, und die Beruhigungs-Rationen an Extra-Zigaretten und Alkohol, die nach besonders schweren Luftangriffen aufgerufen wurden, noch dazu. Sie mochten, auf Schwarzhandel standen nämlich schwere Strafen, das Geschäft nicht selber besorgen: sie hatten schlicht und ergreifend Angst!
Je jünger man ist, desto größer ist die eigene Unbekümmertheit, desto weniger sieht man auch das Risiko. Ich wurde ein blasser, kurzbehoster Agent dieser Leute. Daß ich manchmal ein paar hundert Mark in der Tasche hatte, ungefähr soviel, wie mein Vater in Monaten verdiente, hat sich dabei wie von selbst ergeben. Meine Mutter hat es nicht erfahren. Ich glaube, sie

wollte es auch gar nicht wissen. Für sie war nur wichtig, daß es manchmal ein Drei-Pfund-Brot extra gab oder, dann war der Jubel besonders groß, sogar ein Stück Butter.
Mein Vater war immer noch in der Tschechoslowakei, als ich die Schule abschloß, die Volksschule, wie es damals hieß. Als Zehnjähriger hatte ich zwar einmal einen Brief mit nach Hause nehmen müssen, in dem mein Vater aufgefordert worden war, mir den Besuch der Mittelschule zu erlauben. Aber der alte Herr hielt nichts davon.
»Und wer soll dich die Jahre ernähren?« war die lapidare Frage, die er mir stellte. Ich glaube, er hat mir sogar noch ein paar hinter die Ohren gehauen für den Hochmut, ein ihm nie zuteil gewordenes Bildungsprivileg in Anspruch nehmen zu wollen.
Ich meldete mich beim Arbeitsamt, und dort stellte man, nach einigen Tests, bei mir ein *gewisses technisches Verständnis* fest und vermittelte mich nach Charlottenburg zu den Noekel-Werken in der Fritschestraße. Meine Mutter verwunderte das Testresultat ziemlich, das möglicherweise auch mehr von der Notwendigkeit beeinflußt worden war, für den Rüstungsbetrieb Feinmechaniker-Nachwuchs zu finden – Noekel stellte Funkgeräte her, vor allem für die Luftwaffe.
Mir erschien dieser Stoß in einen technischen Beruf nicht so überraschend. Wir hatten, schon vor der Kinderlandverschikkung, Morseapparate gebastelt, Leitungen von einem Haus zum anderen wild durch alle Stockwerke verlegt und uns untereinander verständigt. Ärger hatte es damit auch gegeben. Unsere Planungen für den nächsten Tag, die von Meldungen wie *Fritz hat morgen Zigaretten* über *Kalle hat einen neuen Fußball* bis zu *Kutte kriegt Keile!* reichten, störten den Empfang von Nachrichten, Sondermeldungen und Musik aus den obligatorischen Volksempfängern, den kleinen braunen Bakelit-Kästen zu 35 Reichsmark.

So sind wir eines Tages entdeckt worden, und es gab reichlich Ohrfeigen: nicht weil wir *unbefugt Sender betrieben* hatten, auch nicht, weil wir ohne zu zahlen die Stromzähler angezapft hatten, sondern mehr, weil es ein wahres Wunder war, daß noch kein gewaltiger Kurzschluß Schaden verursacht hatte. Aber das erzähle ich nur wegen der meine Mutter unvorbereitet treffenden *technischen Begabung*. Die war wie bei fast jedem Bengel da.

Der Sommer 1944 war, abgesehen vom Schulabschluß und dem *Eintritt in das Berufsleben,* auch noch aus einem anderen Grunde wichtig: mit 14 wurde man automatisch vom Jungvolk in die HJ, die Hitler-Jugend, überführt. Die HJ aber bildete die sogenannten *Schnell-Kommandos,* die den unterbesetzten Polizei-Revieren zugeordnet waren.

Es gab eine braune Uniform, und dann wurde ein- oder zweimal in jeder Woche Nachtdienst geschoben: für 8,50 Mark die Schicht; dazu gab es ein warmes Essen und eine kleine Sonderzuteilung. Fett und Brot. Viel wichtiger aber war das Gefühl, nun auch in diesen grausigen, perversen Kriegsprozeß einbezogen zu sein.

Heute weiß ich, daß man damals mit der Romantik, die in jedem jungen Menschen steckt, mit seiner Opferbereitschaft und seiner Fähigkeit zur Hingabe an eine diffuse Sache, die man noch gar nicht zu beurteilen vermag, Schindluder getrieben hat. Damals war alles ein atemloses Abenteuer.

Wenn die Bomber über Berlin kreisten oder noch in riesigen Strömen im Anflug waren, fuhren wir bereits *unser Revier* ab. Wir brachten alte Menschen, die beladen mit ihrem *Luftschutzgepäck* über die Straßen keuchten, in die gewaltigen Beton-Burgen der öffentlichen Luftschutzbunker. Wir schrien *Licht aus!,* wenn irgendwo eine Lampe durch die Verdunkelung schimmerte. Das war die harmlose Form dieses Dienstes.

Wie jeder Berliner Junge ist Bubi Scholz auch als Kleinkind schon dahin geschleppt worden, wo er als erfolgreicher Boxer später so manchen Tropfen Schweiß verlieren sollte: von Mutter in den Grunewald. Vorn steht die ältere Schwester Hildegard.

Matrosenanzüge waren für kleine Jungen Anfang der 30er Jahre der »letzte Schrei«, wie es damals so hieß, und ein hölzerner Roller ein Spielzeug, das Neid erregte. Der Sonntagsausflug führte in Opas Schrebergarten-Kolonie, zum selbstgebackenen Obstkuchen.

Das Album mit den ersten Zeitungsausschnitten. Der 19jährige Bubi Scholz sammelte begierig, was da über das »hoffnungsvolle Talent« geschrieben wurde – Lob war für ihn die Nahrung für neue ehrgeizige Träume.

Bubi ist 13 Jahre alt, der Krieg hat mit brutaler Härte zugeschlagen, und in der Choriner Straße gab es Brandschäden. Der Luftschutzhelm und die Gasmaske sind die üblichen Kennzeichen einer Generation, der man die Kindheit stahl.

Ein ungemein modischer Bubi Scholz, zusammen mit Erwin Sahm kurz nach Kriegsende: der »Schlag« der Hose reichte bis zur Schuhspitze, und Rollkragenpullover machten einen eleganten jungen Mann.

Das war die Gymnasiastin Helga Druck, die Bubi Scholz auf einem Weihnachtsmarkt als 14jährige kennenlernte. Sie wurde später seine Frau.

Das erste neu gekaufte Auto war ein Ford, und der erste Hund ein Pudel.

Zur ersten Einrichtung von Bubi Scholz gehörte selbstverständlich der Nierentisch, unverzichtbares Möbel in der einsetzenden Hausse der ersten Nachkriegsjahre für jeden Deutschen, der Sehnsucht nach Wohnkultur verspürte.

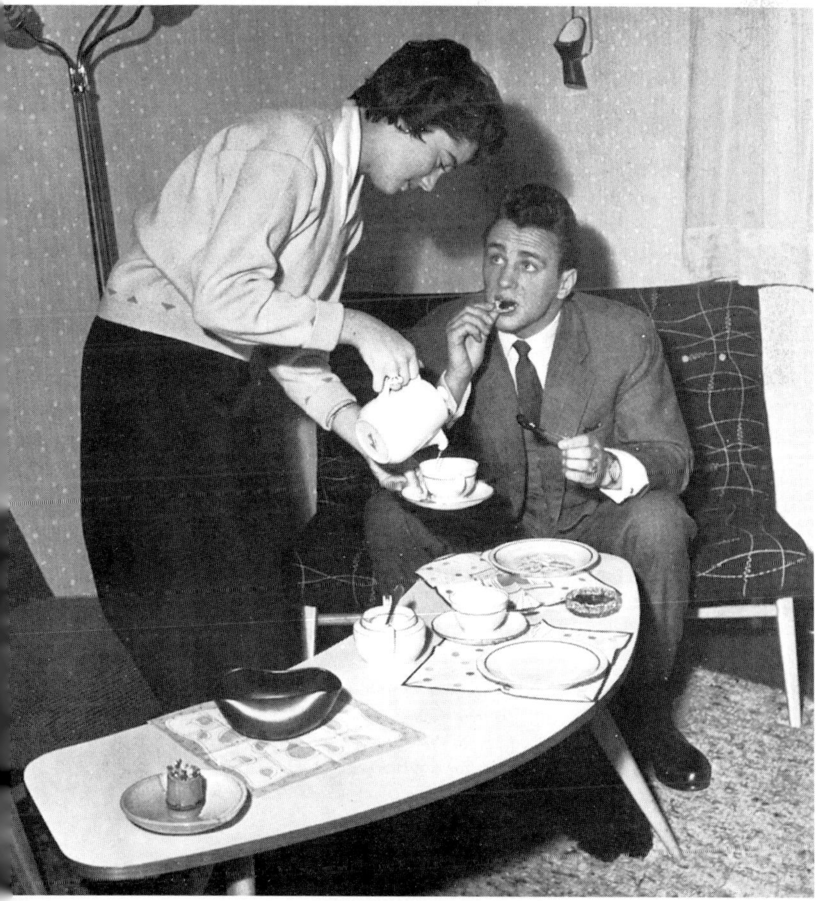

Dafür, daß aus dem Leichtgewichtler Bubi Scholz (bis 122 Pfund) schnell ein handfester Bursche wurde, sorgte ganz am Anfang Otto Schunke (r.) mit seinen Freß-Paketen. Links steht Trainer Lado Taubeneck.

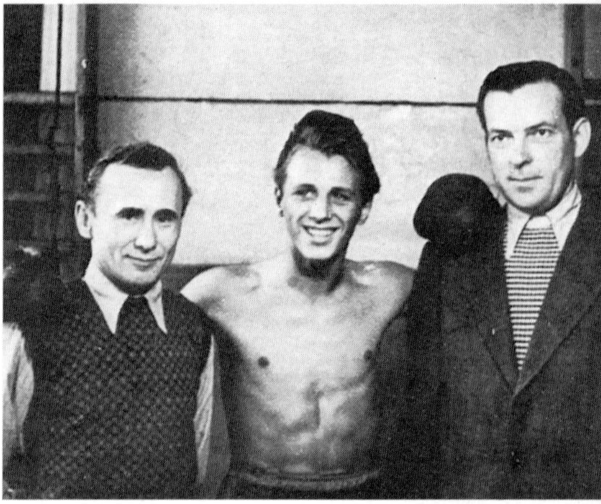

Im ersten Kampf gegen Horst Eichler trug Bubi (r.) noch die von Schwester Hilde rasch aus einem Bettlaken hergestellte Sporthose – aber man siegt eben mit den Fäusten und nicht durch untadelige Eleganz.

Das Heranreifen eines ganz großen Talents registrierten 1950 bereits 15 000 Zuschauer in der Waldbühne, als Gustav Scholz den Österreicher Fred Minnich in der vierten Runde auf die Bretter schickte. Hier ist der routinierte Wiener bereits groggy.

Gruppenbild vor einem Kampftag. Neben Bubi Scholz (direkt rechts dahinter Gretzschel) errang auch Heinz Neuhaus (Dritter von rechts mit den kurzen Hosen) internationalen Ruhm: er wurde Schwergewichts-Europameister. Der Herr mit dem gelichteten Haar zwischen Gretzschel und Neuhaus ist Kuddl Schmidt, ein Hamburger Idol. Zweiter von rechts: Rudi Pepper.

Üben, trainieren, jede Bewegung hundert- und tausendfach wiederholen! Die alte Boxer-Weisheit, daß man im Ring erleidet, was man sich beim Sparring zu schenken versucht, ist schon dem Anfänger Scholz klar gewesen. Begabung und Fleiß machten einen Weltklasse-Mann.

Der Erlanger Hans Stretz, der deutscher Meister im Mittel- und im Halbschwergewicht war, ist lange Zeit vor Bubi die Nr. 1 im »Stall Gretzschel« gewesen. Beim Schachspiel hatte er keine Chance. Er konnte nicht spielen. (Das Foto ist gestellt, der Reporter wollte es so.)

Dem erfahrenen Bayern Hans Häfner half in der Waldbühne auch seine unverwüstliche Kraft nichts. Bubi gewann nach Punkten.

Mit viel Mut und Cleverness gewann Bubi Scholz 1951 seinen ersten Titelkampf im Weltergewicht gegen Walter Schneider. Scholz (l.) pendelt in den Schlag und vermeidet ihn dadurch. Typisch amerikanischer Boxstil.

Noch einmal Scholz–Schneider! Die rechte Gerade Bubis stoppt den Älteren, der auch in der Münchner Revanche der klare Verlierer nach Punkten ist.

Der hocheingeschätzte Bremer Franz Szüzina, der einige »Wunderboxer« aus Amerika k.o. geschlagen hatte, wird 1953 im ausverkauften Berliner Sportpalast das Opfer von Bubi Scholz. Mit der rechten stellt er Szüzina für den Fangschuß zurecht.

Als Mittelgewichtler Szüzina nach einer genauen Linken in der zehnten Runde zu Boden sackt, ist er bereits im Fallen bewußtlos. Scholz war damit zum absoluten Publikumsmagneten geworden.

Schaukampf beim Sportpressefest auf der Trabrennbahn in Mariendorf mit Max Resch.

Zwei Tage später, nach einem Waldlauf, Blutsturz und offene Tbc. Rosige Aussichten für einen Berufsboxer.

Im November 1955 heiraten Helga Druck und Gustav Scholz in Schmargendorf, zehn Tage nach seiner Rückkehr aus dem Schwarzwald-Sanatorium. Trauzeugen: Fritz Gretzschel und Hans Rosenthal. Viele hundert Berliner drängten sich vor dem Standesamt.

Jetzt gilt es eine bürgerliche Existenz aufzubauen. Zwei Parfümerien werden eröffnet.

Die Handschuhe hängen an dem vielzitierten Nagel. Die Waage prüft nicht mehr das Kampfgewicht, sondern die gesundheitlichen Fortschritte.

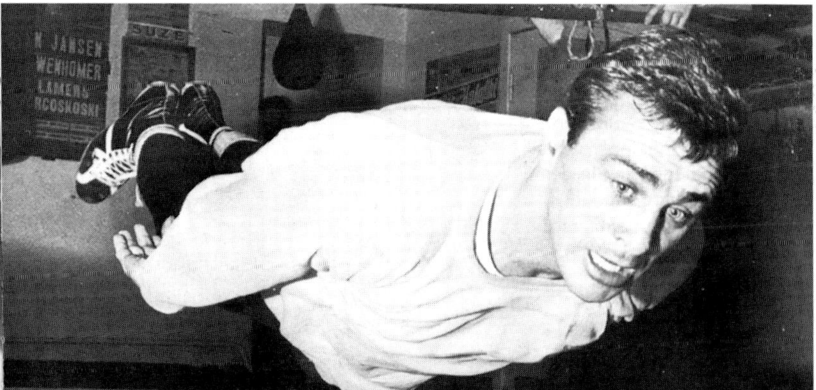

Der Faustkampf ist doch mehr als ein Broterwerb gewesen. Die Erfolge haben Bubi Scholz zur öffentlichen Person gemacht. Aus dem Minderwertigkeitskomplex des Beginns war der physische Komplex des Schwindsüchtigen geworden. Mit leichter sportlicher Betätigung versuchte er sein Comeback vorzubereiten.

Das erste Duell mit Gustav Scholz hatte der Franzose Humez im März 1958 umstritten nach Punkten gewonnen – aber um welchen Preis? France-soir, die große Pariser Zeitung, die Bubi mit seinem Trainer Lado Taubeneck betrachtet, überschrieb das Foto des total zerschlagenen Ex-Bergmanns aus Lothringen mit der in der Bild-Text-Kombination alles aussagenden Zeile »Der Sieger«.

Sieben Monate später findet in Berlin die Revanche Scholz–Humez statt, diesmal mußte der Franzose seinen europäischen Titel riskieren. Zunächst greift Humez wie üblich energisch an.

Doch dann übernimmt Scholz das Kommando.

In der zwölften Runde hebt der noch niemals vorzeitig besiegte Humez, zerschlagen wie schon in Paris und nun total demoralisiert, die Hand zur Aufgabe und geht in seine Ecke. Scholz ist Europameister.

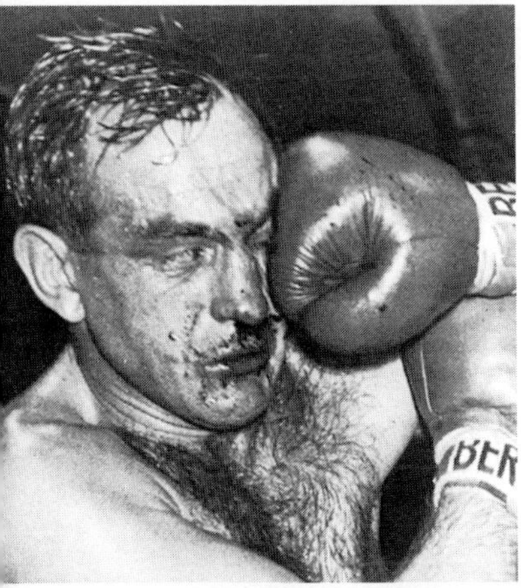

Die Faust von Gustav Scholz, die hier Humez über die Deckung hinweg trifft, hat diesmal mehr als ein Gesicht zerschlagen: Charles Humez hat nach den bitteren Runden im Berliner Olympia-Stadion nie wieder geboxt, Scholz hat eine Karriere zerstört. Im Jahre 1979 ist der »flandrische Löwe« Humez, der als wohlhabender Privatmann an der Riviera lebte, im Alter von 54 Jahren gestorben.

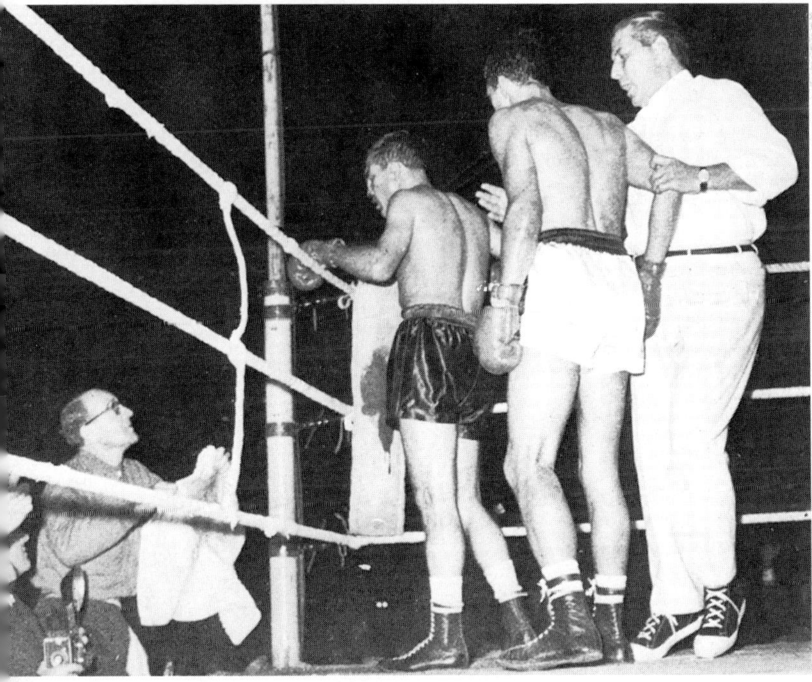

assungslosigkeit auf dem Gesicht des französischen Trainers. Tinelli, der italienische Ring-
ichter, hält Gustav Scholz zurück, der den bisher größten Kampf seiner Karriere gewonnen
at; die Freude wird sich später einstellen.

Jubel, der alle Absperrungen durchbrach, gab es nach dem Ende des Kampfes mit Charles Humez. Fotografen und Fans überschwemmten den Ring. Das Gedränge war fast gefährlicher als der Kampf.

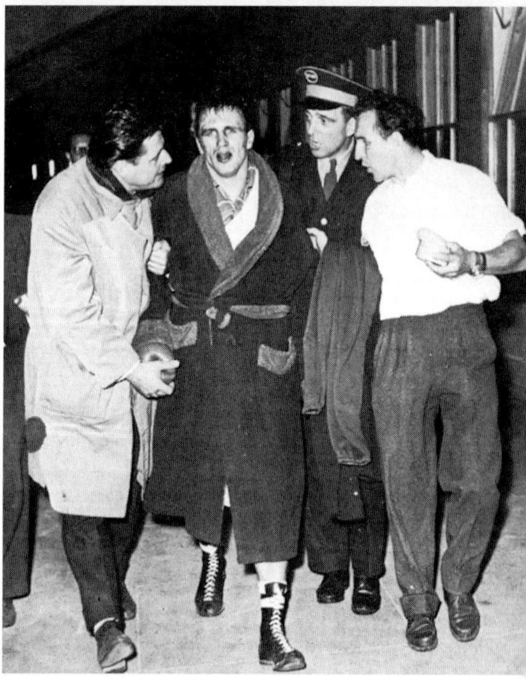

Der Weg zurück in die Kabine, aber ein Rückweg als Europameister. Gerhard Wendland, der Troubador der verklingenden 50er Jahre, begleitet Gustav Scholz. Rechts neben dem Ordner geht Freddy Teichmann, in den Wochen der Vorbereitung Bubis Bodyguard und Mädchen für alles.

Aber wir haben auch Verwundeten Erste Hilfe geleistet, brennende Straßenzüge abgesperrt, Verschüttete ausgegraben und – Tote geborgen.
Menschen, denen das Gesicht im Schmerz des Todeskampfes zu einer Grimasse gefroren war, Menschen, denen Gliedmaßen oder der Kopf fehlten, Menschen, die von der Hitze des brennenden Phosphors zusammengeschmolzen waren zu verkohlten Mumien.
Wir haben nach solchen Angriffen Notrationen verteilt. Um diese Rationen entbrannten oft heftige Streitereien, Schauspiele der Herzlosigkeit und Schamlosigkeit gab es jede Nacht, Beispiele menschlicher Gemeinheit und Rücksichtslosigkeit, gegen andere und gegen sich selbst.
Es ist heute unfaßbar, aber es war so: um eine dieser Rationen zu *nassauern,* wie wir sagten, verließen Menschen im Bombenhagel die relativ sicheren Bunker, gefährdeten sich, um einen Schlag heiße Suppe und ein paar Stücke Brot zu ergattern.
Und wir, die Jungen der Schnellkommandos? Wir paßten uns an. Eine Ration, die wir nicht ausgaben, war eine Ration für uns, für die Familie. So war das. Aus den Lautsprechern und in den Zeitungen klangen jeden Tag große Worte von Heldentum, Phrasen von Opferbereitschaft, Parolen zum Durchhalten. Wir hörten das und lasen das, glaubten es auch und hielten uns doch nicht daran.
Wir hörten mehr auf unseren knurrenden Magen, und was wir lernten, war, mit den Gesetzen der brennenden Straßen in einer sterbenden Stadt zu leben und zu überleben.

7. Berlin hatte immer noch dreieinhalb Millionen Einwohner. Es gab längst nicht mehr genügend Wohnungen für diese Menschen und viel zu wenig Keller. Denn die Keller waren die Wohnungen geworden in einer Stadt, in der Wasser, Strom und Gas nicht mehr funktionierten, von der Lebensmittelversorgung oder den Verkehrsmitteln ganz zu schweigen.

Es waren jetzt nicht mehr allein die Bomber, die bei Nacht kamen und tausend Tonnen Bomben in einem einzigen Anflug abluden, es waren auch die Tagesangriffe und die allgegenwärtigen Tiefflieger, die nun schon mit Bordkanonen in die Straßen schossen. Mit Brauerei- und Kohlen-Wagen wurden die Toten eingesammelt, in den Ruinen fanden sie eine erste Ruhestätte. Denn auf den Friedhöfen schafften es die Totengräber längst nicht mehr, auch nur genügend Massengräber auszuheben.

Wir von den Schnellkommandos waren pausenlos im Einsatz. Die Polizei bestand fast nur noch aus alten Männern und uns Jungen. Wir waren längst zu Ersatzpolizisten avanciert und in den letzten Kriegswochen dem Militär unterstellt.

Das Hauptquartier des Befehlskommandos Nord hatte sich in der Schultheiß-Brauerei eingerichtet, und in den riesigen Kellern der Braustätte waren Notlazarette bombensicher untergebracht. Unser Revier lag in unmittelbarer Nähe, und so karrten wir die Verwundeten, die wir aufsammelten, in die Bierkatakomben. Tag und Nacht.

Längst lag unser Stadtteil unter Artilleriebeschuß. Die Feuerüberfälle waren teuflisch und wirkten verheerend, wenn sie die um Wasser anstehenden Menschenschlangen vor den Pumpen buchstäblich zerfetzten. Da gab es meist nichts mehr in die Schultheiß-Keller zu transportieren.

Während wir, halbe Portionen, in Berlin Barrikaden und Straßensperren bauten, waren die Sowjets bei Forst in der Lausitz,

im Vorfeld Berlins, und aus dem Oderbogen bei Küstrin mit weit über einer Million Mann unter dem Kommando der Marschälle Schukow und Konjew zum letzten Sturm auf Berlin angetreten.
In Berlin begann der Totentanz einer verzweifelten, hoffnungslosen ehemaligen Führung, die einen perfekt organisierten Staat in einen Trümmerhaufen verwandelt hatte. In der Reichskanzlei hatte sich Adolf Hitler mit seinem Reichspropagandaminister Dr. Goebbels, dem Leiter der Parteikanzlei Bormann und anderen *Getreuen* eingeschlossen. Seine Schäferhündin Blondi mit vier frisch geworfenen Jungen war auch dabei. Aber das wußte damals niemand. Ebensowenig hatte irgend jemand eine Ahnung davon, daß Hitler noch schnell seine Freundin Eva Braun geheiratet hatte.
Und schließlich dauerte es Tage, bis bekannt wurde, daß sich der Führer am 30. April das Leben genommen hatte ...
Dafür gab es Durchhalteappelle anstelle von Brot, Horrorberichte über den Terror der anmarschierenden Sowjets, die nur *die mongolischen Horden* hießen, anstelle von Wasser, und die rücksichtslose Mobilisierung von Kindern und Greisen, anstelle einer Kapitulation, die Unzähligen das Leben gerettet haben würde.
So aber verteidigten 13-, 14- und 15jährige die Havelbrücken – bis zum letzten »Mann«. Ich weiß von einem Fähnlein mit 120 Jungen dieses Alters, von dem acht überlebten. Wenn diese Jungen nicht durch russische Kugeln fielen, dann wurden sie aufgehängt – von den überall herumstreifenden Feld- oder Schnellgerichten.
Ich habe 15jährige an Bäumen gesehen, die ein Schild um den Hals trugen mit der Aufschrift *Ich war zu feige zum Kämpfen!*
Selbst wenn ich mich wiederhole: es war keine Zeit zum Leben, es war nur ein Kampf ums Überleben.
Johnny und ich gehörten zu einer Einsatzgruppe, die Ecke

Tresckow/Danziger Straße eine Straßensperre kontrollierte. Die Besatzung war ein bunt zusammengewürfelter Haufen: Luftwaffe, Matrosen, Infanteristen, was der Zufall wahrscheinlich in einer Fronturlauber-Stelle zusammengefegt hatte. Hinzu kamen wir halben Männer vom Schnellkommando.
»Ihr kennt euch doch hier aus?« hatte der Kommandant, ein hagerer Leutnant mit EK I an der Brust, uns gefragt.
»Klar«, antwortete ich. »Wir kennen hier jedes Mauseloch.«
Damit waren wir dabei.
Ich bekam Tarnjacke, Stahlhelm, Knobelbecher und Panzerfaust. Für mich hatten sie eine 7,65-Millimeter-Pistole und für Johnny ein Gewehr mit 30 Schuß Munition. Gerhard Sennewald, ein anderer Freund aus unserem Viertel, war auch mit von der Partie.
Bei einem meiner kurzen Besuche zu Hause – wenn ich Lebensmittel organisiert hatte, fand ich immer einen Kurierauftrag, der mich durch die Choriner führte – gab ich Mutter Bescheid. Zusammen mit meiner großen Schwester Hilde, die damals 17 Jahre alt war, und der kleinen Heidi vegetierte sie zu dieser Zeit fast nur noch im Keller. Sie schaute mich bloß an und sagte: »Paß auf dich auf, Bubi!« Ändern konnte sie sowieso nichts.
Wir haben mehrere Wochen lang hinter dieser Panzersperre gelegen. Geschlafen haben wir abwechselnd nebenan in einem Laden. Verpflegungsengpässe überbrückte der Leutnant auf seine Art. Er ließ Geschäfte gewaltsam öffnen und requirieren. Buch wurde nicht geführt. So war es nur recht und billig, daß ich häufig für meine drei Frauen im Keller etwas zum Beißen abzweigte. Außerordentliche Erträge inmitten des Chaos.

Das Schießen und die Einschläge kamen immer näher. Wir wußten genau Bescheid: die Paukenschläge der 15,5-Zentimeter-Haubitzen kannten wir, das Bellen der kleineren Kaliber der Panzer und Sturmgeschütze, das gemeine Fauchen der Raketenwerfer. Zuletzt lernten wir auch noch das trockene Husten der Granatwerfer kennen. Manchmal war die Hölle los, und manchmal machte der Krieg Pause.

»Los«, sagte Gerhard, als wir an einem dieser ruhigen Tage lange genug auf den nicht weit entfernten Nordbahnhof gestarrt hatten, »laß uns mal einen Spähtrupp machen in Richtung Bahnhof!«

»Bin ich verrückt, da sind doch sicher schon die Russen.« Ich hatte wenig Lust, mir da was einzuhandeln. Es war einer jener warmen Vormittage, wie sie der April in seinen freundlichsten Augenblicken zu bieten vermag, und ich hatte die Tarnjacke ausgezogen.

»Traust dich bloß nicht«, stichelte Sennewald weiter, und so etwas ist ein Zauberwort für Halbgare, und etwas anderes waren wir ja damals nicht.

Wir machen also los, über die verlassenen Geleise, an ein paar zerschossenen Waggons vorbei, die der Krieg schon zwischen den Zähnen gehabt hat. Zu holen war da nichts mehr, das hatten wir an einem der Tage vorher nachgeprüft.

Plötzlich peitschen Schüsse auf, und schon liegt der Gerhard ein paar Meter neben mir im Dreck. Ich lasse mich fallen und presse mich ganz dicht an die Schienen, zwischen Schotter und rauhen Schwellen. Es zwitschert noch ein paarmal so ekelhaft, aber dann ist wieder alles still. Als ich vorsichtig den Kopf hebe, liegt der Gerhard immer noch flach.

»Kannst den Kopp wieder hochnehmen, Gerhard«, rufe ich ihm mutig zu. Der Gerhard Sennewald ist ein Jahr älter als ich und ein Stück größer, der braucht sich nicht so anzustellen.

Ich kriege keine Antwort, und er rührt sich immer noch nicht.

»Was ist denn, hast wohl die Hose voll«, werde ich kesser. Jetzt bekomme ich Antwort: ein ganz schwaches Stöhnen, ein unverständliches Lallen.

Mit einem Satz bin ich neben Gerhard, und gleich darauf wird mir fast schlecht: Gerhard Sennewalds rechte Gesichtshälfte schwimmt in Blut. Es sprudelt aus einer Wunde.
Ich drücke ihn runter, denn ein paar hundert Meter weit weg kann ich ganz schwach braune Gestalten erkennen – wahrscheinlich Russen. »Ruhig, Junge, ganz ruhig«, flüsterte ich beruhigend, und habe dabei selbst eine wilde, noch nie gefühlte Angst. »Ruhig, ich hole dich hier schon raus«, wiederhole ich immer wieder und freue mich, meine eigene Stimme zu hören. Wer redet, schießt es mir durch den Schädel, der ist noch nicht tot, der hat noch eine Chance.
Habe ich zwei Minuten dagelegen, drei, eine Viertel- oder halbe Stunde? Ich weiß es nicht, ich werde nur den süßlich-widerlichen Geruch des Blutes nicht vergessen, das unter Gerhards Kopf einen immer größer werdenden Fleck bildet.
Der Kerl muß weg, ist mir zum Bewußtsein gekommen, und: »Paß auf, ich hole Hilfe, gleich wirst du versorgt, reiß dich zusammen«, redete ich auf ihn ein. Dann machte ich einen gewaltigen Satz.
Flink bin ich immer gewesen, das mußte man sein, wenn man der Kleinste war beim Fußball und bei anderen unsanften Spielen in der Choriner Straße. Aber so wie an diesem Tage zu der Verladerampe, die mir Deckung geben sollte, bin ich noch nie gerannt und wohl auch kaum einmal wieder. Ich flitzte, bis ich aus dem Gewehrfeuer heraus war, das prompt wieder einsetzte, Holzspäne von den Schwellen riß, die schwarzen Schottersteine aufspritzen ließ und einen unerträglich singenden Dauerton hervorrief, wenn es die eisernen Schienen traf.
In Richtung Vinetaplatz wußte ich einen Verbandsplatz. Aber schon vorher traf ich auf ein paar Versprengte, die eng an die Hauswände geschmiegt dahinschlichen.
»Helft mir, mein Freund liegt da auf den Geleisen, verwundet«, keuchte ich atemlos.

»Spinnst du?« war das Echo. »Denkst wohl, wir sind lebensmüde. Das ist doch freies Gelände, das sehen Scharfschützen ein. Den laß man liegen, bis es dunkel wird. Dann kannste ihn ja holen, wenn er dann noch lebt.« Dann trotten sie weiter.
So ist das also, denke ich wütend, so ist das also mit der Kameradschaft. Schönwettersprüche, Gequatsche für Heimabende bei den Pimpfen, Gesten für die Filmkameras! Doch dann fällt mir wieder Gerhard ein, den ich bald so lange kenne, wie ich denken kann, und der da nicht verrecken darf.
Unsere Kinder heute, die sehen das alles so steril und spannend im Fernsehen: da ist die staubige Straße in der Westernstadt, rechts und links ducken sich die Spießer mit eingezogenem Kopf hinter den Fenstern, und Schurke und Held gehen aufeinander los – high noon, hoppla, wer zieht schneller?
Und wenn einer, ob Edelcharakter oder Gangster, streng nach Drehbuch getroffen die letzten Worte spricht, dann sind die klar zu verstehen, und lediglich ein bißchen rote Farbe vermittelt die gerade erforderliche Menge Tod und Sterben – bitte nicht so richtig grausam!
Da ist nie etwas von Knochensplittern zu bemerken, wenn eine Kugel den Wangenknochen zertrümmert, und nicht die Blutlache, die aus dem Ausschuß im Nacken quillt. Da schießt es auch nicht aus einer entsetzlichen Anonymität der Entfernung, die kein Gesicht mehr erkennen läßt, und die einen nichts von den Schmerzensschreien und den Rufen nach Mutter oder Vater verstehen läßt. Im modernen Krieg wird man eben getroffen, und da stirbt man vielleicht, so wie beinahe damals der Gerhard. Anonym. Sodatenameise.
Ich bin zu Gerhard Sennewald zurückgerannt. Ich habe geglaubt, den Todesengel neben mir zu hören, als die Kugeln wieder pfiffen, und ich habe den Gerhard dann – nicht gefunden, habe nach ihm geschrien.
Ich habe ihn erst nach Minuten wieder durch dieses Lallen ge-

ortet, dreißig Meter weg von der Stelle, an der noch der rote Fleck feucht glänzte und mir zeigte, daß sich alles genau da abgespielt hatte. Gerhard hatte sich zur Seite geschleppt, unter einen Güterwagen, wie, weiß ich nicht, und ich bin wieder zu ihm gekrochen.

Mit einem Verbandspäckchen, das mir einer der Versprengten gegeben hatte, habe ich Gerhard das Blut abgetupft. Er konnte nicht mehr sprechen, sein Mund war voll Blut, und es floß ihm auch aus der Nase. Ich habe neben ihm gelegen, habe mit ihm gesprochen, gebetet vielleicht, geweint sicherlich auch. Ich war 15 Jahre alt, und zum ersten Male lag ein Freund, ein Mensch, den ich gut kannte, neben mir und schien zu sterben.

Ich habe ihn weggeschleppt. Ich, der viel Kleinere, der Bubi, den stämmigen Gerhard. Die letzten Meter zum Lazarus-Krankenhaus haben mir Fremde geholfen. Gerhard Sennewald hat den Krieg überlebt.

Berlin war eine sterbende, sich unter dem Würgegriff der sowjetischen Truppen windende Stadt. Beinahe pausenlos griffen die von frontnahen Flugplätzen startenden Tiefflieger an, was immer sich rührte. Es gab keine Lebensmittel mehr. Das Berliner Telegrafenamt, das 100 Jahr ununterbrochen besetzt gewesen war, machte am 22. April zu. *Viel Glück für euch alle* war das letzte Kabel, das da registriert worden ist. Es kam aus Tokio . . .

Vom Flughafen Tempelhof startete die letzte Maschine mit neun Insassen. Später hat nur noch die berühmte Pilotin Hanna Reitsch, die der unbegreiflichen Faszination Hitlers wie so viele Frauen erlegen war und mit ihm in der Reichskanzlei saß, die Stadt verlassen. Aber die flog mit dem letzten Luftwaffen-Oberbefehlshaber Ritter von Greim in einer müden *Arado 96*, der Schulmaschine der vernichteten deutschen Jagdflieger-Blüte, in einer Nacht vom Beton der Ost-West-Achse aus.

Wie man die Lage der ehemals so stolzen Reichshauptstadt einschätzte, zeigte der Befehl an die verbliebenen 1400 Fahrzeuge der Berliner Löschzüge: sie sollten sich nach Westen absetzen – in Berlin brauchte nicht mehr gelöscht zu werden.
Keine Tragödie ist ohne groteske Einlagen. Von 17 Berliner Brauereien produzierten elf, zu kriegswichtigen Betrieben erklärt, unverdrossen das labbrige Molke-Bier, das anständigen Gerstensaft ersetzen sollte, und das rote Gesöff, das im Sommer Kalt- und im Winter Heißgetränk hieß und mit Limonade kaum noch Verwandtschaft erkennen ließ. Nur mit der Auslieferung, da gab es wegen der ständig anfliegenden *Nähmaschinen*, wie die *Iljuschin 2* genannt wurde wegen des eigenartig tuckernden Motorengeräuschs, erhebliche Probleme.
In diesem chaotischen Berlin lieferte ich meinen Freund Gerhard im Lazarett ab und marschierte anschließend treudeutsch, aber auch aus Angst, als fahnenflüchtig aufgegriffen zu werden, zu meiner Panzersperre zurück. Da war immerhin noch Johnny, der eine Maschinenpistole ölte und der restliche Haufen, der durch Versprengte der verschiedensten Truppenteile immer wieder aufgefüllt wurde. Unser Leutnant mit dem EK I war natürlich auch noch da. Der machte, weil er inzwischen einen so ausgedehnten Frontabschnitt kommandierte, wie ihn sich 1940 ein Major erträumt hätte, nur noch Stippvisiten bei uns oder requirierte.
Als der Leutnant uns den Befehl zur Absetzbewegung in Richtung Bernau *zur Vereinigung mit der Armee Wenck* vorlas, kam es zwischen Johnny und mir zu einer ganz persönlichen Krise.
»Du, was hältste von der Chose?« will ich wissen, als ich nachts nicht schlafen kann. »Ich kann mir nicht helfen, ich glaube an diese Armee Wenck nicht so richtig gläubig, wie ich das tun sollte!«
»Weiß ich auch nicht«, erwidert Johnny, »vielleicht ist es ja

richtig, daß das hier nur eine russische Kampfgruppe ist, die durchsickern konnte. Vielleicht stehen vor Berlin schon unsere Jungens und wollen uns raushauen. Und in drei Monaten stehen wir als Sieger in Moskau.«

»Überblick hat man man ja keinen mehr«, spinne ich meine Zweifel weiter. »Meinst du nicht, daß wir uns besser verdrükken – in die Choriner?«

»Knall!« entrüstet sich Johnny.

Ich habe mit Johnny, der eigentlich Karl-Heinz Schmidt hieß und in der Choriner Straße eine Treppe über uns wohnte, nicht mehr viel geredet. Kann sein, daß ich dabei auch an seine Mutter gedacht habe.

Die war Blockwartin der NSDAP, und mit der war ich vor allem immer beim Grüßen aneinandergeraten. Wenn ich »Guten Tag, Frau Schmidt!« sagte, dann giftete sie mich gewöhnlich an: »Der deutsche Gruß heißt *Heil Hitler*. Wenn du *Guten Tag* sagen willst, dann brauchst du mich überhaupt nicht zu grüßen!« Das war eine von den 120prozentigen, und ihr anderer Spruch war: *Unser Führer weiß schon, was er macht!* Den ließ sie selbst am Tag der Kapitulation noch vom Stapel.

Den Eindruck hatte ich nicht mehr so richtig, aber vielleicht sollte man darüber mit dem Sohn einer Blockwartin besser nicht reden . . .

Wenn es nämlich noch etwas gab in diesen Jahren, was den Charakter versaute und die Menschen vergiftete, dann war es das Mißtrauen, die Denunziationen. Ein blöder Witz konnte schon zur Verhaftung führen, und Witze gab es wirklich reichlich.

Ich weiß noch, daß es nach den ersten bejubelten Erfolgen beim Vormarsch in die Sowjetunion in Berlin eine Ausstellung mit dem Namen *Paradies Sowjetunion* gegeben hat. Die sollte, in armseligster Form mit Wohnungseinrichtungen und so weiter, die absolute Rückständigkeit der Russen dokumen-

tieren. In der Sprachregelung der Nazis: das Untermenschentum.
Als die Ausstellung plötzlich abgebrochen wurde, zog der Mutterwitz der Berliner daraus natürlich den Stoff für einen Anti-Nazi-Witz. »Weeste, warum das Paradies Sowjetunion zugemacht hat? Weil die Leute vom Wedding ihre Möbel wiederhaben wollten!« Die Gegend am Wedding war nicht die feinste von Berlin.
Für Witze dieser Qualität konnte man in die Bendlerstraße, ins Hauptquartier der Gestapo, abgeholt werden und in einem KZ landen. Ich kenne eine böse Geschichte von irgendeiner kleinen Trulla aus unserem Kiez, die ihrer Mutter die Geschichte ihrer Schwangerschaft ohne Vater mit dem Satz *Ich schenke unserem Führer ein Kind* verkaufte.
Die Mutter antwortete mit einer saftigen Ohrfeige, die Tochter rannte zur Polizei, und am Ende landete die angehende Großmutter wegen *Tätlichkeit gegen eine werdende Mutter* im Knast. Das ist gar nicht mehr witzig, aber es verdeutlicht den tiefen Riß, der selbst durch Familien ging, und das allgemeine Mißtrauen.
Ich entschloß mich gegenüber Johnny nur noch zu einem kargen: »Ich muß mir das überlegen. Aber wundere dich nicht, wenn ich plötzlich von der Bildfäche verschwunden bin.« Schließlich konnte man sich auf einen möglicherweise von einer Blockleiterin infizierten Sohn nicht hundertprozentig verlassen.
Der Leutnant hatte Johnny und mich noch mit Maschinengewehrgurten bepackt, zusätzlich zur Panzerfaust und dem Karabiner, den sie mir auch noch angedreht hatten. Waffen lagen überall herum. Es muß in der Nacht zum 1. Mai gewesen sein, als sich in den Straßen um die Schultheiß-Brauerei herum alles sammelte, was noch laufen konnte.
Bis kurz vor den S-Bahnhof Schönhauserallee bin ich mitgelau-

fen. Dann habe ich mich allmählich vom Kriege getrennt: den Karabiner stellte ich in eine Ecke, einen Munitionsgurt legte ich in die nächste, bis ich nur noch meine Pistole bei mir hatte und den Melder-Ausweis, das erste militärische Dokument, das ich einmal erhalten hatte.
Es war, ich habe das erst Jahre später erfahren, der Tag, an dem die deutsche Übersee-Nachrichtenagentur »Trans-Ocean« ihr letztes Kabel in französischer Sprache herausgab: »Sauve, qui peut«, auf gut deutsch »Rette sich, wer kann!«
Bubi Scholz war gerade dabei.
Ich habe in meiner Ruine erst einmal abgewartet. Ich habe Angst gehabt, natürlich. Russen konnten kommen, aber auch so eine wildgewordene SS-Patrouille. Aber ich habe auch Zeit zum Nachdenken gehabt.
Der beginnende Mai 1945 versprach ein freundlicher Monat zu werden. Die Häuser waren zerstört, die noch stehenden Fragmente der Mauern rauchgeschwärzt. Doch in der ganzen Zerstörung begann die Natur freundliche Farbtupfer zu setzen. Die Bäume, so sehr sie auch von Splittern oder Kugeln zernarbt waren, wurden grün. Die ersten Blumen quälten sich aus der Erde. Ich hatte Natur nie so stark empfunden, und ich habe sie in den Jahren danach nicht wieder so bewußt wahrgenommen.
Am Abend, als die Nacht zu meinem Verbündeten wurde, habe ich mich auf den Weg in die Choriner Straße gemacht. Scheu wie die Ratten, die in den Trümmern nach Nahrung suchten, immer vorsichtig witternd wie ein Tier. Manchmal im Laufschritt, dann wieder regungslos an die Erde gepreßt, wenn mir irgend etwas verdächtig erschien. Meist führte der Weg durch Ruinen und mir vertraute Hinterhöfe, wo ich die militärischen Requisiten Stück für Stück *verlor*.
Im Morgengrauen bin ich in der Choriner Straße 54. Im Keller reiben sich meine Mutter und die Schwestern den Schlaf aus

den Augen. Sie nächtigen da mit anderen Frauen und Kindern. An Männern gibt es nur noch Greise in unserem Haus. Was draußen los ist, wollen sie alle wissen.
»Die Wehrmacht ist nach Pankow abmarschiert, unser Bezirk ist erst mal aufgegeben«, berichte ich. Das bedeutete: Morgen sind die Russen da.

8. Am nächsten Morgen, ich schlief noch, kapitulierte der letzte Kampfkommandant von Berlin. General Weidling unterschrieb um 8.23 Uhr bei General Tschujkow seinen letzten Befehl, in dem er den noch kämpfenden Truppen befahl, den Widerstand einzustellen. Das OKW (Oberkommando der Wehrmacht) gab die Übergabe Berlins erst 48 Stunden später, am 4. Mai, offiziell zu. So kam es, daß es immer noch knallte.

Die Panzerdivision Müncheberg beispielsweise eroberte am 3. Mai noch einmal die Havelbrücken bei Spandau zurück. Dabei gab es ein fürchterliches Blutbad, da die Panzer beider Armeen in Flüchtlingskolonnen hineinfuhren.

Ich trug schon wieder kurze Hosen und ein verwaschenes Hemd. Die Haare hatte ich mir selbst mit einer Schere kurz geschnitten, um möglichst kindlich auszusehen und ein bißchen verhungert – was mir auch nicht schwerfiel. So warteten wir auf die russischen Eroberer, mit bibberndem Herzen und auf das Böseste gefaßt.

Mit dem kurzen Haarschnitt war das so eine Sache. Die Nazis hatten ja so bestimmte Regeln aufgestellt: eine deutsche Frau schminkt sich nicht, rauchen sollte sie auch nicht, und was sonst noch alles. Bei Jungvolk und HJ sah man streng auf einen militärisch-kurzen Haarschnitt. Reglementierung aber hat in der Jugend wohl zu allen Zeiten Widerstände ausgelöst.

Bei uns machte der sich so bemerkbar, daß man um so angesehener war, je länger einem die Peitsche ins Genick hing. Von den Hippies waren wir zwar weit weg, aber so eine richtige Entenschwanz-Frisur mit Schmalzlocke hatte auch ihre Länge.

Eine andere Mode hatten wir von den Marinesoldaten übernommen: den *Schlag* in der Hose! An möglichst dunkelblauen langen Hosen wurde die Naht an der Innenseite der Hosen aufgetrennt und ein breiter Keil eingenäht. Auch durch virtuose Bügelkünste konnte man zum Ziel gelangen. Ich jedenfalls legte stets extrem nasse Tücher auf die Hosenbeine und dehnte den Stoff beim Plätten mit aller Macht. Nach diesem Verfahren ließ sich ein makelloser Schlag herstellen – auch ohne Keil. Andere wiederum spannten ihre Hosen abends auf eigens zugeschnittene Bretter. Aber egal, welche Methode angewendet wurde, eine Hose war erst Klasse, wenn sie weit über die Schuspitzen reichte – auch so ein stiller Protest.

Aber das war nun alles vorbei, Harmlosigkeit war gefragt. Denn die Russen hielten sich nicht erst mit Erkundigungen nach Alter und Dokumenten auf, die sperrten gleich ein, was ihnen Werwolf-tauglich vorkam. Obwohl sich der *Werwolf*, die nazistisch-germanische Partisanen-Rasse, nirgendwo zeigte. Werwolf war schon richtig: die Bewegung gab es sowenig wie das sagenhafte, blutlechzende Fabelwesen.

Die ersten Russen, mit denen wir zu tun hatten, gaben sich korrekt und kinderlieb. Die Maschinenpistole mit der großen runden Trommel unter dem einen Arm, kramten sie mit der anderen Hand ein Stück feuchtes, klebriges Brot aus ihren Panjewagen – ihre Favoriten waren die Kleinen.

Wenn wir nicht so große Angst gehabt hätten, wäre es eigentlich zum Lachen gewesen. Die Soldaten, denen ich in diesen ersten Mai-Tagen begegnete, trugen jede Menge Armbanduhren, manchmal sieben oder acht nebeneinander auf einem Unterarm. Mit denen ließen sie sich fotografieren, und wahrscheinlich schickten sie die Bilder mit der nächsten Post in die Heimat, um die Größe des Sieges und der Beute zu demonstrieren.

Das mit den Uhren fanden wir lächerlich. Daß jede Uhr von einem Menschen stammte, der sich bei der *Übergabe* halbtot geängstigt hatte – wenn ihm nicht Schlimmeres widerfahren war –, kam uns gar nicht in den Sinn. Fast so scharf wie auf Uhren waren die sowjetischen Krieger übrigens auf Fahrräder, obwohl die meisten noch nie auf einem Zweirad gesessen hat-

ten. Da gab es Stürze en masse, und manch einer holte sich dabei üblere Blessuren als während des gesamten Feldzuges.
Die neuen Verhältnisse verlangten neue Strategien. Und die lagen in Form von Kornbrand bei mir zu Hause versteckt. Den hatte ich aus den Läden mitgenommen, die unser Leutnant *zwecks Versorgung der Truppe* hatte aufbrechen lassen.
Trotz anfänglicher Verständigungsschwierigkeiten hatte ich schnell heraus: Schnaps war die große Leidenschaft der Rotarmisten und zugleich Mangelware bei der Roten Armee. Heute würde ich sagen: Die Nachfrage überstieg das Angebot bei weitem. Die Marktchancen für einen potenten Anbieter waren ausgesprochen günstig.
Damals, schon am zweiten Tag nach der Kapitulation, als ich die schlimmste Angst und das ärgste Mißtrauen gegenüber den russischen Soldaten überwunden hatte, fragte ich einfach: »Du Wodka?« Und wenn der Russe mich, den als Kind herausgeputzten Bubi, angrinste und heftig nickte, erklärte ich ihm gestenreich: »Ich Uhr!« So kamen mit viel Umsicht betriebene Zug-um-Zug-Geschäfte zustande. Dabei war es vor allem wichtig, die Uhr bereits in der Hand zu haben, bevor der Soldat nach der Flasche griff. Nur so konnte man seiner Tauschware halbwegs sicher sein. Wie man sieht, war ich bereits frühzeitig darauf bedacht, für einen geregelten Warenverkehr zwischen Besatzern und Besetzten zu sorgen.
Eine andere Sache waren die Arbeitseinsätze. Dafür wurden Männlein wie Weiblein häufig von der Straße weg eingesammelt. (Manchmal kam ein so Eingesammelter erst Jahre später wieder nach Hause, oder er verschwand für immer.)
Mich haben sie mehrmals aufgelesen und zu Drecksarbeiten verdonnert. Bis ich eines Tages das große Los zog. Sie brauchten gerade Ladehelfer für die Cyliaks Süßwarenfabrik, und ich gehörte zu den Zwangsrekrutierten. Die Firma lag im zweiten Hinterhof eines Gebäudekomplexes in der Kastanienallee, und

das Grundstück ragte in die Schwedter Straße hinein. Dort mußte ich helfen, russische Panje-Wagen, von kleinen struppigen Pferdchen gezogene Gefährte, mit Schokoladen-Ersatz und kandierten Geleestangen zu beladen. Nach getaner Arbeit erhielt ich – die Wachsoldaten waren recht großzügig mit der Ware, die ihnen ja nicht gehörte – zwei Schachteln Geleestangen als Lohn.
Fortan drückte ich mich häufig bei Cyliaks herum. Zum einen biederte ich mich fleißig bei den Russen an, zum anderen kundschaftete ich die benachbarten Ruinengrundstücke aus.
»Rabotta? Arbeit?« fragte ich bei jeder sich bietenden Gelegenheit. Und es dauerte nicht lange, da gehörte ich zu den ständigen Helfern. Auf den Transportwegen durch das verwinkelte Gebäude ließ ich in jeder passenden Ecke Süßwarenschachteln liegen. Waren die Wägelchen beladen und weggerumpelt, holte ich mir meinen Lohn ab und stockte ihn beim Verlassen der Fabrik um einige Schachteln auf, die ich aus meinen *Lagerecken* klaubte. Für die Torwache waren meine Schachteln *Lohn für Rabotta,* und so konnte ich hochbepackt und unbehelligt davonspazieren. Und was auf diese elegante Tour nicht wegzuschaffen war, schmuggelte ich auf Schleichwegen durch die Keller der Ruinen aus der Fabrik.
Die zur Arbeit bei Cyliaks herangezogenen Frauen sah ich so gut wie nie Kartons schleppen. Mit ihnen verschwanden die Wachen regelmäßig in leeren Zimmern zum *Fraternisieren. Lohn für Rabotta* gab's hierfür auch, so daß manche Frauen an diesem Arbeitseinsatz wenig auszusetzen hatten und immer wieder kamen.
Undiszipliniertes Verhalten war im Prinzip streng verboten, und an der Schultheiß-Brauerei sind auch einmal zwei Soldaten erschossen worden: ob wegen Vergewaltigung, Plünderung oder eines anderen Deliktes, weiß ich nicht. Solche Ereignisse ernüchterten unsere Besatzer sichtlich.

Die Frauen zeigten sich, wenn ich mich richtig erinnere, ziemlich in ihr Schicksal ergeben. Sie hatten wahnsinnige Furcht, und sie trauten sich nicht einmal zum Wasserholen auf die Straße. Sie versuchten so unattraktiv wie möglich auszusehen, zogen die ältesten Klamotten an und stopften sich sogar, um Schwangerschaften vorzutäuschen, Kissen unter Röcke und Kleider.

Geholfen hat es nicht viel. Besonders die Soldaten aus der Mongolei, die nach den disziplinierteren Kampftruppen als zweite Besatzungs-Welle in die Stadt kamen, waren kaum zu bremsen.

Ich hatte mein Schlüsselerlebnis mit den Sowjets, als sie mich eines Tages wegen angeblichen Waffenbesitzes verhafteten, auf den schwere Strafen standen.

Es ging um die Pistole, die ich in der Nacht meiner Heimkehr in der Ruine unseres Hinterhauses verborgen hatte. Die bestand nur noch aus Brandmauern und ein paar Eisenträgern. Über diese Eisenträger war ich in den zweiten Stock geturnt, wo ein alter Herd mehr hing als stand. In dem Herd hatte ich die Pistole, säuberlich in einen Öllappen gewickelt, sorgfältig versteckt. Als Junge trennt man sich schwer von so fabelhaften Dingen wie Pistolen. Aber wer konnte das wissen, und wie konnten vor allem die Russen es erfahren haben?

Die Russen wußten natürlich nichts. Die Erklärung war einfach *zeitgemäß*: einer meiner Freunde, der in einem zur Demontage bestimmten Werk mit dem Abbau von Maschinen beschäftigt war, hatte sich beim *Organisieren* eines Motors erwischen lassen. Die Russen veranstalteten bei Horst Kretzschmar eine Hausdurchsuchung, und dabei fanden sie Waffen. Die hatte der Trottel aufgesammelt, sie lagen ja überall herum, und nicht außerhalb der Wohnung versteckt.

Bei der Vernehmung durch die GPU oder NKWB, ganz flüssig auszusprechen Narodnij Kommissariat Gosudarstwennoj

Bespatschnosti, wie sie damals schon korrekt hieß, war Horst nach Kumpanen befragt worden, die auch Waffen gesammelt hätten. In seiner Panik hatte er u.a. auch meinen Namen genannt.

Zeitgemäß habe ich das nur genannt, weil solche Sachen an der Tagesordnung waren. Das Denunzieren, das bei den Nazis begonnen hatte, ging nach Kriegsende fleißig weiter – nur die Adresse hatte sich geändert.

Ich saß also in einem Bunker der politischen Polizei, der, Ironie des Schicksals, ausgerechnet im Keller des Krankenhauses in der Prenzlauer Allee untergebracht war, in dem seinerzeit mein zerquetschter Zeh so fürsorglich behandelt worden war. Als erstes wurden mir meine ohnehin kurzen Haare zu einer Glatze geschoren. Als nächstes stellten sie mich – und ein paar andere gleich dazu – im Keller an eine Wand und fuchtelten mit Gewehren herum. Das war der Moment, in dem mein Heldenmut sich endgültig verflüchtigte.

Ich habe, aber ich nicht allein, geheult und immer wieder gesagt, daß ich keine Waffen besäße. So weichgeknetet, folgte die Gegenüberstellung mit Horst Kretzschmar.

Wenn mir eines klar geworden war, dann dieses: entscheidend mußte der Zeitpunkt sein, zu dem ich die Pistole noch besessen hatte! Also sagte ich, daß ich die Waffe nur *bis zur Befreiung durch die ruhmreiche Rote Armee* in Besitz gehabt hätte.

Ob sie mir das geglaubt haben? Ich bin jedenfalls nicht erschossen worden – Danke! Aber ich landete wieder in der Zelle.

Ich habe dort, eingepfercht zwischen 25 bis 30 Männern, die allesamt wesentlich älter waren als ich, jedes Zeitgefühl eingebüßt. Viele von ihnen waren bereits seit Wochen eingesperrt, ohne auch nur ein einziges Mal verhört worden zu sein. Ich bin schier verzweifelt in dem stinkenden Keller, an dessen kalten Wänden primitive Holzpritschen angebracht waren und in dessen Mitte ein großer offener Kübel stand, in den wir unsere

Notdurft verrichteten. Man wußte nicht, ob es Tag oder Nacht war und hungerte gottserbärmlich.
Ich hatte teuflische Angst, und nur mein Restchen Verstand hämmerte mir ein, daß man mir niemals Waffenbesitz nachweisen würde. Auf den Straßen Berlins lagen Hunderte von Gewehren, Pistolen und Munitionsbehältern, die auf der Flucht weggeworfen worden waren. Selbst die Russen konnten sie nicht auf einmal einsammeln.
Nach 14 Tagen Haft haben sie mich laufen lassen, urplötzlich und ohne ein Wort der Erklärung. Ich wußte nicht, ob der Verdacht entkräftet worden war, ob sie mich beobachten würden – sie schickten mich eben weg.
Das unbestimmte Gefühl, diese plötzliche Verhaftung könnte sich wiederholen, vielleicht aus einem handfesten Grunde (wer gab sich damals keine Blöße?), vielleicht aber auch wieder nur wegen einer nicht oder schwer zu widerlegenden Denunziation, ließ mich nicht los. Ich hatte ein Empfinden für die absolute Rechtlosigkeit, die Willkür, der ich ausgesetzt war.
Ich habe damals beschlossen, so schnell wie möglich aus dem Dunstkreis dieser unheimlichen Russen zu verschwinden. Es war doch so, daß die einen in einem Keller verschimmeln lassen konnten, ohne daß sich eine andere Instanz eingemischt hätte. Ich wollte zu den Engländern oder den Amis.
Irgendeiner erzählte mir, daß sein Vater in einem britischen Kriegsgefangenenlager bei Uelzen säße und daß er ihn besuchen wollte. Als ich den Kumpel wiedertraf, sagte ich so hin: »Wann besuchen wir denn deinen Alten in Uelzen?«
Ich weiß nicht einmal mehr, wie der Junge hieß. Es war einer der Halbwüchsigen, die der Krieg wie ein riesiger Taifun über das ganze Land geblasen hatte. So einer war da, man fand ihn ganz sympathisch, er hatte die gleichen Probleme wie man selbst, und man kroch zusammen: besser einen Freund für eine Woche als gar keinen Freund!

Der Kumpel sagte: »Heute nachmittag am Stettiner Bahnhof!«
Mutter wollte ich nichts von meinen Plänen erzählen. So sagte ich nur: »Ich fahre Kartoffeln hamstern.« Das war ein Satz, der so alltäglich klang wie heute der Spruch eines Gleichaltrigen: »Ich will noch in die Disco!« Nur wurde der von damals von der älteren Generation mit mehr Begeisterung aufgenommen.
Der Stettiner Bahnhof war schwarz vor Menschen. Züge fuhren ohne Fahrplan, wenn einer da war, sprang alles rein. Oder versuchte es wenigstens! Für viele langte es nur zu einem Platz auf dem Trittbrett, und die sahen nach 100 Kilometer Reise aus wie die Neger. Denn gefeuert wurde mit Braunkohle miesester Qualität, die uns die Russen überließen, und der Ruß war braunschwarz, fettig und haftete hervorragend.
Der Kumpel und ich hatten wenigstens die Hände frei, weil wir kein Gepäck bei uns hatten. Also fühlten wir uns auf dem Trittbrett ganz wohl. Wir kamen nur nicht weit.
Die Reise muß im August oder September stattgefunden haben, denn ich weiß eines noch ganz genau: wir wurden von Russen gestoppt und wurden zur Kartoffelernte zwangsrekrutiert! Vom Zug weg zur Arbeit, nachts in einer Scheune auf Stroh unter Verschluß, dann wieder Arbeit und so weiter, bis irgendein uns nie genanntes Soll erfüllt war.
Dann waren die Russen aber auch fair: sie stoppten für uns wieder einen Zug auf freier Strecke, unter viel Geschrei wurden wir da hineingesteckt, wo es nach deutschen Maßstäben gar keinen Platz mehr gab, und ab ging es. Bis der nächste Ortskommandant ein paar Kilometer weiter seine Ernte-Sorgen durch uns beseitigte ...
Das klingt bestimmt ganz lustig, aber wir wollten von Berlin nach Uelzen reisen und nicht die Kartoffeln für Moskau, Kiew und Smolensk ernten. Statt sechs Stunden waren wir bereits dreieinhalb Wochen unterwegs, und hätten wir nicht Glück ge-

habt, hätten sie uns wahrscheinlich auch noch die Krim und Usbekistan als Versorgungsgebiet zugeteilt.
Unser Glück war eine russische Kommandatur in Thüringen, in der ich einem Hauptmann bei der Lösung eines schwierigen Falles behilflich sein konnte: bei der Bedienung einer Agfa-Kamera! Die Russen hatten uns geschnappt, als wir, wieder einmal im Zug, diesmal klammheimlich per Güterwaggon, über die Zonengrenze zu fahren gedachten. Wir hatten Pech und keine Papiere und kamen ins Loch, genauer: in den Keller der Kommandantur.
Da der Bursche des diensthabenden Offiziers nicht einsehen mochte, warum er, ein Rotarmist, den Putzteufel spielen sollte, während ein flinkes Kerlchen wie ich zusammen mit einem Dutzend anderer Deutscher untätig im Keller saß, wurde ich zur RvD (Reinemachefrau vom Dienst) gemacht.
Wenn man auf Berliner Fußballplätzen ständig mit einer Heidi unterwegs war, weil die Mutter weit hinter Königsberg in ihrer Heimat Pobethen/Ostpreußen bei den Eltern und der Schwester Lebensmittel hamsterte, sind Ausfegen, Abwaschen und Betten machen eine Erholung. Heidi mußte ich im Kinderwagen sogar schaukeln und trockenlegen, wobei das kleine Luder wenig Rücksicht auf die entscheidenden Minuten eines wichtigen Spiels nahm. Nach dem familiären Vor-Examen hatte ich auch keine Hemmungen, russische Offiziers-Quartiere sauber zu machen.
Vom Saubermann war mein Aufstieg zum Fotografen nur eine Sache von zwei Tagen. Ich richtete sogar eine Art Atelier ein, weil ich den Russen klar machen konnte, daß die Bildqualität erheblich zu verbessern sei, wenn man mit ein paar 100-Watt-Birnen das provisorische Atelier ausleuchten würde.
Einen richtigen Lichtbildhauer wird es sicherlich grausen bei der Darstellung meiner Tätigkeit. Aber Reklamationen gab es nicht: von einem Besorgungsgang für das Atelier sind die *Foto-*

spezialista nämlich nicht zurückgekommen. Der ewigen Eisenbahn-Stops müde, haben wir uns in zwei Tagen zu Fuß in die amerikanische Zone durchgeschlagen.
In Witzenhausen haben wir uns registrieren lassen. Das war damals ganz einfach. Millionen waren auf der Wanderschaft quer durch Deutschland, und Unzählige von ihnen hatten keine Papiere. Die abgearbeiteten Beamten, die auf den Flüchtlingshilfsstellen saßen, fragten nicht großartig. Sie stellten uns Bescheinigungen für den Grenzübertritt aus, wobei wir uns gleich drei Jahre älter machen ließen und drückten uns Lebensmittelkarten für drei Tage in die Hand. Dazu ein Tagegeld von fünf Mark und ein paar gute Wünsche, für die man sich leider nichts kaufen konnte.
Zwei Tage später, es war bestimmt Ende September, waren wir in Uelzen. Die Engländer führten ein liberaleres Lager, als es den Russen jemals eingefallen wäre. Sie hatten auch was für blonde Bubis mit Stoppelhaaren über, die von den merkwürdigen Russen abrasiert worden waren. Im Stenogramm: wir wurden ein paar Tage durchgefüttert. Die dicken Milchsuppen und süßen Kekse sind mir noch in besonders guter Erinnerung. Mein Freund erzählte seinem Vater, was den zu Tränen rührte: daß es Mutter gut ging, daß die Kinder ein provisorisches Dach über dem Kopf hätten, und daß sie alle in Berlin auf ihn warten würden.
Nach ein paar Tagen mußten wir uns verabschieden – in Richtung Hamburg! Wir hatten längst beschlossen, in Hamburg auf ein Schiff zu gehen und der ganzen Scheiße den Rücken zu kehren.
In zwei Tagen waren wir, mit Aufenthalten bei den unvermeidlichen Flüchtlingshilfsstellen, in der Hansestadt. Von da aus konnte man nach Amerika fast spucken.
Aber in Hamburg waren die Jugendfahnder welche von der harschen Sorte. Ich war zwar 15, hatte eine Bescheinigung über

18, sah aber immer noch aus wie gerade 13. Auf mich hatten sie es abgesehen wie auf eine Sonderzuteilung. Ich bin in Hamburg sehr viel geflitzt. Zwei Tage habe ich aber doch in einem Jugendlager sitzen müssen.
Mit dem Schiff nach Amerika klappte es nicht. Was im Hafen gesucht wurde, waren Fischdampfer-Matrosen oder, noch schlimmer, Leute mit Seebeinen, die sich an der Minen-Räumung beteiligen wollten. Dafür waren wir viel zu jung, und das *Ihr seid doch viel zu jung* ist für mich zur Hamburger Hafenmelodie geworden.
Wir wollten weg aus dieser Stadt, die alles andere als ein Paradies war. Wir kannten uns nur unzureichend aus, auf dem Schwarzmarkt in der Davidstraße hatten wir nichts anzubieten, die Lebensmittelkarten wollten sie uns nicht erneuern, und schlafen mußten wir in ehemaligen Luftschutzbunkern.
Das war eine fürchterliche Welt, durch die die menschlichen Hyänen schlichen. Ich habe gesehen, wie man einer alten Frau, die sich die Schuhe von den geschwollenen Füßen gestreift hatte, die abgetretenen Schuhe im Schlaf stahl – und ich habe nichts gesagt, weil mir die beiden miesen Kerle wahrscheinlich die Nase eingeschlagen hätten, wenn ich Krach gemacht hätte. Es war eine Welt zum Wegwerfen.
Wir trampten an die Elbe, an einen der Orte, wo man von der englischen in die sowjetische Besatzungszone überwechselte – als *Illegaler* am sichersten bei Nacht und auf Schleichwegen.
In diesem Kaff begegneten wir einem windigen Burschen, der uns dazu animierte, uns als Grenzgänger zu betätigen. Sein Geschäft florierte offensichtlich, denn er nahm uns als Partner in sein expandierendes Unternehmen auf.
Der Job mit der Unerfahrenheit und mangelnden Ortskenntnis der Leute war relativ einfach: Wir sammelten drei bis vier Familien, das waren meistens ein gutes Dutzend Leute, ließen uns in Brot, Butter, Fleisch oder auch Zigaretten honorieren und

schlichen mit ihnen über die *Grüne Grenze.* Auf der anderen Seite stellte am nächsten Tag jeder von uns wieder so einen Konvoi zusammen, und der Marsch ging in die umgekehrte Richtung.
Es war das Geschäft, das einer der fürchterlichsten Mörder der deutschen Kriminalgeschichte betrieb, Rudolf Pleil. Der machte dasselbe mit einem Kumpanen, dem er die Beute überließ, während er die Frauen in abscheulicher Weise sexuell mißbrauchte und umbrachte. Pleil hat man rund 30 Morde nachgewiesen, aber verschollen sind in diesen Jahren weit mehr Menschen an der Grenze zwischen den westlichen Besatzungszonen und der sogenannten SBZ der Russen.
Eines Nachts, wir hatten uns schon in Gedanken auf die Heimreise nach Berlin gemacht, verschwand unser neugewonnener Geschäftsfreund – natürlich nicht, ohne unsere Rucksäcke mit den gesammelten Honoraren mitzunehmen. Ich hätte an die alte Frau im Bunker in Hamburg denken sollen.
Abgebrannt und total verarmt wollte ich natürlich nicht bei meinen Leuten zu Hause ankommen. Also eröffnete ich eine eigene *Agentur*, und wir beiden begannen von vorn. Wir betrieben den Menschentransfer erfolgreich wie vorher. Die Rucksäcke allerdings banden wir uns jetzt jede Nacht fest an die Körper, Rucksäcke, die sich schnell füllten.
Als wir wieder in Berlin waren, zeigte der Kalender Ende Oktober. Mutter begrüßte mich damit, daß Vater am Morgen wieder ohne Brote zur Arbeit gegangen war. Die Lebensmittelmarken seien schon aufgebraucht.
Vater war inzwischen bei der Firma Lindström beschäftigt. Die preßte Schallplatten, für Odeon und Electrola.
Ich packte meinen Rucksack aus, und Mutter schmierte Stullen. Mit denen machte ich mich auf den Weg zu meinem Vater. Zugegeben – mit ziemlich gemischten Gefühlen.
Der Werkschutz telefonierte nach Vater, ich mußte an der

Pförtnerloge warten. Ich drückte ihm die beiden Pakete mit den Stullen in die Hand und hatte Herzklopfen. Was würde er sagen?
Er sagte nur: »Na, da bist du ja wieder. Schöne Stullen, die du da bringst!«
Aus seinem Munde war das ein Riesenlob, und mir stiegen die Tränen in die Augen. Wenn es Senge gesetzt hätte, wegen des langen *unentschuldigten Fernbleibens von der Familie*, hätte es mich auch nicht gewundert. Aus seiner Reaktion sprach ein für mich bis dahin unbekanntes Vatergefühl, das ich spontan mit einem in mir neuen Denken erwiderte. Eine Umarmung gab's zwar auch hier nicht, aber ich wußte: er muß mit mir in diesem Moment sehr einverstanden gewesen sein, vielleicht war er sogar stolz auf mich.
Leider dauerte das Gefühl nicht sehr lange. Ein paar Tage später hieß es aus heiterem Himmel: »Um acht Uhr bist du zu Hause!«
Wenn es nicht so traurig gewesen wäre, hätte ich mich totlachen müssen! Zwei Jahre war mein Vater nicht in Berlin gewesen! Zwei Jahre hatte ich die Familie mehr oder weniger mit dem versorgt, was man damals den Spritzer *Lebensqualität* genannt hätte, wenn Willy Brandts Redenschreiber Klaus Harpprecht das Wort schon erfunden gehabt hätte – und nun dieser Rückfall?
Das Wort *Autoritärer Erzieher* kannte ich auch noch nicht, aber genau das war es! Da hatte er nicht stattgefunden, zwei volle Jahre, da hatte ich hingelangt, hatte mit Amis, Tommies und Russen gehandelt und manchmal ganz schön Manschetten gehabt, hatte mich einsperren lassen zwischen Berlin und Hamburg, war mit anderen beim Kartoffelklauen auf den Äckern geschnappt und zu Erntearbeiten gepreßt worden, ohne daß er ein einziges Mal Einfluß hätte nehmen können – und nun: um acht ist für dich Zapfenstreich, da hängen die Hosen am Bett.

Um 20 Uhr begann der Schwarzmarkt Tempo zu machen. Das war wie beim Sechstage-Rennen: nachmittags wurde gebummelt, und am Abend geht die Meute ab. Da mußten Toilettenmänner und Ober in Kneipen angelaufen werden, Zeitungshändler bestellten für den nächsten Tag – da war was los! Ich blieb über die Zeit. Reichlich.
Vater ergriff erzieherische Maßnahmen, wie er sie verstand. Er zog den Gürtel aus den Schlaufen und verdrosch mich nach Strich und Faden.
Ich habe meinen Vater dann korrumpiert. Das klingt scheußlich, aber es war *zeitgemäß*: das auslaufende Jahr 1945 und das keinen Deut bessere 1946 ließen einem, der zum Überleben entschlossen war, kaum andere Möglichkeiten. Die Menschen erwarteten so etwas sogar. Warum nicht Vater.
Von seiner Arbeit bei Lindström brachte Vater laufend Schallplatten mit, soviel wie möglich. Die waren, ganz egal was die Rillen von sich gaben, auf dem Schwarzen Markt immer ein Schlager. In den Geschäften mußte man zwei alte Platten für eine neue geben und dazu bezahlen, und dann hatten die kaum Auswahl am Lager. Der Schwarzmarkt aber zahlte Minimum 30 Mark für eine Scheibe.
Ich setzte Vaters Platten um – *Hej, Barberiba* war der absolute Hit – und tauschte sie gegen Schmalz und Corned beef oder sonstwas. Als Vater keine Scheiben mehr mitgehen lassen konnte, brachte Bubi immer noch Butter, Eier und Zigaretten. Vater hatte gelernt, nicht mehr zu fragen, woher der Segen kam. Der Gürtel tat das, wozu er bestimmt war: er hielt die Hose um seine mageren Hüften.
Habe ich ihn korrumpiert, oder hat er einfach nur resignierend akzeptiert? Schade, ich habe ihn das niemals gefragt.

9. Dem Ende der alten Ordnung, deren höllisches Finale uns alle gezeichnet hatte, mußte zwangsläufig der Beginn einer neuen folgen: in den Familien, zwischen den Nachbarn, in der Stadt. Aber vorher wurde noch Bestandsaufnahme gemacht. Und die war ein weiterer Schock.
Die sogenannte *Schlacht um Berlin* hatte ungefähr 100000 Todesopfer unter der Zivilbevölkerung gefordert. 20000 erlagen vor Aufregung Herzanfällen, 6000 beutelte die Angst vor der Zukunft so, daß sie beim Einmarsch der Russen Selbstmord verübten. Die Zahl der geschändeten Frauen konnte nie auch nur annähernd ermittelt werden. Die Tragödien lagen hundertmal zahlreicher auf der Straße als die Zigarettenkippen. Die Familie Scholz erhielt auch ihre Ration Unglück zugeteilt.
Mutters Eltern, beide über 70 Jahre alt, gehörten zu den Selbstmördern. Ich kann mich besonders gut an Großvater erinnern, einen stattlichen Mann mit Schnurrbart und dem schleppenden Tonfall des Ostpreußen. Großvater hatte Laube und Gärtchen in Treptow, und wenn wir ihn in der Kolonie besuchten, standen da stets große Glasballons mit selbst angesetztem Stachelbeer- oder Johannisbeerwein. Der Obstsaft gärte langsam vor sich hin, am Flaschenhals stand als Isolierung eine dicke, dunkelbraune Ölschicht.
Die Großeltern waren während des Krieges heimgefahren, auf den Bauernhof im Samland, den die Schwester meiner Mutter mit ihrem Mann bewirtschaftete. Da gab es 1943 noch keine Belästigungen durch alliierte Bomber. Einmal hatte ich sie da sogar besucht, weil Mutter die gute Wäsche bombensicher auslagern wollte. Mit Koffern und Körben bin ich vom Schlesischen Bahnhof aus damals nach Pobethen gefahren, über Schneidemühl und Königsberg, das letzte Stück mit der Samlandbahn. Das sind Namen, die heute kaum ein Mensch mehr kennt.

Vor den anrückenden Sowjets sind die Großeltern erst geflohen. Dann haben sie aber gedacht, daß es alles keinen Sinn mehr hätte, und da sie über 70 waren, glaubten sie auch nicht an ernsthafte Gefahren.
Oma wurde mehrfach vergewaltigt, auch eine Greisin war nicht sicher vor Betrunkenen. Der alte Mann mußte arbeiten wie ein Tier, zu essen bekamen sie kaum etwas, und für ihre Altersleiden gab es keine Linderung.
Im August 1945 haben sie sich die Pulsadern aufgeschnitten, und Opa hat sich im Treppenhaus erhängt, um bloß nicht weiterleben zu müssen.
In ihrem Abschiedsbrief haben sie das alles geschildert und geschrieben und ihre Kinder um Verständnis gebeten. Mutter bekam die Post, die andere Ostflüchtlinge mitgebracht hatten, kurz vor Weihnachten.
Geschichten dieser Art, wenn auch nicht alle mit einem so endgültigen Abschluß, wurden zu Tausenden erzählt. Beinahe jede Familie hatte ihr ganz persönliches Drama, jedes für sich Schicksalspartikel eines verlorenen Krieges.
Das Fürchterliche war nur, daß kein Mensch daran glauben mochte, daß es nun wenigstens eine Zukunft zu gewinnen gäbe! Dafür war die Gegenwart zu deprimierend.
Zuerst wurden die Straßen von den ehemaligen Panzersperren und dem Häuserschutt geräumt, der gar nicht weniger werden wollte. Das Absichern der Ruinen war der nächste Schritt, wobei die Holzbalken als Brennholz gerettet wurden. Das dumpfe Poltern beim nachträglichen Zusammenstürzen dieser ausgebrannten Häuser, über denen dann jeweils träge der Staub zu einem riesigen Pilz aufstieg, erschreckte die Berliner noch lange nach dem Ende des Kanonendonners.
Die heldenhafte, die miserable Zeit der Trümmerfrauen begann. Die Geschichte dieser Frauen, die in alten Wehrmachtsklamotten, ein Tuch über die trotz der Wäsche an jedem

Abend sofort wieder verkrusteten Haare gebunden, die Steine anfielen, als wären sie ihre schlimmsten Feinde und sie mit Brechstangen und bloßen Händen aus dem rissen, was einmal ihre Wohnungen waren, habe ich monatelang geteilt. Mit Maurerhämmern, wenn wir Glück hatten, klopften wir im Akkord den Mörtel von Dachpfannen und Klinkern, die auch nur eine winzige Chance zur Wiederverwendung zu bieten schienen.
Der Kampf ging um alles, was der Krieg aus seinen Reißzähnen unversehrt entlassen hatte – was damit begonnen werden sollte, hatte den irreführend-kraftstrotzenden Namen *Wiederaufbau*.
Aber der Wiederaufbau vermochte mit dem Abbau nicht Schritt zu halten. Die Stadtkommandantur scheuchte zwar jeden, der noch einen Stein heben konnte, in die Trümmer. Aber vorher wurden die Kader aussortiert, die endlose Güterzüge mit Reparationsgütern vollzuladen hatten.
Für die Verwüstungen, die die faschistischen Horden in der friedlichen Sowjetunion angerichtet hatten, war die offizielle Begründung. Das war zu verstehen, denn spätestens von den heimkehrenden Soldaten hatten wir gehört, daß die deutschen Truppen natürlich auch Zerstörungen hinterlassen hatten. Der Begriff von der *verbrannten Erde* hatte grauenvolle Farben erhalten.
Aber wer, mit einem Stück Brot mit wäßrigen Streifen für neun Stunden Arbeit in der Tasche und einer Blechkanne Muckefuck, sprich Kornkaffee, pur ohne Milchpulver oder Süßstoff (Milch oder Zucker waren unwirklich wie Nektar und Manna), abwechselnd Trümmer für den Wiederaufbau räumte und Fabriken für die Wiedergutmachung abbaute und verlud, der glaubte sich in einem Irrenhaus!
Das wenige Intakte wurde abgerissen und das total Zerstörte als Ersatz mit armseligsten Mitteln aufgebaut – das war seelisch kaum zu verkraften! So war es auch eine Zeit der Aggressio-

nen, obwohl ich das Wort da nie gehört habe. Bei uns waren das *Durchdreher*, die sich aus albernsten Anlässen plötzlich an die Wäsche gingen, Männer, und manchmal auch Frauen.
Wenn sich *Trümmerfrauen* treffen, die längst wieder Studienrätinnen, Gastwirtinnen oder schon Rentnerinnen sind, wird davon nie gesprochen. Dann wird, beim selbstgebackenen Brot mit dem Wasserstreifen nur noch gestritten, ob der *damals schöner* war. Und der mühselig aufgetriebene Muckefuck, der nicht mehr leicht zwischen Kaffee aus Brasilien, Honduras oder Kenia-Auslese zu finden ist, kann gar nicht so herrlich wäßrig schmecken wie in der Erinnerung.
Wenn zum Schluß bei so einem Veteraninnen-Treff doch ein kleiner Remy auf den Tisch kommt, werden die Sehnsüchte von einst zu den Witzchen von heute: »Aber Herzkloppen kriegste nicht von dem!«, und: »Nee, wenn ich an meine 36er-Figur damals denke?« erinnert sich selig eine 48-Taille, die gerade auf einer Schönheitsfarm mit Gemüsesüppchen noch gerettet worden ist.
Der Mensch kann nicht ewig und pausenlos trauern, wenn er leben will. Niemand wußte das besser als die Berliner. Und so stiefelten sie, eine abenteuerliche, heute so nur noch auf dem Ganovenball freudig begrüßte Gesellschaft, aus den Trümmergrundstücken und ausgeplünderten Fabriken, den Läden ohne Waren und den Büros ohne Geschäftsverbindungen, wieder in ihre Kneipen ohne Schnaps, die Theater ohne Heizung und Fundus, die Tanz-Paläste ohne Parkett und Spiegel. Nur mit viel Nachholbedarf und guter Laune, aber ins volle Leben.
Und icke mittenmang.
Gefeiert wurde bei jeder Gelegenheit und überall. Meistens mit schwarzgebranntem Schnaps, der nach dem zynischen Motto verkauft wurde: 300 Mark die Flasche, und wer drei auf einmal abnimmt, bekommt als kostenlose Beigabe den Blin-

denhund gleich mit! Man wußte nie, ob man nicht Methyl-Alkohol erstanden hatte.
Whisky oder Cognac aus den Rationen der Besatzungstruppen kosteten ein Vielfaches und waren mehr als rar (Soldaten saufen selbst!). Wer reinen Alkohol aus einer Apotheke auftreiben konnte, ihn mit Wasser versetzen und mit einem Aromat vielleicht zum *Pfefferminzlikör* zu veredeln vermochte, machte glänzende Geschäfte.
Berlins Jugend übte die ersten Schritte von Jitterbug und Boogie-Woogie, die Schlager hießen *Ich nenne alle Frauen Baby*, *Hey, Barberiba* oder *Ausgerechnet Bananen*. Kurd Widmann war der Leiter der beliebtesten Kapelle, und den *Tiger-Rag*, den man während des Krieges nur heimlich hören durfte, spielte man überall.
In der Hasenheide brach die Zeit der Preistänze an. Sie führten zu Erscheinungen gemäßigter Massenraserei – kein Wunder, nach der erzwungenen Disziplin der Aufmärsche und einer in den Gleichschritt und *in Reih und Glied* gezwungenen Jugend. Im Allotria in der Brunnenstraße, in den Kliemens-Festsälen in Neukölln, im Café Nord in der Schönhauserallee, im Prater in der Kastanienallee, überall war es brechend voll. Und ich könnte die Aufzählung noch minutenlang fortsetzen.
Und ich wollte immer überall zugleich sein. Aus dem staubigen Pimpfen habe ich mich da allmählich in einen geschniegelten Jüngling verwandelt.
Körperlich war ich ein Spät- oder zumindest Langsam-Entwickler. Meine Altersgenossen hatten längst Haare auf der Brust (die habe ich immer noch nicht), tiefe Stimmen und begannen sich zu rasieren. Ich war schmächtig, eigentlich richtig dürr, sprach eine Etage zu hoch und brauchte mir um Rasierklingen keine Sorgen zu machen. Natürlich versuchte ich zu kompensieren, wie das in diesem Alter jeder getan hätte.
Also war ich jeden Abend beim Tanzen, lernte sofort jeden in-

teressanten Tanzschritt, und schmiß auch ganz schön mit dem Geld um mich. Mit einer Zigarette im Mundwinkel – die mich in Wirklichkeit störte – und freigiebig geschmissenem Bier oder *Alkolat* hatte ich zwar keinen Bart, aber reichlich Freundinnen.

Das Verhältnis von Frauen zu Männern betrug zu dieser Zeit in Berlin, jedenfalls in der Sparte Ausgehen und Amusement, bestimmt 10:1. Von einem jungen Mann, der gut tanzen konnte und auch noch eine Mark locker machte, eingeladen zu werden, war der Wunsch jedes jungen und auch schon etwas älteren Mädchens. Meine hießen, weit entfernt von jeder statistischen Wahrscheinlichkeit, komischerweise meistens Inge.

Das hatte den Vorteil, daß mir Vorstadt-Casanova nicht allzuviel Fehler unterliefen bei den mannigfaltigen Verabredungen. Denn da ich die Mädchen vorerst in erster Linie als Status-Symbol betrachtete für das Vorzeigen in größerem Kreise, ihre anderen Vorzüge aber kaum würdigte, kam es mir sehr auf Quantität an.

Weil Vater darauf bestand, bin ich auch wieder zu den Noekel-Werken gegangen. Vergeblich, denn der ehemalige Rüstungsbetrieb war von den Russen demontiert worden, und zwar so ratzekahl, daß nicht einmal mehr der Lehrlingsbesen zum Fegen der Werkshallen vorhanden war.

Meine nächste Anlaufstelle war ein Schlosser, der weder Werkbank noch Bohrmaschine und auch sonst kaum noch Werkzeug besaß. Bei ihm konnte ich Schlösser und Schlüssel aufarbeiten lernen, das war aber auch alles; polieren und schmirgeln den lieben langen Tag. Acht Wochen ließ ich mir's gefallen. – Ende der Lehrzeit.

In diesen Wochen fiel mir auf, daß es einem meiner Bekannten recht gut ging: er hatte weißes Mehl und reichlich Brot und handelte damit auf dem Schwarzen Markt. Wie ich schnell herausbekam, hatte der eine Lehrstelle als Bäcker bei Aschinger.

Aschinger ist einmal eine Institution in Berlin gewesen. Der Großbetrieb hat in seligen Friedenszeiten ganze Semester hoffnungsvoller Studenten am Leben erhalten mit den frischen, knusprigen Brötchen, die überall auf den Stehtischen standen: wer einen Schlag Erbsensuppe erstand, konnte dazu kostenlos Schrippen futtern, bis er platzte. Aschinger war nicht fein wie das Kempinski – aber solide!

Dieses riesige Kalorien-Imperium funktionierte 1946 schon wieder perfekt. 80 oder 90 Filialen, von schlicht bis hochelegant wie die Schloßkonditorei Unter den Linden oder das Feinschmeckerlokal F. W. Borchard in der Französischen Straße, das Haus Vaterland am Potsdamer Platz und das Eßlokal Fürstenberg in der Friedrich/Ecke Leipziger Straße, gehörten dazu. Alles wurde aus der Zentrale in der Saarbrücker Straße versorgt.

In Backstuben groß wie Turnhallen und Küchen wie Kirchenschiffe wurde da gearbeitet. Alles, was man heute in die Tiefkühltruhe gibt, mußte in unterirdischen Kühlräumen, nachdem es vorgekocht war, eingefroren werden.

Vom Erfolg meines Bäckerfreundes Roman beeindruckt, pilgerte ich zur Aschinger-Personalabteilung und bewarb mich um eine Lehrstelle. Vergebene Liebesmüh! Aschinger hatte Bäckerlehrlinge genug.

Die Enttäuschung, die der Personalchef in meinem Gesicht lesen konnte, muß grandios gewesen sein. (Ich glaube kaum, daß ich später in meinen Film- und Fernsehrollen *die* schauspielerische Intensität noch einmal erreicht habe.) Wie dem auch sei, ich rührte das Herz dieses mächtigen Mannes, und er bot mir eine Lehrstelle als Koch an. Ich war begeistert und hielt das für einen Traumberuf. Aber leider kochte man zu jener Zeit hauptsächlich mit Kartoffelschalen, Kartoffelmehl, Kohlrüben und aufgespaltenen Knochen. Ein kärglicher Traum.

Dennoch behielt ich den Gedanken, den Aschingerbetrieben

Eßbares zu entlocken, fest im Schädel. Über Vertriebskanäle verfügte ich, und ich wollte meine bereits existierenden Aktivitäten ausbauen.
Meine Haupteinnahmequelle Anfang 1946 war eine Wäscherei für amerikanische Soldaten. Der Unternehmer war ich, die freien Mitarbeiterinnen waren die Frauen in der Choriner Straße.
Waschsalons oder Reinigungen waren im Berlin jener Tage nicht einmal ein schöner Traum. Der normale GI mußte aber saubere Socken und frische Hemden haben, und welcher Soldat steht schon gern am Waschtrog? Vor allem, wenn man die Plage für eine Schachtel Zigaretten oder eine Dose Erdnußbutter los werden kann?
Ich sammelte die schmutzigen Klamotten ein, die Frauen wuschen, und ich stellte die saubere Wäsche wieder zu. Da die meisten Soldaten der Qualität der deutschen Waschmittel nicht trauten, wurde die Seife auch noch gestellt. Es war ein glattes, reibungsloses Geschäft mit den Amerikanern, die als Kinder schon zum Geschäftemachen erzogen werden und gesunden Menschenverstand besitzen.
Alle waren glücklich: die Amis, weil alles proper war, die Waschdamen, weil sie dem Laster des Kaffetrinkens in bescheidenem Umfange frönen durften, den Küchenzettel aufbessern konnten und reichlich Seife hatten, und ich, weil ich das alles nicht nur für Gottcslohn organisierte.
Mein Status als Laundry-Boy hatte noch einen anderen, unschätzbaren Vorteil. Er bescherte mir Sicherheit vor der Beschlagnahme Schwarzer Waren, die ich fast immer bei mir trug. Ich ließ mir einfach von den GIs auf einem Zettel bestätigen, daß der Laundry-Boy Gustav Scholz in ihrem Auftrag Uniformteile und andere schöne Dinge transportiert. Damit war ich aus dem Schneider, wenn ich in Kontrollen geriet.
Nun galt es also die Möglichkeiten bei Aschinger zu sondieren,

und kreativ in das Koordinatensystem meiner (Schwarz-) Marktinteressen zu integrieren. (So würde das in einer Marketing-Studie meiner Werbeagentur wohl heißen.) Zu Deutsch: Ich versuchte das Beste aus meinem Kochlehrlings-Dasein zu machen.

Meine Grundausbildung erhielt ich im Zentralbetrieb, wo es eine Lehrküche mit Lehrmeister gab. Putzen, schaben, schälen, schneiden, hieß die Devise. Zu bearbeiten gab es für uns Lehrlinge fast ausschließlich Gemüse. Fleisch war zu kostbar, und so geriet das Schneckenentschleimen zum absoluten Höhepunkt meiner ersten Ausbildungsmonate.

So unergiebig die Lehrküche war, so erfreulich entwickelte sich meine Zusammenarbeit mit Bäckerfreund Roman. Er brauchte dringend einen Partner für den Abtransport seiner Mehlsäckchen, da seine Hose allein zu wenig Stauraum bot. (Zur Erklärung: Die mit Mehl gefüllten Leinensäckchen wurden in den damals recht weiten Hosen so über den Zwickel gelegt, daß sie zwischen den Oberschenkeln je zur Hälfte im rechten und linken Hosenbein hingen. Mit leicht watschelndem Schritt passierte man sodann Werkschutz und Ausgang. Zugegeben, es gibt feinere Transportverfahren.)

Roman und ich sahen uns bei Aschinger so gut wie nie. Wir arbeiteten konspirativ zusammen. In dem riesigen Garderobenraum mit hunderten von Spinden belegten wir neben je einem eigenen für unsere Kleider noch einen neutralen dritten Schrank, für den wir uns einen Zweitschlüssel besorgten, damit jeder von uns Zugang zu diesem *Depot* hatte. Roman packte relativ regelmäßig seine Mehlrationen in diesen Schrank und ich, was höchst selten war, eine Kleinigkeit aus der Küche. Wenn bei Dienstschluß keine Spindkontrolle in Sicht war, praktizierte man sich das Mehl in die Hose und watschelte. Kam's aber zur Spindkontrolle, öffnete man seelenruhig seinen Schrank und ließ ihn vom Werkschutz inspizieren. Ich hatte ja

nun wirklich nichts zu verbergen! Der Depotschrank, der ja niemandem gehörte, wurde übrigens nie kontrolliert. Und wenn schon, was hatte ich damit zu tun?
In der Aschinger-Filiale Friedrichstraße setzte ich meine hoffnungsvolle Kochkarriere als vorgebildeter Lehrling fort. Kettenraucher Borkenhagen war hier Küchenchef. Für ihn war ich mit meinen Schwarzmarkt-Verbindungen ein Geschenk des Himmels. Zwar bewachte er das wenige Fleisch, das in die Filialküche kam, wie der Drache den Schatz, aber ansonsten war er mir gegenüber großzügig, wenn ich nur genügend Zigaretten herbeischaffte.
Zu diesem Zweck konnte ich mir fast jederzeit selbst Botenaufträge erteilen. Die nutzte ich zum einen für meinen langsam an Interesse verlierenden Wäscherei-Service – die Schmutzkonkurrenz der mittlerweile installierten Army-Wäschereien machte mir zu schaffen – und zum anderen zum Besuch der Aschinger-Zentrale, wo Mehlsäckchen auf Abtransport warteten.
Der gestaltete sich absolut risikolos, seit es mir gelungen war, einen heiklen Unsicherheitsfaktor auszuschalten: Die Kontrolle beim Verlassen der Zentrale durch den Werkschutz. Gefilzt wurden die an der Stechuhr Vorbeidefilierenden immer dann, wenn eine rote Lampe aufleuchtete. Diese Lampe war ein Miststück, weil sie in unregelmäßigen Abständen aufleuchtete, man sie also nicht ausrechnen konnte, es sei denn der Pförtner hatte die Hand am Schalter.
Nachdem ich einen Werkschutz-Pförtner, man muß auch abgeben können, an meinen Geschäften beteiligte, verlor die Lampe für mich ihren Schrecken. Ich versorgte ihn mit Nachschub an *Hundekopf-Zigaretten*, die er teilweise weiterverkaufte. Das waren Glimmstengel deutscher Herstellung, die auf der Packung – wer redete schon von Nikotin oder Kondensat? – nur einen roten Hundekopf trugen.

An diese Zigaretten war ich wieder über den in der sowjetischen Zone lebenden Bruder des Kochs Borkenhagen gekommen. Der baute auf brachliegenden Feldern ein fürchterliches Kraut, schlimmer als Machorka. Seine Ernte, die er kiloweise durch die Sektoren-Kontrollstellen schmuggelte, tauschte ich bei einer Zigaretten-Fabrik gegen eine bestimmte Menge fertiger Zigaretten Marke *Hundekopf*, von denen ich *Agentur-Prozente* einbehielt.
Das klingt sicherlich manchmal verwirrend, dieses Wissen, Kennen, Umleiten. Aber es ist nichts anderes gewesen als normales Wirtschaftsdenken auf dem Niveau der Hunger-Philosophie des Überlebens in den ersten Nachkriegsjahren, die ein Heranwachsender entwickeln konnte.
Die richtigen, die großen Schieber, die dachten in den Kategorien ganzer Lkw-Ladungen von allzuoft gepanschtem und dann tödlichem Penicillin, in Brillanten, amerikanischen Dollars und britischen Pfunden. Dazu langte es bei mir nicht. Ich bin heute darüber froh, daß es für mich immer nur darum ging, die täglichen 1000 Kalorien für die Familie so anzureichern, daß alle ohne Hunger einschlafen konnten.
Daß ich, gewißermaßen vom Überfluß des knapp Ausreichenden, auch noch meinen privaten Spaß mit einem Paar zusätzlichen Schuhen oder einer Flasche Wein zum Schwarzmarktpreis haben wollte, das ist etwas, zu dem ich auch heute noch stehen kann. Das erscheint mir wirklich nicht verabscheuenswert.
Bei allen Geschäften am Rande der Legalität: die beginnende Normalisierung in einer Stadt, von deren 245 000 Gebäuden 30 Prozent total zerstört oder so angeschlagen waren, daß sie nur noch abgerissen werden konnten, von deren 4,5 Millionen Einwohnern 1,7 Millionen tot, verschlagen oder geflüchtet waren, legte neue Pflichten auf. Im *größten Trümmerhaufen der Welt*, wie ein ausländischer Politiker einmal gesagt hat,

begann unter anderem im Zuge einer geordneten Berufsausbildung für Lehrlinge auch wieder die unzerstörbare deutsche Berufsschule.
Ich habe wirklich nichts gegen Schulen, aber ich kann an diese Berufsschulzeit nur voller Bitternis zurückdenken. Weil es für den praktischen Unterricht keine Lebensmittel gab, lernte ich in dieser Lehranstalt Rezepte auswendig. Besonders sinnig schien mir das Aufstellen von Diätplänen . . .
Das ist schnell zu verstehen, wenn man die offizielle Zuteilung *für Erwachsene über 20 Jahre* in den vier Wochen zwischen dem 6. Januar und 2. Februar 1947, also die Rationen für den viel zitierten Otto Normalverbraucher, ins Gedächtnis zurückbefördert: 300 Gramm Fett, was Margarine, Butter oder Schmalz bedeutete, 600 Gramm Nährmittel, also alles von Haferflocken bis zu Linsen, 600 Gramm Fleisch, 125 Gramm Käse, 500 Gramm Zucker, 5000 Gramm Brot und dazu noch 1000 Gramm Weißbrot, wofür man auch Mehl zum Backen kaufen konnte. Ach so, die 200 Gramm Kaffee-Ersatz hätte ich fast vergessen, und je nach Vorsorgungslage wurde gelegentlich auch ein Ei oder etwas Fisch auf Sonder-Abschnitt in den amtlichen Bekanntmachungen (die hoffnungsfroher als die Bibel studiert wurden!) aufgerufen.
Für so ernährte Menschen also stellte ich pflichtgemäß und mit ständig wachsenden Zweifeln an der Vernunft dieser Welt Diätpläne auf. Konnte man da nicht zum Zyniker werden?
Meine ganz persönliche Diät war es, bei Aschinger ein paar Klopse mehr als vorgesehen zu fabrizieren und die überschüssigen sofort selbst zu fressen oder mit Hilfe der Kellner schwarz zu verkaufen.
Daß der Bertolt Brecht, der damals noch selbst mit dem *Berliner Ensemble* im Osten der Stadt arbeitete, das alles schon vor mir gewußt hat, habe ich erst später mitbekommen. Ich meine das reichlich benutzte Zitat vom Fressen und von der Moral.

Die Reihenfolge hat mir das Leben beigebracht, ich werde sie nie vergessen.
Bei alledem, der Arbeit, den Geschäften, dem Fußballspielen (das ich allerdings erheblich eingeschränkt hatte), der Tanzerei und den Mädchen war ich ein offenbar ganz ansehnlich wirkender(s), wenn auch immer noch bartloser(s) 16jähriger(s) Kerl(chen) geworden. Dieser Meinung war auch eine junge Dame, mit ihren 22 Jahren eine Traumfrau für mich, was mir nicht wenig schmeichelte.
»Weißt du, daß du ein hübscher Junge bist? Wollen wir nicht mal tanzen?« sagte sie zu mir, und komischerweise hieß auch sie Inge. Sie hat mich, so unwahrscheinlich das klingen mag, zum Boxen gebracht, ohne es zu wissen.

10.

Mit Inge, ich glaube, sie hat später einen Feuerwehrmann geheiratet und ist mehrfache und liebevolle Mama geworden, bin ich für meine damaligen Manieren eine unvorstellbar lange Zeit zusammen gewesen. Es müssen also ein paar Monate gewesen sein.
Manchmal sagte einer meiner Freunde, der mich mit ihr gesehen hatte: »Wie kommst du denn zu so 'ner tollen Frau?«
Und ich antwortete dann salopp, wie sich das für einen Mann von Welt meiner Meinung nach gehörte: »Die Bizeps sind nicht das Entscheidende. Auf den Muskel an der richtigen Stelle kommt's an!« Ich hatte das aufgeschnappt, und der Talk hatte mir ungeheuer imponiert. Heute finde ich ihn längst nicht mehr so gut.
Die Wahrheit war, daß ich in Inge richtig verknallt war, mit Vorfreude vor einer Verabredung, Unruhe wenn sie sich verspätete und richtigen Glücksgefühlen, wenn sie kam. Die Wahrheit ist auch, daß Inge eine wundervolle, verständnisvolle und einfühlsame erste feste Freundin war, wie ich sie jedem jungen Mann wünschen würde. Sie lebte in einer kleinen Einzimmerwohnung und war auf jene idiotische Art verheiratet, wie sie nur ein Krieg zustande bringt. Per Ferntrauung hatte Inge ihrem Freund Mitte des Krieges das Ja-Wort gegeben, vor allem wohl, weil die beiden eine sturmfreie Bude für seine Fronturlaube haben wollten. Als Soldatenfrau hatte Inge Anrecht auf eigenen Wohnraum, und den hatte sie auch bekommen. – Nur ihr Mann blieb verschollen. Seit drei Jahren schon, und der Krieg war vorbei und sie war jung ...
Ein eigenes Zimmer war eine absolute Rarität und für uns über die Ohren Verliebte das Allergrößte. Es herrschte ja katastrophaler Wohnungsmangel. Oft hockten ganze Familien in einem einzigen Zimmer. Wo sollten da die unverheirateten Liebesleute zur Sache kommen? Im Sommer ging das noch, draußen

in den Ruinen oder in dunklen Torwegen. Aber im Winter? Da wurden Wohnungsschlüssel heiß gehandelt, wenn irgendwo Eltern auf Hamsterfahrt gegangen waren!
Wenn ich zu einem Mann geworden bin, der Frauen mag und den Frauen mögen – da ist eine Wechselbeziehung, das lasse ich mir nicht ausreden! – dann spielten Inges diskrete, charmante Anregungen und ihre Erfahrung dabei eine ganz große Rolle.
Beide habe ich, hoffentlich bilde ich mir das nicht nur ein, voll genossen. Wobei ich nach außen in der Gesellschaft der harten und pfiffigen Burschen vom Schwarzmarkt und in den Tanzsälen schnoddrige Töne von mir gab, so etwa nach dem Motto *Mann muß man sein.* Inge konnte mich dennoch um ihren Finger wickeln, meine ich jedenfalls heute.
Aber Inge und das Boxen! Mich dahin zu bringen, hat sie nie im Traum gedacht, das möchte ich schwören, aber Auslöser ist sie doch gewesen.
Meine Clique traf sich häufig im *Prater*. Das war ein Gartenlokal im Norden Berlins, das Innere ein besserer Schuppen mit ein paar traurigen Papiergirlanden, die Stimmung versprühen sollten, mit Lampions über den Klappstühlen im Garten. Die Kastanien, unter denen wir saßen, waren noch grau vom Trümmerstaub, den der Krieg in ihre Stämme geblasen hatte. Zu trinken gabs Dünnbier, Kaltgetränk für eine Mark, und Stärkeres für größere Scheine. Und dann war da natürlich jeden Abend eine Tanzkapelle am Wirken, mit *tollem Repertoire,* wie uns damals schien.
In dieser fadenscheinigen Eleganz bewegten wir uns, die wir unsere Vorstellung von der großen Welt höchstens aus alten Filmen bezogen hatten, wie die Fürsten. Bubi Scholz mit Kulihosen, dem letzten Schrei mit dem weiten Schlag über den Schuhen, Rollkragen-Pullover und dem unvermeidlichen Kraftriemen um das rechte Handgelenk. Auf der Tanzfläche

bin ich so etwas wie ein kleiner Star, und besonders mit Inge, die sich jeder Figur wie ein Profi anpaßt. Apropos Figur: da hat sie allerlei zu bieten, tolle Kurven und Abfahrten hat die kleine Sexbombe, sie ist unbedingt das Spitzenmodell unserer Clique.

Das denken auch die Brüder, die plötzlich im *Prater* erscheinen: Hände in den Hosentaschen, großspurige, schaukelnde Schritte, und ziemlich angeberisch herausgeputzt.

»Was woll'n denn die hier?« fragt einer an unserem Tisch.

»Die kenn ich, die sind aus Pankow«, antwortet ein anderer halblaut, »was hat die denn hierher gelockt?«

Das ist in solchen Stammlokalen so wie mit den Platzhirschen in der freien Natur: taucht einer im fremden Revier auf, dann liegt gleich Radau in der Luft. Bei den Hirschen wird gescharrt, urig geröhrt und die Stangen werden geschmissen. Die Verhaltensweisen bei Halbstarken sind andere. Aber im Prinzip passiert da nichts anderes.

Die Pankower rücken in geschlossener Front vor, ein Langer mit einem Brustkorb wie ein Kohlenkasten und einem kleinen Schnurrbärtchen unter der Nase vorneweg. Sie suchen sich Platz in unserer unmittelbaren Nachbarschaft. Nach kurzer Zeit schon kommt der erste an unseren Tisch.

»Gestatten?« verbeugt er sich vor Anni, einem von unseren Mädchen. Er hält das jedenfalls für eine Verbeugung, was er da macht.

Wir starren Anni mit todernsten Blicken an. Aber die reagiert doch tatsächlich auf die Verrenkung des Knaben. Mit einem gezierten Lächeln und einem triumphierenden Blick auf Inge, die sonst immer die Jungen wie ein Fliegenfänger anzieht, steht sie auf.

»Bitte«, flötet sie auch noch, »gerne . . .«

Das trifft uns wie Hitler der Verrat im Führerbunker! Dieter, der Annis Macker ist, zischt böse: »Miststück!«

Das hat einer von der anderen Partei gehört. Er sagt was zu dem Langen, und der macht sich prompt gerade. Locker die Arme ausschüttelnd, geht er auf Dieter zu: »Hast du was gesagt, Kleiner?« fragt er.

Dieter kann nun gar nicht anders, er muß Haltung zeigen: »Hast du was gehört?« fragt er hämisch zurück. »Wenn du was verstanden hast, wird's wohl stimmen, wenn du keine Tomaten auf den Ohren hast!«

Der Lange sieht aus, als ob er den kleinen Dieter sofort annehmen will. Dann aber sieht er Inge, und sein Interesse an einer Klopperei erlischt. Er grinst sie breit an:

»Wie ist es denn mit uns beiden, Puppe?« fragt er sie, »machen wir einen Flotten?«

Inge ist ein As, auf die kann man sich verlassen.

»Reichlich Dank«, antwortet sie, und der Hohn spritzt aus jeder Silbe, »aber ich bin für heute abend und den Rest des Jahres schon vergeben.« Dann nimmt sie meine Hand und zieht mich zum Tanzboden.

Als ich an dem Menschen vorbeikomme, rempelt er mich genüßlich und gekonnt an. Ich sitze plötzlich auf dem Schoß von einem anderen Mädchen.

»Mit dem Schoßkind?« fragt der Lange die Inge, und seine Begleiter wollen sich totlachen.

Das ist nun mir zuviel. Ich springe auf und will ihm eine kleben.

Aber da steht schon mein Freund Erwin Sahm vor dem Langen.

»Hau ab«, sagt der nur herablassend zu Erwin, »du hast doch gesehen, daß ich keine halben Portionen leiden kann.«

Nun sieht Erwin neben dem Langen wirklich aus wie Don Quichotte vor der Windmühle. Erwin Sahm ist ein ganz Dürrer, richtig blutleer wirkt der. Aber Erwin ist sehr locker, der atmet kein Atü schneller.

»Von dir?« fragt er gedehnt zurück. »Von sonem Fleischkloß? Du bist doch ein Angeber ...«
Das läßt den Pankower Leitstier sofort wieder rotsehen. Er holt aus und schmeißt Erwin seine große Faust wie eine Granate entgegen. Ich sehe nur, daß Erwin Sahm eine winzige Bewegung macht. Der Lange haut ein gewaltiges Loch in die Luft, und dann ...
Dann sitzt der Lange auf der Erde. Unendlich verwundert blickt er zu dem spindeldünnen Erwin auf, der gelangweilt die Knöchel seiner rechten Hand streichelt, mit denen er den Langen voll am Kinn erwischt hat.
»Acht, neun – aus!« zählt Johnny, ein anderer aus unserer Clique. Das ist ein Signal! Die Pankower sind wie ein Mann von ihren Plätzen hoch, und nun fängt eine richtige, zünftige Keilerei an. Die ersten Biergläser fliegen, die Mädchen sausen in neutrale Ecken, die Musiker versuchen ihre kostbaren Instrumente in Sicherheit zu bringen, und die ersten Tische kippen um.
Ich bin mittendrin, ich haue, trete, kratze und beiße und schlage auf alles, was wie Pankow aussieht. Nach fünf Minuten ist die Schlacht vorbei, die Pankower haben das Lokal geräumt, und wir sind wieder unter uns. Leicht war der Sieg nicht.
Dieter betrauert einen Schneidezahn, Johnny hat ein blaues Auge, ich bin mit dicker Nase auch nicht mehr ganz neu; die ganze Mannschaft ist verbeult. Nur Erwin Sahm, der nun wirklich unsere schwere Artillerie und Panzerwaffe zusammen gewesen ist, könnte sofort zur Konfirmation seiner Schwester gehen: er hat keine Schramme im Gesicht, sein Schlips sitzt vorbildlich, vielleicht sollte er sich einmal mit dem Kamm durchs Haar gehen. Das tut er gerade.
Das Rätsel um den 115-Pfünder Erwin Sahm ist schnell gelöst: Erwin hat die Absicht, Berufsboxer zu werden! Als Jugendlicher ist er einmal Meister im Papiergewicht (das sind die abgebrochenen Hünen unter 50 Kilo!) gewesen, als Amateur hat er

bereits zigmal geboxt, und nun trainiert er regelmäßig in einer Sportschule.

Figürlich ist er mir ähnlich, beinahe könnte man sagen, daß er noch schmächtiger ist. Aber in solch einer dummen Situation, da brauche ich nur meine Nase zu betasten, da ist der Erwin Sahm im Vergleich zu mir ein Riese.

Ich bin an dem Abend aus dem *Prater* mit der aufgeregt die Geschehnisse rekapitulierenden Inge, die alles aus sicherer Entfernung genau beobachtet hatte, sehr nachdenklich nach Hause gegangen. Ich habe über Tanzen, über Fußball, über das Herumziehen mit Mädchen und über – Boxen nachgedacht.

Den Rest brauche ich nicht weiter zu vertiefen. Ich habe Konsequenzen gezogen, zuerst nur spielerische, weil ich bei der – unvermeidlichen – nächsten Schlägerei gern etwas besser ausgesehen hätte neben dem knochigen Erwin mit den dünnen Ärmchen.

Daß der Abend im *Prater* die Weichen meines Lebens allerdings so nachdrücklich stellen würde, habe ich damals nicht einmal geträumt. Vorerst wollte ich nur gleichziehen mit Erwin Sahm und der Inge etwas mit Muskelkraft imponieren. Darum meine ich, daß es nicht ganz falsch ist, wenn ich sage, daß Inge mich zum Boxen gebracht hat. Zumindest hat sie mich so ein ganz klein wenig geschubst.

Am nächsten Tag habe ich zwei Paar alte Boxhandschuhe hervorgekramt, die bei dem fanatischen Fußballspieler Bubi Scholz ein unwürdiges Dasein in einer Schrankecke geführt hatten. Sie waren ein Pfand aus meiner Geschäftstätigkeit: ich hatte sie einmal als Sicherheit für eine Stange Zigaretten (Wert 1500 Reichsmark) erhalten. Und zwar genau von dem Erwin Sahm, den ich nun als *Held vom Prater* bewunderte. Beim Zigarettenverteilen hatte er sich weit ungeschickter angestellt als beim Verteilen wirkungsvoller Faustschläge. Er war mit der heißen Ware erwischt und für einige Zeit aus dem Verkehr gezogen worden. Was blieb mir anderes übrig, als die ungeliebten Dinger einzubunkern, getreu dem Hamstermotto: *Besser als nichts.*

Mit den Jungen aus der Choriner Straße, mit denen ich sonst Fußball gespielt hatte, begann ich nun mein Boxtraining für arme Leute: Wir mimten Max Schmeling. Auf Ruinenhöfen markierten wir mit ein paar Steinen den Ring und stürmten aufeinander los. Unser Lehrer hieß »Do it yourself« – keiner hatte wirkliche Boxkenntnisse.

Immerhin stellte sich bei diesen ersten Versuchen schon heraus: ich zeigte ausgezeichnete, den anderen ausnahmslos überlegene Reaktionen! Es gelang ihnen kaum einmal, mich zu treffen. Dagegen traf ich, je öfter ich sparrte, immer sicherer, genauer und härter.

Das verscheuchte nach und nach die Boxbegeisterung meiner Freunde. Wenn ich nach einem Partner suchte, hieß es dann: »Such dir man einen anderen Doofen, den du verhauen kannst!« Sie gingen wieder Fußballspielen, was zweifellos nicht so weh tat.

Hinter dem Fußball rannte ich auch noch her, aber nicht mehr so zeitvergessen und erfolgreich wie früher. Das hatte sicherlich auch seine unterschwelligen Gründe in der Neuorganisation des Sports in Berlin. Die Traditions-Vereine gab es nicht mehr, sie waren zu Fußball-Kommunen umgewandelt worden. Tennis-Borussia, der Klub von Hanne Berndt, hieß Charlottenburg. Aus Meteor 06 und Alemannia hatte man bei uns die SG Prenzlauer Berg zusammengebaut, und so weiter.

Damit entfiel die Möglichkeit, sich so richtig hitzköpfig zu identifizieren. Mir raubte es die Motivation. Bei Tennis, dem BSV 92 oder Hertha-BSC zu spielen – das hatte ich mir als Pimpf sehnsüchtig gewünscht. Diese neuen Namen, die brachten in mir nichts zum Klingen. Das waren S-Bahn-Stationen, keine Fußballklubs. Das Boxen dagegen muß für mich ganz

heimlich zu einer Droge geworden sein. Obwohl ich immer noch meinte, daß ich es lediglich zur Abschreckung bei der nächsten Klopperei mit irgendwelchen Pankowern oder Schmargendorfern einsetzen wollte, ließ es mich nicht los.
Als in der Choriner Straße endgültig alle Trainingspartner ausgestiegen waren, bin ich in eine Boxschule gefahren. Sie lag in der Gustav Adolf-Straße, und ihr Inhaber war Karl Schwarz, ein ehemaliger Amateur-Schwergewichtler.
Diese Trainingsstätte war eine ehemalige Turnhalle und ziemlich primitiv. Aber was gab es 1947 schon anderes? Ein paar Bänke aus Holz, ein uralter Sandsack, in dem Generationen von angehenden Schmelings schon ihre Fäuste vergraben hatten, eine Art Maisbirne und ein paar Sprungseile – fertig war damals die Boxschule.
Bei so viel Komfort hatte der Betrieb einen Vorteil: die Trainingsgebühren waren gering, man konnte sie jeden Monat ganz nach persönlichen Möglichkeiten neu aushandeln. Mehr als 20 oder 30 Mark habe ich wohl niemals bezahlt, und so billig bin ich in meiner gesamten Box-Karriere nicht mehr *betreut* worden.
Doch zur Ehre des längst eingestellten Unternehmens darf nicht verschwiegen werden, daß mit Gerhard Hecht zu meiner Zeit da auch einer herumfuhrwerkte, der es später in unvergeßlichen, dramatischen Kämpfen mit Hoepner, Stretz und anderen zum Halbschwergewichts-Europameister brachte! Der frühere Polizei-Meister Klein, sein Halbbruder Willi Kurz, der Berufsboxer im Federgewicht war, und einige Amateure gehörten auch zur Besatzung. Box-Vereine existierten damals in Berlin nicht; die Alliierten hatten das Boxen zunächst verboten und führten es in den einzelnen Zonen zu unterschiedlichen Zeiten wieder ein, so daß erst 1948 wieder Deutsche Meisterschaften stattfanden.
Als zahlender Kunde der Schule Schwarz wog ich ganze 118

Pfund; die anderen hatten erheblich mehr auf den Rippen. Mit Federgewichtler Kurz habe ich viel trainiert, und auch mit einem jungen Mann namens Werner Papke.

Mit Werner Papke hatte das Leben noch einiges vor, allerdings zunächst nicht im Boxring: Als eine Art Muskelmann vom Dienst stand er in Beziehung zur Ostberliner Gladow-Bande, die bei einer Schießerei Tote hinter sich ließ. Papke wurde mit der Geschichte in Verbindung gebracht, hatte aber noch Glück – zumindest ein Bandenmitglied ist damals zum Tode verurteilt worden. Trotz der unglückseligen Folgen dieser Affäre hat Werner Papke das Boxen nie losgelassen.

Nach vielen Jahren begann er sein Können, vor allem aber seine ungeheure Leidenschaft für das Boxen auf Jüngere zu übertragen und wurde ein relativ erfolgreicher Trainer. In spartanischer Einfachheit lebte er mit seinen Schützlingen unter einem Dach und brachte sie schnell zu europäischen Titeln – bis das Schicksal den Pechvogel Papke wieder stoppte!

Jörg Eipel, einer seiner Musterschüler, wurde in einem Titelkampf so schwer getroffen, daß er wochenlang in tiefer Bewußtlosigkeit lag – ein Negativbeweis für alle Boxgegner. Werner Papke ist inzwischen aus der Szene verschwunden, das Erlebnis mit Eipel, den er wie einen Sohn geliebt zu haben scheint, muß ihn tief getroffen haben.

Mit Kurz, Papke, Klein und vielen anderen, gelegentlich auch mit dem viel schwereren Spandauer Gerhard Hecht, der Deutscher Jugendmeister gewesen war, habe ich meine ersten Runden unter der Aufsicht des knorrigen, gutmütigen Karl Schwarz trainiert. Was mich gegen diese Kollegen auf den Beinen ließ, war meine Schnelligkeit.

In Wahrheit habe ich in dieser Anfangs-Phase nicht viel vom Handwerk gelernt, aber eine Lehre aus ihr mitgenommen: daß man versuchen muß, seine Stärken hochkarätig zu entwickeln! Für mich waren das Schnelligkeit, Reaktionen und Präszision

bei den eigenen Vorstößen. Denn an Ausdauer waren mir meine Freunde noch weit überlegen, obwohl ich mit dem Springseil und bei Läufen in Parks auch meine Kondition zu verbessern versuchte.
Unter dem Boxen litt zwangsläufig mein Privatleben; auch mein Verhältnis zu Inge. Bei den abendlichen Treffs war ich seltener zu finden, und wenn ich schon einmal mitmachte, ging ich früh.
»Ich muß früh ins Bett, ich habe morgen Training«, teilte ich der Clique dann halblaut und sehr cool mit. Damit wollte ich angeben, aber ich bin auch wirklich oft noch 30 bis 60 Minuten auf den *Sportplatz zur einsamen Pappel* gegangen und habe etwas getan.
Das alles zahlte sich aus. Die Zigarette, die ich mir früher wie Humphrey Bogart in *Casablanca* in den Mundwinkel geklebt hatte, um Eindruck zu schinden, konnte ich sparen. Also tränten mir nicht mehr die Augen, und ich hustete auch nicht mehr soviel, weil mir gelegentlich doch Rauch in die Lunge geriet. Wenn ich Limonade anstelle von Bier bestellte, wurde das auch akzeptiert.
Nur die Entfremdung von Inge schien unaufhaltsam. Ihr paßte es nicht für den Pfennig, mich mit meiner neuen Freundin zu teilen.
Es half auch nichts, daß mir in dieser Zeit die Natur endlich den so ersehnten Bartwuchs schenkte. Ich selbst kam mir männlicher, markanter und noch begehrenswerter vor, aber Inge dachte offenbar in anderen Kategorien und setzte andere Prioritäten.
Gelegenheit, meine Stellung als Respektsperson im Freundeskreis zu erhärten, erhielt ich schneller, als ich jemals geglaubt hätte. Meine Trainingspartner in der Boxschule, die mich unverschämterweise immer noch Bubi nannten, waren nämlich einhellig der Meinung, ich solle doch einmal vorboxen.

»Vorboxen?« fragte ich. »Was soll das, und was bringt das?« Beim Vorboxen ging es um die Lizenz, die aus einem Anfänger wie mir erst einen lizenzierten, also richtigen Boxer machen würde. Das Vorboxen fand in einer Sportschule in der Bendlerstraße statt, die jeder Historiker kennt: das OKW, das Oberkommando der Wehrmacht hatte da gesessen, und der Major und spätere General Remer hatte von dort aus mit dem *Wachbataillon* verhindert, daß der Putschversuch vom 20. Juli 1944 Erfolg hatte. Später waren die Häupter der Verschwörung mit dem Marschall von Witzleben an der Spitze erschossen worden.

Bei Box-Experten weckte die Bendlerstraße andere Assoziationen: sie war Standort der *Boxschule Müller*. Der ewig heiser röchelnde Bruno Müller, der sich Jahre später in der Nähe von Frankfurt niederließ und dort an Kehlkopfkrebs starb, hielt in seiner Boxschule Hof wie Gott in Frankreich. In Conny Rux, dem Halbschwergewichtler mit der sinnigerweise bei einem Unfall mit dem Fahrrad abenteuerlich eingebeulten Nase, hatte er den Sonnyboy und Superstar dieser Jahre unter Kontrakt.

In der Bendlerstraße fanden sich außer mir noch ein knappes Dutzend anderer Lizenzaspiranten ein. Meine Proberunden vor dem Sportausschuß der Boxkommission mußte ich gegen Rudi Hartkopf absolvieren. Ich zeigte, was ich konnte – also nicht allzu viel. Immerhin beherrschte ich meinen Gegner recht gut. – Nun kam es darauf an, welch weisen Ratschluß die Herren des Gremiums fällen würden, zu dem die *graue Eminenz* Walter Englert, der schon 15 Jahre vorher den Spichern-Ring geleitet hatte, der schweigsame frühere Schmeling-Pilot Max Machon, der boxbegeisterte Juwelier Alfred Meissner, der Ringrichter Gerhard Seewald und noch einige andere gehörten.

»Wir haben einmal gegeneinander geboxt«, redete mich Jahre

später ein freundlicher Kellner in dem Ostberliner Nobelrestaurant Ganymed an.
Es war Hartkopf, der seinerzeit Bruno Müllers Etablissement sicherlich ähnlich hoffnungsfroh verlassen und wie ich täglich auf die Post gelauert hatte, die endlich die ersehnte Lizenz bringen sollte.
Nun, Hartkopf ist Kellner geworden. Und ich? Ich erhielt einen freundlichen Brief von der Kommission, in dem mir Talent bestätigt wurde. Allerdings, so hieß es weiter, sei man der Ansicht, für einen jungen Mann wie mich sei es besser, sich physisch noch etwas weiterzuentwickeln. Ich solle in einem Jahr noch einmal zum Vorboxen erscheinen, dann hielte man die Lizenzerteilung für durchaus möglich.
Das klang alles sehr freundlich, ja zum Teil richtiggehend fürsorglich. Nur, bei meinen Freunden und Bekannten half mir das überhaupt nichts. Ich schwieg also. Und wenn mich jemand nach dem Ergebnis des Vorboxens fragte, murmelte ich etwas wie: »Ich habe noch keinen Bescheid. Das dauert immer so lange.« Und reaktionsschnell – das war ja meine Stärke – wechselte ich das Thema.
Natürlich war ich sauer. Nur wegen ein paar fehlender Pfunde die Lizenz nicht zu erhalten, das wurmt einen schon ungemein. Zumal, wenn einem jungen Kerl wie mir ziemlich unverblümt zu verstehen gegeben wird, er sei noch nicht Manns genug, sich mit ausgewachsenen Kämpfern zu messen. Ich war drauf und dran, das Boxen aufzugeben und die Handschuhe hinzuschmeißen. In dem Laden des alten Karl Schwarz, das hatte ich intuitiv begriffen, konnte ich ohnehin kaum etwas lernen. Zu einem brauchbaren Kneipen-Champion hätte ich es dort vielleicht noch bringen können. Aber was sollte das?! – Da spielte der Zufall wieder einmal mit mir herum; und zwar in doppelter Hinsicht.
Zum einen: Als ich im Frühjahr 1948 das Freibad in Plötzensee

besuchte, lag häufig in meiner Nachbarschaft ein Mensch namens Franz Schmidt; ein Kerl mit einem Kopf wie ein Steinzeitmensch, mit wulstigen Oberarmen und – er war Berufsboxer. Daß er nur drittklassig war, wußte ich nicht und sonst wohl auch keiner. Als Vorarbeiter bei Tanzsaal-Schlägereien war er auf alle Fälle ein Star.

Schmidt brachte zum Baden immer Handschuhe mit und veranstaltete *Trainingskämpfe.* Auf gut Deutsch: Er forderte Leute heraus, die er vor den leuchtenden Augen hingerissener Bräute milde, aber unübersehbar verdrosch. Vielleicht mußte er damit auch kompensieren, daß er im Jahre 1947 von zwölf Kämpfen gerade einen mühsam gewonnen hatte.

Natürlich forderte mich Schmidt, er war acht Jahre älter als ich, eines Tages in Plötzensee heraus. Ich winkte ab, er war mindestens 20 Pfund schwerer als ich und ich war ein Anfänger.

»Du brauchst keine Angst zu haben, ich haue nicht richtig zu«, versuchte er mich zu beruhigen, und da wir von genügend Bekannten umringt waren, die nun sehen wollten, ob ich kniff, machte ich schließlich mit.

Der erfahrene Franz Schmidt, der zwei Dutzend Profifights hinter sich hatte, brauchte mich gar nicht zu schonen. Er konnte mich überhaupt nicht treffen! Für ihn, der flachfüßig hinter mir her tappte, war ich immer einen Gang zu schnell. Ich habe ihn dagegen ganz schön gestupst, denn richtig hinlangen mochte ich aus begreiflichen Gründen nicht – der hätte ja wütend werden und mir doch ein paar saftige Dinger verkaufen können . . .

Von Franz Schmidt, der sich im Grunde genommen nur produzieren wollte, bekam ich meine erste wirklich positive Zensur als Boxer: »Aus dem wird noch einmal was!« teilte er der Zuschauermenge hinterher keuchend mit.

Schmidts Urteil war völlig unmaßgeblich. Dennoch wirkte es

wie Balsam auf den Wunden, die die Kommission meinem Gemüt zugefügt hatte.
Zum anderen: Erwin Sahm tauchte wieder in unserer Clique auf. Er trainierte in der Wilmersdorfer Straße in Charlottenburg, in der renommierten Olympia-Boxschule. Als er hörte, daß ich zu Boxen begonnen hatte, überredete er mich, in seinem *Stall* mit dem Training weiterzumachen.
Dort hatten sich bereits vor dem Krieg berühmte Schauspieler und Boxer getroffen. Ein Gigant wie Emil Jannings hatte sich dort, nachdem er etwas für die Gesundheit getan hatte, nach dem Duschen zum Kaffee mit einem Paul Samson-Körner zusammengesetzt, der sich gerade auf die brutalste Boxschlacht mit Hans Breitensträter vorbereitete.
Boxen und Künstler – da ist eine Affinität, von der ich damals noch nichts ahnte, die ich heute aber mit vielen Beispielen belegen könnte. Das bekannteste ist die Gemeinschaft Max Schmeling/Anny Ondra, die einen Weltmeister und einen Star der alten *Tobis* für ein Leben zusammenführte. Fern Andra, der erste Vamp des deutschen Films, heiratete den Mittelgewichtler Kurt Prenzel,der 1928 in die USA auswanderte und mich 26 Jahre später, vor meinem Kampf im *Madison Square Garden,* mit Tränen der Rührung in den Augen in New York begrüßen sollte. Die blonde Naive Charlott Daudert war viele Jahre mit dem bulligen Adolf Heuser liiert, und nach dem Kriege führte Conny Rux Ada Tschechowa zum Traualtar.
Die männlichen Schauspieler konnten ihre Liebe zum Boxer nicht so recht durch Heiraten dokumentieren. Obwohl Kenner da auch von ein paar Affärchen wissen, weil die Verirrungen der Hormone selbst in der Sportschule nicht zu reparieren sind. Künstler und Boxer scheinen – da bin ich ein Beispiel – für gute und dauerhafte Freundschaften begabt zu sein. Wenn ich nach einer Deutung suchen sollte, so spielt meines Erachtens die Brutalität und die Sentimentalität eine Rolle, die in beiden

Branchen zu Hause ist. Das ist jedenfalls meine These, ich kann versuchen, sie ganz schnell zu erläutern.

Die Brutalität des Boxens ist vordergründig. Jeder, der 100 Mark für einen Ringplatz bezahlt und nicht blind ist, kann sie feststellen. Die Sentimentalität, die ein Verlierer, ein Zerschlagener erzeugt, ist hintergründig.

Bei den Künstlern ist es umgekehrt. Sentimental ist vieles, was da auf die Bretter gestellt oder auf Zelluloid gebannt wird. Die Träne wird noch im Parkett geweint; auch für einen Hunderter oder so. Brutal ist der Hintergrund: die jähe Entschlossenheit, mit der der Versager unerbittlich aussortiert wird, oder mit der um die nächste Rolle oder Show im neuen Medium gefightet wird.

Aber das habe ich damals als 17jähriger nicht geahnt, und denken konnte ich das schon gar nicht.

In der Olympia-Schule bin ich voll mit dem Boxen in Berührung gekommen und infiziert worden. Da lernte ich den Trainer Ladislav Taubeneck kennen, den alle Lado nannten und der mich vom ersten bis zum letzten Kampf begleiten sollte. Lado und Hanne Loof waren das Trainer-Manager-Gespann der Olympia-Schule: zu ihrem *Stall* gehörten Erwin Sahm, Herbert Priebe, Heinz Rehfeld, Helmut Blaurock und Gerhard Rhode.

Der große Name aber war Heinz Seidler. Er war schon 30 Jahre alt und Berufsboxer seit 1938. Aber in diesen zehn Jahren hatte er, Halbschwer- und Schwergewichtler, in Deutschland und Europa alles geboxt, was Klasse hatte. Er war ein Mann, der ungeheuer zuschlagen konnte und keinen Schritt zurückging. Zweimal war er Deutscher Meister gewesen.

In jedem seiner großen Kämpfe hat Heinz Seidler ein Stückchen von sich selbst gegeben: gegen Kreitz, Sendel, Schönrath, Kölblin, den Schmeling-Konkurrenten Walter Neusel und vor allem gegen den trockenen, sperrigen Hanseaten Riedel Vogt, mit dem er viermal in wahren Vernichtungs-Schlachten im Ring war.

Der alte Haudegen Seidler hat heute eine gutgehende Kneipe in der Nähe des Kurfürstendamms. Richard Vogt, der Olympia-Zweite von Berlin 1936, ein Bauernsohn aus der Umgebung von Hamburg, der immer an seine fünf unverheirateten Schwestern und nie an sich dachte, sitzt gelähmt in einem Rollstuhl und lebt von Rente.

Boxen kann zum Schicksal werden, zehn Jahre beeinflussen die 30 oder 40 Jahre, die einem Mann noch gegeben sind. Boxen ist ein Dschungel, und dabei habe ich die Fallenstellerei, die Veranstalter, Manager und Funktionäre betreiben, noch mit keinem Wort erwähnt.

In diese Wildnis stolperte Bubi Scholz, seinerzeit fast 18, endgültig mit seiner Ankunft in der Olympia-Boxschule in der frühen Mitte des Jahres 1948. Ein kleiner Parsifal, der ursprünglich nichts anderes vorgehabt hatte, als den Damen und den Freunden zu imponieren.

11.

Für zwei Mark am Tag konnte man die Olympia-Boxschule *benutzen*. Das bedeutete nicht, daß man trainiert oder betreut wurde. Man konnte jederzeit in der Halle aus- und eingehen und die vorhandenen Trainingsgeräte solange malträtieren, wie man Lust und Puste hatte. Das war alles.

Als mein eigener Trainer verordnete ich mir den regelmäßigen Besuch der Boxschule. Neben der körperlichen Betätigung, die ich sehr ernst nahm, entwickelte ich eine fruchtbare Spionageaktivität. Ich schaute genau hin, was die anderen machten und versuchte sie zu imitieren. *Mit den Augen stehlen*, nenne ich das heute. Es ist meine Methode, ein Leben lang zu lernen: ich betrachte die Dinge bzw. Gegebenheiten genau, versuche das mir Nützliche herauszupräparieren und mir anzueignen.

Auf diese Weise lernte ich sehr schnell, und ich gehörte schon bald zum Stamm der Trainingsfleißigen. Immer häufiger wurde ich aufgefordert, ein paar Runden zu sparren. Das kostete mich nichts, brachte mir aber eine ganze Menge. Und die Profis waren froh, in mir einen wirklich schnellen Trainingspartner zu haben, der in der Rechtsauslage boxte; eine gesuchte Eigenschaft besonders dann, wenn es darum ging, Kämpfe gegen Rechtsausleger vorzubereiten.

Wer schnelle Fortschritte macht, sucht Bestätigung, will wissen, wo er steht. Wer glaubt, ungerecht behandelt worden zu sein, versucht sein Recht durchzusetzen, zumal wenn er wie Michael Kohlhaas ein Preuße ist. Beides traf auf mich zu.

Also meldete ich mich – drei Monate nach dem negativen Bescheid – erneut zum Vorboxen. Diesmal ermunterten mich meine Trainingskameraden von der Olympia-Boxschule, und mein Beistand hieß Lado Taubeneck. Er war es auch, der meine bei Aschinger sauer verdienten achtzig Mark Prüfungsgebühr bei der Kommission ablieferte. Er spielte den Part des Betreuers, obwohl er ansonsten noch keine Hand für mich gerührt hatte. Aber die Kommission verlangte nun einmal dieses Affentheater, und Lado mimte mit. Ich wollte es wissen, wollte meine Lizenz und wollte den Wisch endlich den hartnäckigen Fragern aus meiner Clique unter die Nase halten können. Diesmal mußte ich Heinz Hintze vor den strengen Augen der lizenzvergebenden Herren boxen. Er kam recht gut dabei weg, wesentlich besser als im folgenden Jahr, als ich ihn bei einer Boxveranstaltung im *Prater* vor meinen vollzählig versammelten Freunden und Bekannten ruhmlos untergehen ließ. Zunächst hieß es aber erst einmal wieder warten. Viel zu lange für meinen Geschmack. Ich ahnte Böses. Die haben dich auf dem Kieker, weil du mit dem zweiten Vorboxen nicht lange genug gewartet hast, dachte ich.

Anstelle einer schriftlichen Nachricht zu Hause traf Ringrichter Gerhard Seewald in der Boxschule ein. Er war ein seriös wirkender Herr, dessen Wort in der Box-Szene etwas galt. »Scholz!« tönt er durch die Trainingshalle. »Ja, was ist?« Ich wetze zu Seewald, den ich vom Sehen ja bereits flüchtig kenne. Ich bin verschwitzt und ein bißchen außer Atem. Ich habe heute bereits ein gehöriges Trainingspensum absolviert. Nachher werde ich mich mit Schlesischen Klößen entschädigen, eines meiner Lieblingsgerichte. Meine Mutter hatte mir dieses Luxusgericht am Morgen bereits angekündigt.
»Scholz, Sie werden heute abend boxen«, sagt Seewald sehr bestimmt. »Aber ich habe doch gar keine Lizenz«, wende ich hastig ein und denke: Mein Gott, im Ring boxen, womöglich vor vielen Leuten Dresche beziehen, das hast du nicht gewollt. Nur das nicht. Wie komme ich da raus?!
»Die ist schon unterwegs«, sagt Seewald, und weil ich's nicht glauben will, fügt er hinzu: »Ich muß es ja wohl wissen! Oder sitze ich etwa nicht in der Kommission? Hier, Sie stehen auf der Liste. Sie sind für Qualifikationskämpfe zugelassen.«

Für einen Moment bin ich geplättet. Noch bevor ich einen Einwand vorbringen kann, stellt Seewald lakonisch fest: »Sie boxen gegen Eichler. Vier Runden.« Für ihn, den selbstsicheren Mann, ist das Gespräch beendet. Er dreht sich um, will gehen.

»Aber ich habe keinen Trainer, keinen Tiefschutz, keinen Mundschutz, kein Garnichts«, halte ich ihn zurück.

»Das ist doch kein Problem«, wischt Seewald meine Bedenken zur Seite, »der Lado« (er meint Taubeneck) »betreut die Jungs heute abend doch sowieso« (gemeint sind Heinz Rehfeldt und ein paar andere Kameraden aus der Olympia-Boxschule), »da kann er sich um Sie gleich mitkümmern. Das andere Zeug können Sie sich leihen. Und Gage kriegen Sie auch, 200 Mark. Sehen Sie zu, daß Sie mit den anderen zusammen pünktlich zum Wiegen erscheinen.« Damit ist unser Dialog unwiderruflich beendet. Seewald hat gesprochen, Seewald geht. Und ich stehe da – mit meinem ersten Kampfvertrag. Es ist der 8. Oktober 1948, und ich muß boxen, ich, der doch nur ein bißchen angeben wollte, vor seinen Freunden und vor den Mädchen . . .

Ich könnte heute ungeheuer über meinen ersten Kampf krakeelen, über den Zynismus, mit dem man über mich verfügt hat. Damals konnte ich mich, ein 18jähriger Schlot vom Prenzlauer Berg und ohne jede Beratung, überhaupt nicht gegen *die Chance* wehren.

Tatsache war, daß dem Gerhard Seewald, der nicht nur Ringrichter, Funktionär, sondern auch noch Veranstalter mit eigenem finanziellen Risiko war, ein Rahmenkämpfer ausgefallen war: gegen den ehemaligen deutschen Jugendmeister Horst Eichler, einen äußerst erfolgreichen Jung-Profi, hatte der Leichtgewichtler Wintz offenbar Fracksausen bekommen und abgesagt. Seewald hatte gut 1000 Karten im Vorverkauf abgesetzt, und nun fehlte ihm der sechste Kampf auf der *Karte.* Also war er in die Boxschule gestiefelt und hatte sich den ahnungslosen Qualifikanten Scholz als Lückenbüßer herausgefischt. Der war zwar auf den Kampf überhaupt nicht vorbereitet, war in keiner Weise auf den Gegner eingestellt, aber ein, zwei Runden würde er schon auf den Beinen bleiben, und das genügte, um das Publikum bei Laune zu halten.

Verluste haben wir immer gehabt, hieß ein viel zitierter Wahlspruch aus dem gerade vorzeitig abgebrochenen Tausendjährigen Reich. Qualifikant Scholz unter den Verlusten? – Tröstlicherweise hatte ich keine Ahnung von den Gedanken, die sich durch die Gehirnwindungen des Promoters schlängelten. Daß dem der Scholz völlig egal war, ist mir erst später klar geworden. Seewald gab sich jovial, so als ob er mir etwas Gutes täte, dabei brauchte er mich durchaus dringend, um kurzfristig seinen Kampfabend in der *Westarena* wieder zu komplettieren. Hätte ich gekniffen, wäre Seewald um ein paar Hundertmarkscheine ärmer gewesen. Das hätte ihn nicht umgebracht, geschmerzt hätte es ihn aber doch.

In meinem Kopf wirbelten andere Überlegungen. Praktische. Ich hatte einen Termin für das Wiegen, und ich mußte mir Mundschutz, Unterschutz, Bademantel und eine Boxhose organisieren. Das alles in wenigen Stunden.

Das Wiegen fand in der Leibnizstraße in dem Zirkuszelt statt, in dem abends auch geboxt werden sollte. 2000 Leute paßten hinein.

Unter deren Augen sollst du gegen den ausgebufften Eichler kämpfen! dachte ich. Worauf hast du dich da bloß eingelassen? Mir wurde es ganz flau im Magen. Und das kam nicht vom Hunger. Aber scheiß' drauf. Jetzt wurde gewogen, und das tat nicht weh.

Ich fuhr mit der U-Bahn nach Hause, und dort standen die Schlesischen Klöße mit Zwiebelsoße auf dem Tisch. Aber weil Klöße schwer im Magen liegen und weil ich einmal gehört hatte, daß es nicht gut ist, wenn ein Magenhaken Klöße trifft, verzich-

tete ich und bat Mutter, mir das Essen bis zum Abend aufzuheben. Von meinem Box-Debüt wagte ich nichts zu sagen.
Dafür machte ich mich daran, mich um meine Ausrüstung zu kümmern. Wozu hat man eine Schwester Hilde, die Schneiderin gelernt hat? Ein bißchen murrend, aber wenigstens pünktlich, nähte sie mir aus einem Kissenbezug eine Hose, die sie sogar noch mit Biesen aus einem Stück Mantelfutter verschönerte. Als Bademantel hatte ich bereits innerlich das Eigentum meiner Mutter entliehen: das gute Stück war rot, und weiße Notenschlüssel waren darauf gedruckt. Ich würde darin nicht überwältigend aussehen und bestimmt auch keinen neuen Modetrend auslösen. Aber in den Wechselbädern zwischen Stolz – der sich sehr zögernd einstellte – und Angst war mir schon ziemlich viel egal.
Ich versuchte, man hatte ja in den Sportschulen doch einiges mitbekommen, mich aufs Ohr zu legen und zu entspannen. Aber das blieb Theorie.
Vor meinen Augen hatte ich immer diesen Horst Eichler, dem ich beim Wiegen und bei der ärztlichen Untersuchung begegnet war. Die medizinische Kontrolle war übrigens eine Sache für sich: »Hände ausstrecken! Prima, die sind ruhig. Atmen Sie tief ein! Prima, keine Nebengeräusche. Waren Sie erkältet in der letzten Zeit? Nein – alles o.k.!« Jeder Sanitätsgefreite kann das.
Horst Eichler, der das alles einen Schritt vor mir absolvierte, hatte ich eingehend beobachten können. Und der Junge, der ein paar Jahre älter war als ich, schien nicht nur nach seiner sportlichen Vergangenheit ein Boxer zu sein, der sah auch äußerlich so aus. Mir kam er vor wie Supermann. Er hieb mir nach der Wiegeprozedur mit kollegialer Wucht und der Generosität des Älteren auf die Schulter und meinte: »So schlimm wird's schon nicht werden heute abend!« Das sollte ein Trost sein . . .

Ich glaube, mich beherrschte damals nur der Gedanke: Wie komme ich hier wieder heil raus, und wie kann ich diesem muskelbepackten Menschen, der so gar nichts mehr von der Freundlichkeit und dem Verständnis meiner bisherigen Sparrings-Freunde – ich dachte wirklich *Freunde* – an sich hat, ohne größere Blechschäden entgehen?
Das ist der Gedanke, der mich nie losgelassen hat. Auch vor dem letzten Kampf meiner Laufbahn, 16 Jahre später, habe ich noch genauso gedacht und gefühlt.
Man denkt immer, so ein erster Kampf eines Anfängers, das ist doch nichts Weltbewegendes! Für die Besucher auf den billigen und teuren Plätzen ist das bestimmt so. Für die sind diese Arrangements nicht mehr als ein allmähliches Einstimmen auf das Hauptereignis.
Aber für so einen Debütanten wie mich war das mit die schwerste Übung. Man beginnt einen ungewissen Lebensabschnitt, man hat Lampenfieber. Lange vor dem ersten Gong und dem ersten Schlagwechsel mit dem Gegner kämpft man schon mit der ungewohnten Umgebung.
Ich war völlig leer, als ich da oben in meiner Ecke stand. Ich sah die Zuschauer und sah sie doch wieder nicht. Ich hörte den Lado Taubeneck beschwörend und beruhigend auf mich einflüstern und verstand kein Wort. Mir war, als hätte ich hier überhaupt nichts verloren, als hätte ich mich verirrt wie ein Fremder in einer fremden Großstadt. Was ich jemals im Training geübt und gelernt hatte – es war mir total entfallen.
Nicht so diesem Horst Eichler. Er griff mich sofort und heftig an, und in der ersten halben Minute hatte ich schon seine Faust auf dem linken Auge. Der Hieb tat nicht weh, es war eigentlich nur ein Tupfer gewesen. Aber mein Auge tränte.
Die Feuchtigkeit störte mich, aber sie ließ mich auch aufwachen aus meiner Trance. Laß ihn nicht merken, daß das Auge tränt, war der erste klare Gedanke, den ich faßte. Nur nicht mit

dem Auge zucken. Höchstens blinzeln. Und ducken, und zurückschlagen, sich bewegen und etwas unternehmen!
Plötzlich saß Eichler auf dem Boden. Der Ringrichter schubste mich in eine Ecke, weil ich mich in meiner Überraschung gar nicht lösen konnte von dem Anblick dieses auf der Erde liegenden Horst Eichler. Bei »8« ging es weiter, automatisch schlug ich noch einmal mit der Linken auf Horst Eichler ein, und der saß wieder auf dem Hosenboden.
»Los, Kleiner, mach ihn fertig!« Das Rufen der Zuschauer begann jetzt in mein Bewußtsein zu tröpfeln, ganz allmählich; und wie einem, der schwer von Begriff ist, ging mir endlich auf: die meinen mich, Bubi Scholz!
So ein erster Kampf kann ein Vorgeschmack für eine ganze, Jahre dauernde Karriere sein. Ich wollte diesen Menschen, die da so freundlich waren und mich anfeuerten, selbstverständlich gern zu Gefallen sein. Wenn die schon meinten, daß ich den Eichler *fertigmachen* sollte, dann wollte ich es bei soviel Anteilnahme auch tun. Daß man sich besser nicht bedingungslos nach den Forderungen aus den Ringreihen richtet, habe ich in meinem ersten Kampf auch gleich erfahren.
In der dritten Runde saß ich nämlich fast unten: in meiner Unerfahrenheit war ich überhastet in einen Schlag hineingerannt, der mich beinahe umgerissen hätte. Der Blitz traf mich in der Nähe der Seile, und so lehnte ich mich erstmal in die Hanftaue.
»Mach die Beine steif, Bubi, bleib stehen!« befahl ich mir selbst. Der Schlag hinterließ, Horst Eichler war wirklich kein Pappkamerad, seine Wirkung. Und so rutschte ich, immer mit steif durchgedrückten Knien, allmählich zu Boden.
Taubeneck gestikulierte in der Ecke wie ein Verkehrspolizist zur Hauptverkehrszeit. Ich verstand nichts, aber ich stand wieder auf. Im nächsten Schlagabtausch bekam ich wieder etwas ab, und wieder begann der Ringrichter zu zählen, als ich scheinbar benommen am Seil stand.

Ziemlich verdutzt baute ich mich wieder auf, es war mir unklar, warum der Ringrichter gezählt hatte, da ich ja keineswegs so auf dem Rücken gelegen hatte wie am Anfang der Eichler. Daß man einen Boxer, der paralysiert zu sein scheint, auch im Stehen anzählen kann, war mir absolut neu.
So sagte ich also: »Warum geht's denn hier nicht weiter?« und der Ringrichter, dem letzlich egal sein konnte, wer hier die Prügel bezog, ließ uns weitermachen. Bald darauf erklang der Gong.
In meiner Ecke hielt mir Lado Taubeneck einen Zeigefinger vor die Nase, wackelte damit und fragte: »Siehst du den Finger?«
»Spinnst du?« fragte ich zurück. »Warum sollte ich den Finger nicht sehen?«
»Dann ist alles in Ordnung, dann schaffst du die letzte Runde auch noch«, entschied Taubeneck, und gleich darauf griff er mich bei den Schultern und schubste mich aufmunternd wieder unter die Tiefstrahler. »Wir sollten uns auf unsere Technik und Distanz besinnen«, rief er mir noch nach.
Das *wir* hat mich damals am meisten geärgert. So grün konnte ich gar nicht sein, daß ich nicht begriffen hätte: wenn *wir* es schon waren, die hier boxten – die Schläge blieben mir großzügig allein reserviert, netto, ohne Abzug! Und die Rettung in die Technik? Für einen boxenden Erstkläßler wie mich war das so, als ob man einem, der gerade aus dem achten Stockwerk fällt, den Fahrstuhl empfiehlt.
Ich habe einfach geboxt, so wie ich es damals konnte. Mein Instinkt hat mir wie schon so oft das einzig Vernünftige geraten. Eichler war noch zweimal auf den Brettern, das Kampfgericht erklärte mich zum Punktsieger. Als Ringrichter Schröder, der mit Horst Eichler und mir in der Ringmitte Position bezogen hatte, meinen Arm in die Höhe riß, hatte ich ein wunderbares Gefühl.

Das Gefühl war: »Das haste glücklich überstanden!« Nichts sonst. Eichler hatte da größere Schwierigkeiten mit seinem Seelenhaushalt. Seine Hochzeit stand am folgenden Tag an. Polterabend sollte *nach* dem Kampf sein, nachdem er seinen leichten Gegner *weggeputzt* hatte. Daß er *während* des Kampfes mit dem Hintern auf den Ringboden poltern würde, war nicht vorgesehen. Für einen Bräutigam sah er denn auch weder sehr glücklich noch fröhlich aus.
Für die alsbaldige Abkühlung meines Stimmungshochs sorgten Lado Taubeneck und Hanne Loof. Von den 200 Mark Gage – zehn Prozent DM-West und neunzig Prozent Ost-Währung, weil die Masse des Publikums mit Ost-Geld zahlte – sah ich nur 160 Mark. Je zehn Prozent meines unter Ängsten erworbenen Vermögens behielten die beiden Herren für ihre Bemühungen ein. Das traf mich empfindlicher als die beiden Haken von Horst Eichler.
Von Prozenten für meine beiden Betreuer hatte mir vorher niemand etwas gesagt, und die *Sportlichen Regeln* der Berufsboxer, in denen das Verhältnis Boxer-Manager-Trainer wichtigen Raum einnimmt, hatte ich noch niemals gesehen. Ich kam mir regelrecht ausgeraubt vor, und wahrscheinlich hätte ich nach dem Staatsanwalt geschrien, wenn mir der Mund nicht entsetzlich weh getan hätte.
Da ich ohne Mundschutz geboxt hatte, ich besaß ja keinen, hatte ich mir mehrfach bei Eichlers Treffern in die Zunge gebissen. Die war so dick, daß ich zu Hause nicht einmal mehr Mutters warmgehaltene Klöße essen konnte.
Entschädigt worden bin ich am anderen Morgen am Zeitungsstand. Natürlich bin ich, aufgeregt wie ein Schauspieler nach der Premiere, ungeheuer scharf auf die Kritiken gewesen. Mein Name stand in vier Berliner Zeitungen – das war ein Gefühl!
In einer Zeitung, die auch eine Zeichnung vom Fight Scholz-Eichler veröffentlicht hatte (sicherlich weil es der erste Kampf

war und der Redaktionsschluß erreicht werden konnte), hieß es: »Die härteste Ringschlacht im ausverkauften Zirkuszelt der Westarena: der Leichtgewichts-Kampf Scholz gegen Eichler. Der Berliner Ex-Jugendmeister fand niemals die richtige Einstellung zu dem technisch gut geschulten Rechtsausleger Scholz.« Na, wenn das nichts war ...

Meinen nächsten Kampf hatte ich drei Wochen später in Querfurt bei Halle in der Sowjetzone. Gegen Bernsee gab es 300 Mark, leider nur Ost-Währung. Auf der Ladefläche eines Lkw fuhren wir zu der Zuckerfabrik, in der geboxt werden sollte. Vor dem Wiegen gab es ein Mittagessen, das Arno Kölblin organisiert hatte. Der ehemalige Schwergewichts-Europameister lebte damals noch in Halle an der Saale und spielte eine große Rolle in der Sport-Organisation.

Mit dem Boxen war es unter den russischen Besatzungs-Offizieren so wie mit dem Theater: beides wurde gefördert, was bedeutete, daß es Zusatz-Rationen gab. Ich bekam an diesem Tage sogar zwei Portionen.

Mein Gegner Bernsee hatte nämlich Gewichtsschwierigkeiten. Für jedes Kilogramm über dem Limit hätte man ihm etwas von seiner Gage abgezogen, und so hungerte der arme Kerl lieber. Ich aber, rank und schlank und weit entfernt von Feindschaft mit der Waage, konnte mir sogar eine doppelte Mahlzeit leisten und aß Bernsees Portion noch mit.

Gedankt habe ich das dem Bernsee nicht so recht. Ich schickte ihn mehrmals in den Ringstaub und brach ihm die Nase. Zuletzt tat er mir, so über und über blutverschmiert, richtig leid. In einem Clinch habe ich ihm zugeflüstert: »Keine Angst, ich haue nicht mehr«, und ich habe dann nur noch Aktion geschauspielert.

Ich wurde Punktsieger, obwohl ich in der Lage gewesen wäre, vorzeitig zu gewinnen.

Hinterher kam Bernsees Manager zu mir und versicherte ganz

gerührt: »Junge, das vergesse ich nicht, daß du so anständig warst!« Er hat's sicherlich nicht vergessen, aber es hat mir auch nichts geholfen.
Ob es sinnvoll ist, als Profiboxer einen Gegner zu schonen, kann ich inzwischen ohne Emotion beantworten: Es ist Quatsch! Ein Kampf, der schnell vorbei ist, ist ein Kampf, in dem man sich weniger verbraucht, in dem man das Risiko der Verletzung herabsetzt und das Pech, das immer sprungbereit ist, nicht unnötig herausfordert. Aber das habe ich erst später begriffen, wie ich überhaupt noch viel zu lernen hatte.
Zuerst hatte ich zu lernen, mit meinem Vater auszukommen. Dem war es gar nicht recht, daß ich boxte. Genauer gesagt: daß ich mit dem Boxen so viel Zeit verbrachte und auf meiner Lehrstelle bei Aschinger nicht mehr regelmäßig erschien.
Bei Aschinger hatte ich Schichtdienst, der bestimmt nicht die ideale Voraussetzung für eine Karriere als Leistungssportler ist. Da mit dem Boxen nicht viel zu verdienen war – selbst mit fünf gewonnenen Kämpfen nicht, die ich 1948 hinter mich gebracht hatte –, mußte ich mir auch noch einen zusätzlichen Gelderdienst suchen. Mit dem schnellen Geld aus kleinen Schwarzmarkt-Geschäften war es seit der Währungsreform aus. Nach Einführung des neuen Geldes überschwemmten die zurückgehaltenen Waren die Schaufenster. Jetzt hängten die Ladenbesitzer überall scheinheilig Schilder aus: *Freie Ware! Hier wird nicht geflüstert!* Als ob die vorher nicht auch geflüstert hätten! – Jedenfalls war es vorbei mit den einträglichen Transaktionen. Neue Geldquellen mußten erschlossen werden. Ich brauchte einen Job.
Den fand ich bei der unter sowjetischer Aufsicht erscheinenden *National-Zeitung*. Der spätere Sportchef des *Tagesspiegel*, Gerry Reimann, war bei dem Blatt Bildredakteur. Er hatte mich boxen sehen, und er entwickelte ein Faible für mich. Jedenfalls hat er, nachdem ich ihm von meinen Schwierigkeiten

erzählt hatte, zusammen mit dem Sportredakteur Günter Kunerth so lange auf den Personalchef seines Blattes eingeredet, bis der mich als Redaktions-Fahrer engagierte. Dafür gab's immerhin 400 Mark, dafür mußte ich allerdings auch bis lange nach Mitternacht zwischen der Redaktion in der Friedrichstraße und der Druckerei in der Zimmerstraße Druckfahnen und Fotos hin- und hertransportieren. Das hatte auf dem eigenen Drahtesel zu geschehen, was 150 Mark extra brachte. Viel Geld.

Nach diesem hektischen Hin und Her mit eiligen Korrekturen hatte ich natürlich nur selten Lust, geradewegs in die Choriner Straße zu gondeln. Eine Stippvisite in den *Prater* oder ins *Swinemünder Gesellschaftshaus* lockte magisch. Dort hatte unsere Clique das Sagen, das war unser Revier. Dort produzierten wir uns und tanzten mit unseren Bräuten Masche. Maschetanzen war der Hit. Jeder versuchte jeden mit immer neuen Schrittkombinationen und Tanzfiguren auszustechen. Das machte an, das war Leben.

Diesem Treiben schauten – quasi aus höherer Warte – die beiden Wirte des *Prater,* Vater und Sohn Hans Schwarz, mit großer Gelassenheit zu. Beide waren Ringer, und Hans Schwarz sen. hatte es bereits in den zwanziger Jahren zu Meisterehren und Ruhm gebracht. Sein Sohn, ein fast zwei Meter hohes Gebirge aus Muskeln und Fleisch, bildete oft den ruhenden Pol, wenn das *Prater*-Treiben außer Rand und Band zu geraten drohte. Sobald Schwarz jun. auf der Bildfläche erschien, dämpfte das unseren jugendlichen Übermut gleich ungemein. Diesen Schwarz-Effekt machte sich übrigens auch die Filmbranche zunutze: In mehreren Streifen spielte unser Praterwirt nach dem Motto *Wo sind die siebenunddreißig Herren, die ungespitzt in den Erdboden gerammt werden möchten?* den dienstbaren Riesen. Gustav Gründgens war er gerade nicht. Aber die Leute lachten.

Meinem Vater paßte, wie schon gesagt, mein Tun und Treiben ganz und gar nicht. Er unternahm einen letzten – fruchtlosen – Versuch, sich zum Erzieher aufzuschwingen. Er verschloß die Tür, wenn ich spät nach Hause kam und ließ den Schlüssel von innen stecken. Eine pädagogische Maßnahme, die, zum Leidwesen meines Vaters, die gewünschte Wirkung verfehlte. Ich ging den beabsichtigten Auseinandersetzungen ganz einfach aus dem Wege. Immer häufiger übernachtete ich bei Bekannten und Freundinnen. Wenn's sein mußte tagelang.
Meine Schwester Hilde hat so etwas wie eine detektivische Ader. Auf mir bisweilen rätselhafte Weise fand sie immer wieder heraus, wo ich mich gerade herumtrieb. Ihr Orientierungssinn hat sie meines Wissens nur ein einziges Mal im Stich gelassen: Ich muß drei oder vier Jahre alt gewesen sein, als Hilde und ich von einem Verwandtenbesuch allein durch die Stadt zurück zur elterlichen Wohnung gehen sollten. Hilde, drei Jahre älter als ich, übernahm die Führung, doch offensichtlich hatte sie ihre Ortskenntnisse diesmal überschätzt. Wir verliefen uns und vertrauten uns schließlich hilfesuchend einem Wachtmeister an. Er war ein großer, schnauzbärtiger Mann, der freundlich auf uns herunterschaute und zunächst Hilde nach ihrem Namen fragte. »Ich heiße Hildegard«, antwortete Hilde. »Und wie heißt du?« wollte der Wachtmeister daraufhin von mir wissen. Ich dachte, was die Hilde kann, das kannst du schon lange, und ich antwortete mit fester Stimme: »Ich heiße Gustavgard.« Der Wachtmeister hat geschmunzelt und uns in die Choriner Straße gebracht. Mir wurde diese Geschichte vom supercleveren Dreikäsehoch immer mal wieder unter die Nase gerieben. Und sie ist ja auch typisch. Das meiste im Leben habe ich mir abgeschaut, manchmal auch was Falsches.
Aber zurück zu Vater. Sobald sein Zorn verraucht und eine gewisse Anstandsfrist verstrichen war, wurde Hilde mit versöhnlicher Botschaft nach mir ausgeschickt: *Du sollst heim-*

kommen, es ist alles in Ordnung. Das geschah mit schöner Regelmäßigkeit, und es war auch alles in Ordnung – bis zum nächsten Mal.
In diese Zeit fiel die elfmonatige Berliner Blockade, die am 24. Juni 1948 begann und erst mit dem New Yorker Abkommen zwischen den USA und der Sowjetunion am 12. Mai 1949 aufgehoben wurde. Es waren elf Monate, in denen der Hunger den Berlinern noch einmal an die Kehle fuhr und die Kohlenknappheit bei frierenden Menschen alles potenzierte: die Krankheiten, die Depressionen, die Rücksichtslosigkeiten und die Selbstmorde.
In die Nächte zwischen feuchtkalten Laken dröhnten die Transport-Flugzeuge der Luftbrücke, die Berlins Verbindung zur freien Welt waren. Sie störten, aber noch mehr verstörte es, wenn man sie einmal nicht hörte. Dann kroch die Angst in den drei Millionen Berlinern hoch: *Sie haben doch nicht etwa aufgegeben, uns mit dem Lebensnotwendigsten zu versorgen?* Selbst die Kohlen für die Berliner Elektrizitätswerke mußten ja eingeflogen werden.
Genug konnten die Flugzeuge gar nicht heranschaffen. Berlin schränkte sich ein, mit Mini-Rationen, wie in den schlimmsten Kriegstagen, mit stundenlangen Stromsperren, ohne Licht, ohne Kochstrom, ohne Radio.
Berlin verfeuerte sich selbst. Der Tiergarten ist damals praktisch abgeholzt worden, in den Wohnungen rissen Väter, die das Weinen ihrer greinenden Säuglinge nicht mehr ertragen konnten, die Dielen heraus. Für einen Sack Kohlen oder eine Schachtel Kerzen wurden ehrliche Männer zu Dieben.

Und der 18jährige angehende Berufsboxer Bubi Scholz träumt weiter von einer Karriere. Er hört sich die Geschichten an, die die Oldtimer erzählen. Von der Popularität eines Max Schmeling, von den siebenstelligen Dollar-Gagen eines Joe Louis,

von dem Glück des eine Millionärin heiratenden Gene Tunney, von den 120000 Mark, die Walter Neusel für seinen Kampf gegen Hein ten Hoff bekommen haben soll, in Juwelen zum Teil.
Bubi Scholz träumt, und er schiebt Kohldampf. Anstelle von Steaks füllt ihm *Pom* den Magen, ein Kartoffelpuffer, den man mit Wasser zu einem Brei anrührte, anstelle von Milch trinkt er dünnen Ersatzkaffee, weil der wenigstens warm ist.
Vor so einer Tasse Kaffee, gemeinsam mit Lado Taubeneck in einem Lokal am Kurfürstendamm genossen, begegnet dem hohlwangigen Bubi Scholz so etwas Ähnliches wie das Schicksal. Ein kleines Schicksal nur, aber ausreichend für die armseligen und trostlosen Tage 1949, in denen meine späteren Freunde Günter Neumann und seine Insulaner mit ihrem Jetzt-erst-recht-Lied den Freiheits- und Überlebenswillen der Berliner in den Äther singen. Sie erinnern sich: *Der Insulaner verliert die Ruhe nicht, ...der Insulaner hofft unbeirrt, daß seine Insel wieder 'n schönes Festland wird. – Ach wär' das schön!*

12.

Das Schicksal heißt Otto Schunke, ist hochgewachsen und hat ausgezeichnete Manieren. Otto Schunke mit dem scharfgeschnittenen Gesicht und den gepflegten Händen kannte ich bereits aus der Olympia-Boxschule. Er stand in der Reihe der Interessierten, denen es nicht genügt, alle drei Wochen zu einem Kampftag zu gehen: sie sind vom Boxen wie von einem Bazillus infiziert und glauben, daß sie in einer Sportschule Näheres, Besseres und Aktuelleres erfahren.

Der ehemalige Offizier setzt sich zu uns an den Tisch und zündet sich eine süßlich duftende Zigarette an. Amis, klingelt es automatisch in mir. Das sind die unvergeßlichen Lehren der Schwarzmarktzeit, in der blitzschnelles Identifizieren der Ware über Gewinn oder Verlust entschied.

»Ich habe Sie mit viel Spaß in den letzten Monaten beobachtet, Herr Scholz«, sagt der Herr Schunke, »ich meine, daß Sie ein außerordentliches Talent sind.«

Das habe ich schon öfter gehört, auch von Fachleuten und nicht von Amateuren wie diesem Herrn. Wobei ich ihm mit Amateur nicht unrecht getan habe, wie ich heute weiß, denn Amateur bedeutet Liebhaber, und das ist er wirklich gewesen: ein großer Liebhaber des Faustkampfs.

»Schönen Dank für die gute Meinung«, antwortete ich, »aber warum sagen Sie mir das?« Ich stehe dieser Liebeserklärung etwas ratlos gegenüber. Taubeneck tritt mich unter dem Tisch ans Bein: ich soll den reden lassen.

»Ich meine«, fährt er fort, »ich sollte mich ein bißchen um Sie kümmern. Sie müssen vernünftig was zu essen haben. Entschuldigen Sie, aber mit der Kleidung sieht es bei Ihnen auch nicht gerade glänzend aus. Ich werde mich darum kümmern«, wiederholt er noch einmal.

»Wie stellen Sie sich das vor, Herr Schunke«, frage ich verblüfft zurück. Was hat der Mensch eigentlich für eine Vorstel-

lung? Von meinen Wünschen hat er offenbar eine, aber von meinen Möglichkeiten? »Soviel verdiene ich nicht, bei mir setzen die Fünf-Mark-Stücke keinen Schimmel im Keller an.«
»Machen Sie sich um das Geld keine Gedanken, ich will keine Bezahlung«, läßt sich dieser merkwürdige Mensch nicht entmutigen.
Das reicht mir. Wenn ich etwas in meinen 19 Lebensjahren begriffen habe, dann ist es das eine: schenken tut einem kein Mensch etwas! Nicht einmal der Tod ist umsonst, denn der kostet die Beerdigung. Außerdem – Edelmut hat mich immer mißtrauisch gemacht! Das habe ich auch schon zu spüren bekommen: die dicksten Äpfel hatten hinterher die meisten Maden, oder andersherum: wer sehr viel Idealismus zeigt, der stellt hinterher die unverschämtesten Rechnungen aus.
Ich will gerade eine granatenfreche Antwort geben, da tritt mich der Taubeneck wieder vors Knie. Mit einem dankbar schimmernden Blick redet er jetzt für mich:
»Das ist großartig, Herr Schunke, Sie werden sich in dem Bubi bestimmt nicht täuschen. Aber das brauche ich ja nicht zu betonen, Sie kennen soviel vom Boxen und haben das haargenau erkannt: aus dem Jungen wird einmal ein ganz Großer! Man muß ihm nur eine Chance geben, sich zu entwickeln: boxerisch, und natürlich auch menschlich.«
Einen so langen Spruch habe ich von dem schweigsamen Lado noch niemals gehört. Der Herr mit dem beeindruckenden Profil zuckt nicht mit der Wimper.
»Dann sind wir uns also einig«, erhebt er sich, »wir sehen uns morgen in der Boxschule.« Er zahlt die Rechnung aus einer Brieftasche, in der die Hunderter sich über Platzmangel beklagen. »Siehste«, sagt der Taubeneck ehrfürchtig, »der kann ganz allein den Wiederaufbau der Gedächtniskirche bezahlen.«
Mir ist nicht nach Phrasen zumute, mir kommt das alles sehr gescheckt vor. Ich fauche den Taubeneck an:

»Was ist denn nun eigentlich los? Das kann doch nicht Knecht Ruprecht mit dem Gabensack gewesen sein, und selbst wenn den die Russen aus Sibirien entlassen haben: ich glaube nicht mehr an Märchen! Spinnt der oder ist der vielleicht . . .?« Mir schießt ein Gedanke durch den Denkapparat: sollte der etwa vom anderen Ufer sein und mich für irgend etwas Besonderes halten, was ich nun wirklich nicht bin?
»Stell dich nicht blöd an«, murrte der Taubeneck. »Den kenne ich, der ist völlig in Ordnung und nicht, was du da meinst. Das ist ein Freier, nichts als ein Box-Freier!«
Und dann erzählt mir der Lado Taubeneck, so gut wie er's eben kann, etwas über Box-Mäzene, über Leute wie diesen Otto Schunke, die eine ungeheure Box-Begeisterung haben und sich selbst verwirklicht sehen möchten in ihrem Star. Die seine Siege noch viel farbiger sehen als er selbst, die seine Niederlagen noch viel depressiver erleben. »Das sind Menschen, die schlagen innerlich jeden Haken, den du landest, und die stöhnen bei jedem Ding, das du dir fängst, als hätten sie das selbst an die Glocke gekriegt!« Die Philosophie des Mäzenatentums war nicht Lados beste Nummer, aber vom Urgestein her wußte er unbeirrbar, daß das nichts Ungutes werden konnte.
Ich war ebenso unbelehrbar wie mißtrauisch, aber ich sagte mir auch: mal abwarten, was morgen in der Boxschule passiert, ob der überhaupt erscheint! Die 24 Stunden konnte ich bequem ohne Schmerz warten. Ohne Verzückung aber auch.
Herr Schunke erschien am nächsten Tag in der Olympia-Schule. Das vermerkte ich erst einmal positiv. Daß er eine braune Lederaktentasche unter dem Arm hatte, machte mich neugierig bis optimistisch.
In der Aktentasche waren eine Salami, ein Pfund Butter, ein paar Konserven und Brot. Immerhin eine Grundausstattung für meinen Magen, der lange nichts in dieser Qualität und auch

Menge zu verarbeiten bekommen hatte. Innerlich stand ich Herrn Schunke zwar immer noch in Doppeldeckung gegenüber – irgendwann mußte doch der Hammer kommen? –, aber ich benahm mich ihm gegenüber ausgesucht höflich und nett.

Mit der Zeit lernte ich den ungewöhnlichen Otto Schunke immer besser kennen. Er war Offizier gewesen, noch früher Innenarchitekt. Da es aber für diesen Berufsstand wirklich keinen Bedarf gab, die alten Zeitungen anstelle von Tapeten konnte man sich auch selbst an die windschiefen Wände hängen, war er in den gerade anlaufenden West-Ost-Handel umgestiegen. Schunke war eine Art Einkäufer und Vertrauensmann der bulgarischen Handelsmission in Berlin. Das war ein Traumjob wie das heute der eines Alleinbeauftragten für die Ölscheichs wäre.

Schunke besorgte Anzug, Mantel, Schuhe. Und Otto Schunkes Aktentasche wurde für mich zur täglichen Wundertüte. Meine Trainingsbesessenheit, die ohnehin schon Spitze war, steigerte sich noch, wenn das überhaupt möglich war. Denn nach jedem Sparring stand da Herr Schunke, und wenn das keine Motivation war . . .

Aber es waren nicht nur die leiblichen Dinge, um die dieser Freund sich kümmerte. Ich benutze das Wort Freund jetzt ganz bewußt, denn bis dahin war mir niemand so selbstlos und helfend entgegengekommen. Schunke feilte und pusselte auch noch anders an mir herum, *er kümmerte sich menschlich*, würde Taubeneck erklären.

Er nahm mich zu Gesellschaften mit und ins Theater. Er war nie aufdringlich oder penetrant mit Belehrungen, aber er brachte mir durch sein Beispiel wortlos eine Menge bei. Ich hörte auf zu berlinern und besann mich auf mein Hochdeutsch, und ich baute mit seinen unmerklichen Hilfen meine Unsicherheiten im Umgang mit Menschen ab, die in der Schule besser aufgepaßt hatten als ich. Oder die mir, durch den Zufall

des Aufwachsens in einem anderen Milieu als dem am Prenzlauer Berg, weit voraus waren.
Otto Schunke, der immer Distanz hielt und niemals plump gewesen ist, verschaffte mir, ob gewollt oder ungewollt weiß ich nicht, Abstand zur Choriner Straße. Die Trennung von Inge war, mit ein paar Tagen Schmerz und der Gefahr des Rückfalls, bereits endgültig vollzogen. An die Kumpels, mit denen ich geschoben hatte und in glücklicheren Stunden hinter dem Fußball hergerannt war, dachte ich immer weniger. Aber auch die Verbindung zu meiner Familie ist in dieser Zeit blasser geworden.

Einen Vertrag als Berufsboxer bei einem Manager hatte ich noch nicht unterschrieben. Eine unbestimmte Scheu vor dieser Welt der Intrigen und des Ausgeliefertseins, die ich ja täglich in der Sportschule betrachten konnte, hielt mich davor zurück. Meine Entschuldigung, wenn mir ein Mehrjahres-Kontrakt von einem der Gewaltigen angeboten wurde, war immer: »Mein Vater will das nicht, und ich bin noch keine 21 – grundsätzlich würde ich natürlich gern.«
Die Wahrheit war, daß ich meinen Vater längst im Griff und unter Kontrolle hatte. »Du unterschreibst unter gar keinen Umständen Verträge für mich«, hatte ich ihm gesagt; denn nach meinen ersten erfolgreichen Fights kamen immer wieder Möchtegern-Manager bei meinem *Erziehungsberechtigten* angetigert und wollten ihn bequatschen, einen Managervertrag für mich abzuschließen. Sogar Geld hat man ihm geboten. – Seine Unterschrift stand unter keinem meiner Verträge!
Bei dieser Abnabelung aus der engen Welt der Hinterhöfe, der zum Dauerzustand gewordenen Entbehrungen und des zufälligen Geradeausmarschierens oder Abgleitens im Sinne des Bürgerlichen Gesetzbuches hat mir Otto Schunke wesentlich geholfen.

Von Schunke herausgepäppelt, mit ein bißchen mehr Fleisch auf den Rippen und Muskeln an den Oberarmen, näherte ich mich inzwischen dem Weltergewicht. Leider bezahlten die Veranstalter nicht nach Gewicht, wenn überhaupt.
Der Besuch der Kampftage, vor allem der Kleinring-Meetings, bei denen man Anfänger wie mich gern beschäftigte, hatte nach der Währungsreform katastrophal nachgelassen. Die Pleiten häuften sich, und so verfielen die Veranstalter auf den Trick mit dem *Selbstbeteiligungs- oder Umlage-Modell.*
Das sah so aus: von den Einnahmen wurden zunächst einmal Steuern, Hallenmiete, Unkosten für Werbung und so fort abgezogen. In der zweiten Stufe zahlten die Herren sich selbst eine feste Gage: als Technische Leiter, Veranstalter oder wie das alles hieß. Nun kamen, Stufe drei, die Boxer nach einem bestimmten Schlüssel an die Reihe, der mit vertraglich fixierten Runden etwas zu tun hatte. Freikarten bekamen die Kämpfer nicht, und am liebsten hätten ihnen die Veranstalter noch Eintrittsgeld abgeknöpft. Lediglich die blauen Augen und geschwollenen Kiefer gab's ohne Berechnung.

In der Neuköllner Hasenheide bin ich bei solch einer Selbstbeteiligungs-Veranstaltung dabei, es ist im April 1949 mein sechster Kampf, und mein Gegner Saalbach ist ein ganz schön ausgekochter Landsknecht. Auf der morgendlichen Anfahrt mit der U-Bahn – es handelte sich um eine Matinee-Veranstaltung – war ich, müde von der Nachtschicht bei der Zeitung, eingepennt. Als ich hochschreckte, war ich schon drei Stationen zu weit gefahren. Wie von Furien gehetzt, rannte ich auf die andere Seite des Bahnhofs, sprang – ohne zu zahlen – in den Gegenzug. Und eben noch rechtzeitig kletterte ich in den Ring.
Saalbach stammt aus demselben Kiez wie ich, aus der Schwedter Straße. Er hatte über zehn Kämpfe in Folge gewonnen und

ist enorm ehrgeizig. Es ist ein verbissener Fight. In der vierten Runde trifft mich Saalbach schwer. Direkt auf den Solarplexus. Ich versuche so gut es geht, mir nichts anmerken zu lassen. Tatsächlich glaube ich nicht mehr daran, die nächste Runde noch zu erleben. Aber der Gong rettet mich.

In der fünften Runde schlage ich nicht mehr zum Kopf meines Gegners. Jetzt treffe ich *seinen* Solarplexus. Mit umwerfendem Erfolg. Saalbach liegt flach, wird ausgezählt. Mein erster K.o.-Sieg! Welt, wie bist du so schön!

Noch nicht richtig ausgefreut, bekam *ich* meinen ersten K.o. – beim Abrechnen. »Es tut mir furchtbar leid, mein Junge«, bekam ich gönnerhaft zu hören, »es ist leider nichts übrig! Selbstverständlich kannst du die Kostenaufstellung einsehen!«

Das habe ich getan, und die anderen auch. Als die Veranstalter aber noch etwas davon murmelten, *die Boxer müßten auch das Defizit mittragen,* ist uns selbst an der Besichtigung der Pleite die Lust vergangen. Es hat natürlich kein Fighter gezahlt, die meisten waren dazu überhaupt nicht in der Lage. Ich trug schon an dem Fahrgeld schwer, das ich investiert hatte.

Daß dieser Vormittag doch noch einen freundlichen, oder besser gesagt nahrhaften Ausklang fand, ist Herrn Mauthe, einem Berliner Tapetengroßhändler, zu danken. Dieser boxbegeisterte Mann war mit Otto Schunke befreundet und lud uns zum Mittagessen ein. Die Hausfrau kochte ausgezeichnet und erstklassige Zutaten für das Menü waren ganz offensichtlich in ausreichender Menge vorhanden gewesen. Ich schlug mir den Bauch voll. Der Tag war gerettet.

Für den nächsten Kampf gegen Heinz Hintze sage ich zu. An Gage ist kaum etwas zu erwarten, bei der Abrechnung sind es genau 56 Mark, aber geboxt wird im *Prater,* wo damals Erwin Sahm die beeindruckende Show gegen die Pankower abgezogen hatte. Und noch etwas: der *Prater* liegt mitten in meinem

Kiez, so ungefähr 300 Meter Luftlinie von meiner elterlichen Wohnung entfernt.
Die ganze Clique kommt. Wie so manchmal, wenn einer aus einem Viertel sich auf die Socken gemacht und den Standort gewechselt hat, ist die Stimmung ziemlich gegen mich. Wahrscheinlich auch, weil sie alle mitbekommen haben, daß ich in meinem Rahmen doch ganz schöne Anfangs-Erfolge verbuchen konnte.
»Der Bubi, der hat doch immer nur Ausgelutschte verhauen«, ist die am meisten gehandelte Meinung. Und darauf folgt schlüssig: »Der Heinz Hintze wird den schon aufmischen!«
Heinz Hintze ist einer dieser Halbdistanz-Fighter mit der unerschöpflichen Kondition, die auf einen immer wieder wie aufgezogen losschnurren, völlig egal, wie oft man sie mit Wirkungstreffern zurückpuncht. Oder zu Boden bringt. Denn eine Spiralfeder zum Aufstehen haben sie auch verschluckt.
In vier Runden ist Heinz Hintze ebenso oft auf den Brettern. K.o. schlagen kann ich ihn nicht, aber mein Punktvorsprung reicht vom Prenzlauer Berg bis zum Funkturm. Nun ist die Kiez-Welt auf den Kopf gestellt.
Mein Vater, der ganz vorn gestanden hat und mir bei allen Vorurteilen natürlich die Daumen gedrückt hatte, ist so gerührt wie sonst nur Weihnachten. Er quetscht mir die Hand. Alle drängen sich, der Ede, der Dieter und der Johnny und die anderen, dicht um mich und wollen mir die Schultern klopfen. So ein Sieg gleich vor der Haustür ist mit Geld nicht aufzuwiegen. Ich war der King. Ein kleiner. Aber das war mehr als ich jemals erhofft hatte.
Mein Vater wartet vor dem Umkleideraum: »Junge, du kommst doch noch zu Mutter, sie hat was zu essen gemacht, für deinen Trainer und die Kollegen auch.«
Den Abend haben wir lange in der kleinen Wohnung in der Choriner Straße gesessen. Taubeneck ist dabei, Erwin Sahm

natürlich, der guterzogene Jürgen Weinhold und dessen Betreuer vor allem, Arthur Bülow mit dem süßlich nach Pomade duftenden eisgrauen Schopf.
Arthur Bülow, der einmal Max Schmelings Manager-Trainer war und sich in den USA im Krach – und viel zu stolz für die großzügige Abfindung, die Max anbot – von ihm trennte, läßt die buntschillernde Welt des Boxens in Mutters guter Stube aufblühen. Er erzählt die herz- und zwerchfellzerreißendsten Anekdoten, beschwört längst vergessene Helden, die Dimensionen wie die Recken des Nibelungenliedes bekommen, und klagt die Herzlosigkeit, die Intrige und den Betrug in der Branche an.
Der alte Mann, der aus Jürgen Weinhold einen neuen Schmeling machen möchte und ihn pflegt wie ein zugempfindliches Kleinkind, ist ein wahres Lexikon des Faustkampfs von seinen Anfängen bis zur Gegenwart. Arthur Bülow war lange vor dem Krieg der Chefredakeur des Fachorgans *Boxsport,* bis er Max Schmeling sah und die Leidenschaft zum Boxen ihn endgültig fortschwemmte. Er vergaß die bürgerliche Existenz und wurde einer der Ring-Zigeuner, die sich nur in den schweißriechenden Boxschulen wohlfühlen und deren Feiertage die Veranstaltungen sind, in denen endlich die Minute der Wahrheit kommt: der andere oder ich?
Wir alle, ich glaube sogar meine Mutter, haben Arthur Bülow an diesem Abend geliebt. Er wollte nach dem Krieg einen neuen Max Schmeling kreieren. Dieser Fata Morgana jagte er nach. Vergeblich. Arthur Bülow war ein auf der Strecke des Geschäfts Gebliebener, aber er war ein Herr, auch jetzt noch, und als Erzähler war er unübertrefflich und überzeugend, weil aus jeder Silbe eine Leidenschaft sprach, neben der alles andere in seinem Leben verbrannt sein mußte.
Im *Prater* habe ich drei Wochen später auch meinen nächsten Kampf vor meiner Gemeinde gemacht, von 56 immerhin schon

zu 80 DM-Ost aufgestiegen. Hörauf ging bereits in der ersten Runde k.o. Mein erster, während eines Kampfes wirklich präzise placierter Leberhaken tat diese Wirkung. 80 Mark für 120 Sekunden Kampf – diesmal fühlte ich mich gar nicht *sooo* schlecht bezahlt!

Dann überschlagen sich die Ereignisse, jedenfalls mußte ich das damals so sehen: ich boxe zum ersten Mal in einem Großring, und ich verliere den Mann, der meine Manager-Geschäfte aufgrund einer mündlichen Vereinbarung geführt hatte.

Hanne Loof kümmerte sich manchmal um mich, und manchmal ließ er es auch. Manchmal besorgte er mir einen Kampf, manchmal machte das Lado Taubeneck, und dann wieder ging ich einem Veranstalter mit meinem dauernden Nachfragen so auf den Geist, daß der sagte: »Gut, Kleiner, beim nächsten Mal!«

Im Olympiastadion soll Ende Mai 1949 Conny Rux, der anerkannte Liebling der Berliner, gegen Dieter Hucks, den boxenden Hufschmied aus dem Rheinland, kämpfen. Hucks ist ein mörderischer Schläger, ein Rechtsausleger wie ich, der auf Technik fast völlig verzichtet und sich nur auf das Dynamit in seiner Linken verläßt. In Hamburg hat er einen Klassemann wie Gustav Eder in der ersten Runde mit einem Haken so erledigt, daß man zu sehen glaubte, wie Eder förmlich vom Boden abhob.

Promoter ist Richard Stürmer, der sich – wie jeder Veranstalter – ungeheuer viel auf seinen sicheren Blick für Talente einbildet. (Ich sage das, weil es noch Bedeutung bekommt.) Stürmer gibt mir einen Kampf, nicht nur als dem Boxer Scholz, sondern auch als dem Arbeitsuchenden ohne Manager. Loof kümmerte sich um nichts, er managte gerade die Konfirmation seiner Tochter.

Richard Stürmer, er befürchtete wohl, ich würde ihm auch noch im Traum erscheinen und *Haben Sie nicht einen Kampf für mich?* schreien, ließ mich die Einleitung boxen. Der Gegner hieß Günther Pregla und reiste aus Magdeburg an, die Börse waren sensationelle 400 DM-Ost (soviel hatte ich noch nie beim Boxen verdient), von der Ehre einmal ganz abgesehen, und Loof hatte Konfirmation.

Ich hatte auch etwas, als ich in den Ring ging: eine Magen- und Darm-Verstimmung, weil mich in der Nacht der Teufel geritten und ich eine Kilo-Dose Apfelmus gegessen hatte.

Vor 15 000 Zuschauern lag ich drei Runden lang nach Punkten vorn, dann verbündete sich das Apfelmus mit Pregla, und ich flitzte auf immer müder werdenden Beinen aus der Reichweite dieses Menschen. Als die Punktrichter addierten, hatte ich in meinem zehnten Kampf zum ersten Male nicht gewonnen. Ich bekam nur ein Unentschieden. Mit diesem Urteil war ich überhaupt nicht einverstanden. Und es hatte Folgen. Fortan teilte ich mir meine Kräfte so ein, daß ich gegen Ende des Kampfes noch einmal forcieren konnte. Ich versuchte in den letzten Runden besser auszusehen, zumindest optisch überlegen zu erscheinen. Das machte auf die nicht immer ganz sicheren Kampfrichter Eindruck und schlug sich im Urteil nieder. Bald hieß es: Der Scholz ist ein Spätstarter. – Ich habe nichts gegen Fehleinschätzungen, solange sie mir nützen. Elf Monate später habe ich übrigens den Günther Pregla in der zweiten Runde ausgeknockt. Ein bißchen früh für einen Spätstarter. Aber lassen wir die Spitzfindigkeiten.

Die Börse holte ich diesmal selbst ab. Zwanzig Prozent davon gab ich Lado Taubeneck. Loof war ja mit der Konfirmation seiner Tochter zugange und hatte sich um nichts gekümmert. Den Kampf hatte ich mir auch selbst besorgt. Also sollte Taubeneck das Geld haben, denn der hatte mich während des Fights betreut.

Gleich nach meinem Gefecht, der Kampfabend war noch im Gange, kam Loof mit Konfirmationsschnaps geladen in die

Garderobe des Olympia-Stadions und wollte als *Manager* meine Gage beim Delegierten des Boxverbandes kassieren. Da war aber nichts mehr zu kassieren.
Loof geriet in Rage und wollte mich zur Rede stellen. Wie ich dazu käme ... Er sei mein Manager, und ihm stünden zehn Prozent meiner Kampfbörse zu. Das war zuviel für mich. Ich hatte die kalte Wut im Bauch. Was will dieser angetrunkene Mann eigentlich von dir, der hat doch keinerlei Recht auf irgend etwas, rebellierte es in mir.
Ich sagte einfach: »Wo steht eigentlich geschrieben, daß Sie mein Manager sind, Herr Loof? Ich wüßte nicht, daß ich einen Managervertrag mit Ihnen geschlossen hätte, Herr Loof!«
Das genügte. Loof zog wutschnaubend ab, und ich habe ihn nie wieder gesehen. Bis dato hatte ich nie einen richtigen Manager gehabt und jetzt noch viel weniger. Dafür lief nun ein Mann in der Berliner Boxszene herum, der sicher keine Schmeicheleien über mich erzählte.
Glücklicherweise reden fast alle Manager überall auf der Welt über den Undank der Boxer, von denen sie sich einmal getrennt haben und jeder sagt: *So ist es!* und versucht, mit dem freien Mann einen Vertrag zu machen.
Aber es gibt in der Branche noch einen anderen Spruch, der mir einfällt. *Ein guter Boxer,* sagen sie, *ist ein Analphabet!* Ein altbekannter Spruch, wenn man ihn etwas abwandelt, nicht wahr? Einfallsreich sind die Manager eben nur, wenn es um die Prozente geht.
Sachkundig sind sie auch nicht alle, jetzt komme ich auf Richard Stürmer zurück. Mein besorgter Lado Taubeneck, der der vorsichtige Typ immer gewesen ist, rannte nach dem Krach mit Loof sofort zu Richard Stürmer. Die Anlehnung an einen Großveranstalter schien ihm für ein Talent, an das er glaubte, das aber doch wohl noch viel Zeit benötigen würde, eine ideale Position. Aber Stürmer verließ sich auf seine Sachkenntnis.

»Der Bubi?« lachte Stürmer. »Hör auf mit dem Jungchen. Sechs Runden, und der fällt auseinander! Das hat man doch gegen Pregla gesehen. Aus dem wird nie einer!«

Viel später, als Richard Stürmer längst nicht mehr im Geschäft war, habe ich ihn einmal in einem Restaurant getroffen. »Mensch, Bubi, wissen Sie noch«, Erfolg schafft Distanz, auch bei Leuten, die einen einmal behandelt haben wie der Großfürst die Kulaken, »wenn ich Sie damals unter Vertrag genommen hätte – ich könnte mir heute die Zigarren mit Hundertern anzünden . . .«

So kam wieder einmal alles anders, weil der umworbene Richard Stürmer mich nicht wollte. Es kam, Vorbehalte wie in diesem Boxgeschäft notwendig angemeldet, für Bubi Scholz nicht schlecht.

13.

In der Sportschule hatte mich seit einiger Zeit ein kleiner, rundlicher Herr aufmerksam beobachtet. Unauffällig, wie er sicherlich meinte, aber ich hatte es bemerkt. Und Taubeneck hatte mir mit ehrfürchtig gedämpfter Stimme gesagt: »Das ist der Fritze Gretzschel!«
Fritz Gretzschel zu kennen, bedeutete für einen Nachwuchsboxer, der bisher fast nur im Ostsektor geboxt und dafür entsprechend miese Ost-Mark kassiert hatte, ungefähr dasselbe, als ob ein Banklehrling plötzlich Hermann Josef Abs vorgestellt worden wäre, dem Finanzberater Konrad Adenauers. Gretzschel veranstaltete in der Waldbühne, einer der phantastischsten Freilicht-Arenen der Welt. Bei großen Kämpfen waren in der riesigen Schüssel mehr als 25000 Besucher versammelt. Außerdem managte er Spitzenleute wie den Erlanger Hans Stretz, der die Klasse besaß, sogar mit dem unvergleichlichen Sugar Ray Robinson in einen Ring geschickt zu werden.
In der Branche hieß Gretzschel *Chinesen-Fritz.* Der Name stimmte in jeder Beziehung. Gretzschel hatte Schlitzaugen, und sein faltiges Gesicht war bräunlich-gelb. Vor allem aber war er ein undurchsichtiger Mann, dessen Gedanken sehr schwer zu erraten waren – er lebte hinter einer Maske.
Im deutschen Boxen begannen sich damals Gruppierungen abzuzeichnen. Das war ungefähr so wie in der Politik: es gab Führungsmächte, und die hatten ihre Satelliten. Die Führungsmächte, die zwei Jahrzehnte die Bühne beherrschen sollten, waren Gretzschel und seine Berliner Konkurrenten Göttert und Englert. Sie veranstalteten manchmal gemeinsam mit lokalen Partnern: Gretzschel in Hamburg mit dem früheren Schiffskoch und Pelzhändler Fritz Wiene, in Stuttgart später mit dem Phono-Großhändler Knörzer, oder in München mit Franz Leidmann, Göttert/Englert in Hamburg mit dem Hotelier Reinhold Tomfort und in der Dortmunder Westfalen-Halle mit dem Neuhaus-Manager Steinacker, oder in Köln mit

dem Gemüsegroßhändler Thelen, der der Schwiegervater von Peter Müller war.
Aber was auch passierte: den Takt schlugen entweder Gretzschel oder eben Göttert/Englert. Oder alle drei zusammen. Davon hatte so ein grüner Junge wie Bubi Scholz natürlich keine Ahnung, und selbst ein Lado Taubeneck durchschaute das Spiel nur teilweise. Da jeder dieser Promoter-Manager natürlich auf zugkräftige Boxer angewiesen war, um die Hallen und Stadien zu füllen, mußte man sich eines Tages entscheiden – bei wem hatte man die besseren Karten?
Davon hatte ich natürlich keinen Schimmer, vielleicht war das sogar gut so. Wer weiß, was ich sonst alles gedacht, versucht und getan hätte. So geschah »es« einfach.
»Na, Lausebengel«, spricht Gretzschel mich an, »immer schön fleißig?« Es ist das erste Mal, daß der berühmte Veranstalter das Wort an mich richtet.
»Klar, Herr Gretzschel«, antworte ich eifrig, »man muß, man muß. Das Leben ist hart und ungerecht!« Gretzschel lacht.
»So, das weißte also schon! Allerhand in deinem Alter.« Er macht eine Pause: »Wenn du willst, kannste mal bei mir vorbeikommen. Der Stretz braucht einen Rechtsausleger als Sparringspartner, dabei kannste was lernen.«
»Gibts außer Lernen sonst noch was?« Ich lächle mein Charmantestes. Gretzschel schüttelt den Kopf und grinst wieder.
»Immer scharf auf die Mark, was?« fragt er. Aber es scheint ihn nicht zu stören. »Also gut: zehn Mark die Runde!« Damit zieht er ab.
Er ist noch nicht durch die Tür, da habe ich schon zusammengerechnet: zehn Mark, unter drei Runden wird es nicht gehen an einem Trainingstag, das sind 30 DM-West oder 240 bis 270 DM-Ost, je nach Tageskurs bei den Wechselstuben. Und wenn die nur dreimal in der Woche sparren – eigentlich müßte ich den Gretzschel küssen! Aber er ist schon weg.

Ich bin noch ein Anfänger, der keine Ahnung hat! Nach zwei Wochen ist alles vorbei. Der Stretz braucht keinen Sparringspartner mehr, und mein Geschäft ist tot. Aber Gretzschel kommt wieder. Diesmal bin ich cleverer.
»Wenn Sie meinen, Herr Gretzschel. Alte Konditionen und einen Kampf bei Ihrem nächsten Kampftag!« Ich halte den Atem an, was wird er jetzt antworten?
»Immer keß, immer scharf auf die Mark«, amüsiert sich Gretzschel. »Aber meinetwegen.« Das reicht mir nicht, wir stehen mit ein paar Journalisten zusammen, und ich habe das Gefühl, ich muß etwas für meinen Ruf als kühler und kluger Junge tun.
»Wie ist es mit einem Stück Papier, Herr Gretzschel?« bohre ich also. Die sollen mich doch nicht für bekloppt halten.
Vielleicht hat Gretzschel eine kleine Schwäche für mich, das hat er später jedenfalls immer behauptet, vielleicht ist er nur gut gelaunt oder will den Pressemenschen mit einer großen Geste imponieren.
»Papier brauchste nicht bei mir, wenn ich's dir verspreche. Die hören hier mit: ein Kampf, oder ich zahle dir 500 Mark! Zufrieden?« Er hält mir die Hand hin. Man darf sein Blatt auch nicht überreizen. Ich schlage ein.
Die nächste Veranstaltung von Gretzschel findet in der Waldbühne statt. Vor dem Kampftag veröffentlichen die Zeitungen das Rahmenprogramm, und obwohl ich es dreimal lese: den Namen Scholz kann ich nicht finden.
Ich mache mich auf in die Herbertstraße 1, Gretzschels Domizil am Grunewald. Das ist eine herrliche alte Eckvilla mit großem Garten, in dem sogar ein Reh herumspringt. Aber der *Chinesen-Fritz* ist eben etwas Besonderes in dieser angeberischen, prassenden und pumpenden Welt der zwischen Pleite und Geldfluten hin- und hertaumelnden Berufsbox-Veranstalter: er ist zunächst einmal ein grundsolider Geschäftsmann.

Als Generalvertreter der großen Lackfirma Glasurit ist er in den Wiederaufbau- und Nachhol-Boom hineingefallen. Farben und Lacke werden in großen Mengen gebraucht. Die heute so beliebte Kunststoff-Beschichtung hat ihren Siegeszug noch nicht angetreten. Großunternehmen wie Siemens und Elektrolux gehören zu Gretzschels Kunden, aber auch die anlaufende Auto-Industrie reißt ihm die Ware nur so aus der Hand.
In der Herbertstraße wohnt Fritz Gretzschel, und er hat da auch sein Sekretariat. Das schreibt die Hälfte des Tages Lack-Rechnungen, und die andere Hälfte ist es mit der Organisation der Boxerei beschäftigt: die Grenzen sind absolut fließend, und – die Kosten sind ganz nach Bedarf zu verteilen.
Auf alle Fälle ist Fritz Gretzschel immer für 500 Mark gut, und die will ich, obwohl sich die Wohlstands-Atmosphäre lähmend auf meine Stimmbänder legt, unbedingt kassieren.
Gretzschel thront hinter einem gewaltigen Schreibtisch. Er lächelt entwaffnend.
»Besuchst du mich mal, nett von dir!« begrüßt er mich.
»Ich wollte nur nach meinem Vertrag für die Waldbühne fragen«, sage ich, ganz Geschäftsmann.
»Weißt du, mit der Waldbühne«, Gretzschel windet sich, unbesorgt zwar und seiner Überzeugungskraft sicher, aber doch etwas angestoßen, »das ist nischt. Nimm's man nicht tragisch, ich habe hier etwas anderes für dich: gegen Völker, sechs Wochen später!«
»Schönen Dank auch, mache ich«, jetzt bin ich sicherer geworden, »und wie ist das mit den 500 Mark? Soll ich die mir in Ihrem Sekretariat geben lassen?« Gretzschel sagt gar nichts.
»Sie wissen doch: die Wette, in der Boxschule, als die Journalisten herumstanden?« fasse ich nach. Es ist wie beim Boxen, denke ich, man sieht genau, wenn der andere Wirkung zeigt.
Gretzschel schweigt weiter.
Damals habe ich geglaubt, ich hätte ihn fast k.o. geschlagen. In-

zwischen weiß ich, daß ein Fritz Gretzschel natürlich nicht auszuknocken war von einem zugegebenermaßen ganz schön frechen Box-Anfänger. Er hat bestimmt nur gerechnet.
»In Ordnung«, sagte er dann, und in seiner jovialen Art zu reden schwang plötzlich ein amüsierter Unterton, »dann nehme ich dich eben am Sonntag zusätzlich ins Programm. 300, einverstanden?«
Selbstverständlich war ich einverstanden: ich hatte zwei Kämpfe, zwei Börsen, und das Boxen war schließlich auch wichtig – ich wollte ja weiter.
Der Fritz Gretzschel hat sich damals sicherlich nur ausgerechnet, daß er für 500 Mark durchaus noch einen Kampf zusätzlich in sein Programm einbauen konnte, das ging auf Geschäftskosten. Die 500-DM-Wette hätte er aus eigener Tasche zahlen müssen, denn wenn dieser Lümmel vor den Journalisten gequatscht hätte, daß Gretzschel seine Versprechen nicht hält, wäre das zu unangenehm gewesen.
Tatsächlich gab es an dem Kampfabend in der Waldbühne *sieben* Ringgefechte; üblich waren sechs. Ich machte die Einleitung Nummer 1, vor 15000 Leuten, und ich war in bester Gesellschaft. Die zweite Einleitung gehörte nämlich einem gewissen Heinz Neuhaus aus Dortmund, dessen rundem Gesicht auch noch niemand ansah, daß aus ihm einmal ein Schwergewichts-Europameister werden würde.
Ich boxte gegen Glink, und ich gewann sicher nach Punkten. Wichtig an dem Kampf waren vor allem die 30000 Augen, die ihn sahen (und das Talent Bubi Scholz), sowie die Kritiken: »In der zweiten und dritten Runde hatte der junge Berliner den Leipziger am Rande eines Niederschlags. Aus der Reihe der Anfänger hat er sich nun wohl herausgeschoben.«
Völker stellte mich auch vor kein Problem. Aber der 37jährige ausgebuffte Oldtimer verpaßte mir dennoch eine Lehre, die ich nie vergessen werde.

»Hör zu«, flüstert er mir nach dem Wiegen zu, als wir beide in unseren Bademänteln in die Umkleideräume zurückgehen, »warum sollen wir uns gegenseitig weh tun? Wir ziehen eine dufte Show ab, Richtung Unentschieden, einverstanden?«
Ich bin so verblüfft, daß ich keine Worte habe, was bei mir zugegebenermaßen nicht oft vorkommt. Das hat mir noch niemand angeboten. Aber ich bin ja jetzt auch etwas aus der Anfänger-Truppe heraus, und vielleicht ist das so üblich unter Herren der besseren Kategorie? Ich weiß nicht, wie ich mich verhalten soll.
Völker hilft mir. Schon bei der ersten Aktion versucht er, mir ein volles Ding zu verpassen. In mir steigt kalte Wut hoch. So hat sich der Onkel das also vorgestellt!
Ich lasse die Fäuste fliegen, ich benutze meine Beine. Meine Reaktionen sind besser, ich bin schneller, und mehr Dampf habe ich auch in den Fäusten. Völker geht zu Boden, steht wieder auf.
Kritisch wird es in der fünften Runde. Mein Tiefschutz löst sich, in der Pause reißt ihn Taubeneck herunter. Prompt reklamiert der Sekundant Völkers: »Abbrechen, ohne Tiefschutz darf nicht geboxt werden!« Der Ringrichter hat glücklicherweise für solche Mätzchen kein Ohr. Ich werde Punktsieger.
Fritz Gretzschel hat sich das alles aufmerksam angesehen. Über Verträge brauchte ich mit ihm nicht mehr zu reden. Als nächsten Gegner verpflichtete er den Augsburger Hans Grötsch. Der Bayer hatte mehr als 50 Profikämpfe, und er war Deutscher Federgewichts-Meister gewesen. Unbewußt spürte ich: jetzt ist Bubi Scholz am Kreuzweg, auf dem Weg zur Spitze oder zurück in den Durchschnitt!
Ich habe Hans Grötsch in der sechsten Runde k.o. geschlagen! Für die Zeitungen war das ein *Sensationssieg,* für die war ich jetzt einer, mit dem man rechnen mußte.
Nicht nur für die Zeitungen. Als ich einen Tag nach dem Kampf

ins Schwimmbad des Olympiastadions kam, wurde ich mit Applaus empfangen. Maria Lito, damals die Primaballerina der Berliner Oper, klatschte sogar mit. Ich wurde rot und versuchte, mir nichts anmerken zu lassen. Aber so ein Applaus, der prickelt wie eine dampfende heiße Dusche.
Ich begann mir Gedanken zu machen, kritische über meine Umwelt und selbstkritische über mich selbst. Die Freundlichkeit und das Klatschen, das tat gut. Man fühlt sich aufgewertet. Aber es beinhaltet auch eine Gefahr.
Mir ist es immer peinlich gewesen, wenn ich mich einmal im Ton vergriffen habe, aus Unwissenheit. Das ist so, als ob man in einen Kreis unbekannter Menschen tritt und den dummen Witz von dem Stotterer erzählt, und plötzlich sagt einer: »Den fi-finde ich aber ga-ga-gar nicht komisch!« Dann weiß man, daß man ein Selbsttor geschossen hat, und Eigentore dieser Art können einem immer unterlaufen.
Da war also der plötzliche Ruhm, von dem sich ein Neunzehnjähriger leicht verführen läßt. Das ist mir schnell klar geworden, und darum habe ich mich bewußt zu kontrollieren begonnen. Selbstbewußtsein war gut, aber die paar Zentimeter weiter zur Aufschneiderei, die habe ich immer zu vermeiden getrachtet.
Wahrscheinlich war das so, weil ich in den Boxschulen einiges bemerkt hatte, was mir zu denken gab. Ich meine die Art, wie alte, verbrauchte und im Ring strapazierte Boxer sich benehmen, und die Reaktion, die sie hervorrufen.
Ich finde, es gibt nichts Rührenderes als manche dieser alten Fighter mit den von tausend Schlägen zu *Blumenkohlohren* deformierten Ohrmuscheln, mit dem Narbengeflecht der immer wieder zusammengeflickten Augenbrauen und den gequetschten und gebrochenen Nasen, mit ihren Schwierigkeiten, deutlich zu artikulieren, den heiseren Stimmen, die hoffnungsvoll und resignierend zugleich vom demnächst anstehenden Come-

back sprachen oder, noch quälender, mit ihrer zum tausendsten Male erzählten Geschichte ihres großes Kampfes, *des Kampfs* schlechthin.
Ich wußte, das waren auch einmal schlanke, muskulöse und hellwache Burschen gewesen, mit hochfliegenden Hoffnungen und Blütenträumen. Und ich ahnte instinktiv, denn erzählt hat das nie einer: irgendwann mußten die einmal durchgedreht sein! Weil ihr Name groß auf einem Plakat stand oder in Leuchtschrift über einem Sportpalast, haben sie geglaubt, daß sie Superman, Robin Hood und Hans im Glück in einem wären. Dabei waren sie nur ein paar von der Natur mit mehr Widerstandskraft ausgestattete große Jungen, die austeilen und einstecken konnten – bis sie auf einen trafen, der noch mehr einstecken und austeilen konnte.
Sieger liebt man, das habe ich rasch festgestellt, weil ich einer dieser frischen Sieger war. Verlierer sind Langweiler, das habe ich gespürt, wenn dieselben Leute, die meine Gesellschaft suchten, sich der Kaputten zu entziehen trachteten.
Diese Gedanken haben mich nicht glücklich gemacht, dafür aber vorsichtig. Nach dem Grötsch-Kampf, es war mein 13., und vielleicht spielte die magische Zahl auch eine Rolle, habe ich daraus eine Konsequenz gezogen. Sie war ein bißchen infantil, aber bezeichnend: ich habe eine Lebens- bzw. Erlebensversicherung über 20000 DM abgeschlossen. Die Summe schien mir eine Basis für mein Leben – mit 19, möchte ich betonen!
Auch wenn man sich fest vornimmt, keinen Fehler zu machen, unterlaufen einem welche. Ich war wieder einmal auf Tournee, um mir – einen Manager hatte ich ja immer noch nicht – einen Fight zu besorgen, und ich akzeptierte Rudi Langer. Als Gretzschel das hörte, verlor der alle fernöstliche Beherrschung.
»Du mußt doch total verrückt sein, diesen abgebrühten Indianer zu nehmen«, tobte er. »Der nimmt dich auseinander,

Schräubchen für Schräubchen, der hat schon mehr vom Boxen vergessen, als du jemals lernen wirst.«
Rudi Langers Tragik ist es gewesen, daß er ein leichter Mann war. In Deutschland ist es immer so gewesen, daß das Publikum für Kilo bezahlt hat: die wollten Schwergewichtler sehen, allenfalls noch Halbschwere. Die Künstler in den leichten Klassen, und es waren wirklich manchmal Boxartisten, bei denen es freilich nicht so polterte, wenn sie trafen, haben hierzulande immer ein grimmiges Leben geführt. Langer hat, Bantam-, Feder-, Leicht- und Weltergewicht, durch vier Klassen also, alles geboxt was gut war, und ist niemals ein reicher Mann geworden. Aber daß er in vier Klassen mithalten konnte, ist ein Beweis seiner boxerischen Qualitäten.
Von Rudi Langer konnte man tatsächlich eine Menge lernen, vor allem die kleinen, diskreten Gemeinheiten, die kein Ringrichter mitbekommt. Dazu gehört, daß man die Handschuh-Verschnürungen durch das Gesicht des Gegners zieht – Rißwunden haben schon manchen Abbruch bewirkt! Oder im Infight auch einmal mit den Ellenbogen wirbelt, was ähnliche Folgen haben kann. Mir trat der Rudi im Infight beispielsweise auf den Fuß und schubste mich gleichzeitig weg. Man landet dann ohne Schlagwirkung, aber doch recht störend auf den vier Buchstaben.
Als ich ihn präzise mit der Linken aufs Kinn traf, fiel er. Aber ein so raffinierter Vogel hob, kaum zu meinen Füßen, sofort mein Bein, woraufhin ich das Gleichgewicht verlor und auf ihn stürzte: der Ringrichter fing gar nicht erst mit Zählen an, und die Leute lachten – auf meine Rechnung! Mit einer Schlußrunde, in der ich die letzten Reserven einsetzte, rettete ich gerade noch einen Punktsieg.
Gretzschel, der in der ersten Reihe saß, drohte mit dem Finger zu mir herauf. »Glück gehabt, Traumtänzer!« sollte das heißen.

Ich trainierte damals nicht mehr in der Olympia-Boxschule sondern bei Fritz Huhn, Tieckstraße/Ecke Friedrichstraße, gleich an der Sektorengrenze. Huhn hatte einen Gemüseladen, der Ring war im Keller aufgebaut, und es war so eng, daß man sich dauernd den Kopf an den Wänden stieß. Taubeneck arbeitete auch in diesen Katakomben, unter anderem brachte er einer hoffnungsfrohen Box-Staffel der volkseigenen DDR-Reichsbahn die Anfangsgründe des Faustkampfes bei.

Huhns Boxschule hatte zwei Vorzüge. Sie war billig, und dort trainierte der Ex-Mittelgewichtsmeister Fritz Gahrmeister, einer der besten Nah- und Halbdistanz-Kämpfer in deutschen Ringen. Der gebürtige Königsberger hatte in zwei Titelkämpfen Dieter Hucks demontiert. Die schwere Artillerie des Rheinländers versagte einfach gegen diese Kampfmaschine, die in die Gegner hineinrollte und sie zermürbte.

Von Fritz Gahrmeister habe ich ungeheuer viel gelernt in dieser Aufbauzeit, in der ich noch keinen eigenen Stil entwickelt hatte und ein Suchender war. Die Lektionen mit Gahrmeister brauchte ich im nächsten Kampf sehr dringend.

Es ist mir nicht klar, was sich Fritz Gretzschel dabei gedacht hat, er verpflichtete mich jedenfalls im November für die Halle am Funkturm gegen Herbert Tauber. Der Weltergewichtler aus Halle wog einiges mehr als ich, und er war auf dem direkten Weg zu einem Kampf um die Deutsche Meisterschaft. Die Zeitungen meinten jedenfalls, ich sei total *übermacht* und würde mein Waterloo erleben.

In der Halle waren 6000 Leute. Hauptkampf war eine Mittelgewichts-Meisterschaft zwischen Stretz und dem Hamburger Carl *Kuddl* Schmidt. Mit von der Partie waren auch Heinz Neuhaus und Rudi Pepper, ein stark kurzsichtiger Brillenträger, eine Rarität unter Spitzenboxern.

Wir kamen alle mit einem Trauerflor für den tödlich verunglückten Franzosen Marcel Cerdan in den Ring. Auf dem

Wege zu einer Mittelgewichts-Weltmeisterschaft in den USA war sein Flugzeug auf den Azoren an einem Berggipfel zerschellt und mit ihm eine der zahlreichen Legenden des Boxens, die Jungen wie mich zum Träumen gebracht hatten.

Cerdan, ein Algerien-Franzose, hatte alles das erreicht, was man sich als Boxer vorstellen konnte. Er war reich geworden, Paris hatte ihm zu Füßen gelegen, und ein Weltstar wie die Chansonette Edith Piaf war seine Lebensgefährtin für zwei glückliche Jahre gewesen: wieder eine dieser Star-Verbindungen, die Showgeschäft und Boxen so häufig eingegangen sind ...

Soweit war ich lange noch nicht. Vor mir stand Tauber, ein Hindernis auf dem Wege zum Ruhm des Bubi Scholz. Die Wetten der Insider, bei den einen gings um ein paar Flaschen Schnaps, bei anderen um Champagner, standen 4:1 für Herbert Tauber. Der einzige Mensch, der überhaupt auf mich wettete, war Fritz Gretzschel. Das fand ich beruhigend.

In der ersten Runde handelte ich mir von Tauber zwar einen Rechten ein, aber dann beherrschte ich die Party. Tauber mußte zweimal auf die Bretter, den Ring verließ er mit glasigen Augen.

Für die Berliner war es, trotz der Meisterschaft, der Superkampf des Abends. Auf mich regneten die Prämien nur so herunter: Bademantel, Trainingsanzug, eine Kiste Wein und sage und schreibe fünf Zentner Äpfel! Besser, als wenn man mit faulen Äpfeln nach mir geworfen hätte.

Die Spritzer der Popularität, die mich vorher schon getroffen hatten, wurden dichter. Jetzt wollte nicht einmal mein Zeitungshändler von mir Geld haben: »Laß man, Bubi, det war mir der Fight wert!«

Zu dieser Zeit legalisierte ich gewissermaßen meine Verbindung mit Fritz Gretzschel. Er hatte mir sein Haus in der Her-

bertstraße vom Keller bis zum Dachboden gezeigt, besonders den Dachboden. Da oben vermietete er Mansarden.
Er wiegte sich wohl in dem Glauben, mich tief beeindruckt zu haben, denn ein bißchen gönnerhaft erkundigte er sich, wie es mir gefiele. Er stupste mich geradezu mit der Nase auf ein leerstehendes Einzelzimmer, zu dem noch ein Abstellraum gehörte.
»Wie gefällt dir das?« wollte er wissen.
»Wenn es renoviert wird und ein paar anständige Sachen reinkommen, läßt es sich sicherlich aushalten«, erwiderte ich schnoddrig.
Über soviel Frechheit schüttelte er nur den Kopf, aber dennoch: er bot mir das Zimmer an, dafür sollte ich ein paar Stunden in der Woche in seinem Lager arbeiten.
Das war's eigentlich, was ich mir damals – die Lehrstelle bei Aschinger hatte ich schon vor Monaten aufgegeben – wünschen konnte. Ich schlug ein und gab mein seitheriges Domizil in einem Eisenbahnerhaus ganz in der Nähe der S-Bahn-Station *Reichssportfeld* auf. Ich war dort nach meinem endgültigen Auszug aus der Choriner Straße bei meinem Freund Horst Rieckmann, der heute Werbechef bei Hapag Lloyd ist, untergekrochen. Er hatte sich im Dachgeschoß eine sturmfreie Bude eingerichtet, die er mit Robert Gaffron – und nun auch mir – teilte. Gaffron war damals wie ich Jungprofi und trainierte zeitweise mit mir. Er ist auch wie ich Meister geworden – Tonmeister allerdings bei Film und Fernsehen.
Wenn drei junge Männer eine Unterkunft teilen, bleiben Probleme nicht aus. Vor allem, was das Liebesleben angeht. Wir waren jedoch praktische Leute und wußten uns zu helfen. Mit einer ganz einfachen Zeichensprache. Zugezogener Vorhang bedeutete: *Bitte nicht stören!* Zurückgezogener Vorhang: *Treten Sie ruhig näher!* So kamen wir einander nie ins Gehege und lebten ein paar Wochen lang überaus friedlich auf engstem

Raum. Oder auch nicht. Dann hielt man sich zwangsweise im Freien auf und schaute in regelmäßigen Abständen zum Fenster hinauf, um die neuesten Nachrichten des Vorhangs zu erkunden. Schließlich konnte ich im selben Haus eine andere kleine Mansarde mieten. Dort hauste ich ziemlich einfach und nur mit dem notwendigsten Inventar.

Das sollte nun anders werden. Zusammen mit Rudi Donner, einem noch im Ostsektor wohnenden Freund, renovierte ich zunächst die Mansarde bei Gretzschel. Rudi konnte erstklassig tapezieren, und mit ihm zusammen machte ich auch die notwendigen Einkäufe drüben: in einer Möbelfabrik besorgte ich mir Couch, zwei Sessel, Klappbett und einen Kombischrank. Das war ein Wunderwerk, in dem man ganz oben, hinter verschiebbaren Glasscheiben Bücher und Nippsachen verwahren konnte, in der Mitte war ein ausklappbarer, viel zu beengter Schreibsekretär untergebracht, unten gab es Wäschefächer und an den Seiten Abteile zum Aufhängen von Kleidern. Das luxuriös gepolsterte, indirekt beleuchtete und mit Spiegelboden ausgestattete Fach für die Hausbar fehlte noch. Dieser Höhepunkt nachkriegsdeutscher Wohnkultur hielt erst Mitte der fünfziger Jahre Einzug in den damals so beliebten wie unpraktischen Universalschrank. Clou meiner neuen Wohnung war daher ganz unangefochten eine Musiktruhe mit Zehnplatten-Wechsler.

Den ganzen Chic der frühen Fünfziger haben wir über die Sektorengrenze geschleppt. Im Ost-Sektor konnte man wesentlich billiger einkaufen als im Westen. Außerdem besaß ich aus meinen ersten Kämpfen noch Ostgeld. Also lohnte der Aufwand.

Als alles fertig war, sah ich mich stolz um – es war zwar bescheiden, aber gemütlich und nach meinem Geschmack, und vor allem: es gehörte alles mir.

Ich war happy. Und daran konnte auch *Mutter Klemp,* Fritz

Gretzschels Schwiegermutter, nichts ändern. Sie machte gern große Ohren und petzte bei Gretzschel. Die knarrende Holztreppe verriet ihr unüberhörbar, ob ich nachts alleine nach oben stieg oder nicht. Erlauschte sie eine Begleitperson, schloß sie auf Mädchenbesuch, womit sie meistens nicht unrecht hatte. – Wozu, fragte ich mich und feixte mir eins, bist du beim Jungvolk gedrillt worden? Im Gleichschritt wirst du den Horchposten außer Gefecht setzen. – Und so geschah's. Schweigend gingen die Bräute vorneweg, und ich synchron hinterher. Ein Schritt, ein Mann, kein Mädchen. Der Konfliktstoff war beseitigt.

Um diese Zeit lernte ich Helga Druck kennen. Das ist, auf mein bisheriges Leben gesehen, die weitaus wichtigste Begegnung gewesen, entschieden bedeutsamer als die mit Fritz Gretzschel, der im Herbst vergangenen Jahres (1979) gestorben ist. Denn Helga ist die Frau, die ich geheiratet habe und in der ich seit nunmehr über 25 Jahren eine ideale Partnerin habe.
Die einzige, die ich mir überhaupt vorstellen kann.

14.

Früher gab es in der Leibnizstraße den Martini-Markt. Da, wo sonst das Zirkuszelt aufgeschlagen war, in dem Gerhard Seewald Kleinring-Boxen veranstaltet und ich meine ersten Kämpfe bestritten hatte, waren dann Würstchenbuden, Karussells und Verkaufsstände aufgebaut. Nach dem Training ging ich gelegentlich vorbei, zumal mein Sparringspartner und ehemaliger Schlafgenosse Robert Gaffron dort einen Job als Würstchenverkäufer beim Altmeister Heinz Seidler hatte.

Schräg gegenüber, in der Sybelstraße, liegt die Ricarda Huch-Schule. In den Pausen und nach Schulschluß zogen natürlich auch die Gymnasiastinnen eine Schleife über den Rummel. Mit denen tauschten wir flotte Sprüche und blödelten herum.

Eines der Mädchen war Helga. Sie war schlagfertig, schnippisch und besaß, wenn sie in Bedrängnis kam, einen kräftigen Schuß Arroganz. Ihre große Klappe, die ihr sogar den Status der Klassensprecherin eingebracht hatte, imponierte mir insgeheim. Außerdem sah sie richtig toll aus. Fand ich damals.

Damals? Immer noch, wenn der Zeitsprung gestattet ist.

Wenn sie zu knallig wurde in ihren Redensarten, bremste ich sie mit dem Satz: »Geh lieber nach Hause und mach' Schularbeiten!« Dann zog sie eine Grimasse, drehte sich wortlos um und wippte davon, wie eine Bachstelze.

Wenn ich heute Mädchen begegne, bei denen Frühlingserwachen gerade vor der Tür steht, sehe ich ihnen immer noch gerne nach. Nicht etwa, weil ich mich inzwischen zu einem lüsternen Wüstling entwickelt hätte – aber diese jungen Dinger ähneln sich in einem gewissen Alter doch alle sehr, und ich erinnere mich gern an diese Zeit mit Helga, in der sie mit so hoch erhobener Nase abzog, daß sie fast über die Bordschwellen gestolpert wäre.

Nachdem der Martini-Markt vorbei war, hielt Helga – das bestreitet sie seit Jahren! – die Verbindung aufrecht. Von der

Bleibtreustraße, wo ich in der Boxschule des früheren Federgewichtsmeisters Paul Noack trainierte, passierte ich bei meinem Weg zum Kurfürstendamm immer den Friseursalon Druck. Helga schaffte es meistens, gerade auf dem Weg zum Zeitungskiosk zu sein, wenn ich anmarschierte, oder wenigstens aus dem Schaufenster zu winken, wo sie gerade eine Pakkung von rechts nach links umschichten mußte. Die Begegnungen mehrten sich merklich.

Einmal sagte sie: »Das ist übrigens mein Laden!«, was mir gewaltigen Respekt einflößte. Das stimmte jedoch nicht ganz. Sie war zwar die Haupterbin ihres noch nicht lange verstorbenen Vaters, aber das Geschäft führte die Mama.

Da sie Klassenbeste war und vor allem hervorragende Zensuren in den Fremdsprachen aufzuweisen hatte, sammelte sie immer mehr Pluspunkte bei mir. Ihre Kleidung war sehr damenhaft, wenn es auch manchmal Garderobe war, für die sie noch zu jung schien. Und dazu immer wieder die Sprüche.

Wenn wir einen Schaufenster-Bummel machten und Leute standen in Hörweite, dann bekam sie es glatt fertig, mit affektierter Stimme zu sagen: »Du hast doch schon zweiundzwanzig Anzüge, warum willst du ausgerechnet dieses Ding auch noch kaufen?«

Mich machten die erstaunten Blicke der Passanten verlegen, sie wollte sich totlachen. Aber es war noch etwas anderes.

Allmählich begann ich an meine Popularität zu glauben und hielt mich für eine von jedem braven Bürger zu identifizierende Persönlichkeit. Der nächste Gedanke war selbstverständlich: was werden diese Leute jetzt von dir denken?

Die Vorstellung, daß diese Helga ganz gut zu mir passen würde, vertiefte sich immer mehr in mir – trotz der kleinen Unebenheiten. Die würde man ihr letztlich abgewöhnen können, dachte ich so vor mich hin. Es waren die ersten ernsthaften Gedanken, die ich mir jemals um eine Frau gemacht hatte.

Bei den anderen, da hatte es immer nur Distanzierungs-Überlegungen gegeben, sogar bei Inge. Als die mir einmal anzudeuten versuchte, daß ihr außer an einem zukünftigen Superboxer Scholz – den sie sich selbstverständlich auch wünschte – noch an einem Tänzer, Begleiter und abrufbereiten Liebhaber gelegen war, legte ich sofort den Rückwärtsgang ein.
Vielleicht hat Inge das damals auch nicht richtig angefangen. Wir saßen nämlich in einem Lokal, und ein paar Tische weiter hockte einer meiner Freunde mit seiner Ehefrau. Die beiden starrten trüben Sinnes in ihr Bier, und dabei fiel mir ein: die hatten zu Hause zwei Kleinkinder, weil sie mit 17 gewisse, eigentlich recht schöne Dinge zu ernsthaft (und zu dumm) angefangen hatten!
Ich weiß nicht, ob das Inges einziger Fehler war, daß sie das Grundsatzgespräch über die Festigung unserer zwischenmenschlichen Beziehungen in Gegenwart der beiden begann – aber beeinflußt hat mich die Zufalls-Demonstration auf jeden Fall, und nicht in Richtung *junge Familie*.
Bei Helga war das alles völlig anders, und daß es so war, verwandelte mich je nach Stimmung abwechselnd in den letzten Troubadour, in einen ungenießbaren Muffel oder den andächtigen Anbeter eines Marienbildes: sie manövrierte mich sanft aber entschieden in die Position des guten, wunderbaren, alles verstehenden Freundes!
Manchmal machte mich das auch rasend, denn ich hatte das für einen 19jährigen doch nicht völlig unverständliche Verlangen, sie auch einmal zu küssen ...
Helga ist immer eine kluge kleine Schlange gewesen, und instinktiv hat sie sicherlich gemerkt, daß mir an einer richtigen festen Bindung noch nicht sehr viel lag. Dafür reizte mich ihre mädchenhafte Sprödigkeit auf der anderen Seite bis zum Rotglühen. Alle höfliche Umschreibung einmal beiseite: manchmal fand ich sie richtig zickig!

Zum ersten Kuß, der unter der falschen Flagge Bruderschaftskuß segeln sollte, wie das so üblich war, kam und kam es nicht. Einmal gebrauchte sie folgende, bis dahin von mir noch nie gehörte Ausrede: »Ich habe so trockene Lippen!«
Darauf stieg ich natürlich sofort weltmännisch ein: »Ich kann sie ja geschmeidig machen!«
Von Helga Druck kam eine originale Helga Druck-Replik, die mich als Verlierer zurückließ. »Danke, nicht nötig. Ich habe meinen Fettstift mit!« sagte das Lämmchen mit einer Miene, daß ich ihm am liebsten das Fell abgezogen hätte. Aber es kam noch besser.
Am 10. Dezember 1949 boxte ich am Funkturm gegen den Bremerhavener Georgi, und Helgas Mutter hatte für diesen Tag mit ihren Angestellten so eine Art Weihnachtsbummel mit Essen verabredet. Ich sollte zu der Gesellschaft stoßen, was ich auch – früher als erwartet – tat. Ich hatte Georgi bereits in der ersten Runde k.o. geschlagen. Eine gute Voraussetzung für einen weltmännischen Auftritt:
»Zur Feier des Tages habe ich mich ein wenig beeilt«, sagte ich betont lässig bei der Begrüßung.
»Das ist sehr schön. Wie haben Sie das angestellt?« wollte, was in meiner Absicht lag, Frau Druck wissen.
»Ich habe den Kampf bereits in der ersten Runde beendet«, sagte ich jetzt, womöglich noch eine Spur lässiger. Das war natürlich in erster Linie Flachs, aber ein bißchen Eitelkeit war doch auch dabei.
Die Gesellschaft war ziemlich munter und Helga und ich amüsierten uns auf den Weihnachtsmarkt mit jeder Luftschaukel und jedem Karussell. Aber plötzlich war ich mit Helgas Mutter allein, und der schien die Gelegenheit nicht unwillkommen zu sein.
»Herr Scholz«, fragte sie mich, »für wie alt halten Sie Helga eigentlich?«

»So, wie sie aussieht, wird sie siebzehn sein«, antwortete ich überzeugt, »wie sie redet, schätze ich sie auf zwanzig.«
Frau Druck wollte sich ausschütten vor Lachen. »Meine Tochter wird im Juni fünfzehn«, klärte sie mich auf, um gleich darauf wieder loszuprusten.
So schnell, wie ich an diesem Abend aus der Halle verschwand, bin ich nie wieder vor irgendeiner Weiblichkeit geflohen. Wenn die Juristerei auch nicht meine Disziplin war, soviel wußte ich doch: Intimitäten mit einem Mädchen dieses Alters rufen nicht nur tobende Eltern auf den Plan ...
Das Thema Helga schien für mich erledigt. Schien! – denn in Wirklichkeit ließ es, bzw. sie, mich nicht los.

Anscheinend hatte ich eine Art Abonnement auf die Ricarda Huch-Schule: meine nächste Freundin kam aus der Parallelklasse von Helga. Steffi war aber – ich hatte mich sehr genau versichert – bereits 17 Jahre. Sie war in der Schule eben nicht so gut wie Helga ...
In all den Monaten hatte sich Otto Schunke weiter um mich gekümmert. Obwohl er im Kriege eine Verwundung am Bein davongetragen hatte, begleitete er mich manchmal sogar bei meinen Waldläufen im Grunewald, und ich muß sagen: der ehemalige Leichtathlet zog wacker mit!
Was ihm nicht so recht gepaßt zu haben schien, war die Festigung der Freundschaft mit Helga. Das äußerte sich sehr behutsam, aber unterschwellig glaubte ich eine Art Neid zu erkennen.
Wenn er mir überhaupt etwas aufzudrängen versuchte, dann war es die Lebens-Philosophie: wer sich früh bindet, spürt allzu schnell Fesseln und kann sich nicht entwickeln. Als das Jahr 1949 zu Ende ging, war ich fünfzehn Monate Profiboxer und hatte in sechzehn Kämpfen fünfzehnmal gewonnen und nicht einmal verloren. Ich hatte eine eigene Wohnung, verdiente

Geld in einem Beruf, der mir Erfolg bescherte – ich war rund heraus zufrieden und hungrig genug, das Jahr 1950 und das ganze neue Jahrzehnt mit großen Erwartungen auf mich zukommen zu lassen.

Denn bei allem bescheidenen Wohlstand – den großen Gewinn hatte ich noch nicht gemacht, weder beim Boxen noch im Fußball-Toto. Letzteres war kein Wunder. Für das seit 1948 grassierende Tipp-Fieber war ich absolut nicht anfällig, genausowenig wie für die Lotto-Spielerei, die 1952 in Berlin begann und 1955 auch im Bundesgebiet eingeführt wurde. Mir war das Geld für den Einsatz einfach zu schade.

Aber das ist ein Vorgriff. Neujahr wünscht man sich etwas für die Zukunft, vor allem jedoch zieht man Bilanz. Und die, die ich in der Nacht zum Neuen Jahr 1950 machte, war nicht schlecht.

Vom Prenzlauer Berg war ich weg, und damit leider von der Familie und glücklicherweise von den Lebensumständen drüben, wo man schon wieder zu marschieren begann: die Jungen in der FDJ (*Wie die HJ, dasselbe in Grün,* maulten meine Altersgenossen) und die Älteren in den Betriebsgruppen und als Mitglieder der SED.

Ich hatte neue Freunde gewonnen und mir wenigstens einen Türspalt zu neuen geistigen Räumen geöffnet: die Stroux-Inszenierung von Thornton Wilders *Wir sind noch einmal davongekommen* am Hebbeltheater konnte ich sehen, mit Käthe Haack und O.E. Hasse. Der hatte mir als Harras in Barlogs Schloßpark-Theater noch mehr Eindruck gemacht, wie das nur ein ganz großer Mime bei einem jungen Menschen kann.

Schlichtweg hingerissen war ich von der Broadway-Inszenierung des Musicals *Porgy and Bess* mit William Warfield in der männlichen Hauptrolle. Ich rannte gleich zweimal in den Titania Palast, wo die New Yorker Truppe gastierte.

Warfield erlebte ich auch in der *Badewanne,* die mehr meine

Maße hatte, und in der ich mich selbstverständlicher bewegte. Ich hörte dort Duke Ellington, Stan Kenton, Lionel Hampton und dem legendären Louis Armstrong zu, die sich während ihrer Berlin-Aufenthalte hier zu Jam Sessions mit anderen Musikern zusammenfanden. Ich ließ mich einfangen von ihrer Improvisationskunst und ihrem souveränen Umgang mit den Instrumenten. So wie sie, dachte ich manchmal, müßte man im Boxring arbeiten: Improvisieren und doch – alles beherrschen!

Wie früher, wenn aus einer zusammengewürfelten Horde von Kindern zwei Mannschaften zusammengestellt werden sollten (Tip-top-tip-top, Fuß vor Fuß, ich fang an, Scholz zu mir), gab es in der Badewanne Leute, die mich mochten. So die *Stachelschweine,* für mich – Sammy Drechsel möge mir Absolution geben – die stärkste Kabarett-Mannschaft, die ich erlebt habe. Damals. (Später, auch das sei gesagt, übernahm Sammys *Lach- und Schießgesellschaft* zeitweilig eindeutig das Kommando. Und jetzt sehe ich mit viel Vergnügen, daß meine lieben, alten, jung gebliebenen *Stachelschweine* frech wie eh' ihr Fernseh-Comeback feiern.)

Inge Wolffberg, die Elsholtz, Strietzel, Röcker, Wolfgang Gruner und Jo Herbst: sie alle sind die ersten literarischen Freunde für den Bubi gewesen, der ihnen mit angehaltenem Atem zuhörte, wenn sie Gott diskutierten und die Welt reparierten, so wie sie ihrer Ansicht nach zu funktionieren hatte. Sie haben mir, der ich in der Schule nur langweilig Schlachten- und Regierungs-Daten zu lernen hatte, das Interesse am Zeitgeschehen geschenkt.

Sie haben mir auch etwas anderes beigebracht. Ich meine das verstohlene Blinzeln, das verständnisvolle Grinsen, wenn ich mit einer liebenswerten Freundin (deren Namen ich manchmal nicht wußte!) aus dem Lokal schlenderte. Da wurde nicht einmal *Hallooo* mit ganz langem *O* gesagt, da wurde nur ein Blick gewechselt. Das ist eine Form der männlichen Diskretion, wie ich sie noch heute gern habe.

Jo Herbst war mein bevorzugtes Exemplar der Hystricidae, worunter die Zoologen die Familie der Stachelschweine verstehen. Mit ihm und seinem Bruder Dieter, dem Maler, habe ich mir ganze Nächte diskutierend um die Ohren gehauen. Eine Art Spätlese war Günther Pfitzmann, immer bereit, das unbefriedigend verlaufene Gespräch um vier Uhr nachts noch einmal von vorn zu beginnen. Besonders bei *Harry*.

Über diese Bekanntschaften häuften sich die Einladungen zu privaten Parties oder Empfängen. Bei denen stand ich, das Bürschchen zwischen den soviel älteren und erfahreneren Zeitgenossen, bescheiden und schweigsam herum. Bis ich meinen Typ entdeckte und alsbald – selten allein – die Kurve kratzte.

Ich bin im Grunde überhaupt nicht der Typ, der anderen Leuten ungefragt Ratschläge erteilt, aber wenn ich heute einen Neffen oder Patensohn in dem Alter hätte, in dem ich damals war, würde ich dem immer *einen* Tip geben: versuche mit den Augen zu stehlen und mit den Ohren dazu, was in deinen Schädel hineinpaßt! Verzapfe keine altklugen Weisheiten, mit denen du vernünftige Leute irritierst und aufhältst – die haben nämlich gewöhnlich wenig Zeit! Keiner verlangt von einem noch nicht Zwanzigjährigen das ausgeprägte Profil! Denke lieber nach über das Gehörte und Geschaute, und bilde dir eine unabhängige Meinung.

Viel mehr hätte ich nicht zur Erziehung Jugendlicher beizusteuern. Aber ich glaube an diese paar Prinzipien, an die ich mich selbst gehalten habe – nachdem ich sie mir selbst zurechtgebastelt hatte.

Wer die Umwelt jedoch kritisch betrachtet, findet auch schnell etwas an ihr auszusetzen: Parties sind offenbar die Weiden, auf denen die Renommier-Ochsen fett werden! Für mich waren

das die Herrschaften, die dauernd von ihren Erlebnissen im Ausland austeilten, freigebig, oft großkotzig und ohne viel Widerspruch zu finden.
Ausland war etwas Besonderes damals. 1950 florierte noch nicht an jeder zweiten Straßenecke ein Reisebüro, und die Touristikwelle war noch weit hinter dem Horizont, der große Traum! Manche Leute hatten eine verheiratete Tochter in England oder den USA, weil auch Soldaten der metallische Feindblick abhanden kommt, wenn sie hübsche Mädchen sehen. Da wurden dann schon einmal Farbfotos in den grellen Tönen der damals unausgereiften Technik gezeigt, auf denen etwas Neue Welt in Form eines Buick oder eines Stückchens Kansas-Weide zu sehen war.
Die so klug daherredeten, kramten gewöhnlich Kriegserfahrungen aus, tarnten sie mehr oder weniger begabt mit ein paar zivilen Farben, und übrig blieben die Allgemeinplätze über die französischen Mädchen – Oh, lala – und die Weine von Frascati, zu denen sie auch Lacrima Christi zählten.
Für einen Burschen vom Prenzlauer Berg, für den die Geographie im Osten vom Samland und im Nordwesten bei Hamburg und Kassel zu Ende war, wurden gerade diese Erzählungen zunächst zum großen Reiz und später zur herben Enttäuschung dieser Parties. Die Sehnsucht, dem Unbekannten und Fremden auf die Spur zu kommen, blieb dadurch jedoch unbeeinträchtigt.
Bevor es soweit war, daß ich selbst einmal den Fuß auf ausländischen Boden setzen konnte, hielt das Jahr 1950 noch einige Prüfungen für mich bereit – im Boxring! Insgesamt habe ich in dem Jahr zwölfmal geboxt, also einmal pro Monat. Ganz schön für einen unverändert dünnen Bubi Scholz.
Ein paar der Kämpfe sind mir besonders gut in Erinnerung geblieben, wichtige und weniger bedeutende. Zur letzten Sorte gehörten die beiden gegen den Hamburger Amandus Spitz-

kopf, eine immer lächelnden Frohnatur, der sich als gewiegter, unerschütterlicher Nahkämpfer erwies und mir jeweils nur einen Punktsieg überließ.
Erst viel später habe ich erfahren, daß der Schulpedell aus Hamburg, der so liebevoll über die Dummen-Jungen-Streiche seiner Bengels von St. Pauli erzählen konnte, als Halbjude ein ganz schweres Schicksal hinter sich hatte: den Krieg hatte er teilweise in Verstecken und zuletzt im KZ verbracht.
Gegen Ronald Franke aus Hettstedt, das liegt am Rande der Goldenen Aue in Thüringen, gewann ich zur Überraschung der Experten in der zweiten Runde entscheidend. Franke war ein ungewöhnlich schlagstarker Mann, und die Frage, die man vorher gestellt hatte, hieß durch die Bank: Wird der den Bubi von den Beinen bringen? Er tats nicht.
Hans Häfner aus Bamberg war ein aus dem Leichtgewicht herausgewachsener Deutscher Ex-Meister, der auch zur Kategorie der *Stolpersteine* gerechnet wurde. Aus einem ganz anderen Grund ist mir der Kampf gegen den Hildesheimer Blumenthal im Gedächtnis geblieben. Mein K.o.-Sieg in der dritten Runde ist dafür ganz nebensächlich. Ich konnte mich nicht einmal mehr darauf besinnen, wo der Ring aufgebaut war. (Ich habe nachgesehen. Es war im Bielefelder VfB-Stadion, mit 12000 Besuchern völlig ausverkauft.) Eine kurze Garderobenszene ist es, die mir noch ganz klar vor Augen steht:
Ich liege auf einer Art Feldbett und versuche, so gut es geht zu entspannen. Der Umkleideraum ist spärlich beleuchtet und stickig. Plötzlich geht die Tür auf und Max Bläsgen, der Manager des *Hufschmieds vom Rhein,* Dieter Hucks, huscht mit einem Paar Box-Handschuhen herein. Bläsgen bemerkt mich nicht. Mit behenden Bewegungen reißt oder schlitzt er die Handschuhe innen auf und beginnt Teile der Roßhaarpolsterung herauszuziehen. – So also konservierte der Manager die *enorme Schlagkraft* seines Schützlings, die der zweifellos ein-

mal besessen hatte. Jeder, der etwas vom Boxen versteht, weiß, was es bedeutet, wenn die ungeschützte, hart bandagierte Hand den Gegner trifft . . .
Als Bläsgen mich endlich wahrnimmt, sagt er: »Du hast nichts gesehen«, und setzt die allerfröhlichste rheinische Frohsinnsmiene auf.
Natürlich war er eine Ausnahme. Aber es gab diese Ausnahmen, und jeder mußte – wie beim Russischen Roulett – mit ihnen rechnen. – Doch zurück zum fairen Sport, wo mir die bisher härteste Belastungsprobe bevorstand: Im November unterschrieb ich bei Gretzschel den Vertrag für einen Kampf gegen Heinz Sänger. Er war der anerkannte Herausforderer des Deutschen Meisters, ein ausgereifter Mittelgewichtler von 71 Kilogramm. Ich wog zehn Pfund weniger.
Die Pfunde bedeuten viel, aber sie sind nicht alles. Bei Sänger kam zum Gewicht das boxerische Format und seine immer hervorragende Vorbereitungsarbeit. Wieso der Niedersachse, Sänger kam aus Celle, immer so erstklassig trainiert war, ist rasch und einleuchtend erzählt.
Bei Heinz Sänger war stets der Vater in der Ecke. Der war schon vor dem Kriege ein hochrangiger Trainer der Amateure gewesen, und als sein Sohn sich entschloß, Profi zu werden, ist er den Weg schweren Herzens mitgegangen: einfach nach dem Motto, keiner ist so interessiert an meinem Jungen wie ich, der Vater!
Die Kombination Vater-Sohn gleich Trainer-Boxer ist selten im Boxsport, und ich anerkenne viele Gründe dafür: wenn ich einen Sohn hätte, möchte ich ihn nicht den Torturen unterziehen, ohne die man im Ring nicht überleben kann, ich möchte keinen blutenden Sohn zurückschicken zu einem überlegenen Gegner mit dem heftigen Wort: »Reiß dich zusammen, stell dich nicht an!«
Auf der anderen Seite glaube ich, daß Heinz Sänger Profi aus

Leidenschaft war. Und damit muß ich auch respektieren, daß sich sein Vater trotz aller Einsichten mit ihm zusammen in den Ring stellte.

Sänger war 25 Jahre alt, er war kein allzu harter, aber ein genauer Puncher. Die im Mittel- und Halbschwergewicht kämpfenden Gerhard Hecht und Carl Schmidt mußten gegen Sänger mit Unentschieden zufrieden sein, den großartigen Rudi Pepper hatte er k.o. geschlagen. Das hatte ihm den Ruf eingebracht, mit Rechtsauslegern – wie Bubi Scholz – hervorragend umgehen zu können.

Dieser Kampf war so viel diskutiert worden, daß sogar mein Vater aus der Choriner Straße in den Westen kam, um mir eine Woche vorher seine fachmännischen Ratschläge anzubieten, die wohl auch die seiner Kollegen waren. Das Ergebnis war meine bestimmt vorgetragene Bitte, nie vor meinen Kämpfen mit mir über das Boxen zu debattieren. Mein Vater respektierte diesen Wunsch. Es blieb ihm nichts anderes übrig.

Der schnell und flüssig seine Aktionen aneinanderreihende Sänger brachte mich in der ersten Runde tatsächlich ins Stolpern. Nicht mit einem Schlag, sondern mehr durch eine eigene überhastete Reaktion. Aber der Ausrutscher war die zusätzliche Mahnung, die ich benötigte: ich bin mir in diesem Kampf des Risikos bewußt gewesen wie nie zuvor.

In der dritten Runde habe ich ihn dann gekriegt. Ich stand am Seil, und ich lehnte mich noch richtig provozierend zurück. Das ist eine Todsünde für einen Boxer, der, wie Heinz Sänger von seinem Vater und Ex-Reichstrainer, im klassischen Sinne geschult worden war. Er sah eine Chance, und er griff mich an. Darauf hatte ich gewartet.

Ich konterte mit der Linken, die ihn bis *Acht* auf den Boden warf. Auch in der nächsten Runde stand Heinz Sänger noch zweimal vor dem K.o., jedesmal schwerer auf die Füße zurückkommend.

Sänger wäre kein Top-Boxer gewesen, wenn er mir nicht in den letzten Runden noch einige Probleme bereitet hätte. Das Mehrgewicht drückte, seine saubere Technik und Erfahrung halfen ihm noch dazu. Jedenfalls: ich siegte deutlich nach Punkten, aber ich war müde und wußte, das ich mich an der Grenze meiner Leistungsfähigkeit bewegt hatte.
Für mich ist dieser Kampf der Durchbruch zur Spitzenklasse gewesen, jedenfalls im Weltergewicht in Deutschland. Die Zeitungen fragten prompt: *Ist Bubi Scholz ein neuer Gustav Eder?* Gustav Eder war sage und schreibe 20 Jahre, von 1930 bis 1950, Deutscher Weltergewichts-Meister gewesen. Die Europameisterschaft hatte er vor dem Kriege neunmal erfolgreich verteidigt.
Mehr Blumen konnte ich gar nicht tragen.
Für mich persönlich war der Sänger-Kampf noch ein ganz privater Triumph: ich hatte zum ersten Male den Stil geboxt, den ich mir vorstellte! Viele hatten es überhaupt nicht bemerkt, aber da war ein neuer, zugegeben noch nicht geschliffener Bubi Scholz zwischen den Seilen gewesen, der nun etwas zu kreieren begann, was man einmal den *Scholz-Stil* nennen würde.
Ich habe von der Szene am Seil erzählt, als ich Heinz Sänger in einen schweren Konter hineinlockte, hineinzog, hineinzwang! Man kann es nennen, wie man will, aber das war gewissermaßen des Pudels Kern und meine (nicht mein) Faust.
Ich werde jetzt die Geschichte von vier *schwarzen Diamanten* erzählen. Ganz Genaue werden mir vorrechnen, es wären sogar fünf gewesen. Das ist nicht wichtig. Viel wichtiger ist, daß diese Diamanten wie extra für Bubi Scholz importiert schienen.

15.

Die *Black Diamonds* hießen Gene Tiger Jones, Elkins Brothers, Lloyd Marshall und Ken Stribling. Es gab da noch einen kleinen mit besonderem Feinschliff, den Weltergewichtler Stonewall Jackson, aber der wurde ganz schnell wieder in die USA zurückgeschickt, weil er hier nichts verdienen konnte und vor allem – weil er zu gut war. Das *zu gut* ist für alle Diamanten zu einem Problem geworden, es machte sie schließlich unverkäuflich in deutschen Ringen.

Aber zunächst waren sie einmal da. Der amerikanisierte Kölner Fred Kirsch, der lange vor dem Krieg ausgewandert war, hatte sie sich in den Boxschulen zusammengesucht: im Grunde zweitklassige Fighter ohne das Zeug zu einem Champion, aber jeder einzelne stark genug, einen angehenden Weltmeister auf dem Wege zur Spitze zu stoppen.

Die Ausnahme war vielleicht Lloyd Marshall, der mit acht Weltmeistern im Ring gewesen war, darunter so legendären Größen wie Joey Maxim, Ezzard Charles und Archie Moore, und sie zum Teil geschlagen hatte. Nur: Marschall war damals schon 35.

Fred Kirsch, der vor allem mit dem großzügig bis leichtsinnig operierenden Veranstalter Joachim Göttert zusammenarbeitete, brachte dem Geschäft genau den Anstoß, den es wieder einmal dringend benötigte: die Boxsport-Anhänger waren begierig, ihre Deutschen Meister, die noch zu keiner Europameisterschaft zugelassen wurden, endlich im internationalen Vergleich zu sehen. Daß die angereiste Truppe aus Amerika zweitklassig oder aber am Ende der Karriere war, brauchte man ja nicht zu sagen. Außerdem stellte sich bald heraus: für die Deutschen waren die Amis in der Regel noch gut genug! Wie die abgelegten Klamotten aus den Beständen der US-Army, die in den eigens eingerichteten *Steg-Kaufstätten* reißenden Absatz fanden.

Das erste Rauchzeichen war da der Kampf, den Stonewall Jackson in Hamburg gegen den Leichtgewichts-Meister Herbert Nürnberg lieferte. Herbert Nürnberg, der als einziger Deutscher vor dem Kriege zweimal Europameister der Amateure gewesen war und sich schon in den Tausend Jahren der Nazis in St. Pauli-Hippodromen als der *Mann mit der Maske* sein Kleingeld verdient hatte, indem er die mit dem Versprechen einer Hundert-Mark-Prämie auf die Bühne gelockten Seeleute aller Nationen reihenweise und fürchterlich ausknockte, war so ungefähr das cleverste, was man zu bieten hatte. Aber Herbert Nürnberg konnte mit dem in ein grünes Satin-Höschen geschlüpften Gummiball Jackson überhaupt nichts anfangen und war froh, als er ein Unentschieden erhielt.
Jackson bekam von den Veranstaltern – wie gesagt – sofort die Rückfahrt in die Staaten.
Geschichten von dieser Truppe, die wie die Harlem Globetrotters, die bewunderten Basketball-Artisten, die Arenen füllten, würden auch ein Buch füllen. Für mich sind sie wichtig, weil ich durch sie zum ersten Mal so etwas wie internationale Luft schnupperte, echte Post aus dem Ausland erhielt – und kein Party-Gewäsch.
Mit den vier verbliebenen Diamanten habe ich in Berlin viel trainiert. Das heißt, zuerst habe ich zugesehen, wie sie arbeiteten. Sie haben mich fasziniert.
Sie boxten, wie ich das noch nirgendwo gesehen hatte. Sie hielten sich an keine starre Grundregel wie: *Bereite eine Gerade immer mit einem linken Haken vor,* oder *Eins, zwei die Linke, und jetzt die Rechte!*, wie man das von deutschen Trainern hörte.
Sie improvisierten, sie provozierten, sie stellten Fallen und nutzten dann ihre Chancen unglaublich rationell. Und dabei wurden sie, zumindest im Training, kaum einmal getroffen.
Was sie benutzten, waren instinktive Reflexe und penible, im-

mer wieder geübte Reaktionen. Alles sah so ökonomisch aus, alles schien aus dem Stand zu geschehen, und immer rollte der Oberkörper, kaum einmal ein festes Ziel bietend, pendelte alles oberhalb der Hüfte. Es wirkte spielerisch, und ungeheuer konzentriert zugleich.

Daß dieser Boxstil meiner sportlichen Philosophie entsprach, habe ich sofort gewußt. Daß er auch meiner natürlichen Veranlagung entgegenkam, habe ich anschließend in zahllosen Sparringsrunden mit diesen farbigen Amerikanern erprobt und – bestätigt gefunden.

Mit Variationen ist daraus der *Scholz-Stil* geworden. Kopieren allein ist niemals gut, und es befriedigt auch innerlich nicht. Aber ich begriff, was ich an von der Natur geschenkten Vorzügen einzubringen hatte in diesen Sport: mein gutes Auge, die sicheren Reaktionen, die intakten, für die Konzentration erforderlichen Nerven und mein hervorragendes Timing.

Timing, den Begriff muß man wohl erklären. Timing und Schlagkraft sind nicht zu trennen, es bedeutet: einen Schlag landen, wenn Ziel und Waffe, sprich Faust, sich in der für den Wirkungstreffer optimalen Situation befinden.

An einem einfachen Beispiel dargestellt: wer einenNagel in die Wand hauen will, kann das mühelos, wenn Schwung und Stand zum Nagel genau passen. Das ist gutes Timing. Wer falsch steht, haut sich auf den Daumen, oder bestenfalls trifft er den Nagel nicht richtig und schlägt ihn krumm. Wer kraftlos und unentschlossen arbeitet, treibt den Nagel nicht ins Holz. Das ist schlechtes Timing.

Entscheidend ist und bleibt, daß der Boxer seine angeborenen Talente durch Trainingsfleiß, Verantwortungsbewußtsein gegenüber dem eigenen Körper und Erfahrung entwickelt. So gewinnt er Kondition. Und Kondition ist Arbeit, nichts anderes. Die durch Fleiß erarbeiteten Fähigkeiten müssen in einem Kampf ständig abrufbereit sein, um Sekundenbruchteile schneller als der Gegner handeln zu können. Kondition gibt Sicherheit, macht auch psychisch stärker. Man hat ein gutes Gewissen, hat sich nichts vorzuwerfen, wenn man in den Kampf geht. So habe ich es jedenfalls immer empfunden und entsprechend gehandelt.

Als ich meinen Stil zu Ende gedacht und für mich passend zu Ende entwickelt hatte, bin ich weniger verwundbar gewesen: er ist mein Sicherheitsgurt für fast 100 Kämpfe geworden. Er hat mich niemals zu großen Materialschlachten gezwungen.

Ich habe mich in Kämpfen erschöpft, ohne Zweifel. Aber richtige Substanzverluste, psychischer oder physischer Art, sind mir erspart geblieben.

Im Sänger-Kampf habe ich die für mich nach Berlin importierten internationalen Erfahrungen, *eingekauft* bei den *Schwarzen Diamanten*, zum ersten Mal verwertet. Nach dem Sänger-Fight, für den ich – wie der Veranstalter betonte – stattliche 1500 DM kassierte (womit ich bestimmt grauenhaft unter Tarif entlohnt wurde), bin ich selbst international aktiv geworden – wenn auch nur als Tourist.

Fritz Gretzschel, der einen Kampftag in Frankfurt mit französischer Beteiligung vorbereitete, nahm mich zu den Verhandlungen mit nach Paris. »Als Belohnung für den prima Fight gegen Sänger, Jungchen«, sagte er väterlich. Ich war wild begeistert, schon wegen aller zukünftigen Einladungen, bei denen ich nun auch mithalten konnte – und zwar mit originalen erntefrischen Auslandseindrücken. Wir fuhren mit Gretzschels neuem Opel Kapitän, dem wie eine Festung wirkenden Ganovenmodell, das die Rüsselsheimer damals bauten, nach Frankfurt und von dort mit dem Zug weiter bis zum Gare de l'Est.

Von der Gruppe habe ich mich in Paris sofort verabschiedet und bin, bar aller Sprachkenntnisse, voller Vertrauen in die Güte der Menschheit losgeschossen. Es wurde auf Anhieb eine lange Nacht, und der Anlaß waren – jetzt fange ich auch mit

Frauen an! – Beatrice und Madeleine. Ich hatte sie kennengelernt, nachdem ich mich in eine geschlossene Gesellschaft in unserem Hotel gemogelt hatte. Wir haben die ganze Nacht getanzt und uns für den nächsten Tag, weil's so schön war, gleich wieder verabredet.

Als ich ausgeschlafen war, das Frühstück hatte ich versäumt, sagte mir Gretzschel beim Mittagessen, um drei würde uns ein Bekannter zu einer Stadtrundfahrt abholen. Als ich gestand, daß ich bereits verabredet sei, grinste er nur ungläubig. Dafür sah er ausgesprochen sauer aus, als kurz darauf die beiden jungen Damen erschienen.

Mit Beatrice und Madeleine bin ich Eisessen, Kaffeetrinken und Schlittschuhlaufen gegangen. Es war Ende November. Gretzschel aber hatte während der Stadtrundfahrt ein Rätsel zu lösen: *Wie hat der Bengel, ohne ein Wort Französisch, nur so flink die beiden Mädchen aufgetrieben?*

Ich kann es nicht ändern, aber viele meiner Erlebnisse haben so einen Beigeschmack von Bittermandeln: in Berlin präsentierte mir Herr Gretzschel kurz nach unserer Rückkehr die Rechnung für Fahrt und Hotel. Als ich ihn ziemlich dumm angesehen habe und ihn sanft an die Einladung erinnerte, griente er: »Klar, ich habe dich eingeladen, Paris anzusehen. Fürs Ansehen habe ich dir auch nichts aufgeschrieben.«

Das ist so eine Probe von Manager-Humor, wie ich sie öfter erfahren habe. Daß Gretzschel als technischer Leiter der Frankfurter Veranstaltung sich meine Spesen noch einmal von dem Veranstalter, dem Geschäftsmann Rieger, erstatten ließ, erzählte der mir viele Jahre später. Das ist Managermentalität, der sich auch der seriöse Gretzschel nicht entziehen konnte: Wenn du was kriegen kannst, nimm! Auch von den Kleinen.

Wenn Paris auch einiges gekostet hatte, es gab mir doch viel. Beim Small Talk machte ich mit meinen französischen Erfahrungen nun eine gute Figur. Mein Bildungshunger, man kann es auch Wunsch nach Anpassung und Verdecken einer geistig nicht gerade anregenden Kindheit nennen, wuchs mit jedem neuen Menschen, den ich kennenlernte und der etwas zu sagen hatte, das mir imponierte.

Für Leute mit meinem Wissensfundament passierte im Jahre 1950 übrigens noch etwas sehr Positives: der Hamburger Verleger Rowohlt warf in Deutschland die ersten billigen Taschenbücher auf den Markt. Meine intellektuellen *Badewannen*-Freunde, die in ihren riesigen, sackartigen Existentialisten-Pullovern wie überdimensionierte Wollmäuse aussahen, diskutierten dieses Ereignis außerordentlich gestenreich und weckten mein Interesse. Ich kaufte mir *Fiesta* von Hemingway, weil der mir als ganzer Kerl geschildert worden war; *rororo* Band 5 war das und, der erste Band hieß *Kleiner Mann – was nun?* Diesen Titel nenne ich nur wegen des (wie elegant!) Übergangs, denn ...

Wie ein kleiner Mann kam ich mir auch noch vor, aber wenigstens wie einer auf dem Wege nach oben. Ich wußte, oder ich bildete mir ein zu wissen, wie es weitergehen würde. Das ist für einen Zwanzigjährigen, denke ich manchmal, doch schon eine ganze Menge. Und ich war bereit, für meinen Weg etwas zu tun.

Zunächst schlug ich in Frankfurt erst einmal den Franzosen Gilbert Stock nach Punkten. Es war der bisher schmerzhafteste Kampf meiner Karriere. In der vierten Runde hatte ich mir den Mittelhandknochen der linken Hand gebrochen. Zuschlagen konnte ich mit ihr, die meine *schwere Hand* war, nicht mehr, aber fintieren.

Ich informierte Taubeneck über mein Pech und verzog im übrigen keine Miene. Im Gegenteil: ich deutete immer wieder Versuche von Geraden und Haken an, und Stock, den ich in der ersten Hälfte des Kampfes wiederholt hart erwischt hatte, fiel darauf herein und ging einen Schritt zurück.

Obwohl ich 2000 DM als Börse erhalten hatte, es war immerhin der zweite Hauptkampf nach dem Schlager Sugar Ray Robinson gegen Hans Stretz, war es ein teuer erkaufter Sieg. Denn ich lag auf Eis, und für verletzte Boxer haben Manager keine Verwendung und schon gar kein Geld.
Immerhin hatte ich den Wunderboxer Sugar Ray Robinson gesehen. Damals war er noch Weltergewichts-Weltmeister, aber für europäische Mittelgewichtler bereits ein Alptraum: am 8. November hatte er noch in Chicago geboxt, dann war er nach Europa geflogen und hatte so eben einmal ganz kurz angedeutet, was Weltklasse ist.
Am 27. November hatte er in Paris den Bruder Jean meines Gegners Gilbert Stock k.o. geschlagen, am 9. Dezember in Brüssel Luc van Dam, eine Woche später in Genf Jean Walzack, der als einziger mit ihm über die Runden kam, noch einmal sechs Tage später – wieder in Paris – Robert Villemain, und drei Tage darauf in Frankfurt eben Hans Stretz.
Da konnte man nur trocken schlucken, vor allem, wenn man noch hörte, daß es jedesmal 10000 Dollar für ihn gab. 1950 waren das noch 42000 DM.
Genau so eine Beerdigungs-Tour durch europäische Ringe, die Sache muß ihm wohl gefallen haben, hat Robinson auch 1951 unternommen. Da war er schon Weltmeister im Mittelgewicht. Mit sechs Kämpfen in 40 Tagen ging auch alles gut, aber als er dann nach nur zehn Tagen Pause in London seine Weltmeisterschaft für ganz großes Geld gegen Randy Turpin verteidigen wollte, verlor er umstritten nach Punkten. Da er aber natürlich für den Fall der Fälle eine Rückkampfklausel vereinbart hatte, kam ihm Turpin zwei Monate später wieder vor die Fäuste – und verlor prompt durch k.o.!
Robinson ist wirklich ein Weltmeister gewesen, wie es wenige gegeben hat.

Ich aber mußte in Berlin meinen Knochenbruch ausheilen. Das hat mich geärgert, aber es ist wahrscheinlich doch eines der Ereignisse gewesen, die auf die Positivseite meiner Laufbahn zu rechnen sind.
Ärzte haben festgestellt, daß ich rein physisch längst nicht der ideale Boxer war, als den man mich oft bezeichnet hat. Mein Knochenbau ist für diesen Sport und die durch Training erworbenen Muskeln eher schwach. Die Folge war eine Überbelastung des Knochenskeletts, die bei anderen Boxern in diesem Maße nicht auftrat und auch nicht zu Verletzungen führte.
Diese meine Verletzungen haben sich im Rückblick als Wohltat für den Körper ausgewirkt. Verletzungen waren, das klingt paradox, gesund für mich: mein Körper konnte sich regenerieren und weiterentwickeln. Ich habe nachweislich gerade nach Verletzungspausen große Kämpfe geliefert. Meine Physis hatte sich, wenn auch nicht ganz freiwillig, stabilisiert.
Mir fällt da ein Spruch ein, der aus der nicht wegzuradierenden Pimpfen-Kindheit stammt: *Was mich nicht umbringt, macht mich nur stärker!* So ist das mit meinen Verletzungen gewesen.
Weil ein Handknochenbruch eine Verletzung ist, die einen aktiven jungen Mann nicht zum Rumsitzen zwingt, hatte ich noch zusätzlich einigen Spaß. Ich besuchte regelmäßig meine schwarzen Diamanten-Freunde.
Sie lebten mit ihrem unglaublich dicken Manager Fred Kirsch, der am Bahnhof auf die Gepäckwaage mußte, wenn es ihn interessierte, ob er wieder zugenommen hatte (was er aber kaum einmal wissen wollte), im Hotel am Wannsee. Im Garten hatten sie einen Ring aufgebaut, in dem sie in diesem Sommer fleißig arbeiteten. Danach machten sie ihre Schleife über den Kurfürstendamm, die meistens im Boxertreff *Roxy* bei Heinz Ditgens endete. Die Bar, in der ich übrigens Willi Fritsch kennenlernte, war an der von jeder Art von Filmsternchen und Stern-

schnuppen bewohnten, sogenannten *Stoßburg,* einem Appartement-Haus am Lehniner Platz untergebracht. In der Mitte des Areals waren einige Tennisplätze angelegt. Es herrschte ein ständiges Kommen und Gehen, und die Roxy Bar war der strategische Mittelpunkt der ganzen Angelegenheit.

Zu diesen Ausflügen, die kaffeebraunen Jungen waren bei der »Damenwelt« so gefragt, daß Manager Kirsch einmal sagte, das richtige Geschäft hätte er erst, wenn er sich eine Registrierkasse vor ihre Zimmer stellen und Eintritt kassieren würde, benutzten wir einen roten MG. Den hatte ich von einem Bekannten geliehen. Die Rücksitze waren 25 Zentimeter höher als die Vorderbank, und in diesem Karren hockten dann hinten die drei wie riesengroße Mohrenköpfe nebeneinander.

Unterhalten haben wir uns englisch, ich mit den beim Schwarzmarkthandel erworbenen Kenntnissen, die aber täglich besser wurden. Die Jungens haben mir also auch in dieser Beziehung geholfen.

Zu diesem Englisch fällt mir ein Witz ein, der die Gespräche treffend beschreibt. Sagt der Einwanderer zum Polizisten: »Excuse me, there is some accent in my English!«. Und der Polizei-Mensch antwortet: »No Sir, there is no English in your accent!«

Aber schließlich fängt jeder einmal an. Die Hauptsache bleibt, daß er es überhaupt tut und nicht verschläft.

Im Mai 1951 bin ich zum ersten Mal Deutscher Meister geworden. In Berlin schlug ich Walter Schneider aus Celle. Es war ein Kampf, mit dem ich wieder einmal Neuland betrat: vor Schneider, einem guten Techniker ohne Dampf in den Fäusten, hatte ich keine besonderen Sorgen, wohl aber vor der Titelkampf-Distanz von zwölf Runden.

Wenn man bisher höchstens acht Runden geboxt hat, ist das ein gewaltiger Sprung. Vier Runden verändern alles: man muß sich seine Reserven völlig anders einteilen, noch sparsamer mit seinen Kräften umgehen, und vielleicht sogar einmal eine kleine Pause einlegen – soweit das beim Boxen überhaupt möglich ist. Ich meine, man muß dem Gegner die kräftezehrenden Aktivitäten überlassen und sich selbst zur Passivität zwingen, ohne dabei Nachteile zu haben.

Ich versuchte, so risikolos wie möglich zum Erfolg zu kommen, gewissermaßen immer noch ein As im Ärmel zu behalten. Es klappte, ich wurde deutlicher Punktsieger und war Deutscher Meister.

Wie recht ich hatte mit meiner Vorsicht, bewies der zweite Hauptkampf an diesem Tage. Hans Stretz trug ihn gegen den von mir besiegten Heinz Sänger aus. Unser gemeinsamer Manager Gretzschel hatte wohl geplant, den von Robinson k.o. geschlagenen Stretz, der damals keine freundlichen Planeten hatte, über den vom Weltergewichtler Scholz beherrschten Sänger wieder an die Spitze des Mittelgewichts zu lancieren.

Hans Stretz, für den das Leben immer so ein bißchen Ping-Pong gewesen ist, machte sich voller Optimismus an die Aufgabe. Motto: *Was kann mir schon passieren?* Die Antwort erhielt er in der fünften Runde, als der stille Heinz Sänger mit dem biederen Bubengesicht ihn k.o. schlug.

Walter Schneider hat von mir selbstverständlich die Chance zu einer Revanche erhalten. In München verlor er abermals nach Punkten. Und sofort hatte Fritz Gretzschel wieder eine Belohnung für seinen lieben Bubi parat, der die Suppe immer so brav löffelte und nichts auf dem Teller ließ: eine Urlaubsreise nach Spanien.

Ich hätte es wissen müssen ...

»Weißt du«, hatte Gretzschel gesagt, »wir finanzieren das mit ein paar leichten Dingern, die haben da viele Arenen, in denen sonst immer Stierkampf ist. Da boxen wir gegen irgendwelche Nußknacker.« Hans Stretz, der auch mit von der Partie sein

sollte, und ich nickten zufrieden. Wir sahen nur Sonne, Strand, roten Wein!
Mein Nußknacker, der mich nach einer 18stündigen Bahnfahrt von Barcelona durch das erschreckend arme Land nach San Sebastian erwartete, war der spanische Mittelgewichts-Meister Eduardo Lopez. Ich schlug ihn nach Punkten, aber ich brach mir erneut die Hand.
Von den 1500 DM Gage blieben mir nach Abzug der Kosten 300 Mark, die Heimreise durfte ich sofort antreten, und daß fünf Monate Kampfpause auf mich warteten und dementsprechend auch kein Groschen Verdienst, wußte ich zu Gretzschels Glück da noch nicht.
Chinesen-Fritz, mein gütiger, alles bewegender Gönner, hatte mich wieder ganz schön in die Tinte befördert. Er selbst blieb allerdings in Spanien und tingelte mit Hans Stretz weiter. Der Erlanger machte in sieben Wochen vier Kämpfe. Was er dabei verdient hat, weiß ich nicht. Aber ich könnte schwören, daß Gretzschel an diesem Urlaub nichts verloren hat.
Mir tat die Pause, allein in Berlin, gut. Ich hatte Zeit, meine Situation unbeeinflußt zu überdenken. Ich machte wieder einmal Bilanz und verabschiedete mich endgültig von der Illusion, in Fritz Gretzschel einen warmherzigen Wohltäter gefunden zu haben. Wie alle Manager hatte er Stacheldraht in den Taschen, wenn es darum ging, einmal eine Mark herauszutun.
Das ist sicherlich nicht die schlechteste Eigenschaft eines Managers, der die eigenen Interessen in Verhandlungen vertreten muß. Aber man sollte sich stets darüber im klaren sein. Ich meine, ich bin nach diesem spanischen Tänzchen mit Gretzschel endgültig aufgewacht.
Die Konsequenzen sahen so aus: ich suchte und fand eine eigene Wohnung in der Pommerschen Straße. Das Wohnzimmer war sehr elegant mit Nierentischchen, diesem heute belächelten Möbelstück, das zu dieser Zeit geradezu der Aberwitz des

Komforts war, einer geschwungenen Couch-Garnitur und spiralförmigen Blumenständern eingerichtet. Heute findet man so etwas schon wieder in Antik-Läden, als *Zeugen aus der Vergangenheit.*

Schlafzimmer, Küche und Bad vervollständigten das Etablissement. Die Dame, die mit mir einzog, war mein Pudel. Die erlaubte Helga mir gern, sogar als Bettgenossin.

Die Mansarde in der Herbertstraße gab ich leichten Herzens auf. Fritz Gretzschel dagegen fiel *eine* Trennung sehr schwer, wenn es auch nicht unbedingt die von mir war.

Mein Vertrag, den ich nach dem Gewinn der Deutschen Meisterschaft mit ihm geschlossen hatte, beinhaltete, daß er von allen Börsen bis zur Höhe von 10000 DM 25 Prozent für seine Tätigkeit erhielt. Ab zehn Mille waren es noch 20 Prozent, die ihm zustanden. Meine Einnahmen ließ ich zunächst bei ihm stehen. Ein Konto hatte ich damals noch nicht; mein Manager war meine Bank. Seine langjährige Sekretärin Claire Beister führte Buch, und ich zeichnete jedes Transaktiönchen peinlich genau ab.

Jetzt wollte ich abrechnen, und da ich immer sparsam gewesen war, standen mir rund 25000 DM zu! Ich war es leid, in das Büro zu gehen und zu sagen: »Ich brauche 100 Mark!«

Vor allem hatte ich die Antwort: »Wieso denn schon wieder? Du hast dir doch vor zehn Tagen erst einen Hunderter geholt!« restlos dicke. Über, wenn auch bescheidene, Zinsen von einer Bank hatte ich mir auch das Köpfchen etwas zerbrochen.

Gretzschel rückte mein Vermögen sehr mürrisch heraus. Wahrscheinlich war es weniger das Einbüßen der Möglichkeit, mit zinslosem Kapital zu arbeiten, als vielmehr die verlorene Kontrolle.

Ich hatte aber noch ein zusätzliches gewaltiges Erfolgserlebnis. Mit meinem *PanAm*-Täschchen voller Barem ging ich zu einer Bank und beantragte eine Konto-Eröffnung.

»An welche Einzahlung hatten Sie denn gedacht, junger Mann?« wurde ich leutselig gefragt, »an 100 DM vielleicht?«
Das war der Moment, den ich brauchte. Ich nahm meine Tasche, schüttete die Geldbündel auf den Tresen, und sagte in einem Ton, als ob das gewöhnlich meine Tageseinnahme wäre: »Würden Sie bitte einmal nachzählen? Es müssen ungefähr 25000 DM sein.«
Von der Sekunde an war ich eine kreditwürdige Figur für die Bank. Sie machten für mich sogar – das Zählen hätte den Betrieb aufgehalten – einen Separatschalter auf. Ich gab mir den Anschein, als hätte ich nie etwas anderes als Vorzugsbehandlung erfahren.
Dabei dachte ich, während mein Geld gebündelt wurde, an jeden Tropfen Schweiß, an Schläge und Verletzungen, die es mich gekostet hatte. Es war einer der raren Augenblicke im Leben, in denen Geld sinnliche Freuden erschließt.
Und in denen man sich grimmig entschlossen vornimmt: *Verdammt, du willst nie arm sein.*

16.

Den Weltergewichts-Titel habe ich noch zweimal erfolgreich verteidigt, in München gegen Oechsle und in der Essener Dubois-Arena gegen Leo Starosch. An dem Kampf gegen Starosch habe ich trotz des klaren Punktsieges schlechte Erinnerungen: in der sechsten Runde sprang mich der verrückte Zigeuner Leo Starosch, der wegen seiner unorthodoxen Kampfweise gefürchtet war, so unglücklich an, daß er mir seinen Schädel gegen den Kopf rammte. Etwas knirschte, und ich hatte ein Gefühl, als ob mir ein Backenzahn herausgebrochen wäre.

»Zieh mir mal den Zahn aus dem Mund«, sagte ich deshalb in der Pause sofort zu Freddy Teichmann, der als Hilfssekundant neben Taubeneck in meiner Ecke amtierte. Freddy, alles andere als ein begabter Kieferchirurg, fingerte und suchte und fand nichts.

»Die Zähne sind in Ordnung. Nur mit dem Knochen stimmt etwas nicht«, tröstete er mich, schob mir den Zahnschutz wieder in den Mund und stellte die Schluß-Diagnose: »Reiß den Mund nicht auf, dann passiert auch nichts!«

Bei der Verkündung des Siegers lächelte alles, nur ich machte eine bitterböse Miene: ich konnte einfach nicht anders! Als der Arzt anschließend eine Trümmerfraktur links im Unterkiefer feststellte, kannte ich auch den Grund für die Schmerzen in meiner dicken Backe.

Als Prämie hatte ich an diesem Unglückstag ausgerechnet ein Gala-Diner in einem Luxus-Restaurant erhalten. Das habe ich heute noch gut. (Hoffentlich gibt es das Etablissement noch, denn irgendwann komme ich bestimmt wieder in die Essener Gegend. Dann werde ich die Schulden kassieren.)

Ich war urlaubsreif und trug zwei Spangen im Mund, die den Unterkiefer richten sollten. Essen mußte ich aus einer Schnabeltasse zu mir nehmen, abwechselnd Süppchen und Breichen.

Als ich endlich wieder normale Nahrung beißen konnte, fuhr ich mit Helga nach Travemünde – obwohl ihre Mutter protestierte. Warum, weiß ich nicht. Vielleicht wegen *der Leute*. An meiner liebevollen Zuneigung zu ihrer Tochter gab es längst keine Zweifel mehr, und diese anderen, damals auf dem Weihnachtsmarkt erhobenen Einwände – also Helga war nun wohl doch schon erwachsen, und das längst innigere Vertrautsein mit mir – selbst den *Gleichschritt* beherrschten wir seit einiger Zeit perfekt – hatte sie wirklich nicht unglücklich gemacht.
An der Ostsee, in den Travemünder Casino-Arkaden, kaufte ich Verlobungsringe. Im *Belle Epoque*, dem fabelhaften Nachtklub, den inzwischen die allgemeine Teuerung gefressen hat, haben wir die Dinger blitzen lassen und unsere Verlobung gefeiert. Zur Beseitigung letzter bürgerlicher Skrupel und um ihr eine Freude zu machen, bekam Schwiegermutter ein Telegramm. Das war sehr praktisch, denn, überlegte ich laut, und Helga war viel zu glücklich, um ein Widerwort zu geben, so kostete diese Verlobung unter vier Augen viel weniger als mit einem Riesenauftrieb von Freunden, Verwandten und Bekannten in Berlin.
Dein Einverständnis vorausgesetzt, haben wir uns verlobt, Helga und Bubi, kabelten wir genau zehn Worte, die man bei der Post ohnehin bezahlen muß. Schließlich hatten wir jetzt an unsere gemeinsame Zukunft zu denken.
Nur mit dem Einverständnis hatten wir zuviel vorausgesetzt: Schwiegermutter war noch Wochen sauer über den Alleingang. Sicherlich nicht so sehr, weil sie uns gern bei der Gelegenheit auf die Stirn geküßt hätte, aber – sie wäre als Brautmutter gerne Mittelpunkt gewesen.

Am Urlaub lag es sicher nicht, ich hatte mich im tiefen und warmen Sand der Ostseeküste durchaus genügend bewegt, aber ich wurde unübersehbar männlicher und kräftiger – und schwerer. Das Weltergewichts-Limit begann mir Schwierigkeiten zu bereiten, und ich war drauf und dran, ein ausgewachsener Mittelgewichtler zu werden. Sorgen machte ich mir darüber nicht; ich hatte schon genügend vorzügliche Leute dieser Klasse geschlagen. Im Oktober 1952 habe ich den Weltergewichtstitel kampflos abgegeben. Vorher boxte ich aber noch in Kopenhagen gegen Chris Christensen.

Der lange, schlanke Christensen war ein ausgezeichneter, eleganter Boxer, 1952 schon zu Recht in seiner Heimat ein großer Star und, was seine Klasse beweist, zehn Jahre später sogar Europameister im Mittelgewicht. Für mich war er allerdings nicht gut genug.

Meine Schläge hatten ihn hart getroffen und sein Gesicht deformiert. Ich selbst hatte mit Ausnahme einiger Schläge im Infight kaum etwas abbekommen.

Als Lado Taubeneck mich mit den Worten »Letzte Runde, nun hau ihn endlich um!« in den Ring schubste, habe ich noch einmal das letzte gegeben. Leider hatte Lado sich verzählt und es kamen noch einmal drei Minuten, die zehnten Runde.

Wenn man eigentlich schon halb unter der Dusche ist und dann noch einmal zurück muß in dieses immerhin ziemlich risikoreiche Geschäft des Boxens, dann bricht etwas ab. Man kann es Lust nennen, richtiger ist wohl Motivation. Ich boxte in der zehnten Runde nur noch so ein Zwangspensum herunter, mehr auf das Vermeiden von Treffern bedacht als auf eine allerletzte Offensive.

Da Kampfrichter sich häufig vom letzten Eindruck leiten lassen, ich sagte das früher schon einmal, bekam ich zu meiner grenzenlosen Überraschung lediglich ein Unentschieden. Offen gestanden, wir waren nicht nur überrascht, wir waren auch verärgert. Der Kampfverlauf war mir so eindeutig erschienen, daß ich bei der Urteilsverkündung – wer versteht schon Dänisch? – ganz selbstverständlich die Arme zu der international

üblichen Siegerpose gehoben hatte und auch Beifall bekam. Erst als der Veranstalter heftig gestikulierend die Hände wie Waagschalen nebeneinander legte, verstand ich, was los war. Beim anschließenden Bankett mit einem hervorragenden Kalten Buffet ärgerte ich mich schon nicht mehr. Schließlich gab es einen Vertrag für einen Revanchekampf in Berlin. Vielleicht konnte ich es den Kampfrichtern dort leichter machen, einen Sieger zu ermitteln.
Chris Christensen war wieder etwas hergerichtet worden, doch gelang es ihm nicht, seine Blessuren hinter einer Sonnenbrille zu verbergen. Sein Gesicht war so sehr angeschwollen, daß die Brille nicht hielt und ständig herunterrutschte. Er tat mir fast schon ein bißchen leid.

Ungerechtigkeiten kann ich nun einmal nicht ausstehen, und diese Kopenhagener Affäre erinnerte mich fatal an einige trübe Erfahrungen in meiner Kindheit und Jugend. Hier hatte der Chauvinismus der Dänen eine große Rolle gespielt, und dazu fällt mir eine andere Geschichte ein, die sich auf der gleichen Ebene bewegt hat:
In der Kinderlandverschickung wurden Fußball-Wettbewerbe ausgetragen, Berliner gegen Westfalen, Schwaben gegen Rheinländer und so weiter. Nun war das Rauchen streng verboten, aber natürlich ist hin und wieder doch geraucht worden.
Vor einem dieser Spiele, die ich als Kind erklärlicherweise ungemein wichtig nahm und an die ich mit gewaltigem Ehrgeiz heranging, habe ich erlebt, daß plötzlich der Schlüsselspieler einer Mannschaft als Raucher denunziert wurde. Nach alter Pimpfensitte war die Strafe Spießrutenlaufen! 20 Jungen bildeten eine Gasse, nahmen die Koppel ab, und der Delinquent mußte einmal hin und einmal zurück durch einen Hagel von Schlägen.

Der Betreffende war beim nächsten Spiel meistens nicht mehr oder kaum noch zu gebrauchen – der Zweck der Schwächung des Gegners war damit erreicht. Solche Intrigen haben mich immer maßlos aufgebracht. Inzwischen konnte ich diese Enttäuschungen nur geschickter verbergen.

Von meinen Freunden und Bekannten aus dem Theater- und Show-Business hatte ich den Spruch *Man begegnet sich immer zweimal im Leben!* gehört, was bedeutet, daß man zu den Menschen nett sein soll, wenn man hoch oben auf der Erfolgsleiter steht, weil man sie garantiert wiedertrifft, wenn man ein paar Sprossen tiefer sich bemüht. Und dann wird man die Behandlung und Beurteilung erfahren, zu der man den Keim gelegt hat beim ersten Treffen – man findet Anteilnahme und Wärme, oder erntet Hohn und Schadenfreude.

Dieses sich zweimal Begegnen ist im Boxen noch transparenter, als es in anderen Lebensbereichen jemals sein kann. Nach einem Unentschieden ist ja meistens eine Revanche ein Geschäft, das sich die Veranstalter nicht entgehen lassen. Für sie zahlen sich Emotionen, die man aufheizen und vor allem publizieren kann, direkt im Vorverkauf aus. Die Volksmeinung: *da boxen nicht zwei Sportler, da werden zwei Feinde aufeinander losgelassen,* inspiriert die Wunschvorstellung von einem spektakulären Blutbad im Ring.

Die Phantasien mancher Leute, ein wütender Scholz sei aus Kopenhagen zurückgekehrt, erhielten zusätzliche Nahrung durch meine beiden K.o.-Siege über die französischen Mittelgewichtler Degouve und Royer-Crécy. Das war natürlich Unsinn. Von Wut, die blind und unvorsichtig macht, keine Spur. Ich befand mich in bester Verfassung und boxte konzentriert, das war alles.

Durch die vorherigen Siege stimuliert, ging ich am 1. März 1953 in die Revanche gegen Chris Christensen. Die Presse hatte im voraus einen großen Wirbel veranstaltet. Die Halle am

Funkturm war bis auf den letzten Platz besetzt. Für den fairen und tapferen Dänen wurde es wieder eine bittere Nacht. Ich war eindeutig überlegen, landete schwere Treffer und schlug ihn in der zehnten Runde – diesmal verzählten wir uns nicht – entscheidend. Auch die Kampfrichter brauchten nicht zu rechnen!

Nach soviel Arbeit glaubte ich ein bißchen Vergnügen verdient zu haben. Ich fuhr nach Arosa zum Skilaufen. Doch obwohl ich Flachlandtiroler ein durchaus passabler Pistenhirsch (wie Freunde behaupten) bin, endete das Vergnügen diesmal mit einem unglücklichen Sturz. Die Folge: ein Gelenkkapselriß und eine Absplitterung im Kniegelenk. Die Folgen der Folge: eine Operation, ein eingegipstes Bein, Verlust an Muskelmasse und drei Monate Zwangspause.

Als ich wieder mit Waldläufen im Grunewald begann, trug ich am linken Fuß einen normalen Laufschuh und am rechten einen schweren Skistiefel. Die Spaziergänger schüttelten den Kopf über den Verrückten. Aber die Trainingsmethode erwies sich als äußerst wirkungsvoll. Die reduzierten Muskeln des rechten Beines kamen sehr schnell und vollzählig wieder zum Vorschein.

Im Jahre 1953 habe ich noch einen Riesenkampf gehabt, den mit dem Bremer Franz Szüzina. Das war einer der Boxer, die bedingungslos angriffen, immer im Vertrauen auf die beinahe unzerstörbare eigene Widerstandskraft. Szüzina hatte die Amerikaner Jimmy King und Angelee, beides Ranglisten-Boxer, k.o. geschlagen. Das waren aufsehenerregende Erfolge, die er später in den USA fortsetzte. Die Amerikaner lieben diese Kampfmaschinen, an denen scheinbar alles abprallt.

Aber nur scheinbar! Mit mir, den die Presse vorher Pfund für Pfund und Knochen für Knochen gegen den robusten Bremer

aufgewogen hatte – mit sehr unterschiedlichen Prognosen! –, hatte der Bremer einen unerwartet schweren Gang vor sich. Das Duell *Boxkunst gegen Schlagkraft* war tüchtig hochgespielt worden. Es endete mit einem Sieg der Kunst.
Von Anfang an herrschte Hochspannung im und am Ring. Szüzina und ich tasteten uns ab und versuchten riskante Aktionen zu vermeiden. Jeder von uns wußte, ein Treffer konnte kampfentscheidend sein. Zu Beginn der fünften Runde rief uns der Ringrichter zu sich und meinte unmißverständlich: »Meine Herren, mehr Kampf! No fight, no money!« Das war eine Verwarnung, die in jedem Boxring dieser Welt verstanden wird. Szüzina nahm sie allerdings – zu meiner Genugtuung – allzu wörtlich. Er stürmte nicht nur auf mich ein, sondern auch in meine Konter. Das tat er bis zur zehnten Runde, und ich schlug ihn immer wieder zurück. Es war mein erster Kampf im wiedererstandenen Sportpalast. Das Publikum tobte, begeisterte sich von Runde zu Runde mehr. Und als ich Szüzina kurz vor dem Ende der letzten Runde ausknockte, waren die Fans vollständig aus dem Häuschen. Sie waren auf ihre Kosten gekommen. Die Dramaturgie dieses Kampfes entsprach exakt ihrem Geschmack. Ich war endgültig zum Publikumsmagneten geworden. Natürlich mußte ich weiter gewinnen, das war mir klar.
Spätestens im Jahre 1953 hat Fritz Gretzschel daran zu arbeiten begonnen, mich in die USA zu exportieren. Amerika, das ist für einen Boxmanager der ganz große Traum. Nur in den Ringen der USA sind die Weltmeister gemacht worden, und da einmal mit einem Top-Fighter mitmischen zu können, hebt einen Manager aus der Provinzialität.
Der listige Gretzschel hatte die Kontakte zu Benaim nach Paris nicht ohne Berechnung geknüpft: über den eleganten, weltläufigen Franzosen kam er zum Kampf Stretz-Robinson und damit in Berührung mit dem als »Kaiser des Box-Business«

apostrophierten George Gainford, dem Manager des Mittelgewichts-Weltmeisters.
Das war nun wirklich ein Arrivierter in der Welt der Profis. Sugar Ray war der Ringmagnet, eine ästhetische Freude wie nach ihm wahrscheinlich nur wieder Muhammad Ali, dazu ein Puncher von unerbittlicher Härte, der den Zuschauern das hochbezahlte Schauergefühl über den Rücken jagte, gleich Zeugen einer legitimierten Brutalität oder Körperverletzung zu werden.
Denn nichts anderes ist Boxen, wie mir einmal aus juristischer Sicht ein befreundeter Anwalt klarmachen wollte: *Körperverletzung im Einverständnis!* Klar, daß Juristen es so sehen müssen: zwei Männer gehen in den Ring, hauen sich nach bestem Können die Fäuste an den Kopf und schütteln sich hinterher freundschaftlich die Hände. Das gibt es nur im Ring, zivilrechtlich würde so etwas immer bösartige Folgen haben.
Mit Gainford zu kooperieren, konnte nur Vorteile bringen. Daran änderte auch nichts, daß Gainford Neger war. Im Boxen hat die Rassenintegration früher als im amerikanischen Alltag begonnen; schon 1908, als Jack Johnson gegen Tommy Burns der erste farbige Schwergewichts-Champ wurde!
Daß die Gleichberechtigung der Rassen auch im Boxen noch einmal einen Schluckauf bekam, ist Historie. Denn Johnson, der die *überheblichen Weißen* kräftig provoziert hatte und geradezu zum Symbol emanzipatorischer Strömungen geworden war, schickte bei seiner Titelverteidigung gegen die *weiße Hoffnung* Jess Willard im Jahre 1915 in Havanna erst seine Frau mit der im voraus kassierten Börse vom Ring weg, ehe er sich in der 26. Runde auszählen ließ – unter nie restlos geklärten Umständen.
Über die Geschichte, eine Art »Mayerling-Affäre« des Boxsports, hat damals der junge Jack London aus Kuba eine grandiose Reportage geschrieben. Na ja, inzwischen heuern die

großen amerikanischen Magazine eben Norman Mailer an. Boxen bedeutet etwas in den USA. Zu Beginn der fünfziger Jahre noch mehr als heute, und Gainford war mit einem As, *dem* As, mittendrin. Also war es von Gretzschel nur ein kluger Schachzug, wenn er folgendermaßen abschloß:
George Gainford managt Scholz und kassiert alle Einnahmen der Scholz-Kämpfe in den USA. Er erwirbt dieses Recht, wenn er bis zu einem bestimmten Zeitpunkt 50000 Dollar – damals über 200000 kaufkräftige Deutsche Mark! – an Fritz Gretzschel zahlt. Eine interessante Transaktion – für Gretzschel...
... die allerdings nie zustande kam. Der Robinson-Manager hat nämlich, wohl vollauf mit seinem Star beschäftigt, die Dollars nie an Gretzschel geschickt und dessen beide Mahnschreiben in seinem Büro in der New Yorker Bronx wohl zur unwichtigen Post gelegt. Für mich war die Saumseligkeit des schwarzen Riesen im nachhinein ein Glück.
So vermittelte mir auch nicht Gainford meinen einzigen US-Fight, sondern Hymie Wallman. Das war ein Interessenvertreter der Madison Square Garden-Clique, ein geistig ungemein beweglicher Pelzhändler, dessen Schilddrüsen ständig überproduzierten: Hymie war, weil klein, leicht zu übersehen. Zu überhören war er nicht. Ich glaube, wenn es sein mußte, konnte er dem Teufel die Ohren abquasseln.
Als Gretzschel und ich in die USA flogen, übte mein Manager eifrig Englisch. Redewendungen wie *Good day, Thank you* und *Good by* waren ihm schon recht geläufig. Man flog damals noch Propeller-Maschinen, in Shannon (Irland) und Gander auf Neufundland wurde zwischengelandet, und die ganze Reise dauerte 23 Stunden.
Fritze Gretzschel war so gestreßt, daß er dem überraschten Abholer Wallman erst einmal zur Begrüßung »Good by« sagte. Ich mußte die Situation retten, und nun schleppte Wallman uns

erst einmal – Pflichtübung für jeden Neuankömmling aus der Branche! – in Jack Dempseys Broadway-Restaurant. Und zur ersten Pressekonferenz, nur keine Zeit vergeuden. Auf dieser Pressekonferenz war ich reichlich undiplomatisch. Den amerikanischen Journalisten gegenüber, die auf mich so wirkten, als ob sie nicht einmal wüßten, wo Berlin liegt, demonstrierte ich echten Insulaner-Stolz. Als sie mich fragten, ob mir dieses phantastische New York nicht die Sprache verschlagen habe, erschienen sie mir einfach zu überheblich.

»Was glaubt ihr eigentlich, wo ich herkomme?« antwortete ich. »In Berlin leben auch ein paar Millionen Menschen. Hier sind zwar die Häuser höher und die Straßen breiter, dafür sind sie aber auch dreckiger.«

Einige New Yorker Journalisten hatten eine neue Erfahrung gemacht. Sie hatten Berliner Schnauze kennengelernt.

Gretzschel begriff schnell, daß mein aus allen möglichen Quellen erworbenes Englisch besser war als sein Sammelsurium von Phrasen. Bei den Gesprächen der nächsten Tage saß er nur noch mit verkniffenem Gesicht daneben und fragte in regelmäßigen Abständen: »Was haben sie gesagt, was meinen sie?«

Das war ein bißchen peinlich, aber mir war es auch wiederum ganz lieb, daß ich vollverantwortlich für mich selbst sprechen konnte. Wenn ich außerdem noch das amerikanische Box-Business so gut verstanden hätte wie heute . . .

Für Kämpfe in den USA benötigt man eine Lizenz der Box-Kommission. Die achtet neben vielem anderen darauf, daß kein Manager seinen Boxer zu stark übervorteilt: in den Standard-Verträgen steht, daß die Manager-Prozente allerhöchsten $33^1/_3$ Prozent betragen dürfen. Aber das ist natürlich nur der rosarote Schein, der auch von Wallman/Gretzschel gewahrt wurde.

In Wahrheit ist es durchaus üblich, daß Boxer die Hälfte ihrer Gagen abtreten. Das erkannte ich jedoch erst später, bei der Abrechnung. Wallman und Gretzschel hatten zusätzlich einen inoffiziellen Vertrag miteinander ausgekungelt. Danach bediente sich jeder der beiden mit 25 Prozent meiner Gage. Der Rest blieb für den, der den Kopf hinhalten mußte. (Wobei man sich ja nicht unbedingt treffen lassen muß!)
Der Amerikatrip entwickelte sich zu einem der miserabelsten Geschäfte meiner Laufbahn. Aber nach außen hin waren wir, während mit harten Bandagen um das Geld gefeilscht wurde, eine einzige große Familie. Und die Publicity marschierte.
In allen Aktualitäten-Kinos lief mein letzter europäischer Kampf, den ich am Tag vor unserer Abreise in die USA gegen den Holländischen Meister und Weltranglisten-Boxer Wim Snoek überlegen nach Punkten gewonnen hatte. Das war der erste Schritt auf dem Wege zum großen Kampf in den Vereinigten Staaten.
Zusätzlich vermarkteten mich nun die Tageszeitungen. Sie tauften mich, überrascht von meinem so gar nicht zerbeulten Gesicht, *Babyface* und *Puppy*. Die Bild-Legenden, die erklärenden Fototexte, konnte man wirklich nur als Legenden bezeichnen.
Fritz Gretzschel spielte in dem amerikanischen PR-Betrieb aus naheliegenden Gründen keine Rolle. Dafür kümmerte er sich um die in New York ansässigen deutschen Korrespondenten, wie er sich in Berlin niemals um einen Journalisten bemüht hatte. Die kabelten nämlich Stories in die alte Heimat, und davon hatte *er* den größten Nutzen.
Mich störte das alles wenig, aber ich wollte endlich einen Vertrag sehen und den Namen eines Gegners hören. Schließlich erschien Wallman mit der Erfolgsmeldung, daß er einen Kampf in der *St. Nichols-Arena* an Land gezogen habe.
Nun ist *St. Nichols* wirklich eine ehrwürdige, guteingeführte

Adresse im Boxgeschäft, aber – es ist ein Kleinring mit knapp 2000 Plätzen!
Für einen solchen Schuppen, einerlei ob da schon Columbus seinen ersten Fight ausgetragen hatte, konnte ich doch unmöglich in die USA gereist sein. Ich dachte überhaupt nicht daran, mich in einem Kleinring verheizen zu lassen. Ich war ein Hauptkämpfer. Basta! Ich lehnte ohne Zögern ab.
Hymie Wallman wollte in der Synagoge für mich eine Kerze stiften, um mich von meinem Größenwahn zu heilen. Er nannte als Beispiele Max Schmeling, Adolf Heuser und Kurt Prenzel, vielleicht noch ein paar andere deutsche Goldsucher mehr, um mich umzustimmen. Ich blieb fest.
Als nächstes kam die Offerte *Eastern-Parkway Arena* mit dem Köder: »Da werden die Mittwoch-Kämpfe immer von der Television übertragen, und sie sehen dich in ganz New York und darüber hinaus!« Ein Großring war das aber wieder nicht.
»Entweder besorgen Sie einen Kampf in einem Großring, oder ich boxe überhaupt nicht«, beschied ich Wallmann kurz und unzweideutig. Wallman verstand die Welt nicht mehr: so einen Boxer hatte er noch nicht kennengelernt. Hilfesuchend sah er Gretzschel an.
Doch Fritz Gretzschel verstand nichts und konnte ihm auch nicht helfen.
Meine Überlegungen waren eindeutig und logisch: wenn ich in einem Kleinring geschlagen würde (was jedem Boxer passieren kann), müßte ich auch in Deutschland meine Forderungen reduzieren. Die Promoter wären dann schnell mit dem Satz bei der Hand gewesen: »Wissen Sie, in den USA haben Sie nicht einmal in einer Flohkiste Erfolg gehabt ...«
Eine Niederlage in einem richtigen, vernünftigen Rahmen dagegen wäre nicht annähernd so tragisch gewesen. Dafür war nicht zuletzt der Respekt vor diesen glorifizierten amerikani-

schen Boxern und der berühmtesten Kampfarena der Welt zu groß, es hätte meiner Zugkraft wenig geschadet.
Hymie Wallman fluchte, stöhnte und beschwor mich und alle guten Geister. Nur einen Kampf im *Madison Square Garden*, der mir angemessen erschien, schaffte er nicht heran. Zuletzt setzte ich ihm eine Frist.
Da er den Hin- und Rückflug vorher hatte bezahlen müssen und auch für den Aufenthalt aufkam, fiel es uns leicht, ihm ein Ultimatum zu stellen: »Wir haben viel Zeit vergeudet, und es ist wohl besser, wenn wir nach Deutschland zurückkehren. Sagen wir – wenn Sie in drei Tagen immer noch nichts Konkretes haben!«
Wallman verschwand total verärgert. Später hat er mir gesagt, er hätte nicht daran geglaubt, daß wir ernst machen würden. Vielleicht hatte er auch Spaß an einem Poker, das – sowenig ich sonst einem Spiel abgeneigt bin – für mich keinen Platz in Geschäften hat.
Exakt drei Tage später saßen Gretzschel und ich in einem Flugzeug nach Deutschland, nicht ohne uns vorher noch für *die großzügige Einladung zu einem Erholungsurlaub in den USA* bei Hymie Wallman bedankt zu haben. Gretzschel war nicht einmal unglücklich darüber, weil ihm alles zum Halse heraus hing. Zum schweigenden Trappisten hatte er kein Talent.
Helga und Frau Gretzschel holten uns in Frankfurt ab. Es war ein feuchtkalter Tag, und in den Straßen der Mainmetropole war so etwas wie Straßenkarneval im Gange, eine uns wenig animierende Angelegenheit. Wir fuhren gemeinsam gleich weiter in den Harz. Nach den Strapazen wollten wir uns ein paar Tage in Hahnenklee erholen. Es wurden nur drei. Dann rief uns ein Telefonat nach Berlin zurück.
Hymie Wallman hatte endlich gespurt. Was er mir in New York nicht sagen konnte, hatte er nun über den großen Teich gekabelt: Kampfort, Termin und den Namen des Gegners.

Ich würde am 26. März 1954 im *Madison Square Garden* (also doch!) von New York den Hauptkampf gegen Al Andrews bestreiten, einen beliebten weißen Boxer, der einige Monate vorher im Weltergewicht gegen den Weltmeisterschaftsaspiranten Davey gewonnen hatte. Die Garantie belief sich auf 4000 Dollar, die Beteiligung am Kartenverkauf betrug 25 Prozent, und vom Fernseh-Kuchen, den die Rasierklingen-Firma Gilette bezahlte, würde ich auch mein Stück abbekommen.

So korrekt liebe ich meine Manager, dachte ich bei mir. Den Gedanken, daß ich diesen in Amerika erst abrichten mußte, verdrängte ich. Das war nicht mehr ausschlaggebend.

Viel wichtiger war wieder einmal, einzutreten in die harte Fron der Vorbereitungen und sofort mit dem Training zu beginnen.

17. Der große Zirkus ging in New York sofort wieder los. Ein echter Hit war meine landesweite Werbekampagne für eine Krawattenfirma namens *Slim Jim*. Aus den Schaufenstern fast aller Textilgeschäfte und Kaufhäuser lächelte mein Konterfei, das eine der berühmten *Slim Jim Bows* um den Hals trug. Darunter stand: *Worn by Buby Scholz. Europe's Best Middleweight.*

Diese erste Bekanntschaft mit der Werbebranche, in der ich viele Jahre später meine bürgerliche Existenz etablierte, vermittelte mir Freddie Sommers, ein deutscher Emigrant, der in Amerika hängengeblieben war. Freddie war ein Meister im Bauen von Luftschlössern, vor allem aber ist er der größte Telefonierer, den ich in meinem Leben kennengelernt habe. Kaum zur Tür herein fragte er schon, ob er mal *kurz* telefonieren könne. Telefon zog ihn an wie eine Droge. Und da ich das schnell spitz hatte, rief ich immer sofort, wenn Freddie auftauchte, den Operator an. »Citycalls only« sagte ich. Damit hatte das Telefon für Freddie entschieden an Faszination eingebüßt. Ziemlich unmotiviert rief mich Freddie vor gar nicht langer Zeit aus den USA an. Er schlug mir ein unbedeutendes Geschäft vor und vertelefonierte wieder einmal viel mehr, als er je mit dem Deal hätte verdienen können. Er ist offensichtlich immer noch der Alte.

Nachdem mich ja bereits die deutsche Presse entdeckt hatte, mußte mir Hymie Wallman nicht mehr viel erzählen, um mir klarzumachen, *daß Amerika ein Recht darauf hat, alles über einen deutschen Boxer zu erfahren, der hier kämpfen will.*

Hier trafen sich endlich einmal unsere Interessen. Ich wollte auch gern so bekannt wie möglich werden, denn jeder, der sich für *Bubi the Berliner* zu interessieren begann, konnte am 26. März zum Käufer einer Eintrittskarte im *Madison Square Garden* werden. Und an diesen Einnahmen war ich letztlich mit einem Viertel beteiligt.

Allerdings wurden von den amerikanischen Journalisten, die ständig auf der Suche nach Zusatzgeschichten waren, nach Futter für den sogenannten *human interest*, auch Dinge zu Papier gebracht, die nun überhaupt nichts mehr mit dem zu tun hatten, was tatsächlich passierte. So las ich eines Tages in einer Mittagszeitung den Stundenplan, nach dem ich angeblich arbeitete. Und der überraschte mich nun wirklich sehr:
Wecken morgens um 6.50 Uhr; 25 Minuten später Beginn eines Sechs-Meilen-Laufes im Central Park; nach dem Duschen noch eine Stunde Bettruhe; Frühstück um 10 Uhr: Orangensaft, zwei Eier mit Schinken, Milch und Toast.
Eier mit Schinken kann ich nicht ausstehen, und mein Frühstück stellte ich mir etwas ideenreicher und mehr nach Laune in einem Coffeeshop zusammen und nicht in dem Appartment-Hotel in der 87. Straße West, in dem ich untergebracht war.
Um 10.30 Uhr begann angeblich *Bubis Märchenstunde*, die Zeit der Interviews, des Posierens für die Fotografen und für das Fernsehen, Bubi beim Training, im Bett, beim Rasieren, Essen und was weiß ich für intimen Verrichtungen. Angeblich lächelte ich immer – wohl auch wenn ich mich beim Rasieren schnitt?
Richtig ist, so fangen formvollendete Gegendarstellungen an, daß ich nur einmal lächelte – beim Lesen diese Stundenplanes.
Aber es ging weiter. Um 12 Uhr war ich abermals im Central Park, diesmal zum Spazierengehen, das mit Schattenboxen und Gymnastik belebt wurde. Hier scheint in der Dichtung das High-Noon-Trauma eine Rolle gespielt zu haben.
Mein Mittagessen bestand wieder aus Orangensaft, Roastbeef und Sandwich. Um 13 Uhr nahm ich diese lukullischen Dinge zu mir, die ich präzise 90 Minuten verdauen durfte. Denn um 14.30 Uhr begann in der Sportschule von Bobby Gleason die

Nachmittagsarbeit: Sechs Sparringsrunden, Maisbirne, Sandsack, Seilspringen. Die Erlösung war das Duschen, um 16.30 Uhr.
Publicity war der nächste Programm-Punkt in dieser pausenlosen Hetze, von dem ich mich um 19 Uhr mit Steak, Salat und – wie könnte es anders sein – Orangensaft im Restaurant von Jack Dempsey am Broadway erholte.
Allein aufgrund dieser Verpflegung vermutete ich damals, daß die meisten amerikanischen Boxer magenkrank sein müßten. Das wiederum führte logisch zur Bettruhe – die begann um 21 Uhr! Und das war nun wirklich eine faustdicke Lüge.
Ich lebte in New York, nachdem ich mich schnell akklimatisiert hatte, selbstverständlich wieder im üblichen Rhythmus. Alles andere wäre für meinen Körper, der bald eine Höchstleistung zu vollbringen hatte, das reine Gift gewesen. Der in der Zeitung abgedruckte Tagesablauf von *Babyface* stammte aus keiner Recherche, sondern von der letzten Erfindermesse.
Um möglichst spritzerlos in die Welt der amerikanischen Ringe eintauchen zu können, hatte ich Lado Taubeneck zu Hause gelassen und mir in New York den Italo-Amerikaner Freddy Fiero als Trainer verpflichtet. Fiero war der Chairman der New Yorker Trainer – Chefs gab's hier haufenweise, viel mehr Häuptlinge als Indianer – und hatte bereits sechs Weltmeister *gemacht.*
Fiero begrüßte mich überschwenglich und deutete dann auf drei imponierende Muskelberge, alle jung, alle farbig, alle ehrgeizig: meine Sparringspartner beim ersten Training.
Fieros Jungen sahen mich neugierig an, und was sie dachten, konnte ich mir ungefähr vorstellen. *Willkommen, Fremder, wir werden dir schon mitteilen, wie dick hier das Brot gebuttert wird!* oder so etwas Ähnliches.
Diese Namenlosen rechneten immer damit, daß irgendwo am Sparringsring ein einflußreicher Manager sitzen könnte, der

ihnen einen Vertrag anbieten und sie damit aus der anonymen Masse herausreißen würde. Außerdem gab es die Chance, daß beim öffentlichen Training ein Fotograf gerade auf den Auslöser drückt, wenn man den Star mit einem genauen Haken von den Füßen holt. – Training ist in Amerika bereits Kampf!

In den amerikanischen Boxschulen ist Publikum zugelassen, ja geradezu erwünscht. Es bringt zusätzliches Geld in die Kassen. Leicht verdientes Geld für die Boxschulen-Besitzer. Aber das ist nicht der einzige Grund für diese Praxis. Hinzu kommt die Wettleidenschaft der Amerikaner.
In den Zeitungen überall im Lande werden täglich Wettquoten veröffentlicht. Die werden wesentlich von den Trainingsberichten der Sportjournalisten beeinflußt, die von den Tribünen der Sporthallen aus die Trainingsarbeit beobachten. Die Publicity der Sparringskämpfe ist also groß. Die Trainingsform entscheidet über Steigen oder Fallen der Wettquoten. Das wettende Publikum nimmt mitunter geradezu leidenschaftlich Anteil am Tun und Treiben der Kämpfer, besonders an dem der Hauptkämpfer. Und zu dieser Spezies gehörte ich ja nun.

Ich finde das System nicht besonders gut, aber darum geht es ja nicht. Ich habe das Training mit Gegnern wie in Gleason's Gym – in Deutschland hat man Partner, das ist der Unterschied! – immer als besondere nervliche und seelische Belastung empfunden. Denn jeder hat einmal einen schwachen Tag, und wenn die anderen das ausnutzen, ist es nicht gerade eine gute Reklame.
Einer meiner Sparrings-Gegner, Henry Jordan, setzte mir besonders zu. Er ging auf mich los wie der Stier auf den Torero. Ich stoppte ihn mit einer Linken, die ihm das Nasenbein zerbrach. Er verließ blutend den Ring, ein Opfer seines Ehrgeizes.

In jeder europäischen Trainingsstätte ist das ein ärgerlicher Unglücksfall. Ich sagte daher vorsichtig, als Hymie Wallman mich anrief, und halb entschuldigend: »Es tut mir leid, aber ich habe kaum etwas getan. Er ist mir voll in den Schlag gelaufen.«

»Du sollst es aber mit Absicht tun«, erregte sich Hymie. »Hau zu. Was glaubst du denn, wofür die Kerle bezahlt werden. Für jede kaputte Nase bring ich dir fünf neue ...« Undsoweiter.

Irgendwann mußte selbst Hymie einmal Luft holen. Nach der kurzen Atempause fügte er noch hinzu – und ich sah ihn förmlich durchs Telefon grinsen: »Brich mehr Nasen. Eine bessere Publicity kannst du überhaupt nicht bekommen!«

Vier Tage vor dem Andrews-Fight kam es ganz anders. In der Hitze des Gefechts rammte mir einer der dunkelhäutigen Burschen seinen Schädel so unglücklich an die Brust, daß mein Brustbein anbrach. Ich rutschte aus, fing mich im Fallen aber wieder. Das Ergebnis dieser akrobatischen Übung war eine Bänderzerrung mit Bluterguß im Knie. Es war wie beim Weltuntergang.

Niemand darf in einem Boxring zum Kampf antreten, wenn der verantwortliche Arzt nicht davon überzeugt ist, daß sich der Mann in bester körperlicher Verfassung befindet. Mit meinem angeknacksten Brustbein und dem desolaten Knie würde ich schon bei der Voruntersuchung 48 Stunden vor dem Kampf – letzte aufschlußreiche Gelegenheit für Presse und Wetter, ihre Prognosen zu überprüfen – ein *You aren't allowed to fight!* zu hören bekommen.

Das ist eine der Situationen, in denen einem kein Manager die Entscheidung abnehmen kann. Ich zählte kurz zusammen, was ich zu verlieren im Begriff war:

Der Kampftag am 26. März müßte abgesagt oder verschoben werden; der Termin war der letzte, der für eine Fernseh-Übertragung vom Atlantik bis zum Pazifik *coastwide* vorgesehen war; der Termin war aber auch vorerst der letzte freie für das Boxen im *Madison Square Garden.* Ab 1. April gastierte dort der größte Zirkus der Welt, Ringley Brothers. Das tat er seit Jahr und Tag und stets für viele Wochen.

Mir aber tat jeder Atemzug weh, und ich konnte mich nicht vernünftig bewegen.

Schon nach meiner ersten Rückkehr aus den USA hatte es ein paar süffisante Glossen gegeben. Jetzt malte ich mir die Presse-Resonanz in *Dear Old Germany* aus, wenn ich wieder ohne Kampf aus dem Land der unbegrenzten Möglichkeiten zurückkäme. Auwei!

Ich entschied mich, das Risiko einzugehen. Im Hotel packte ich mich während des Wochenendes ins Bett. Fiero hielt mir alles vom Hals, und Manager Wallman behauptete, er hätte mich nach Atlantic City geschickt – weil ich übertrainiert sei. Das war giftgrüner Zynismus.

In den letzten Tagen trainierte ich nur noch sehr verhalten – mit einem aus Schaumgummi gefertigten Brustschutz gewappnet. Es ging nur noch darum, von der erarbeiteten Form so viel wie eben möglich zu konservieren.

Am 26. März 1954 war es soweit, um 22 Uhr (mit dem Fernsehen abgesprochen) gingen für mich im *Madison Square Garden* die Tiefstrahler an. Eine Viertelstunde vorher hatte ich noch einen gewaltigen Schock und eine Oscar-würdige schauspielerische Leistung hinter mich gebracht.

Ich lag in meiner Umkleidekabine auf einer Massagebank und versuchte, mich auf den Fight zu konzentrieren, als sich die Tür öffnete. Es war einer der freundlichen Herren der New Yorker Boxkommission, der sich noch einmal nach meinem Wohlbefinden erkundigen und mir viel Glück wünschen wollte. Da sah er die Binde an meinem linken Knie.

Er stutzte, drehte sich um und hastete hinaus. Minuten später

war er mit einigen Funktionären und einem Arzt wieder bei mir.
Der Arzt betastete mein Knie und fragte kurzangebunden: »Schmerzen?« Selbstverständlich hatte ich die, aber das Eingeständnis hätte er mit glühenden Zangen aus mir herausreißen müssen. Verlust der Gage, Konventionalstrafe von einigen tausend Dollar – da sagt man lieber lächelnd: »Wovon?«
»Die Binde trage ich aus psychologischen, wenn Sie wollen sogar aus kosmetischen Gründen, wegen der alten Operationsnarben«, log ich frech vor mich hin. Der Doktor blieb skeptisch.
»Machen Sie zehn Kniebeugen«, forderte er mich auf. Nun war ich zwar nicht zum Kniebeugenmachen in den *Madison Square Garden* gekommen, aber ich tat dem Arzt den Gefallen – mit zusammengebissenen Zähnen. Ich spürte jedesmal einen heftigen Druck im Knie und lächelte süß wie die 50jährige Braut vor der Trauung. Das überzeugte den Arzt. Ich durfte in den Ring.
Den Marsch zum Ring trat ich in Begleitung von zwölf Leuten an, acht von ihnen waren Polizisten. Diese Eskorten sind in den USA üblich, weil beim Boxen gewettet wird. Es ist schon vorgekommen, daß aus Gründen der Wettmanipulation ein angeblicher Fan, der seinem Idol noch einmal die Hand schütteln wollte, ihm Daumen oder Gelenk verdreht hat. Auch Injektionen sind schon gemacht oder Handschuhe präpariert worden.
An diesem Abend waren 4500 Zuschauer im *Madison Square Garden*, eine erstaunliche Menge für einen Boxer, den noch nie jemand in Amerika in Aktion gesehen hatte. Der Kampf ist aber noch aus einem anderen Grunde erinnerungswürdig, nicht nur für mich, sondern schlechthin: es war der erste Boxkampf, der von TV in Farbe übertragen wurde!
Al Andrews und ich waren deshalb farbenprächtig herausge-

putzt worden: Ich trug eine purpurfarbene, glänzende Hose mit goldgelben Streifen und Al eine goldgelbe mit Purpurstreifen. Auf meinem weißen, seidenen Übermantel prangte in leuchtend blauen Lettern mein Namenszug *Bubi Scholz* quer über den Rücken. Die Betreuer hatte man in farblich wohlabgestimmte Overalls gesteckt und der Ringboden war in Apfelgrün gehalten – des Kontrasts wegen.

Während *Television* in den USA bereits zum täglichen Leben gehörte, hatte man in Deutschland gerade erst mit der Einführun des Fernsehens begonnen. 1951 hatte man die ersten Fernsehversuchssendungen vorgeführt (sieht man einmal von den Spielereien mit dem neuen Medium während der Olympischen Spiele 1936 ab). Ab 1953 gab es dann Schwarzweiß-Fernsehen. In Gaststättten sah man die Empfänger zuerst. Die Wirte hatten die Attraktion des Mediums früh entdeckt und nutzten es zur Geschäftsbelebung. Der große Durchbruch kam schlagartig in den Tagen, als im Sommer 1954 die deutsche Fußball-Nationalmannschaft ins Endspiel um die Weltmeisterschaft einzog. Es setzte ein Run auf Fernsehgeräte ein, der die Regale des Handels leerfegte.

Aber soweit sind wir noch nicht, und ich boxte auch nicht Schwarzweiß, sondern in Farbe und zwar fürs alles bedenkende, alles perfektionierende amerikanische Fernsehen, das lediglich auf die Farbe des eventuell fließenden Blutes keinen Einfluß hatte.

Im Ring war es siedend heiß. Die Tiefstrahler verloschen und die Nationalhymnen wurden abgespielt. Stehend sangen die Zuschauer die amerikanische mit. Al und ich tänzelten derweil durch den Ring und bewegten uns. In Deutschland war es vier Uhr nachts, als der Kampf endlich begann.

Al Andrews war ein schneller, harter Fighter, gutaussehend und wohl auch recht clever. Er sollte, wie es hieß, College-Bildung haben, und dieser Kampf von *clean boys* ist wohl die große Versuchung für die Fernseh-Gewaltigen gewesen. Außerdem war da meine entfernte Ähnlichkeit mit James Dean, dem ein Jahr später in seinem Porsche tödlich verunglückten Hollywood-Idol, die die Wahl der Gilette- und TV-Manager beeinflußt hatte. – Sie hat sich mittlerweile verwachsen, die Ähnlichkeit.

Für Al Andrews war es eine neue Chance, nun im Mittelgewicht einen Karrieresprung zu machen, möglicherweise einen viel größeren als ich, der ich immerhin in Europa eine glänzende Reputation besaß. Entsprechend legte sich der Amerikaner ins Zeug.

Mich behinderte die Brustbein-Verletzung. Ich war nicht so beweglich wie sonst, ich konnte Schläge bei weitem nicht so gut auspendeln, wie ich das gewöhnlich tat. Mit einem Wort: ich wurde öfter getroffen als sonst. In der zweiten Runde holte ich mir sogar einen Riß unter dem linken Auge – zum ersten Male in meiner Karriere. Der Riß war das Andenken an einen Kopfstoß, den Andrews im Infight anbrachte.

Aber einerlei wie, ob unerlaubter Kopfstoß oder Treffer: ohne den Brustbein-Bruch wäre das nicht passiert. In der Ecke schmierten sie mir eine schwarze blutstillende Salbe auf das Auge. Nun sah ich für die Fernseh-Zuschauer sicherlich aus wie ein kriegsbemalter Indianer auf grüner Prärie.

In der fünften Runde landete ich einen linken Haken am Kinn von Andrews, und er fiel bis *8* auf den grünen Canvas. In der siebenten Runde wiederholte sich das: der Amerikaner war mir genau in einen Konter hineingelaufen. Das sah alles recht gut aus.

Aber ich wußte, daß es nicht ganz so gut war, wie es wirkte. Mir fehlte, welch ein Wunder bei den vertrackten Umständen, das richtige Timing an diesem Tag. Da störte eben etwas im Brustkorb und noch etwas im linken Knie.

Nichtdestoweniger muß Hymie Wallman sehr angetan gewesen sein. Denn in der Pause zur letzten Runde hielt es ihn nicht mehr auf seinem Platz. Er turnte in meine Ringecke und entfachte einen enormen Wirbel. Ich führte zwar hoch nach Punkten, aber Hymie wollte den K.o.-Sieg. Der ist gut fürs Geschäft; das ist Manager-Einmaleins.

»You have to open up with everything you have«, beschwor er mich, »du mußt alles mobilisieren. Vergiß nicht, ganz Amerika sieht dich!«

Ich nickte nur. *Ich* mußte boxen. Für Unvorsichtigkeiten mußte *ich* unter Umständen büßen. Sollte Wallman mich doch zufrieden lassen.

Aber Hymie ließ nicht locker. »Du mußt kämpfen«, er suchte nach einer Steigerung, »kämpf' für dein Land, für deine Braut«, rief er, »vor allem für dein Land!«

Ich hatte andere Sorgen: Mein Brustbein, mein Knie … »Okay, okay«, sagte ich, und es klang wohl ein wenig geistesabwesend, »I do what I can.«

»No«, versuchte er mich aufgeregt gestikulierend zu motivieren, »do more!« Dann rettete mich der Gong vor Hymie, und ich boxte eine sichere letzte Runde.

Unter anderen Umständen hätte ich Wallman für seine ungeschickten Anstachelungsversuche ausgelacht. Er kannte mich zu wenig, um zu wissen, daß ich gegen Ende eines solchen Kampfes kein Risiko mehr eingehen würde. Allzu viele *sichere Sieger* sind nämlich schon in den letzten Sekunden in einen Konter gelaufen und ausgezählt worden. Nur – das steht nicht in den Rekordbüchern, da steht einfach *verloren durch K.o. 10* oder so.

Ich gab wirklich mein Bestes an diesem Abend. Es reichte nicht, um Al Andrews endgültig von den Beinen zu schlagen. An meinem Sieg bestanden keine Zweifel.

Wenn jemand enttäuscht war, weil ich Andrews nicht durch

K.o. geschlagen hatte – *ich* war jedenfalls rundherum zufrieden. Mit dem unter so schwierigen Umständen erboxten Sieg auf alle Fälle, mit der Gage von 7000 Dollar eigentlich auch, wären da nicht die unverschämt hohen Managerbeteiligungen gewesen. Und der Ärger um die Auszahlung.

In New York war pünktlich zum Kampftag mein Manager Gretzschel aufgetaucht, aber auch sein alter Geschäftsfreund George Gainford. Der Herr hatte bereits vor dem Kampf eine einstweilige Verfügung beantragt und erwirkt, die die Kampfbörse blockierte: *bis zur Klärung der undurchsichtigen Rechtslage* lautete die Formel.
Gretzschel flog, wie ohnehin vorgesehen, gleich wieder nach Berlin zurück. Er war vor allem aus Publicitygründen gekommen. Die deutsche Öffentlichkeit hatte ein Recht darauf, daß sich Manager Gretzschel um seinen Schützling und ihren Liebling sorgte. Also wurde die Show abgezogen.
Ich wartete in New York auf mein Geld. Natürlich nicht nur. – Ich tat mich auch um. Und dabei traf ich Hans von Nolde wieder. Er war Berliner, AP-Fotograf, und hatte sich nach New York versetzen lassen. Er arbeitete wieder für Associated Press und trieb sein Unwesen in den Redaktionsräumen im Rockefeller Center.
Als ich ihn anrief und *Hans von Nolde* verlangte, war die Telefonistin zunächst ratlos; plötzlich tickte sie. »Oh Noldeee« (mit einem ganz langen i) rief sie ins Telefon, »The Crazy Baron!« und stellte durch. Wäre ich eine Frau gewesen, hätte sich der Anruf wesentlich schwieriger gestaltet. Noldeee war nämlich ein großer Schwerenöter und ließ sich vor seinen zahlreichen Verflossenen grundsätzlich verleugnen. Da seine Kollegen nicht ständig à jour sein konnten, wimmelten sie Damenanrufe grundsätzlich ab. Oder sie gaben vor, die Nummer des Anrufers zu notieren.

Nolde war das, was man einen *duften Typ* nennt. Zu jedem Spaß aufgelegt und hilfsbereit vermied er es doch, Bindungen einzugehen. Er führte mich in die Feinheiten des New Yorker Partylebens ein und hätte mich dabei fast um meine Reputation gebracht. Irgendwo in Greenwich Village hatten wir gerade eine Festivität verlassen, die uns nicht animierend genug erschien. Kaum waren wir draußen, umstellte die Polizei das Gebäude: Rauschgift-Razzia. Ich war noch einmal glücklich davongekommen. Man stelle sich die Aufmacher der deutschen Boulevardpresse vor: *Bubi auf der Rauschgift-Party*. Unfaßbar!

Als Gretzschels Brief mit dem ungültigen Gainford-Vertrag in New York eintraf, ich die Papiere vorlegen konnte und endlich – und nun anstandslos – mein Geld erhielt, handelte ich so, wie es Wilhelm Busch schon seinem Tobias Knopp angedichtet hatte:

Scholz verläßt nun diesen Ort
und begibt sich weiter fort . . .

Die Erfahrung, durch Manager-Verträge zu einer Art Aktie degradiert zu werden, gefiel mir nämlich ganz und gar nicht. Auf eine seriöse Kurspflege durfte ich nicht hoffen, und die neuerlichen Abmachungen zwischen Gretzschel und Wallman sagten mir – dazu brauchte ich keine Algebra – daß ich in den USA von jeder Einnahme 50 Prozent loswerden würde, gegenüber 20 Prozent in Deutschland. Wozu aber benötigte ich zwei Manager? – Ach ja, wenigstens einer sprach Englisch!

Ich entschloß mich, den USA liebenswürdig ade zu sagen und wieder nach Deutschland zurückzukehren.

Zu Hause war ich inzwischen die unbestrittene Nr. 1 des Geschäftes geworden. Die Veranstalter rissen sich um mich, weil ich ausverkaufte Häuser garantierte. Ein richtiges Scholz-Fieber grassierte. Es war das erste Nachkriegs-Jahrzehnt mit den bitteren Erinnerungen an die Notzeiten, aus denen die Bundes-

republik nur durch Leistung wieder herauszuklettern begann.
Leistung hatte den Weg aus dem Nichts bestimmt, und Leistung wurde honoriert. Unterschiedslos von Menschen, die bereits einen Smoking besaßen, und anderen, die noch von ihrem ersten VW träumten, während sie auf ihrem Fahrrad mit Hilfsmotor zur Arbeit knatterten.
Mir nahmen sie die Leistung ab, denn ich mußte sie vor aller Augen immer wieder neu beweisen, und darum kamen sie zu Tausenden. Nie zuvor hatte ich soviel Geld verdient.
Obwohl ich ein Boxer ohne offiziellen Titel – aber mit ausgezeichneter Zugkraft – war, setzte Fritz Gretzschel 1955 durch, daß ich der anerkannte Herausforderer des französischen Mittelgewichts-Europameisters Charles Humez wurde. Eigentlich hätte Hans Stretz, der damals schon zwischen Mittel- und Halbschwergewicht hin- und herpendelte, als Deutscher Meister eher einen Anspruch besessen. Aber Stretz war von Humez im Januar 1955 in Paris in neun Runden k.o. geschlagen und damit unattraktiv geworden.
Außerdem sollte ich gegen den im Rheinland sehr populären Peter Müller antreten: um den durch Stretz' Verzicht vakant gewordenen Mittelgewichts-Titel. Für mich stand fest, daß mir der muskelbepackte Schläger liegen würde.
Drei Kämpfe machte ich, diese sonnige Zukunft vor Augen, im Jahre 1955, und ich leistete mir keinen Fehltritt. Mich befriedigte das ungeheuer, noch mehr aber die Veranstalter. Ob sie nämlich Gretzschel, Göttert oder Englert hießen – bei einem Scholz-Kampf waren die Kosten durch den Vorverkauf bereits gedeckt, ehe in den Hallen überhaupt die Stühle aufgebaut waren.
Das war ein Geschäft wie Kino. Denn ob große Lichtspielhäuser oder Flohkisten, sie waren rammelvoll in jenen Jahren. *Haie und kleine Fische* konnte gar nicht oft genut gezeigt wer-

den. Hans-Jörg Felmy, der zu den trinkfesten Besuchern meiner Hausbar gehört, schaffte mit diesem Streifen den Durchbruch zum Star. Und *08/15,* mit meinem Freund Blacky Fuchsberger – den ich, der Vorgriff sei gestattet, vor kurzen endlich zum Golfspielen bekehren konnte – als Gefreiten *Asch,* brachte *die* Figur auf die Leinwand, mit der sich die Landser identifizieren konnten, was sich wiederum in Kasse niederschlug.

Meine Zugkraft hatte die Gretzschel-Konkurrenz Götter/Englert aber nicht gehindert, alternativ andere Kämpfer *aufzubauen*, wie man das nennt. Walter Englert, äußerlich ein grauhaariger Grandseigneur, der mit Vorliebe im Kempinski seinen Tee zu nehmen pflegte, in Wahrheit aber einer der smartesten im Boxgeschäft, baute in Hamburg einen *Stall Englert* auf. Der frühere Nationaltrainer der Amateure, Otto Schmidt, kümmerte sich um die jungen Leute, die von den Amateuren abgeworben wurden. Hans-Werner Wohlers, Manfred Hass, Helmut Mistol, später Erich Schöppner, vor allem aber Max Resch gehörten dazu.

Englert gab ihnen erst einmal zehn Verträge – *für den Anfang.* Jeder dotiert mit 400 Mark! Er verzichtete bei diesen Krümel-Gagen zwar auf die Prozente, dafür hatte er aber stets verfügbare, billige Rahmenkämpfer für die Veranstaltungen, die er mit mir, dem Dortmunder Schwergewichts-Meister Heinz Neuhaus, oder den Halbschwergewichts-Gardisten Hecht, Hoepner und Stretz als Häuptkämpfern aufzog.

Der brave Max Resch, ein Schwabe aus einer kinderreichen Familie und Rechtsausleger wie ich, war im *Englert-Stall* zwar nicht der begabteste Boxer, aber ein Schläger mit Dynamit in der Linken. Englert behandelte ihn wie ein rohes Ei und sorgte dafür, daß er einen K.o.-Sieg nach dem anderen verzeichnen konnte. Englert dachte in langen Zeiträumen, er überstürzte nichts bei seinen Überlegungen, und manchmal kam dabei her-

aus, daß Resch auch einen Ausländer vor die Fäuste bekam, den ich vorher klar, oft deprimierend geschlagen hatte.
Der nette Max sah, mit 14 K.o.-, vier Punktsiegen und nur einem Unentschieden in seinem wunderhübschen Rekord, also schon 1955 wie ein zweiter Bubi Scholz aus, wenn man nicht genau wußte, wie das Spiel hinter den Kulissen gemanagt wurde. Die große Kunst bestand darin, Gegner zu finden, deren Namen noch gut waren, die ihren Zenit aber bereits überschritten hatten. Je weiter, je besser.
Beim Sportpressefest am 18. Juni auf der Trabrennbahn in Mariendorf war es deshalb eine *prächtige Idee*, das große Talent und den großen Star einmal in einem Ring gegeneinander zu stellen – in einem Trainings-Schaukampf, versteht sich.
Ich war zu diesem Zeitpunkt schon alles, was die Leute von Resch noch erwarteten (und er sich wohl selbst auch erhoffte). Mir ging es gut, ich sage ruhig unbeschreiblich gut. Das Boxen hatte aus dem Bengel vom Prenzlauer Berg einen Mann gemacht, der eigentlich tun und lassen konnte, was ihm einfiel oder – was er sich gestattete.
Denn Gedanken habe ich mir natürlich schon gemacht über mein Leben: im Grunde wäre mir keine Bratwurst zu teuer gewesen, keine Flasche Champagner unerreichbar, keine Fernreise zu kostspielig. Aber ich verzichtete ständig, aus mir zwar verständlichen Gründen, aber doch nicht ohne gewisse Spuren des Bedauerns.
Wenn es hoch herging, trank ich in der Öffentlichkeit manchmal einen Piccolo mit Orange. Denn wenn Helga und ich einen Test machten und bei einem gemeinsamen Barbesuch Wodka-Orange orderten, konnte es passieren, daß für einen boxbegeisterten Ober die Welt zusammenstürzte, und er mich entsetzt fragte: »Aber Herr Scholz, Sie als Sportler . . .«
Wenn ich dann erwiderte: »Wieso, die Dame boxt doch nicht!«, war die heile Welt eines Scholz-Fans wieder repariert,

und ich fand einmal mehr das wie von selbst gewachsene und darum unausrottbare *Scholz-Image* bestätigt: ich war der nette, bescheidene, leistungsorientierte und disziplinierte Bubi Scholz; und das *Bubi* war längst keine Herablassung mehr. Das war ein Markenartikel, das stand wie Persil am Boxhimmel. *Bubi* war auf dem Weg zur Milch(-und-Honig-)Straße.

Für die Entbehrungen, ich hätte sie ohnehin ohne seelische Narben überstanden, entschädigten zusätzlich die Menschen, die ich neu kennenlernte. Einer der größten Vorzüge der Popularität liegt darin, daß man mit anderen populären Leuten aus allen Bereichen des öffentlichen Lebens leichter in Kontakt kommt.

Und da Prominenz, ich lasse mich da auch nicht durch gewisse Ausnahmen beirren, letztlich nur aus der Leistung wächst, haben diese Menschen einem meistens auch etwas zu geben. Man kann voneinander lernen. Man nimmt, man gibt und versucht das beste daraus zu machen. Das habe ich immer getan, und ich tue es heute noch mit einem tiefen Gefühl der Befriedigung.

Dieser Bubi Scholz auf dem Wellenkamm der Popularität sollte also auf der Trabrennbahn den zwei Jahre jüngeren Max Resch, der noch ein Wechsel auf die Zukunft war, zu einer Show treffen. Die Gewinnmöglichkeiten, was die Öffentlichkeit anging, lagen zwar eindeutig bei Resch – er brauchte mich, ich ihn wirklich nicht! –, aber es ging auch darum, den Freunden von der Sportpresse bei ihrem Fest zu einem Erfolg zu verhelfen. Aus diesen einfachen Überlegungen heraus war auch Max Schmeling aus Hollenstedt bei Hamburg angereist, um den Ringrichter zu spielen.

Für mich war's eine lockere Gefälligkeitsübung ohne viel Bedeutung, für Max Resch schien es mehr zu sein. Wer weiß schon, was sein Manager, der raffinierte Walter Englert, dem Jungen aus dem Schwabenland vorher eingespritzt hatte?

Max Resch langte jedenfalls zu meiner Überraschung in der er-

sten Runde mit seiner Schlaghand kräftig hin. Ich spürte das trotz der mit zwölf Unzen gepolsterten Trainingshandschuhe und des Kopfschutzes, den wir beide trugen. Reichlich verärgert schlug ich im zweiten Gang auch ein paarmal hart, und prompt brach Manager Englert diese *freundschaftliche Begegnung* vorzeitig ab.
Durch eine dichte Menge von Zuschauern schob ich mich, links und rechts Autogramme austeilend, zurück zur Kabine: ich mußte mich praktisch durchschreiben. Am Abend fühlte ich mich reichlich matt. Irritieren konnte mich das nicht.
Wenn man so intensiv trainiert, wie ich in all den Jahren zuvor und ganz besonders in diesem, das mein *großes Jahr* werden sollte, ist man nach jedem harten Training ausgepumpt. Das ist ein körperlicher Zustand, mit dem man vertraut ist, nicht weiter beunruhigend an einem heißen Sommertag. Selbst wenn es etwas anders als sonst ist, erinnert man sich der physischen Schwankungen und beruhigt sich schnell.
Ich fühlte mich kaputt, aber an eine Krankheit dachte ich nicht im entferntesten. Ich dachte an meine kommenden Kämpfe, an Peter Müller und Charles Humez. Ich dachte auch an die 100000 DM, die an Gagen auf mich warteten, und meine Tagträume drehten sich um eine helle Zukunft.
Die Ängste vor einem Rückfall in die weiß Gott nicht rosigen Verhältnisse, aus denen ich kam, verloren sich. Mit jedem Erfolg ein bißchen mehr. Und nun stand bald der große Geldsegen ins Haus. Besser konnte es nicht laufen.
Am 19. Juni 1955 feierten wir in Carows Kaffeehaus am Glienicker See Helgas Geburtstag bei Kaffee und Kuchen. Hans Rosenthal und seine Frau leisteten uns Gesellschaft, und da ich voll in Kampfvorbereitungen steckte, fuhren wir am frühen Abend schon nach Hause.
Ich erzähle jetzt nüchtern weiter, als müßte ich ein Protokoll ausfüllen.

Am 20. Juni lief ich wie jeden Morgen zweimal um den Grunewaldsee. Anschließend fuhr ich in die Pommersche Straße, wo in meiner Wohnung Ernst Sparshort wartete, um mich durchzukneten. Sparshort war der Masseur von Tennis Borussia. Wenn er zum Fußball-Training mußte, kam er nicht zu mir in die Sportschule, sondern schon vorher in die Wohnung.
Ernst Sparshort bearbeitete mich sorgfältig, bis ich wohlig »Genug!« sagte. Er zog die Vorhänge zu, während ich zum Entspannen auf meinem Bett liegen blieb, und verabschiedete sich auf Französisch.
Ich glitt mit vielen guten Gedanken langsam in den Schlaf. Die Pudeldame Sherry schlief bereits.

18.

Der seltsame Geschmack paßte überhaupt nicht in meinen Traum. Er störte mich, und dann dachte ich noch: »Seit wann hast du Träume mit Geschmack?« Aber es war nicht allein ein merkwürdiger Geschmack, da war auch irgendeine Flüssigkeit, und ich wollte sie einfach hinunterschlucken. Doch das erwies sich als unmöglich.

Verwundert, aber immer noch arglos, stand ich auf, ging ins Bad, um in den Ausguß zu spucken.

Ich sah, daß ich Blut spuckte. Es wurde immer mehr, quoll von irgendwo, ich nahm an, aus dem Magen in den Mund, durch die Nase, und ich spuckte und spuckte und konnte nicht aufhören. Ich betastete meine Brust, wartete auf eine Schmerzreaktion. Sie blieb aus.

Wie versteinert stand ich vor dem Ausguß, gurgelte in meinem Blut und hatte mit einem Mal panische Angst, denn der Blutsturz hielt unvermindert an. Im Spiegel vor mir sah ich mein Gesicht. Es war blaß und erschien eingefallen. Es wurde immer blasser vor Angst. Die Augen lagen tief in den Höhlen und glänzten. Alle möglichen Gedanken durchzuckten mich – hatte ich einen Magendurchbruch erlitten? Und immer noch sprudelte das Blut aus meinem Mund; dabei hatte ich keinerlei Schmerzen. Ich konzentrierte mich auf meinen Körper, alles schien in Ordnung, keinerlei Schmerz, nichts. Nur andauernd Blut. Was um Gottes willen geschah da mit mir?

Ich versuchte, das Blut zu stoppen, irgendwie. Versuchte zu schlucken und zog mir schnell Hemd und Hose an, stopfte mir dann ein Taschentusch in den Mund, wischte, was mir aus der Nase lief, einfach weg. Dann klemmte ich mir Pudel Sherry unter den Arm und hastete zu meinem Ford.

Wie ein Wahnsinniger raste ich durch die Stadt, froh, daß die Blutung nachließ. Ich fuhr Richtung Westend, in die Klinik Paulinenhaus. Dort angekommen, hatte die Blutung so gut wie

aufgehört. Ich hatte nur noch wenige Blutgerinnsel in Nase und Mund.
Der Chefarzt des Paulinenhauses, Dr. Wolfgang Schmidt, war ein zuverlässiger Freund. Ein ganz phantastischer Mensch, ein Arzt aus Berufung. So wie ich schwärmen heute noch alle, die ihn kennen, von ihm. Als ich im Krankenhaus ankam, Dr. Schmidt operierte gerade, stürmte ich in Richtung Operationssaal. Während der Irrsinnsfahrt hatte ich mir andauernd den Kopf zermartert, woher denn dieses Blut gekommen sein mochte. War das möglicherweise ein aufgebrochenes Magengeschwür, eine geplatzte Ader vielleicht?
Nervös und ungeduldig wartete ich in einem kleinen Behandlungsraum der chirurgischen Abteilung. Die Minuten dehnten sich. Dann kam, noch in voller Montur, Dr. Schmidt direkt aus dem OP. Er merkte mir sofort an, wie verstört ich war, wie entsetzt und innerlich aufgewühlt.
Er untersuchte mich kurz, sah mir in Mund und Rachen. Außer ein paar Blutresten konnte er nichts mehr entdecken. – Mein Taschentuch aber sprach Bände.
»Wir wollen dich erst mal durchleuchten«, sagte er abschließend. Für das Durchleuchten zog er den Chefarzt der Inneren Medizin hinzu. Ich hörte, wie sich die beiden in ihrem Mediziner-Latein besprachen, mir Anweisungen gaben, daß ich mich drehen, einatmen, Luft anhalten und mich wiederum drehen sollte. Das ging alles sehr behutsam und betont ruhig vonstatten.
Dr. Schmidt erkundigte sich nach meinem Trainingsstand und dem nächsten Kampftermin. Er meinte schließlich, es würde meine Vorbereitungen wohl kaum stören, wenn ich, einfach um sicher zu gehen, zwei, drei Tage zur Beobachtung bliebe.
Ich war ruhiger geworden und fand den Vorschlag in Ordnung. (Inzwischen weiß ich, welch exzellente Schauspieler Ärzte mitunter sein müssen. Sie sind es im Interesse des Patien-

ten. Schon nach dem Durchleuchten hatte Dr. Schmidt ein Lungenleiden erkannt. Zwar fehlte noch die absolute Sicherheit des Laborbefunds, aber er war so gut wie sicher, daß es sich um eine Tbc handelte. Dr. Schmidt wußte aber auch, daß eine Kurzschlußhandlung im Bereich des Möglichen lag, wenn er mich nach dem Schock des Blutsturzes nun gleich mit der Hiobsbotschaft beunruhigte. Deshalb spielte Dr. Schmidt den lockeren, verharmlosenden Part. Er spielte ihn gut. Und ich bin ihm dankbar dafür.)

Ich rief Helga an und bat sie, mir ein paar Sachen, Rasierapparat, Zahnbürste, Seife, Bademantel und so weiter zu bringen. Danach telefonierte ich mit meinem Manager Fritz Gretzschel. Beide nahmen an, ich hätte einen Autounfall gehabt. Sie wußten ja, wie gerne ich schnell fuhr, und da es damals noch keine Geschwindigkeitsbegrenzung gab, hatten sie des öfteren Grund, mich zu warnen.

Es gelang mir, sie alle zu beruhigen. Ich erzählte ihnen, daß ich mich einfach nicht wohl fühlte, daß ich matt, übernervös, eben einfach kaputt war. Von dem Blutsturz erzählte ich ihnen noch nichts. »Wenn ihr hier seid, weiß ich vielleicht schon mehr.«

Ich richtete mich in dem mir zugewiesenen Einzelzimmer häuslich ein, und als mir Helga wenig später meine Sachen brachte, gestand ich ihr die Wahrheit. Aber ich nahm die Angelegenheit bereits nicht mehr so tragisch.

Am späten Abend, ich lag im Bett und war kurz vor dem Einschlafen, setzte ein zweiter Blutsturz ein. Jeder Herzschlag schien mir Blut in den Mund zu pumpen. Das durch Erziehung zur Sauberkeit ins Gewisssen eingeprägte (eingeprügelte?) *Du kannst doch hier das fremde Zimmer nicht einsauen!* ließ mich den Mund zuhalten. Aber Blut ist dünn. Außerdem lag ich flach. Sofort begann es aus der Nase zu laufen. Ich bekam keine Luft, schluckte. Das half nichts. Es sprudelte immer mehr Blut in meinen Mund. Und jetzt ließ ich es herauslaufen.

Ich hatte sofort nach der Schwester geklingelt. Als sie sah, was los war, alarmierte sie den Bereitschaftsarzt, und der Dr. Schmidt. Sie kam mit Schüsseln und Tüchern, versuchte mir zu helfen. Und langsam versiegte der Blutstrom.
Dr. Schmidt war mittlerweile zur Stelle. Die Ärzte injizierten mir gerinnungsfördernde und beruhigende Mittel. Die Schwester beseitigte die Symphonie in Rot. Ich war geschwächt. In diesem Zustand hätte eine neuerliche Blutung zum Erstikkungstod führen können. Man schloß nichts mehr aus und teilte mir eine Nachtwache zu.
Die junge Lehrschwester, die an meinem Bett saß, wurde fast ohnmächtig, als ich mitten in der Nacht aufwachte und eine Würgerei begann. Ich erbrach einen widerlichen roten Brei. Diesmal funktionierte die Krankenhausmaschinerie in Spitzengeschwindigkeit. Die Bereitschaft war sofort zur Stelle. Für alle Fälle wurde eine Bluttransfusion vorbereitet.
Die Aufregung war umsonst. »Es ist nur erbrochenes Blut«, stellte der Bereitschaftsarzt fest, »nichts Besorgniserregendes.« Mein Magen hatte sich von dem Blut befreit, das ich am Abend geschluckt hatte. Nachdem es heraus war, fühlte ich mich besser. Der Arzt beruhigte mich weiter: Ich könne jetzt unbesorgt weiterschlafen. Das Erbrechen sei eine durchaus normale Reaktion gewesen. – Das mit dem Weiterschlafen war leichter gesagt als getan . . .
Am nächsten Morgen fand ich mich ganz schwach und matt auf meinem Bett wieder, und die Nachtschwester sah mich mit kummervollem Blick an. Zu jenem Zeitpunkt wußte ich noch immer nicht, was mir fehlte.
Während der nächsten Tage wurde ich fast pausenlos untersucht. Ich war viel zu schwach und apathisch, um für alles eine Erklärung zu verlangen. Ich wußte nur, man wollte mir helfen.
Helga besuchte mich, auch Gretzschel kam und Taubeneck.

Alle machten aufmunternde Bemerkungen, aber das half mir leider überhaupt nicht. Inzwischen war der Chefarzt des Lungensanatoriums Heckeshorn am Wannsee hinzugezogen worden, und in meinem Zimmer waren Dr. Schmidt, Professor Auersbach, der Lungen-Chefarzt, mehrere Oberärzte und mein Manager Fritz Gretzschel versammelt. Ein derartiges Aufgebot von Ärzten hatte ich noch nie erlebt, und trotz meiner Schwäche war ich eigentlich ein wenig belustigt – allerdings auch besorgt! Vor allem wollte ich endlich wissen, was mir fehlte. Eine Grippe konnte es ja wohl nicht sein.

Wie sag' ich's meinem Kinde, und vor allem *wer* sagt es – das hatten die Herren vermutlich vergessen abzusprechen. Daß ein hochtrainierter Leistungssportler, der gesund lebte und sich regelmäßig ärztlichen Kontrollen unterziehen mußte, die *Motten* haben sollte, schien auch zu diesem Zeitpunkt irgendwie absurd – wenn auch nicht unmöglich. Also war erst einmal Sendepause. Jeder schaute jeden an, bis sich Professor Auersbach einen merklichen Ruck gab und mir eröffnete: »Herr Scholz, wir müssen Ihnen leider mitteilen, daß Sie ziemlich schwer krank sind.«

»Daß ich keinen Schnupfen habe, ist mir schon klar.«

»Sie haben eine Tuberkulose!« sagte er.

Ich lag flach, sonst wäre ich jetzt zurückgefallen. »Eine Schwindsucht also. Was heißt denn das für mich? Werde ich wieder gesund?« wollte ich wissen.

»Ja, natürlich werden Sie wieder gesund. Tuberkulose ist heutzutage heilbar. Es gibt inzwischen Medikamente, die ganz hervorragend sind. Und wenn die nicht helfen, kann man immer noch einen operativen Eingriff machen.«

»Und wie lange dauert das?«

»Wissen Sie, man rechnet da nicht mit Tagen und Wochen, so was kann Jahre dauern. Ein Jahr, zwei Jahre, manchmal auch mehr.«

Auersbach erklärte mir dann, daß es zwei Behandlungsmethoden gäbe: die operative und die chemotherapeutische. Meine offene Tbc könne man in der ersten Phase nur medikamentös behandeln, und wenn diese Therapie gut anschlüge, plädiere er für eine Fortsetzung dieser Behandlungsmethode bis zur Ausheilung der Krankheit. Andernfalls müsse man operieren. Aber nach Möglichkeit wolle er versuchen, dies zu vermeiden.
Ich hatte also eine Lungen-Tbc. – Was bedeutete das im Klartext? Würde ich die Krankheit völlig überwinden können? Wieder boxen können?
»Ich werde also wieder gesund?«
»Ja.«
»So gesund wie vor einer Woche?«
Auersbach druckste. »Mehr oder weniger«, sagte er.
»Das heißt also, ich könnte danach wieder boxen?«
»Hm, da gibt es keine Präzedenzfälle.« Und dann sagte Professor Auersbach, was ich insgeheim befürchtet hatte: »Lassen Sie es mich so ausdrücken«, der Professor sah mich ein wenig mitleidig an, »wenn Sie Maurer wären, würde ich sagen, Sie müssen Ihren Beruf wechseln, Sie können ihn nach der Heilung nicht mehr ausüben, die körperlichen Belastungen wären zu groß.«
Nach seinen Worten trat in meinem Krankenzimmer eine lastende Stille ein. Ich blickte hilfesuchend von einem der Ärzte zum anderen. Dann begannen die letzten Worte von Auersbach nachzuwirken. Und ich begriff.
Ich würde nie wieder boxen können!
Das war ein K.o.-Schlag, aber ich blieb bei Bewußtsein. Und mir wurde eines klar: daß die sieben Jahre meiner intensiven Vorbereitung, meines Fleißes, daß die ganze konsequente Berufsauffassung für die Katz gewesen waren, daß ich auf einmal nicht mehr das tun konnte, was ich gelernt hatte.

Ich blickte meinen Manager Fritz Gretzschel an und bat ihn um einen Gefallen: »Mein Auto steht noch hier vor der Tür. Bitte lassen Sie es auf Ihrem Grundstück aufbocken und melden Sie es bei den Behörden und bei der Versicherung ab. Auch mein Telefon und den Strom. Und kündigen Sie die Garage.«
Etwas anderes fiel mir nicht ein, und es war ja auch das Nächstliegende. In absehbarer Zeit würde ich vermutlich nichts mehr verdienen, und so viel Geld hatte ich nun auch wieder nicht gespart, um mir unnötige Kosten leisten zu können. Außerdem, was nützten mir diese Dinge im Krankenhaus. Ich wußte, daß ich jetzt ganz pragmatisch, nüchtern und logisch vorzugehen und eine neue Zukunft zu planen hatte. Je früher ich damit begann, desto besser.
Gretzschel schickte mir Helga ins Zimmer, um mich zu trösten. Natürlich war es genau umgekehrt. Ich mußte sie trösten, als sie schluchzend an meinem Bett saß. Ich dachte daran, daß wir einige Tage zuvor ihren Geburtstag gefeiert hatten, mir zuliebe nur mit Hänschen Rosenthal und dessen Frau. Bei einer Tasse Kaffee hatten wir Kuchen gegessen. Das war alles gewesen.
Und jetzt?
Ich wußte nicht, wie es weitergehen sollte, nur, daß es weitergehen mußte. Ich war bereits eisern dazu entschlossen. Nur tun konnte ich noch nichts, ich war nicht einmal transportfähig, hatte eine fast Fünf-Markstück-große Kaverne, umgeben von mehreren Infiltraten, also Schatten, in der Lunge.

Die Behandlung begann. Und nun hatte ich das Glück, einen bis auf die Tbc kerngesunden und vorzüglich trainierten Körper zu haben. Mein Magen vertrug sämtliche Tabletten, die bei anderen Patienten schon nach wenigen Wochen wegen Unverträglichkeit durch andere ersetzt werden müssen. Meine Medi-

kation bestand aus täglich einer intramuskulär gespritzten Streptomycininjektion, acht Neoteben- und 40 PAS-Kalziumtabletten. Fast genug zum Sattessen.
Weit über hundert dieser schmerzhaften Spritzen wurden mir während der Behandlung verabfolgt. Häufig verursachen diese Injektionen Gleichgewichtsstörungen oder Schwerhörigkeit. Mir schadeten sie nichts, außer daß sie mir weh taten, und – sie wirkten. Nach acht Wochen war ich endlich transportfähig. Aber was waren das für entsetzliche, heiße Sommerwochen gewesen!
Der vorgesehene Meisterschaftskampf gegen Peter Müller war natürlich geplatzt, und das bedeutete für die Zeitungen eine mittlere Sensation. Die Reporter rückten in Scharen an. Ihre Recherche-Besuche endeten sämtlich *vor* der Doppeltür des Krankenzimmers 216. *Zutritt verboten!* stand gebieterisch auf einem Schild. *Der Patient braucht absolute Ruhe. Ärztliche Anordnung!* lautete die lakonische Auskunft der Schwestern. Nichts zu machen. Auch für die Allerfindigsten nicht.
In Absprache mit den Ärzten hatten wir beschlossen, als offiziellen Befund eine Rippenfellentzündung anzugeben, vor allem deshalb, weil der Behandlungsverlauf einer Rippenfellentzündung dem einer Tuberkulose sehr ähnlich ist. Sie wurde akzeptiert und man wußte auch sofort, wo ich sie mir zugezogen hatte: bei dem Schaukampf gegen Resch. Naßgeschwitzt hatte ich, Autogramme gebend, Zugluft bekommen.
Die Reporter hatten keinen Grund, den offiziellen Verlautbarungen nicht zu glauben. Kein Wunder, schließlich war ich immer gut mit ihnen ausgekommen. Wir hatten uns gegenseitig respektiert und eigentlich auch fast immer die Wahrheit gesagt. Eins allerdings war mir sonnenklar, irgendwann konnte ja doch alles herauskommen. Spätestens an dem Tag, an dem ich als geheilt aus dem Sanatorium entlassen wurde und nicht mehr boxen durfte. Immerhin, bei einer *nassen* Rippenfellentzün-

dung hätte es genauso kommen können. Noch aber zweifelte niemand an der offiziellen Lesart.
Helga besuchte mich täglich. Sie kam jeden Morgen und jeden Abend, und ihre Nähe tat mir gut. Sie war meine Informationsquelle für die Gerüchteküche draußen. Außerdem, über was hätten wir sonst reden sollen. Über eine totale Niederlage gibt es nichts zu sagen.
Als vollkommen unerwarteter Besucher stellte sich eines Tages, eine Pralinenpackung oder so etwas ähnliches vor sich hertragend, der Mitveranstalter des Scholz/Müller-Kampfes Göttert ein. Ich konnte mich nicht daran erinnern, daß er sich jemals besonders um mich gesorgt hätte. Warum jetzt?
»Was verschafft mir die hohe Ehre?« fragte ich deshalb ein wenig herausfordernd.
»Ich wollte doch sehen, wie's geht. Daß es Sie so plötzlich erwischt hat . . .« Es klang ziemlich lahm, was er da redete, und so mitfühlend er tat, im Grunde wollte er nur wissen:
– Wie lange noch Krankenhaus?
– Wann Trainingsbeginn?
– Wann Kampf (der für ihn Geld bedeutete)?
Mich machte der ganze Auftritt mißtrauisch, und ich wurde das Gefühl nicht los, er könnte etwas ahnen, was wir mit allen Mitteln geheim halten wollten. Also packte ich (weiß heute noch nicht, wo ich die Chuzpe hernahm) den Stier bei den Hörnern, sah Göttert in die Augen und sagte in halb gelangweiltem, halb angewiderten Ton: »Sie tun ja gerade so, als ob ich die Schwindsucht hätte!«
»Nein! Um Gottes Willen!« trat Göttert sofort den Rückzug an. Das hatte gesessen! Er ging bald. – Die Wahrheit hatte wieder einmal – wie nicht selten im Leben – absolut unglaubwürdig geklungen.
Erlebnisse dieser Art heitern zwar kurzfristig auf, aber sie halten nicht vor. Nachts lag ich meist schlaflos und zergrübelte mir

den Kopf, wie es weitergehen sollte. Was konnte ich tun als halber Mensch, als Krüppel? Mein ganzes bisheriges Leben lang hatte mein Körper prächtig funktioniert, hatte jede Leistung gebracht, die ich von ihm gefordert hatte. Dabei war er für einen Hochleistungssportler nicht einmal ideal, wenngleich er sich nach sieben Jahren Training gemausert hatte und athletisch geworden war. Und jetzt? Wofür das alles?
Die Ärzte hatten es zwar nicht so ausgedrückt, mir aber dennoch zu verstehen gegeben, daß ich nach meiner Genesung vermutlich nicht einmal mehr meinen Pudel würde auf den Arm nehmen dürfen, ohne meiner Gesundheit zu schaden. Damals war man der Auffassung, daß jede körperliche Anstrengung ein großes Risiko bedeuten würde. Ich wagte mir die Folgen nicht einmal auszumalen. Und dann wollte ich es auch nicht mehr, wollte zunächst nur noch gesund werden.
Nachher würde man ja sehen. Hin und wieder tröstete ich mich damit, daß in Amerika zur selben Zeit ein Mann in der Todeszelle saß, der schon seit drei Jahren darum kämpfte, nicht hingerichtet zu werden. Der sogenannte *Rotlichtmörder* Charly Chessman hatte über sein Leben in der Todeszelle sogar ein Buch geschrieben, das zu einem Bestseller geworden war. Aber Chessman war weit, und so wie es damals aussah, hatte er alle Chancen, seinen Kampf zu gewinnen. Wie aber standen die meinen?
Die Medikamente schlugen an. Nach sechs Wochen bildeten sich die Infiltrate zurück, ebenso die Kaverne. Aber das bedeutete natürlich noch nicht viel. Höchstens einen Funken Hoffnung! Immerhin durfte ich bereits wieder auf die Toilette gehen. Wenn ich konsequent wäre, meinte Dr. Auersbach, müßte ich jetzt in den Schwarzwald gehen.
»Ich kenne dort einen abgelegenen, idyllischen Ort mit einem hervorragenden Sanatorium. Es wird von einem ausgezeichneten Chefarzt geleitet. Ich könnte es so arrangieren, daß Sie un-

erkannt bleiben und dort die« – jetzt grinste mich Auersbach an – »Rippenfellentzündung auskurieren.«
Mein Manager Fritz Gretzschel brachte mich damals in den Schwarzwald. Helga, meine Verlobte, begleitete mich. Denn natürlich war es überhaupt keine Frage gewesen, daß ich mich zu einer Kur im Schwarzwald bereit erklärte. Das Sanatorium lag in Schömberg, und der Besitzer und Chefarzt war Dr. Rickmann. Sein Assistenzarzt und Schwiegersohn hieß Blecher.
Ich kam spät abends an, das war extra mit Dr. Rickmann vereinbart worden, und erhielt ein Einzelzimmer mit Balkon. Wegen der Initialen auf meinem Bademantel und einigen anderen Kleidungsstücken hatten wir vereinbart, daß ich als *G*erhard *S*chneider in die Kartei eingetragen wurde.
Die von Professor Auersbach begonnene Therapie wurde hier fortgeführt. Im Sanatorium nannte man sie die *Marathonkur*. Man mußte sie alleine machen, fast völlig von der Umwelt isoliert. Ich hatte ruhig und möglichst flach zu liegen, durfte nicht sprechen, und am besten wäre es gewesen, wenn ich auch nicht geatmet hätte. Je weniger die Lunge bewegt wird, desto schneller sterben die Tuberkeln ab.
Ich hatte ein Bett in meinem Zimmer und ein zweites auf dem Balkon, und da ich es wissen wollte, benutzte ich fast ausschließlich das Balkonbett, selbst als es Ende Oktober bereits frostig wurde. Gegen die Kälte trug ich eine Pudelmütze, hatte Handschuhe an, und auf meinem Federbett lagen zusätzlich drei Decken.
Mit der Zeit lernt man in völliger Abgeschiedenheit eine Menge über seine Umwelt. Mein Nachbar zur Linken beispielsweise war zu jener Zeit bereits seit fast einem Jahr im Kurheim. Da er bereits aufstehen durfte, zog er abends hin und wieder durch die Ortschaft, besuchte die eine oder andere Gaststätte und kam manchmal reichlich betrunken und ziem-

lich verspätet zurück ins Heim. Die Hausordnung sah natürlich ganz anders aus, und nach einigen leichten und schließlich einer letzten schweren Verwarnung erhielt dieser Nachbar eine sogenannte *Blitzkur* verordnet. Er mußte noch am selben Tag das Haus verlassen. Daraufhin zog er in eine Gaststätte im Dorf, wurde extern weiterbehandelt – und nach vier Wochen war er gesund.
Später habe ich auch erfahren, daß etwa ein halbes Jahr vor mir Erwin Lehn, der Chef des Südfunk-Tanzorchesters, in diesem Kurheim gewesen war. Er ist operiert worden. Außerdem hielt sich zu meiner Zeit die Frau eines damals bekannten Fußballspielers und Rallye-Fahrers im Kurheim auf.
Viele Jahre später hat mich auf dem Berliner Presseball ein anderer prominenter Leidensgenosse auf Schömberg angesprochen.
»Wissen Sie eigentlich, daß wir monatelang unter einem Dach gehaust haben?« fragte mich der Bundesaußenminister Hans-Dietrich Genscher. »Wieso? Das kann ich mir gar nicht vorstellen. Das hätte ich doch wissen müssen.« »Wir sind beide Mottenbrüder. Sie hatten ja damals ein Vorderzimmer, während ich kleiner Referendar nach hinten lag. Dafür war aber« – Frau Genscher tanzte gerade – »meine Krankenschwester hübscher«, fügte er grinsend hinzu.
Hans-Dietrich Genscher muß wohl Thomas Manns *Zauberberg* nicht nur gelesen, sondern auch nachgelebt haben – mir ist der legendäre Lebenshunger der Tbc-Kranken nicht so zum Bewußtsein gekommen. Ich habe andere Erlebnisse gehabt, von einer völlig unbekannten, neuen Qualität.
Wenn man zu absoluter Ruhe, zu totaler Bewegungslosigkeit verurteilt und auch fast aller Kontakte beraubt ist, entdeckt man plötzlich, wie langsam eine Stunde, ja wie langsam sogar eine Minute vergeht. Und wieviel man während dieser Zeit zu denken imstande ist. Schon im Ring kann eine Minute sehr lang

werden. Jetzt war es noch schlimmer. Endlose Minuten reihten sich zu einer Stunde und noch endlosere Stunden erst zu einem einzigen Tag.

Ich versuchte, mich auf mich selbst zu besinnen, auf das Leben, das ich geführt hatte. Vor allem auf die Fehler, die ich gemacht hatte. Immer wieder ging ich sie durch, analysierte meine Vergangenheit, nahm mir vor, meine Fehler auf keinen Fall zu wiederholen. Aber sooft ich über sie nachdachte, sie alle hatten nichts mit der Krankheit zu tun. Ich suchte vergeblich nach einem Grund für diese Krankheit. Was ich auch falsch gemacht hatte, es hatte keine Beziehung zu diesem bösartigen Etwas in meiner Lunge, das mich so heimtückisch aus heiterem Himmel getroffen hatte.

Vor meinem letzten Kampf gegen Portuguez aus Costa Rica im Mai war ich gründlich untersucht und für gesund befunden worden. Später haben mir die Ärzte gesagt, daß es sich bei meiner Tuberkulose um eine Art Schnellinfektion gehandelt habe.

Bei den meisten Menschen entwickelt sich diese Krankheit über Monate hinweg, manchmal sogar über Jahre. Und bei einem normalen Krankheitsverlauf hätte es vermutlich ein oder zwei Jahre gedauert, bis man die Tuberkulose entdeckt hätte. Während dieser Zeit hätte sie sich natürlich bereits über die gesamte Lunge ausbreiten können. Die anormale Belastung meines Körpers erwies sich als ein Glück im Unglück.

Die Tuberkeln hatten die Lunge nur in einem eingrenzbaren Bereich und erst seit kurzer Zeit befallen, und mein Körper hatte genügend Widerstandskräfte. Alle physischen, psychologischen und auch natürlichen Mittel – der Schwarzwald – waren optimal eingesetzt, und im nachhinein kann ich nur sagen, daß ich ganz einfach gesund werden *mußte*.

Damals jedoch war ich wohl der einzige, der daran glaubte. Und dieser Glaube war es wohl auch, der meinen Wunsch-

traum wahr werden ließ. Deshalb fand ich mich wohl auch bereit, alles zu ertragen, was mir nur irgend helfen konnte. Dennoch entwickelte ich alternative Pläne von meiner Zukunft. Es hatte schließlich keinen Sinn, sich Illusionen hinzugeben. Wenn ich dieses Sanatorium verließ, würde ich allein sein. Die lauten Freunde aus meiner Glanzzeit konnte man mehr oder weniger vergessen. Ich kannte das, hatte es oft genug bei anderen Boxern miterleben müssen, wenn deren Karrieren durch ein paar Ring-Katastrophen plötzlich zu Ende gegangen waren. Selbst als Junge hatte ich am eigenen Leibe erlebt (damals bei der Kinderlandverschickung, als ich ausgerissen war), wie schnell man ins Abseits geraten kann.
Als Mannschaftsaufsteller und Verfügungsberechtigter über den einzigen Fußball war ich erst eine Art Respektsperson gewesen, um deren Gunst man buhlte, hatte Privilegien genossen, fand mich von meinen Kameraden umworben. Anschließend, als Kohlen schippender Strafarbeiter, war ich ein Nichts. Alle, die mich umworben hatten, liefen nun einem anderen nach. Ich war lediglich ein Ziel von Hohn und Spott, Mittelpunkt ihrer Schadenfreude.
Diese Lektion saß tief. Sie hatte Gültigkeit behalten. Diesmal hatte ich nicht den Ball abgeben müssen. Diesmal war es eine beginnende große Karriere, die in nichts zerronnen schien.
Nun also sollte ich mir ein Leben als Invalide einrichten. Denn was würde nach der Krankheit von meinem jungen Ruhm noch übrig sein?
Es gab da ein ganz leidlich gepolstertes Bankkonto. Vermutlich auch noch den einen oder anderen Freund, der zu mir halten, mir helfen, mir einen Tip geben würde. Und so ganz unbedarft war ich auch nicht mehr. Ich hatte schließlich während der zurückliegenden Jahre eifrig gelernt.
Von kaufmännischen Dingen verstand ich einiges. Nicht sehr viel, zugegeben, aber ich hatte beispielsweise stets meine

Steuererklärung selbst gemacht. Ein Freund, dessen Beruf es war, sich mit Steuererklärungen zu beschäftigen, hatte sich einige Monate lang die Mühe gemacht, mir das beizubringen. Ich selbst hatte mich dann in die komplizierte Materie eingearbeitet und fühlte mich inzwischen ziemlich firm. Zwar sah mir dieser wirklich gute Freund beim Ausfüllen noch gelegentlich über die Schulter und machte mich darauf aufmerksam, wenn ich vielleicht meine Sonderausgaben nicht voll ausgeschöpft hatte. Ihm muß ich besonders dankbar sein. Ohne alle dic Kenntnisse hätte ich jetzt die Pläne, die bereits in mir keimten, nicht schmieden und Kreditoren nicht von Debitoren unterscheiden können.
Als ich nach einigen Wochen wieder aufstehen durfte, ging ich ans Telefon und rief Helga an. Ich bat sie, sich im Büro von Fritz Gretzschel, wo ich immer noch einiges Geld deponiert hatte, einige hundert Mark geben zu lassen, und mit dem Flugzeug nach Stuttgart zu kommen. Von da aus war es mit Bahn und Bus nicht mehr weit zu mir nach Schömberg. Sie kam, und wir beratschlagten gemeinsam. Nicht nur.
Ich hatte schon im Krankenhaus in Berlin darüber nachgedacht, daß ich bereits einen beträchtlichen Betrag als Darlehen in den Salon meiner Schwiegermutter gesteckt hatte. Da ich nicht sicher sein konnte, dieses Darlehen auf Grund der Geschäftslage des Salons zurückzubekommen, lag es nahe, den Salon zu kaufen. Gerade wegen der Krankheit war ich zu stolz, auf den Erbteil Helgas Anspruch zu erheben. Ich verzichtete deshalb, damit mir die Familie niemals den Vorwurf machen konnte: Als es dir richtig schlecht ging, da war dir Helga gut genug!
Ich meinte aber auch, daß man mit einigen Veränderungen und Einfällen den Salon wieder auf Vordermann bringen könnte. Er mußte ein Geschäft werden, vor allem nach einem gründlichen Umbau. Helga und ich sahen nun eine gemeinsame Zu-

kunft vor uns, und plötzlich verging die Zeit im Sanatorium schneller. Ich machte Hunderte von Umbauplänen, ließ Helga Kostenvoranschläge einholen, überlegte, daß wir einen Meister brauchen würden ... Außer unserem Gefühl füreinander und außer Helgas Toleranz war und ist es vor allem dieses gemeinsame Planen, das uns verbindet und glücklich miteinander leben läßt. Heute noch. Und das fing damals an.
Ich wußte, wenn ich keine Leistung im Ring mehr erbrachte, würde ich nicht mehr populär sein. Wenn dann die Zeit der großen Kämpfe allmählich der Vergessenheit anheimfiel, mußte ich eben bürgerlich geworden sein, mich etabliert haben und eine solide Grundlage besitzen.
Ein Leben lang hatte ich mich aus Schwierigkeiten herausgeboxt, warum also diesmal nicht?
Ich glaubte manchmal, ich würde nie wieder richtig gesund, dann wieder war ich Optimist. Der herbstliche Schwarzwald mit seinen leuchtenden Farben erschien mir manchmal herrlich, dann wieder kam mir das Bunt der Blätter trübe und widerlich vor. Dieses Invalidsein physisch, psychisch oder gar beides, es machte mir zu schaffen. Aber dann besann ich mich darauf, daß die Entscheidung einzig und allein bei mir lag. Ich wollte aktiv sein, egal wie.

Helga hatte in den vergangenen fünf Jahren immer zu mir gehalten. Obwohl ich ihr gegenüber ganz gewiß nicht immer fair war und sie es mit mir nicht leicht hatte, wie sie es auch heute noch nicht leicht hat. Ich liebte sie. Aber natürlich war sie nicht die einzige schöne und begehrenswerte Frau gewesen, und eigentlich finde ich, daß ich bei dem Angebot an faszinierenden Frauen, die sich für mich interessierten, doch relativ solide gewesen bin. Bei meinem Lebenshunger ...
Helga wollte mich heiraten. Das war angeblich ihr größter Wunsch. Ich hatte die Eheschließung wieder und wieder hin-

ausgezögert, nicht zuletzt, weil es bei einem etwas schwächeren Scholz-Kampf oder einer Niederlage sofort geheißen hätte: *Kaum ist er verheiratet, schon läßt er nach.* Diese Reaktion wäre gekommen, so sicher wie das Amen in der Kirche, und das hätte Helga besonders getroffen. Ich hatte also alle möglichen Ausreden vorgeschoben, und Helga hatte sie immer geduldig akzeptiert. Dabei wollte ich sie doch auch heiraten.

Und jetzt? Die Situation hatte sich geändert. Im Krankenhaus in Berlin hatte sie mir gesagt, daß sie mich immer nehmen würde. Die Krankheit und alle Folgen waren ihr gleichgültig. Aber was sagt man nicht alles, um jemanden zu trösten. Außerdem, was sollte aus einer Ehe werden, die keine Zukunft haben konnte, kein gemeinsames Ziel? Aber stimmte das überhaupt? Es gab da ein, wenn auch kleines, gemeinsames Ziel: den Salon.

Fritz Gretzschel hatte die Sache von Anfang an nüchterner gesehen, praktischer. Ich, als sein bestes Pferd im Stall, war von einem Tag auf den anderen ausgefallen. Mit mir war für ihn kein Geld mehr zu verdienen. Das mußte man ganz illusionslos sehen. Die Pläne, die Gretzschel mit mir gehabt hatte, waren zerstoben. Blut würgend hatte ich sie in einen Ausguß gehustet.

Ich überlegte, wie lange ich bei Gretzschel geboxt und wieviel Geld ich dabei verdient hatte. Fünf, fast sechs Jahre war das jetzt her, seit er mich erstmals für 300 Mark Ost bei sich hatte boxen lassen. Ich war als Rahmenkämpfer eingesetzt worden und das auch nur, weil er mir vor Zeugen ein Versprechen gegeben hatte. Das alles schien mir eine Ewigkeit her.

Ich hatte bei ihm gewohnt, war auch eine Zeitlang als Hausgast von ihm verpflegt worden. Aber unsere Interessen waren zu verschieden, bis auf Fußball und Boxen gab es nichts, was uns verband. Wir waren geschäftlich miteinander verbunden gewesen – aber nur wenn ich geboxt habe.

19.

Auf dem Balkon des Sanatoriums zur Bewegungs- und Tatenlosigkeit verurteilt, begannen sich meiner seltsame Gedanken zu bemächtigen. Die sieben erfolgreichen Box-Jahre hatten mich zu ganz anderen Interessen gelangen lassen, als sie dem Jungen aus dem Berliner Norden vorher bekannt gewesen waren. Und ich hatte mich zurecht gefunden, ich war akzeptiert worden.

Würde das jetzt vorbei sein? Hatten mich diese neuen Kreise vielleicht nur angenommen, weil ich ein erfolgreicher Boxer war, dessen Name ständig in den Zeitungen stand und mit dem man sich schmücken konnte, so nach dem Motto: *Wissen Sie, wie mir neulich der Bubi, ein wirklich guter Freund von mir, im Vertrauen erzählt hat . . .*

Wenn das so gewesen sein sollte, drehten sich die Gedanken weiter, welche neuen Erfahrungen standen mir dann bevor, wie schmerzlich würden sie sein und ernüchternd? Für die Verlierer gibt es in der Gesellschaft, so betrachtete ich das damals, wenn überhaupt, Almosen. Aber wer will schon auf Kollekten angewiesen sein. Ich wollte nicht *nur* geduldet und auf gar keinen Fall bemitleidet werden.

In die Wirklichkeit rissen mich die Journalisten zurück. Jetzt mußte ich mich zum ersten Mal gegen sie wehren, auf einen Schelmen einen zweiten setzen, als sie mich mit aller Hartnäkkigkeit und Raffinesse zu suchen begannen.

Die Wahrheit über Bubi Scholz, das war die Geschichte, hinter der sie her waren. Das wäre damals überall eine Schlagzeile auf der Seite Eins wert gewesen. Denn was war schon über Bubi Scholz bekannt: nach einem abgebrochenen Trainingskampf war er klammheimlich aus Berlin verschwunden, Telefon und Strom in seiner Wohnung waren abgestellt, und alle, die man normalerweise zum engsten Kreis meiner gutinformierten Freunde rechnete, waren redselig wie die Austern, wenn der Name Scholz fiel.

Dieses Jahr 1955 war bestimmt nicht arm an starken Nachrichten für die Zeitungen. Dr. Adenauer war in Moskau gewesen und aufgrund seiner Verhandlungen kehrten die ersten Kriegsgefangenen – nach zehn Jahren! – aus der Sowjetunion wieder heim, und der kleine Ort Friedland wurde zu einem Synonym für nicht mehr für möglich gehaltenes Glück des Wiedersehens. Soraya war noch die schöne, angebetete Frau des Schahs. Für die Tragik des Hochadels war Prinzessin Margaret zuständig, die gerade offiziell erklären ließ: *Ich möchte wissen lassen, daß ich beschlossen habe, Oberst Peter Townsend nicht zu heiraten.* Und die Argentinier jagten General Peron aus dem Lande; drei Jahre nach dem Krebs-Tod seiner vom Volke angebeteten Frau Evita.

Theodor Blank war der erste Bundesverteidigungs-Minister geworden und die aufzubauende Bundeswehr sollte im ersten Haushalt lediglich fünf Milliarden *und keinen Pfennig mehr!* erhalten, wie Ludwig Erhard schwor. Es hatte heftige, von Demonstrationen begleitete Auseinandersetzungen über die deutsche Wiederbewaffnung gegeben. Die Verfilmung von *Des Teufels General* paßte genau in diese aufgeladene Atmosphäre. Ich verfolgte das aus meinem Schwarzwald-Domizil nicht so sehr, weil ich politisch besonders engagiert gewesen wäre, sondern aus einem viel naheliegenderen Interesse: Curd Jürgens, der Hauptdarsteller, hatte bei mehreren meiner Kämpfe in der ersten Reihe gesessen. Jetzt nahm ich von Ferne Anteil an dem, was er tat. Und das war, wenn ich es recht verstand, nicht wenig. Denn er wechselte mit Bravour vom (jugendlichen) Draufgänger ins Charakterfach. Und das war Stoff für die schreibende Zunft.

Aber hinter dem Scholz waren sie auch her, und sie begannen mich im Schwarzwald allmählich einzukreisen. Zusammen mit Chefarzt Dr. Rickmann und seinem Schwiegersohn Dr. Blecher entwickelte ich Ablenkungsstrategien.

Zunächst schrieb ich Grüße auf Ansichtskarten aus allen möglichen Schwarzwaldorten, nur nicht aus Schömberg. Die wurden, als befände ich mich auf einer richtigen Ferientour ohne festes Ziel, von den beiden Herren bei Wochenend-Ausflügen mit ihren Familien oder bei anderen Gelegenheiten pedantisch genau in die richtigen Briefkästen gesteckt. Aber vielleicht haben meine findigen Freund abgehakt – plötzlich standen sie jedenfalls vor dem Sanatorium.
Sie fragten allerdings – wer wußte schon etwas von Gerhard Schneider? – immer nach Herrn Gustav Scholz. Diesen Herrn gab es aber nicht, und so schüttelte die Dame am Empfang nach liebenswürdiger Suche in den Karteien immer bedauernd den hübsch ondulierten Kopf.
Am nächsten kam zunächst Joe Biewer, der Chefredakteur des in Köln erscheinenden Fachblatts *Boxsport*, der Sache. Er hatte sich in Frankfurt an den Wagen meines Managers Fritz Gretzschel gehängt, als der mich nach einem Urlaub in Argentinien mit Zwischenlandung in Frankfurt zum ersten und einzigen Male besuchte.
Joe, der das fröhliche Weintrinkergesicht eines vollblütigen Rheinländers hatte und schreiben konnte wie Karl May in seinen wildesten Geschichten, war leider aber auch ein Choleriker. Überzeugt, daß ihn Gretzschel unter Garantie zu seiner Top-Story geführt hatte, ließ er sich am Empfang nicht abwimmeln und probierte es nach Stunden sogar mit dem Trick *Herr Gretzschel hat bei Herrn Scholz etwas vergessen, ich soll es abholen.*
Als das auch nicht weiterhalf, verlor Joe Biewer die Nerven und wurde sehr laut und ungestüm. Das alles endete mit einem Hausverbot. Eigentlich tat Biewer mir leid, aber ändern konnte und wollte ich auch nichts.
Erwischt hat mich schließlich Dieter Wawzyn, der Sportchef von BILD in Hamburg, ein ehemaliger Leichtathlet von For-

mat. Das war Ende Oktober, unmittelbar vor meiner Entlassung aus Schömberg.
Ich hatte bereits damit begonnen, auf meinem Balkon Atemübungen zu machen und dazu kleinere Spaziergänge zu unternehmen.
Die Ärzte waren über den Heilungsverlauf verblüfft, weil er allen Erfahrungen widersprach; aber sie waren auch sehr angetan. Schließlich erklärte Dr. Rickmann sich einverstanden, daß ich mich in Berlin bei Professor Auersbach nachbehandeln lassen könnte.
Ich rief sofort Helga an und bat sie, mich zu besuchen. Außerdem sollte sie meinen Wagen mitbringen. Helga hatte zwar längst einen Führerschein, aber die weite Reise wollte sie ungern allein machen. Sie bat darum Hans Rosenthal, sie zu fahren, und Hänschen machte das. Für Helga mietete ich im Ort ein Zimmer bei einem Bäcker.
Das Wiedersehen mit Helga war wunderschön. Wir haben es lange und so ausgiebig genossen, wie das eben nur zwei junge Menschen tun können, die sich lieben und die sich lange entbehrt haben.
Der Wagen stand vor der Bäckerei.
Ich sollte um 22 Uhr wieder im Sanatorium sein, und als ich beschwingt und sorglos auf meinen Wagen zuging, lag Dieter Wawzyn mit einem Fotografen auf der Lauer. Das Blitzlicht flammte auf, die Jagd war zu Ende, es wurde bloß kein Halali geblasen.
Für mich gab's nur noch die Flucht nach vorn. »Was soll der Quatsch, Dieter«, sagte ich. »Scholz beim Einsteigen in ein Auto gibt doch keine Story!« Wir verabredeten uns für den nächsten Vormittag, um eine komplette Bildreportage mit Helga, Sanatorium und allem Pipapo zu machen. Gegenseitige Abmachung war: Erscheinen erst in einer Woche, dafür aber exklusiv.

Wawzyn kannte ich gut genug, um eine solche Übereinkunft zu riskieren. Allerdings – mit dem Risiko habe ich wie gesagt ein ganz besonderes Verhältnis, und das habe ich auch hier nicht vergessen. Ich habe meine Abreise vom 1. November auf den 30. Oktober vorverlegt – Wawzyn druckte am 31. Oktober.
Auf alle Fälle habe ich ihm nie vergessen, daß er sich an sein Wort gehalten hat. Später, als ich schon Europameister war, habe ich Gelegenheit zu einer Revanche gehabt: Wawzyn, der nicht bei Zeitungen bleiben wollte, sondern konsequent an seinem Absprung zum Film-Produzenten arbeitete und es auch wurde, durfte ohne jede Auflage einen Film über mich drehen. Unter dem Titel *Menschen unserer Zeit* lief er recht erfolgreich als Beiprogramm in den Lichtspielhäusern.
Am 10. November haben Helga und ich dann geheiratet, wie wir es besprochen hatten. Wir sind immer noch verheiratet. Im Flachs behauptet Helga bis zum heutigen Tag: »Ohne seine Krankheit wäre ich jetzt noch Bubis Braut.« – Mittlerweile habe ich es aufgegeben, diese Verlautbarung meiner Frau zu dementieren.
Es war eine schöne Hochzeit, finde ich heute noch. Vor dem Standesamt standen viele hundert Leute, ein Transparent überspannte den Eingang, und es war eigentlich fast so, als ob ich niemals krank gewesen wäre. Nach der Trauung gingen wir mit der Familie und den Trauzeugen, Hans Rosenthal und Fritz Gretzschel, groß essen. Ich hatte das Hochzeits-Menü im Nobelrestaurant *Aben* bestellt, und unsere Erwartungen sind nicht enttäuscht worden.
Gefeiert haben wir im Haus von Fritz Gretzschel. »Willste den Empfang nicht bei mir im Haus geben«, hatte er gefragt, und ich hatte dankbar angenommen. Die Presse kündigte das Ereignis an. Gretzschel tat das seinige, damit publik wurde, daß es in seiner Villa ausgerichtet wurde. Das wurde allgemein als großzügig empfunden. Der Rahmen des Cocktail-Empfangs

fand großen Anklang. Der Bezirksbürgermeister war erschienen, Abordnungen der Opernchores und der Schöneberger Sängerknaben brachten Ständchen, zahlreiche Delegationen – vor allem von Berliner Sportvereinen – trafen ein und überreichten nette, zum Teil rührende Geschenke. Es war eine gelungene, eine schöne Hochzeitsfeier.

Von Fritz Gretzschel bekam ich ein paar Tage später eine Rechnung: ob Kampftag oder Hochzeit, er konnte das Abrechnen nun einmal nicht lassen. Das ist mir damals bitter aufgestoßen, und ich kann auch heute mit 25 Jahren Abstand nicht darüber lachen.

Ich hatte Ende 1955 zwar eine Frau, aber im Grunde genommen keinen vernünftigen Beruf und schon gar keine Zukunft. Dafür hatte ich zig-tausend DM für den Krankenhaus- und Sanatoriumsaufenthalt zu zahlen – was mich ziemlich auf Null brachte.

Ich war nicht krankenversichert. Auf eine Police hatte ich immer verzichtet, weil die Kassen einen für meine Begriffe horrenden Zuschlag für das Berufsrisiko des Boxers verlangten, den ich mir nicht leisten konnte, zumindest zu Beginn meiner Karriere nicht.

Wenn ich darüber nachdenke, daß mich mein Manager nicht veranlaßt hat, irgendwann einmal einen Abschluß zu machen, kann ich wieder nur den Kopf schütteln. In der Vorstellung der Öffentlichkeit werden junge Sportler doch beraten und vernünftig beeinflußt, und zwar von dem soviel lebenserfahrenen Manager, oder?

Es gibt noch eine peinliche Sache zu erzählen: Wie jedes Jahr zuvor, bin ich auch Weihnachten 1955 zu Fritz Gretzschel gegangen, um ein paar Päckchen abzugeben: für die Familie, die Schwiegermutter und für Friedel, den guten Geist des Hauses.

Mein Manager war auf Äußerste überrascht und in Verlegen-

heit. Er lief in sein Büro und kam mit einem Zimmerbarometer zurück, einem Werbepräsent seiner Firma. Er hatte mich total vergessen. Wenn ich das bis zu diesem Moment noch nicht gespürt hätte, nun sah ich klar: ich war abgeschrieben!
Ich habe noch andere, ähnliche Erfahrungen gemacht. Leute, die mich früher laut und überschwenglich begrüßt hatten und die mir, nach ihren Worten, jederzeit zur Verfügung stehen wollten, wechselten diskret die Straßenseite, wenn sie mich von weitem sahen. Es war eben leichter, mit einem Sonny-Boy auf der gebutterten Seite des Lebens befreundet zu sein als mit einem von Sorgen zerfressenen Rekonvaleszenten mit ungewisser Zukunft.
Es gibt eine Ausnahme, und es wäre ungerecht, sie zu vergessen. Hans Rosenthal hat mir einmal, als es wirklich kritisch war, unter die Arme gegriffen, ohne zu zögern und viel Worte zu machen. Er lieh mir 7000 DM, das war 1955 alles, was ein Hans Rosenthal an Vermögen besaß. Da funktionierte eben noch dieses Gefühl, aus dem gleichen Kiez zu sein – man hat nicht nur in der gleichen Straße gewohnt und die gleichen Nachbarn gegrüßt, man versteht auch die Empfindungen und weiß, wann ein Freund Vertrauen braucht, wann er Ermutigung nötig hat. Hänschens Vertrauen hat mir viel mehr geholfen als sein Geld. Damals fühlte ich es nur, heute weiß ich es.
Vergessen will ich auch nicht, daß es Leute gab, die eigentlich keinerlei Veranlassung hatten, sich für mein Schicksal verantwortlich zu fühlen, die mir aber auf stille, unauffällige Weise ihre Verbundenheit zeigten. Hildegard Knef gehörte zu ihnen. Sie wurde Kundin unserer Parfümerie. Wir verstanden es als Zeichen der Ermutigung, und so war es auch gemeint. *Die Knef,* auch so ein Berliner Markenartikel, *mußte* so handeln, wie sie mir später einmal sagte. Sie kannte die Höhenflüge und die Abstürze des Lebens nur zu gut.
Was einmal mein *Bubi-Komplex* gewesen war, wuchs sich nun

zu einem stattlichen *Krankheits-Komplex* aus. Ich roch Bedauern, Mitleid und Scheinheiligkeit förmlich, oder ich bildete es mir wenigstens ein. Ich war übersensibel.

In diesem Zustand begann ich meine Karriere als Parfümerie- und Frisiersalon-Besitzer. Das Geld, das ich zur Verwirklichung einiger Umbauten benötigte, besorgte ich mir zu einem Teil bei der Bank. Da brauchte ich nicht zu bitteln und mich zu bedanken, da zahlte ich einfach Zinsen. Mit den Einrichtungsfirmen handelte ich nach Möglichkeit langfristige Zahlungsziele aus, und beim Einkauf der Waren sah ich zu, daß ich vieles in Kommission geliefert erhielt. Mit einigen Erwartungen eröffneten wir das Geschäft. Es wurde schrecklich.
Helga war zwar gelernter Einzelhandelskaufmann, aber niemand in der Familie war Friseur, und so mußten wir einen Meister einstellen. Der einzige, der nicht zum Umsatz beitragen konnte, war ich. Ich rannte durch mein Geschäft und ärgerte mich schwarz.
Für eine Dauerwelle klingelten zwölf bis fünfzehn DM in der Kasse. Soviel gaben die Kunden manchmal den Angestellten als Trinkgeld, da bei meinen Planungen ein perfekter Service oberster Grundsatz gewesen war. Nur – davon hatte ich nichts! Tatsache ist, daß die Zeit der Parfümerien noch nicht gekommen war. Für den eleganten und teuren Duft gab es noch kein ausreichendes, kaufkräftiges Publikum. Und im Frisiersalon mußten möglichst Inhaber und Frau von Fach sein, um wirklich verdienen zu können. Jeden Abend, wenn ich den Umsatz betrachtete, lief es mir eiskalt über den Rücken. Besonders schlimm war das an Tagen mit schlechtem Wetter. Dann sagten die Leute, die einen Termin verabredet hatten, in Scharen ab – und wir hatten vorher andere Damen abgewiesen, weil es nach der Planung keine freie Kabine mehr gab. Mein Nervenkostüm war ziemlich flatterig. Im Geschäft hielt ich es nur kurze Zeit

aus. Um mich zu beruhigen, verschwand ich Richtung Grunewald.

Man muß dazu sagen, daß ich einer fiebrigen Unrast erlag, die beinahe jeden Berufssportler nach Abschluß der Sportkarriere beim Einsteigen in das Privatleben befällt. Mit den Geschäften ist das ja eine ganz besondere Sache: Berufsboxer haben, wenn sie einigermaßen gefragt sind, sechs oder auch acht Zahltage im Jahr: dann werden jedesmal ein paar tausend Mark auf den Tisch geblättert, und das ist eine wunderbare Sache. Man kann sich Wünsche erfüllen, oder man kann eine stattliche Einzahlung auf seinem Konto vornehmen.

Ich kenne Boxer, die haben es später mit einer Tankstelle oder einer Kneipe versucht. Sie mußten den ganzen Tag arbeiten, und abends bei der Abrechnung stellten sie fest: da sind nur 45,60 DM übrig!

Automatisch stellt sich der Gedanke ein: das ist ja überhaupt nichts, und der psychologische Druck und die Nervosität setzen ein. Ich meine, daß viele Boxer, die alt waren wie Methusalem und wirklich nicht mehr zwischen die Seile gehörten, nur aus diesen panischen Ängsten heraus ein Comeback probierten und ihre Gesundheit aufs Spiel setzten.

Ich versuchte mich auf Spaziergängen rund um den Grunewaldsee, den ich so oft mit Hanteln in den Fäusten umlaufen hatte, zu beruhigen. Die Worte von Professor Auersbach: *Als Maurer müßten Sie den Beruf wechseln!* am Beginn meiner persönlichen Tragödie gingen mir nicht aus dem Kopf. Aber der Professor hatte auch gesagt, daß es möglicherweise vier Jahre dauern würde, bis ich wieder restlos geheilt wäre. Dabei war die Kaverne in meiner Lunge schon nach fünf Monaten gut verheilt. Ich grübelte immer weiter, denn vielleicht . . .

Mit einem Zuckeltrab begann ich. Es war mühsam, zugegeben. Aber da gibt es so Spielchen, mit denen man sich selbst zu überlisten beginnt: bis zum nächsten Baum, das ist das erste Ange-

bot an den ermüdenden Körper. Wenn man den erreicht hat, lockt man sich selbst: den nächsten auch noch?
So habe ich mich um den See gemogelt. Es war eine Schinderei, aber es ging, und das war entscheidend. Im Frühjahr habe ich auf dem Tennisplatz die ersten Bälle geschlagen.
Wie es mit meinem körperlichen Zustand wirklich aussah, das wußten zu diesem Zeitpunkt die Menschen aus meiner Umgebung immer noch nicht! Meine Eltern hatten keine Ahnung, ebensowenig wie mein Trainer Lado Taubeneck oder die ehemaligen Sparringspartner.
Ich machte erste Besuche in der Sportschule. Die Begrüßung war laut und fröhlich. Dann stellte ich mich in eine Ecke und sah dem Trainingsbetrieb zu: wie der lange, aus Halle getürmte Uli Nitzschke sich mit dem eleganten Dieter Wemhöner, der den Teint eines Mittelmeer-Anrainers hatte, herumbalgte, wie der strubbelköpfige Horst Borzoskowski hinter dem flinken Edgar Basel hertappte.
Allmählich bekam ich wieder Appetit!
Es ist schwer zu sagen, was mich eigentlich zurück in den Boxring trieb. Da ist einmal sicherlich die unbefriedigende Aufgabe, die mir das normale Geschäft bot – obwohl ich mir diesen Aufbau der bürgerlichen Existenz im Sanatorium noch in glühenden Farben ausgemalt hatte. Dann hatte ich ja aber auch Augen im Kopf, und was die Jungen in der Sportschule auch aufstellten, ich wurde das Gefühl nicht los: das kann ich immer noch besser.
Schließlich und endlich aber ist es wohl mein Ehrgeiz gewesen, mir und den skeptischen Ärzten zu beweisen, daß sich Bubi Scholz auch nicht von einer heimtückischen Tbc auf die Bretter bringen läßt. Da hat sich in mir etwas aufgebäumt, und wahrscheinlich hätte es mich umgebracht, wenn ich es nicht noch einmal probiert hätte.
Ich wollte es eben wissen.

Meine ehemaligen Sparringspartner flachsten mich regelmäßig in ihrer gutmütigen und unbeholfenen Art.
»Rennste immer noch um den Grunewaldsee?« wollte Nitzschke wissen.
»Die haben den Bubi da neulich mit dem Fahrrad gesehen, dabei ist Radfahren verboten!« setzte Dieter Wemhöner in seiner pomadigen Art noch einen drauf.
»Kannste überhaupt noch boxen, oder wirste Kritiker?« ärgerte mich Freddy Teichmann.
Sie schoben ganz schön an, die Herren Berufsboxer. Ich zierte mich eine Weile, aber in Wirklichkeit wußte ich längst, daß ich es wieder versuchen würde. Der Tag kam bald.
»Na, dann wollen wir mal«, sagte ich, und nun schauten sie mich betreten an.
Ich grinste frech, ließ mir die Handschuhe überziehen, und dann ging es los.
Ich verschanzte mich hinter einem dichten Wall von Routine und Überheblichkeit. Das war lupenreine Notwehr, denn keiner sollte wissen, wie es tatsächlich um mich bestellt war. Genaugenommen wußte ich das selber nicht.
Aber ich erfuhr es. Meine Reaktionen waren so gut wie eh und je. Allerdings – ich spürte den körperlichen Aufwand. Wenn ich das Gefühl hatte, da könnte allmählich ein anderer das Kommando übernehmen, langte ich voll hin. Und, wie herrlich, auch die Linke schien noch genügend Wucht zu haben, um diese ehrgeizigen und hochtrainierten Burschen ins Stolpern zu bringen und ihren Übermut zu dämpfen.
Es gab immer noch niemanden im Gretzschel-Stall, der in der Lage gewesen wäre, mich ernsthaft in Verlegenheit zu bringen. Daß meine Kondition vorerst nur drei oder vier Runden reichte, konnte das animalische Gefühl des Triumphes dabei gar nicht ankratzen. Kondition, das wußte ich besser als irgend jemand sonst, ist etwas, was man sich erarbeiten kann.

Professor Auersbach war unverändert zufrieden mit mir. Der Genesungsprozeß verlief so gut, daß er mich gelegentlich als *medizinischen Wunderknaben* bezeichnete. So faßte ich mir endlich nach einer der Routineuntersuchungen ein Herz und beichtete.

»Das hängt sicherlich damit zusammen«, sagte ich vorsichtig, »daß mir das Training hilft.«

Dem Professor verschlug es die Sprache. Er starrte mich an, sammelte sich ein paar Sekunden, und fragte dann drohend: »Sie wollen doch nicht etwa sagen, daß Sie wieder zu boxen begonnen haben?«

Ich machte ein schuldbewußtes Gesicht, fügte wie ein routinierter Barmixer einen Schuß Dickköpfigkeit und einen Spritzer Naivität dazu, und sagte scheinheilig:

»Aber Sie finden doch auch, daß es mir sensationell gut geht? Habe ich nicht eben noch aus Ihrem Munde so etwas Ähnliches zu hören bekommen?«

Professor Auersbach schüttelte nur den Kopf. Aber so richtig mit vollem medizinischen Gewicht widersprechen konnte er nicht. Ich war eben sein Wunderknabe, ein besonderes Juwel in seiner Sammlung und, das nehme ich jedenfalls an, eine Herausforderung an seine einschlägigen Erfahrungen.

Außerdem wußte dieser kluge Arzt bestimmt: ein rigoroses Verbot, *sofort mit dem Unfug* aufzuhören, hätte mich in einem tiefen seelischen Abgrund zurückgelassen. Wie aber will ein Arzt einem Patienten wirklich helfen, wenn der sich zusätzlich zur Krankheit auch noch mit Depressionen herumschlägt?

Professor Auersbach ließ mich, nach vielen Mahnungen, nicht zu übertreiben, mit meiner ganz persönlichen Therapie weitermachen. Und ich war wirklich vorsichtig – ich trainierte unter strengem Ausschluß der Öffentlichkeit. Im übrigen aber steigerte ich schrittweise das Pensum. Als ich zwölf und dann sogar fünfzehn Runden trainieren konnte, gab ich mir einen Ruck und besorgte mir einen Termin bei Dr. Frey, dem Vertrauensarzt des Box-Verbandes.

Im Spandauer Waldkrankenhaus erwartete mich zusammen mit Dr. Frey der Allgemeinmediziner Dr. Salomon. Die beiden Herren sahen mich gründlich durch und vergaßen auch nicht, mich vor den Röntgenschirm zu stellen. Im Hintergrund stand immer noch die nasse Rippenfellentzündung, das Wort Tbc war noch nicht gefallen.

Die beiden Ärzte kamen zu dem Befund: Bubi Scholz ist gesund! Das ließ mich jubeln.

Sie wollten aber auch besonders vorsichtig sein und sich fachlich absichern. Darum stellten sie mir vor der Wiedererteilung der Lizenz zwei Bedingungen: ich sollte sämtliche Röntgen-Aufnahmen der letzten 18 Monate vorlegen, und ich sollte die Ärzte, die mich behandelt hatten, von ihrer Schweigepflicht entbinden.

Das ließ mich nun wiederum fast zusammenbrechen.

Ich hatte Tränen der Wut in den Augen, als ich das hörte. Wieso trauten diese beiden Herren ihren eigenen Feststellungen nicht?

»Na gut, dann kann ich es Ihnen ja gleich sagen«, brach es aus mir hervor, »ich hatte eine offene Tuberkulose!«

Dr. Frey und Dr. Salomon waren starr. Eine Trainingslizenz oder gar eine Kampflizenz unter diesen Umständen? Sie lehnten glatt ab.

Ich lief zu Professor Auersbach. Und der hatte mehr Vertrauen zu meiner zurückgewonnenen Widerstandsfähigkeit. Er setzte sich mit seinen Kollegen in Verbindung, erläuterte und beschwor, begründete und überzeugte schließlich.

Der anerkannte Spezialist fuhr schwerstes Geschütz auf: er beschrieb eingehend den ungewöhnlichen Heilungsverlauf und erklärte sich selbst bereit, ein Training in gewissen Grenzen zu verantworten. Mit der Verantwortung haben die Verbandsärzte den Professor auch allein gelassen. Sie verweigerten die Lizenz, nahmen lediglich zur Kenntnis, daß ich wieder mit dem Training beginnen würde, und machten vor allem mein eigenes Risiko deutlich.

Die offizielle Verlautbarung, die an die Zeitungen gegeben wurde, lautete: *Noch keine Lizenz für Scholz!*

Zusammenfassend kann ich nur sagen: wenn ich wieder boxen durfte, habe ich das in doppelter Weise und allein Professor Auersbach zu verdanken – er hat dem kranken Scholz geholfen, und er hat dem geheilten Scholz den Weg zurück in den Ring geebnet.

(Wenn ich das sage, mache ich den Vertrauensärzten des Verbandes keine Vorwürfe. Sie waren für meine Gesundheit im Ring verantwortlich, und sie trugen gegenüber dem Verband und der Öffentlichkeit Verantwortung. Sie handelten nach bestem Wissen und Gewissen. Man stelle sich die Situation dieser Ärzte vor, wenn ich während des Kampfes zusammengebrochen wäre und die Wahrheit über meine Krankheit publik geworden wäre. – Das wollte ich allerdings seinerzeit nicht einsehen. Ich wollte meine Lizenz!)

Nun setzte ich meinen Körper neuen Belastungen aus, und ich kontrollierte ihn dabei mit absoluter Aufmerksamkeit. Dabei war keine Zeit mehr – denn von den angeblich *besten Jahren* eines Sportlers hatte ich genug verloren – für hypochondrische Allüren, für mimosenhafte Empfindlichkeit. Was ich tat, geschah cool und beherrscht. Monatelang kontrollierte ich beim Training in der Boxschule jeden Bewegungsablauf vor dem Spiegel. Ich wollte es ganz genau wissen, jedem Detail nachspüren.

Vollständig läßt sich Risiko beim Boxen nicht ausschalten, aber es läßt sich reduzieren. Kraft und Nerven wird man immer verbrauchen, aber beides läßt sich ökonomisch verwalten. Um das

zu erreichen, habe ich an meinen Reaktionen gearbeitet, gefeilt und schließlich noch poliert.
Für mich war das Jahr 1956 mit diesen Vorbereitungen zur Rückkehr in meine Welt, die des Boxrings, förmlich vorbeigestoben. Dabei hatten sich England und Frankreich vor der UNO eine handfeste Abfuhr geholt, nachdem ihre Fallschirmjäger als Antwort auf die Schließung des Suezkanals nach Ägypten hineingesprungen waren. Es war die Zeit der polnischen Unruhen im Juni anläßlich der Posen-Messe und des blutigen Oktober-Aufstandes in Ungarn mit der brutalen Intervention der Sowjets. Mir fällt das ein, weil es nun gerade eine Afghanistan-Krise gibt, die tiefe Schatten über die optimistische Friedensgläubigkeit der Menschen wirft.
Ägypten, Polen, Ungarn, das war viel näher vor unserer Haustür, vor meiner Haustür in Berlin. Und doch war ich so sehr mit mir selbst beschäftigt, daß es mich kaum berührt hat. Wenn ich es recht bedenke, reagierte ich drei Jahre vorher, während des Juni-Aufstands in der Sowjet-Zone nicht anders. Ich steckte mitten in den Kampfvorbereitungen gegen Navarro und Franz Szüzina. Die politischen Ereignisse brausten über uns hinweg, oder besser gesagt: an uns vorbei. Die Deutschen hatten ohnehin nichts zu melden. Entschieden wurde woanders. Die Regierung saß provisorisch – wie es uns Berlinern zum Trost hieß – in dem provinziellen Universitätsstädtchen Bonn. Den Leuten, und mir in meiner Lage ganz speziell, saß das Hemd einfach näher als der Rock. Meine vitale Bedrohung hieß: Ende der so sorgfältig und so schmerzvoll aufgebauten Rollbahn in eine goldene Zukunft, sprich Boxverbot.
Sechs wochen nach der ersten Untersuchung stellte ich mich den Herren Frey und Salomon zu einem neuerlichen gründlichen Test. Sie gaben mir eine Startgenehmigung, zwar nur eine vorläufige, auf einen Fight begrenzt – aber es war eine neue Chance.

Mein Manager Fritz Gretzschel und ich bedachten alles ganz genau. Wo sollte ich das Comeback versuchen, wer kam als Gegner in Betracht?
Die Entscheidung fiel auf Oldenburg in Oldenburg, die Weser/Ems-Halle in der früheren herzoglichen Residenz. Da hatte ich noch nie geboxt.
Als Gegner wurde Francisco Frances verpflichtet. Das war selbstverständlich kein Weltklasse-Mann, aber in der spanischen Rangliste der Mittelgewichtler wurde er in der Gruppe der ersten Drei geführt. Frances war ein akzeptabler, ein guter Gegner und, was für mich ungeheuer bedeutsam war, ein konditionsstarker Mann, der mir zeigen würde, wie es um meine eigenen körperlichen Reserven bestellt war.

20. Die Oldenburger Weser/Ems-Halle war eine der hübschen Mehrzweck-Hallen, die damals überall in der Phase des Wiederaufbaus entstanden. Von den Auktionen des berühmten friesischen Viehes über Vico Torriani, Hallenhandball und Amateurboxen fand darin alles statt. Der Berufsbox-Missionar da oben bin ich gewesen, und mir war schon ein bißchen mulmig bei dem Gedanken. Die Ostfriesen haben in der Gegend sehr viel früher den Bischof Bonifatius gelyncht.
Ich hatte kräftige Manschetten vor der nationalen und internationalen Fachpresse, die sich angesagt hatte. Herren, die vorher überhaupt nicht gewußt hatten, daß es so etwas wie dieses Oldenburg gab, setzten sich in Bewegung, wie das eben so ist, wenn eine *Stunde der Wahrheit* annonciert ist.
In der Halle drängten sich über 4000 Menschen. Für die Presse hatten die Plätze rund um den Ring nicht ausgereicht, die vorderen Zuschauer-Reihen waren zusätzlich reserviert worden. Das Beiprogramm hätte sich Gretzschel an diesem Tage schenken können, die Leute wollten wirklich nur mich sehen, vielleicht ausschließlicher als jemals wieder.
Denn die Frage, die beantwortet werden sollte, hieß sportlich-fachlich: *Was kann Scholz nach der langen Pause noch?* Das war in Ordnung.
Aber da gab es noch die Sensationsgier, die die Atmosphäre auflud, und die in einem brutalen Satz zusammengefaßt werden kann: Bricht Scholz nach seiner schweren Erkrankung bei diesem beispiellosen Spiel mit seiner Gesundheit im Ring zusammen?
Keiner wollte es später wahrhaben, aber ich könnte es beschwören: das ist es gewesen, was die Rallye nach Oldenburg auslöste! Bei einem vielleicht spektakulären Zusammenbruch von Gustav Scholz – da durfte man nicht fehlen, da mußte man dabei sein.

Ich schlug Francisco Frances in der vierten Runde k.o. Es war ein eindeutiger, ein solide herausgearbeiteter Sieg – mit einem Minimum an Aufwand, so kalt wie nur möglich, so ökonomisch wie überhaupt vertretbar, ohne Mätzchen und ohne Flitter.

Es war mein 60. Profikampf, und ich gewann ihn nach der erzwungenen Ring-Abstinenz von 650 Tagen. Für mich war das die Bestätigung des Trainings und der Beweis, daß es weitergehen würde. Für die Fach-Journalisten war es während der nächsten Monate Stoff für viele Überlegungen, die oft in dem Satz gipfelten: »Aber was passiert, wenn er einmal richtig gefordert wird?«

Denn wie das so ist bei vielen Leuten, ich hatte etwas Ähnliches ja schon in anderen Situationen erlebt, sie glauben nicht einmal, was sie sehen – wenn es nicht ihren Erwartungen und Wünschen entspricht. Weil, wie mein Zitatenbüchlein berichtet, ja nicht sein kann, was nicht sein darf!

Auf die angeblich *richtige Prüfung* steuerte Fritz Gretzschel ohnehin bereits los. Wir machten nur noch aus Gründen der *inneren Sicherheit* ein paar Umwege: die hießen Correa, Albanese und Gamero und dauerten nie mehr als fünf Runden.

Und dann kam die Deutsche Mittelgewichts-Meisterprüfung gegen Peter Müller, die richtige Prüfung.

An Peter Müller kann ich nicht mit ein paar Zeilen vorbeigehen. Peter Müller muß man zu erklären versuchen. Der Kölner ist im deutschen Boxen etwas ganz Besonderes gewesen, und kurioserweise hat er auch zu mir ein besonderes Verhältnis gehabt.

Der »Pitter«, wie die Rheinländer ihn liebevoll nannten, war eine Art Tünnes und Schäl, wobei ich als Berliner nicht so richtig die Unterschiede der beiden Witzfiguren kenne. Er war ein Original, der mit seinem Kölsch jeden Germanisten zu Weinkrämpfen bringen konnte, dessen Autogramme aussahen wie

von einem besoffenen Huhn geschrieben, und der dabei im Grunde ein herzensguter Bursche war.
Aber Pitter war auch häßlich, das kann man ohne Bosheit sagen. Seine Kölner nannten ihn, was ihn nicht sehr fröhlich machte, *de Aap* – den Affen. Als Urviech konnte er tatsächlich überall durchgehen: kurzbeinig und -armig, fast so breit wie hoch, mit einer Sichel von Nase ausgestattet und buschigen Augenbrauen unter zwei Fingerbreit Stirn.
Peter Müllers Entdecker, Manager und späterer Schwiegervater war Jupp Thelen, ein Kölner Gemüsegroßhändler, den ein Carl Zuckmayer um seine Wortprallheit beneidet hätte. Die beiden traten gewöhnlich gemeinsam auf, und wo sich das Volk ballte, da waren sie am Start.
Als Boxer war Peter Müller der Prototyp des sich niemals schonenden Fighters, der flachsohlig in die Gegner hineinging und sie zu zerhämmern begann. Er hat eine ganze Anzahl von Kämpfen in den USA gemacht, wo man diesen Stil liebt. Nur – sehr viel Glück hat Peter Müller niemals gehabt.
Er ist zwar viermal Deutscher Meister geworden, er hat sicherlich auch ausgezeichnet verdient, und er war ein Lokal-Heros, dem in Köln Kinder, Katzen und Hunde nachrannten – aber bei den größeren Aufgaben wie Europameisterschaften reichte es niemals für ihn. Vor allem aber war und blieb er *de Aap*.
Peter Müller hat in mir offenbar, geschürt durch seinen geschäftstüchtigen Manager-Schwiegerpapa Thelen, stets den Rivalen schlechthin gesehen: ich war der angeblich glücklichere Boxer ohne die vielen Rückschläge, und ich war *dat Filmjesicht*.
Und so war es beim ganzen Zuschnitt Peter Müllers kein Wunder, daß er vor unserer Begegnung im Berliner Sportpalast überall tönte: »Dem Bubi, dem zerkloppe ich dat Filmjesicht!« Der Spruch war nicht unmäßig originell, aber aktuell und gut für die Publicity.

Aktuell deshalb, weil man beim deutschen Film gerade damit begonnen hatte, Filmgesichter (mit Hilfe der Maskenbildner, versteht sich) zu demolieren. Die Halbstarken-Filme waren im Anrollen: Schrecken der Erwachsenen, Bestätigung und Ermunterung für die Halbwüchsigen. *Saat der Gewalt* lief bereits, und der Titelsong *Rock Around the Clock* grölte und hämmerte überall aus den Kofferplattenspielern, wo sich junge Kerle mit Schmalztollen und *Zähne* in Petticoats zusammenrotteten. Der Sportpalast wurde erst ein Jahr später, als ich schon in der Deutschlandhalle boxte, zu Kleinholz verarbeitet, nachdem Bill Haley die Halbstarken-Marseillaise heruntergerockt hatte. Auch andernorts splitterte es auf seiner Deutschland-Tournee. Horst Buchholz und Karin Baal waren schon im Geschäft, und ich sollte ja auch noch ins Geschehen eingreifen. *Die Halbstarken* hieß ihr kassenfüllendes Leinwanddrama, das mir Gelegenheit gab, mich zu Hottes Retter aufzuschwingen.
Das war auf dem Oktoberfest in München. Buchholz, das schmale Handtuch, und ich trieben uns dort zum Vergnügen herum. Zeitweise verloren wir uns aus den Augen, und plötzlich fand ich Hotte von einer Halbstarken-Clique umringt. Die Münchner Jünglinge schickten sich gerade an, herauszufinden ob Buchholz hielt, was seine Kinoheldentaten versprachen, und Horst befand sich in einer ziemlich aussichtslosen Lage.
Mein Auftritt wirkte Wunder.
»Jo mei, Herr Scholz. Mir ham do nur an Spaß g'macht«, sagten die Buchholz-Fans und traten den Rückzug an. – Jeder hat halt so seine Talente, oder?
Aber wir waren ja ganz woanders, bei den Vorbereitungen zum Meisterschaftskampf gegen Peter Müller ...

Mir sind persönliche Haß-Gedanken gegenüber einem Gegner immer wie Vergeudung von Zeit erschienen. Ich habe sie genommen, wie sie kamen, und ich habe mir wenig Gedanken

über das Sportlich-Fachliche hinaus erlaubt. Die Nachrichten aus Köln habe ich gehört und ganz schnell wieder vergessen. Sie haben mich nicht berührt.
Mir steckte vor dem Müller-Fight etwas ganz anderes unter der Haut. Ich hatte Angst. Nicht vor dem Gegner, aber vor der 12-Runden-Distanz.
In keinem meiner vier Kämpfe seit der Krankheit war ich mehr als fünf Runden gegangen – eine Deutsche Meisterschaft läuft aber über zwölf. In mir nagte der Gedanke, ich könnte diese zwölf Runden nicht bewältigen. Daran änderte auch nichts, daß die Ärzte, die mich regelmäßig kontrollierten, vollauf zufrieden mit mir waren.
Glaubte ich selbst nicht mehr an mich? Hatte ich meine Moral verloren? Im Sanatorium und in den folgenden Monaten hatte ich viel über den Beruf des Boxers nachgedacht. Das Resultat war, daß ich ihn, mit Verlaub zu sagen, für einen Scheißberuf hielt.
Ein richtiger Beruf, in dem arbeitet man sein ganzes Leben. Beim Boxen kann man, die Krankheit hatte es mir gezeigt, von einem auf den anderen Tag mit leeren Händen dastehen. Selbst wenn man es ganz schön weit gebracht hat, oder sogar gerade dann. Die amerikanische Ringweisheit *The bigger they are, the harder they fall* fiel mir ein: je größer sie sind, desto härter fallen sie, die Gescheiterten.
Auf den Müller-Kampf hatte ich mich wie immer mit aller Disziplin und aller Ernsthaftigkeit vorbereitet, der ich fähig war. Ich hatte zehn, zwölf und sogar fünfzehn Runden im Ring gesparrt, mit drei oder vier sich abwechselnden Partnern. Ich hatte keine Konditions-Schwierigkeiten gehabt, mein Trainer war mit mir zufrieden. Ich hätte es auch sein können, aber da kratzte etwas in mir, das ich nicht so richtig definieren konnte.
So ein Rückblick auf die Vorbereitung eines Kampfes ist viel-

leicht vergleichbar mit den Proben eines Schauspielers, wenn ein neues Stück inszeniert wird. Der Schauspieler geht seinen Text durch. Er sitzt. Er rekapituliert die Stichworte. Prächtig, kein Suchen und kein Zögern. Er überprüft Gesten und Mimik, und der Spiegel sagt: perfekt!
Und dann kommt die Premiere, und alles ist ganz anders, als es in den Wochen vorher war bei den Proben. So ist das auch mit einem Boxkampf.
Wenn mir heute ein junger Boxer solche Gedanken schildern würde, wie ich sie damals hatte, ich würde ihm wahrscheinlich sagen: »Junge, du bist zu nachdenklich für diesen Beruf geworden, in dem der Instinkt so wichtig ist.« Der junge Boxer würde deshalb allerdings nicht das Boxen aufgeben. Ich habe ja auch weitergemacht.

Der gute alte Sportpalast ist am 29. Juni 1957 bis unter das Dach gefüllt, 9000 Leute sind gekommen. In den ersten Reihen schimmern nackte Schultern, glänzen steife Smoking-Hemden: in Berlin ist eine große Veranstaltung der Filmindustrie, und für die Prominenz ist das Programm des Abends klar: erst Bubi Scholz und dann Ball, Champagner, Tanz und Flirts.
Für mich war nur die erste Hälfte dieses Programms beschlossene Sache.
Ich liege auf der Massagebank in meiner Garderobe. Das Grübeln kann ich nicht lassen: was wird Peter Müller tun? Greift er mich an, gleich mit dem ersten Gong? Versucht er, den kühlen Titelverteidiger zu spielen, die alte Nummer *Laß den Herausforderer etwas tun*?
In meine Gedanken dringt ein mit flüsternden Stimmen geführter Disput. Das sind Taubeneck, Teichmann und Gretzschel, die auf so rücksichtsvolle Art Kriegsrat abhalten. Natürlich sind Flüsterstimmen viel störender als eine Unterhal-

tung in normaler Zimmerlautstärke. Aber das erkläre einer einmal Leuten, die dazu entschlossen sind, rücksichtsvoll zu sein!
Ich murre, will wissen, was es da zu tuscheln gibt. Die drei drucksen herum, bis Teichmann mit der Wahrheit herausrückt: Der Stall Gretzschel hat in den Rahmenkämpfen die linke Ringecke belegt. Und aus dieser Ecke waren bisher alle Sieger der Vorkämpfe hervorgegangen. Und deshalb hat sich jetzt vor dem Kampf plötzlich der abergläubische Peter Müller diese Siegerecke in seinen dicken Schädel gesetzt.
Und um ganz sicher zu sein und jeder Diskussion aus dem Weg zu gehen, sind die überschlauen Kölner – was ein absolutes Novum bei einer Deutschen Meisterschaft ist – schon zu Beginn der zwanzigminütigen Pause vor dem Hauptkampf in den Ring gezogen. Um die Siegerecke zu okkupieren!
Während ich hier liege, tapst also draußen im Ring bereits der Peter Müller herum. In meiner Ecke, bei ausgeschalteter Ringbeleuchtung. Viele im Publikum schütteln den Kopf über soviel Narretei. Andere regen sich auf. Und meine drei Helden wissen nicht recht, wie sie sich verhalten sollen.
Mein Gott, sind das Probleme! – Aber gut, wenn Aberglaube und psychologische Mätzchen gefragt sind, da kann ich mithalten! Ich lasse durch Teichmann ausrichten, für eine Coca Cola könne der Peter die Ecke gern haben.
Wie der Spruch bei Müller/Thelen angekommen ist, kann ich nur vermuten. Ich nehme an, er hat sie verunsichert. Genau weiß ich nur eines: der Peter schuldet mir heute noch, nach einem Vierteljahrhundert, die Coca.
Sofort nach dem Gong marschiert Peter Müller mit seinen schnellen, eifrig-kurzen Schrittchen auf mich los. Er erinnert mich an die emsigen kleinen Erstkläßler auf dem Weg zur Schule. Dem Peter fehlt nur der Ranzen auf dem Rücken.
Ich lasse ihn kommen, boxe beweglich aus der Hüfte heraus,

stochere ein paarmal mit einer langen Rechten in ihn hinein, an der er nicht vorbeikommt. Für seine Verhältnisse ist der Rheinländer vorsichtig. Thelen muß ihm wohl eine gehörige Massage verpaßt haben. Ich kann mir denken, wie das zugegangen ist. »Du mußt warten, bis der müde wird. Der Bubi ist doch ein Konterboxer. Den darfst du in den ersten Runden nicht angreifen. Später dann legst du los!« oder so ähnlich.
Aber das ist nicht der Stil, den ein Peter Müller liebt. Und ein Manager kann gar nicht soviel reden, daß ein Peter Müller nicht doch macht, was ihm paßt. In der zweiten Runde hat er alle Vorsicht vergessen, da legt er los.
Unter den Tiefstrahlern, der Tag war schon mörderisch heiß, herrschen 45 Grad Celsius. Aber Müller marschiert, als mache ihm das überhaupt nichts aus. Ich lasse ihn trommeln. Seine Schläge prasseln. Sicher blocke ich mit den Schultern ab oder lasse seine Fäuste ins Leere schlagen.
Ich tue nicht viel. Ich fintiere ein paarmal, er fällt darauf herein. Am Ring wird gelacht. Peter Müller geht am Schluß der zweiten Runde unzufrieden in sein Ecke. Die *Sieger-Ecke*.
In der dritten Runde wirft er die Ratschäge seiner Betreuer endgültig über Bord. Eben habe ich ihn wieder provoziert und nun will er es wissen, sich beweisen: er sucht den Schlagabtausch!
Ich treffe ihn mit dem ersten Konter voll aufs Kinn. Die Linke läßt ihn ins Seil taumeln, er federt zurück und auf mich zu, und nun habe ich ihn: drei Linke schlage ich ihm an den Kopf, Peter Müller überschlägt sich in der Luft, ehe er auf den Brettern landet.
Bei *acht* richtet er sich mühsam auf, kommt auf die Beine. Der Kampf wird wieder freigegeben, aber ich weiß schon – das hier war die Entscheidung, die ist gefallen. Peter Müller scheint das nicht zu wissen.
Auf schwammigen Beinen stolpert er auf mich und die nächste

Linke zu. Zur Sicherheit schlage ich noch einen Haken, und nun ist endgültig alles vorbei. Müller schlägt noch einmal einen Purzelbaum, und diesmal braucht der Ringrichter nicht lange zu zählen: Thelen wirft für seinen Schwiegersohn das Handtuch!
Ich bin Deutscher Mittelgewichtsmeister!
Als Peter begreift, was da gerade passiert ist, schießen ihm die Tränen in die Augen. Er ist ungeheuer enttäuscht, das ist verständlich, und er kann seine Gefühle nicht verbergen. Daß er eine wirklich gute Haut ist, zeigt sich wenig später. Auf dem Weg zur Kabine muß er an meiner Frau vorbei, die in der ersten Reihe sitzt. »Ich jratuliere Sie, Se han ne jute Mann. Ich hanne dat jleich jewußt«, sagte er ganz spontan zu Helga. »Ach Gooott!« amüsiert sie sich noch heute über sich, »ich war damals so gerührt, daß ich dem Müller glatt den Sieg gewünscht hätte, wenn nicht ausgerechnet du sein Gegner gewesen wärst!«
So war das also. Ich mußte grinsen, über den Peter, über mich und vor allem über meine zahllosen Überlegungen, die sich als überflüssig erwiesen hatten. Nerven spielten eine Rolle in diesem Gewerbe, in dem ich nun wieder oben war, geschmückt mit einem noch größeres ermöglichenden Titel.
Ich empfand dieses Jahr als mein erfolgreichstes. Psychologisch war es sicher das wichtigste Jahr meiner gesamten Boxkarriere. Ich boxte noch dreimal. Zweimal war ich in Stuttgart in der Halle am Killesberg der Star bei dem Radio-Großhändler Knörzer, der mit Bravour und phantastischen Gagen versuchte, über das Boxen seinen Umsatz zu steigern und seine Eitelkeit zu befriedigen. Daß er sich dabei übernahm, flüsterte die Branche, aber für einen an seine Zukunft und an sein Bankkonto denkenden Boxer war er ein idealer Veranstalter. Außerdem hat er an den mit mir bestrittenen Kampftagen gewiß verdient und nicht zugezahlt.

Leider hatte der Branchen-Tratsch und -Klatsch im Falle Knörzer nur allzu recht. Der Stuttgarter Veranstalter ging später pleite und raste von einer Autobahn-Hochbrücke herunter in den Freitod.
So groß ich in Stuttgart gegen den Franzosen Ruellet ankam, so sehr mußte ich meine Berliner Anhänger im ersten Kampf nach der Meisterschaft enttäuschen.
Mein Gegner bei diesem Eröffnungskampftag in der neu erbauten Deutschlandhalle war der schnelle, hochklassige amerikanische Mittelgewichtler Jimmy Martinez. Alle 13000 Eintrittskarten waren verkauft, eine Rekordeinnahme stand bevor. Und ich hatte wieder meine Ängste vor der Distanz. Alle Kämpfe seit meiner Heilung hatte ich vorzeitig gewonnen. Aber das richtige Zutrauen zu mir selbst fehlte mir immer noch. Ich versuchte das zu überspielen, plinkerte Hardy Krüger zu, der ganz vorn am Ring saß, versuchte mir damit wohl selbst Mut zu machen. Aber das nützte nicht viel.
Würde ich zehn Runden Tempo gehen können? fragte ich mich wieder und wieder. In den ersten Runden achtete ich darauf, mit meinen Kräften hauszuhalten. Leider tat mir der geschickte Flitzer Martinez nicht den Gefallen, herzhaft anzugreifen und sich kontern zu lassen. Und ich verschob mein Finish vorsichtig von einer Runde in die nächste. Für meinen Schlußspurt in der letzten Runde aber war Martinez zu smart. Er dachte nicht daran sich zu stellen. Er ging mir flink aus dem Weg.
Das Kampfgericht entschied auf Unentschieden, ein Urteil, das die Halle mit Pfiffen quittierte, weil meine Schlußoffensive Eindruck gemacht hatte. Aber ich war selbst schuld. Ich war Opfer meiner eigenen Vorsicht geworden, denn ich hätte ohne weiteres noch ein paar Runden weiterboxen können, als der Kampf zu Ende war. Dieses Wissen war die wichtigste Erkenntnis für die nächsten Kämpfe.
Ich bin in 68 Kämpfen ungeschlagen, acht davon nach Schöm-

berg. Ich bin Meister, und vieles wird auf mich zukommen. Ich bin eben oben.
»Oben« ist seit einigen Wochen auch noch einer: die Russen haben am 4. Oktober 1957 Sputnik ins Weltall geschossen und damit das Zeitalter der Raumfahrt eingeläutet.
Für mich fängt Fritz Gretzschel an, die ganz große internationale Karriere zu planen. Mein sparsamer Manager telefoniert geheimnisvoll mit Paris. Er hat sich da mit einem alten Bekannten aus längst vergangenen Vorkriegsjahren zusammengetan, dem Emigranten Max Stadtlander. Der hat sich die ersten schlimmen Jahre mit dem Brillanten-Handel in Frankreich über Wasser gehalten. Nun entdeckte er, daß man auch mit Boxern handeln kann: Franzosen nach Deutschland, und Deutsche nach Frankreich.
Gretzschel und Stadtlander haben sich, nach vielen einleitenden und sondierenden kleinen Geschäften, nun zum großen Spiel entschlossen: es heißt Bubi Scholz gegen Charles Humez, den Franzosen, der seit mehreren Jahren europäischer Mittelgewichts-Champion ist.
Ich weiß vorerst noch nichts von dem Box-Poker. Ich bin ein bißchen, ein bißchen nur, dabei, das Leben zu genießen. Manchmal hat man eben so das Gefühl, daß man sich selbst auch etwas gönnen sollte, und eine junge Frau war da auch. Die hatte mit mir in den letzten beiden Jahren mehr Sorgen getragen, als es ihr eigentlich zukam.
Diese fünfziger Jahre waren eine tolle Zeit, und zwar in doppelter Hinsicht. Einmal wurde tierisch gearbeitet, mit einer fast religiösen Inbrunst. Und dann wiederum wurde gefeiert, wie man das heute nicht mehr kennt. Ich möchte sagen: mit derselben Intensität, mit der man gerade gearbeitet hatte.
Und wie wir feierten! Gerade in Berlin. Besonders gut ist mir noch die von Hänschen Rosenthal organisierte Vatertagsfahrt des Jahres 56 oder 57 in Erinnerung. Wir hatten einen luxuriö-

sen Erster-Klasse-Eisenbahnwaggon auf einen Tieflader bugsieren lassen und sind darin durch Berlin kutschiert. Hänschen hatte vom Tiefbauamt die Route ausarbeiten lassen, damit wir uns nur auf *tragfähigen* Straßen bewegten und mit dem schweren Gefährt nicht plötzlich wegsackten. Zwei Polizeipräsidenten hatten wir an Bord, den aus Berlin und den aus Hamburg. Damit waren uns die *Weißen Mäuse* sicher, die unsere Herrenpartie eskortierten. Natürlich war alles, was Rang und Namen hatte, eingeladen.

Da saßen wir in unseren Abteilen und waren ausgelassen wie selten. Musik spielte, Bier spendierte eine Brauerei. Es gab jede Menge Aufenthalte mit allerlei Darbietungen und Jokus. Sogar eine Abordnung des Opernchors ließ es sich nicht nehmen, ein Ständchen beizusteuern und es sich in Form von Bier entgelten zu lassen.

Die tragenden Säulen dieser Festivität waren die Mitglieder der *Gesellschaft zur Verbreitung und Verhütung von Schrecken aller Art.* Wir trafen uns regelmäßig montags zum *Insulaner-Stammtisch.* Günther Neumann war natürlich dabei, Edith Schollwer, Walter Groß, Ewald Wenck, alles *Insulaner, die die Ruhe nicht verloren*, die Musiker Werner Eisbrenner und Otto Kernbach, der Schauspieler Kurt Weizmann ... Ich kann sie nicht alle aufzählen, und keiner möge mir böse sein – ich hab' mich ja selbst vergessen!

Wenn wir feierten, dann *mit Musike*, wie wir Berliner sagen. Wir hatten auch allen Grund dazu. Was hatten wir nicht alles über uns ergehen lassen müssen: die Besetzung durch die Russen, die Streitereien der vier alliierten Besatzungsmächte, die Luftbrücke, Hunger, Kälte und Entbehrungen. Wir wußten, was es bedeutete, »Insulaner« zu sein in einer Zeit, in der eine Krise die gerade beigelegte ablöste.

Uns erinnerten nicht nur die 12000 Soldaten aus den USA, aus Großbritannien und Frankreich daran, daß um uns immer

ein Hauch von Katastrophe schwebte. Für uns war es einfach wichtig, uns auszuleben. Der Nachholbedarf war für alle groß.
Helga und ich besuchten Freunde und wir gingen aus. Die Unsitte der Music-Box hatte sich noch nicht sehr ausgebreitet. Selbst kleine Kneipen leisteten sich einen Pianisten, in den größeren Läden spielte eine Band zum Tanz auf, der Boogie Woogie, Jive, Bebop oder Rock 'n' Roll hieß.
Kreuzberg war fest in deutscher Hand, kein Türke in Sicht, das beliebteste Haustier der Damen war der Persianer. Meine späteren Kollegen – die aus der Werbebranche – unternahmen größte Anstrengungen, um den allzu braven Bürgern der jungen Republik die Scheu vor Ratenkäufen zu nehmen. Konsum auf Kredit war nicht länger Sünde. Die Mark mußte rollen, die Wirtschaft wachsen, so wie der immer korpulenter werdende Wirtschaftsminister Ludwig Erhard mit seiner unvermeidlichen, dicken Zigarre – Symbol der Prosperität der rauchenden Schornsteine. An der Straßenecken entstanden die Vorläufer der heutigen Supermärkte, klein und bescheiden noch. In den Windeln lag auch die Touristik, die heute des Deutschen liebstes Kind geworden ist: die ersten Busreisen nach Österreich und Italien wurden angeboten, pauschal: Vier Tage Meran kosteten 75 DM, vier Tage Wien gab's für 45.
Brüssel rüstete zur Weltausstellung 1958, deren vielbestauntes Wahrzeichen das Atomium war. Der deutsche Mann rüstete sich in nie gekannter und vermuteter Weise für eine neue Zeit: mit der Küchenschürze! Die jungen, mitarbeitenden Frauen der *Doppelverdiener* meldeten in Spurenelementen ihren Gleichberechtigungsanspruch an. In die Haushalte zogen die ersten Bügelmaschinen ein (noch keine Geschirrspüler, leider), zeitgleich mit den Nylon-Hemden, dic man nicht mehr zu bügeln brauchte. Auf den Straßen spielten die Schlüsselkinder, weil Papa und Mama damit beschäftigt waren, das erste Auto

zu verdienen – vielleicht einen Leukoplast-Bomber mit Namen Lloyd vom alten Borgward aus Bremen (der 1961 dann doch pleite ging), oder sogar einen VW mit ein paar mehr als 20 PS.
Die hereinströmenden Flüchtlinge aus der Sowjet-Zone wurden von der Wirtschaft absorbiert und gesellschaftlich erstaunlich gut verkraftet. Man hatte sich eingerichtet, sich mit der Vergangenheit ohne viel zu grübeln abgefunden und versucht, aus den neuen Verhältnissen das beste zu machen. Beredtes Beispiel waren die zahllosen *Onkelehen,* Kriegsfolgen zwischenmenschlicher Natur: die rentenberechtigten Kriegerwitwen führten Ehen ohne Trauschein, um ihre Rente nicht zu verlieren. So muffig man auch ansonsten in Sachen Moral war, diese illegalen Beziehungen wurden toleriert. Geld hatte niemand zuviel. Eher schon Träume, und für die wurde geschuftet. Je härter wir arbeiteten, desto intensiver sogen wir Genuß aus Festen, Feiern und Fêten. Bottle-Parties avancierten zum Nonplusultra. Jeder brachte eine Flasche mit und los ging's.

Arbeit war für mich der K.o.-Sieg in der siebenten Runde über Michel Masson, der vorher noch nie ausgeknockt worden war, ein Franzose natürlich. Natürlich sage ich, weil Gretzschels Bestrebungen voll auf die Begegnung mit Humez hinausliefen. Mit Gilbert Benaim, dem Match-Maker vom Palais des Sports, war er schließlich über eine Art *Kettengeschäft* einig geworden.
Das sah so aus: Scholz kommt für eine relativ niedrige Gage zu einem Nichttitelkampf nach Paris. Veranstalter ist Benaim. Die Revanche, und dabei geht es um die Europameisterschaft, findet später in Berlin statt. Veranstalter ist Gretzschel. Soweit ganz einfach. Benaim aber – jetzt wird's merkwürdig – soll für den Berliner Kampf eine *Abfindung* von 30000 DM bekommen. (Meine Gage beträgt ganze 20000 DM!) »Anders kom-

men wir an den Meisterschaftskampf nicht heran«, beteuerte Gretzschel mir gegenüber immer wieder.
Und da war natürlich was dran. Gretzschel hatte sich nämlich mit dem Bund Deutscher Berufsboxer zerstritten, und der hatte offiziell Hans-Werner Wohlers, den Schützling des alten Gretzschel-Rivalen Walter Englert, als Herausforderer gemeldet. Aufgrund der Querelen meines Managers mit dem Verband wäre es wohl tatsächlich eine sehr langwierige Angelegenheit geworden, über den Verband an den Titelkampf zu kommen – obwohl ich Deutscher Meister war! Die Funktionäre hatten genug Möglichkeiten, durch geschickte – legale – Winkelzüge Gretzschel, und damit mir, Hindernisse in den Weg zu räumen. Da Gretzschel beim Verband nicht klein beigeben wollte, mußte er Humez' freiwillige Titelverteidigung ansteuern. Hätte ich von Anfang an übersehen, wie eklatant Gretzschels Fehde mit dem Bund Deutscher Berufsboxer meine finanziellen Interessen verletzte, ich hätte auf die Herausforderung von Humez verzichtet. Die Leute wollten mich sehen. Auch ohne Europameisterschaftstitel. Ich konnte in jedem beliebigen Kampf mehr und leichter Geld verdienen als in den beiden Humez-Begegnungen zusammen.
Hier muß ich noch ein paar Worte über die nach meiner Meinung unglückselige Verquickung von Manager- und Veranstalter-Interessen schreiben. Mein Fall ist dafür das beste Beispiel. Weil der *Veranstalter* Gretzschel mit dem Verband im Streit lag, konnte der *Manager* Gretzschel für seinen Schützling nicht das erreichen, was möglich gewesen wäre. Weil der *Veranstalter* Gretzschel daran interessiert war, die Kosten seiner Kampftage niedrig zu halten, fehlte dem *Manager* Gretzschel natürlich die Motivation, für seinen Schützling die größtmögliche Gage herauszuholen. Und so gab es ständig Konfliktstoffe für die beiden Seelen in meines Managers Brust. Gretzschel schaute – wie konnte es anders sein – auf welche Weise *er* auf

seine Kosten kam. Wenn er *nur* als Manager gefordert war und keinerlei Veranstalterinteressen im Spiel waren, fand ich (auch heute nicht) keinen Anlaß zu klagen. Aber sobald Gretzschel in Doppelfunktion aktiv war, wurde ich aufgrund der Interessen-Kollision benachteiligt. Das geht allen Boxern so, deren Interessenvertreter Manager *und* Veranstalter sind.

Der Kampf im Palais des Sports, einem inzwischen abgerissenen Gebäude mit einer unwahrscheinlich dichten Atmosphäre, sollte am 10. März stattfinden. Gretzschel, Taubeneck und ich reisten eine Woche vorher nach Paris: Benaim bestand auf einer sorgfältigen PR-Vorbereitung des Kampftages.
Es gibt den Begriff des Ballyhoo. Damit ist Auftrieb, Rummel im Sinne von Aufsehen gemeint. In Paris begann das mit den Fotos, für die die hübschesten Mannequins von Dior die Garnierung bildeten. Die Franzosen ließen sich ständig neue Dinge einfallen, um »Bübi« in die Zeitungen zu bringen.
Sie verstiegen sich zu Formulierungen, die für den grimmigen Humez mit der zerhauenen Boxer-Visage nicht eben schmeichelhaft waren, indem sie ihm nun das *Film-Gesicht* gegenüberstellten. *Die Schöne und das Tier* war einer der großen Filme gewesen, die Geschichte gemacht hatten. Der Titel wurde auch für unseren Kampf mißbraucht.
Der Veranstalter Benaim verstieg sich noch in anderer Hinsicht. Für einige der angereisten deutschen Journalisten wollte er keine Freikarten herausrücken und schlimmer noch – dem RIAS-Berichterstatter Udo Hartwig wollte er nur gegen Zahlung eines höheren DM-Betrages die Übertragungserlaubnis erteilen. Das war unüblich. Aber Herr Benaim hatte nun mal ein einnehmendes Wesen. In zwei Dingen hatte er sich allerdings verkalkuliert: zum einen unterschätzte er die Solidarität zwischen den deutschen Journalisten und mir, und zum anderen hielt er zu große Stücke auf *seine* und zu geringe auf *meine*

Cleverness. Die Deutschen informierten mich über ihre Sorgen, und ich sann auf Abhilfe ...
Man muß nur am längeren Hebel sitzen, dachte ich, und mir fiel ein, wie ich mich als Siebenjähriger zum Schrecken der Friseure des Prenzlauer Berges aufgeschwungen hatte. Ich Dreikäsehoch setzte mich auf den Drehstuhl, ließ mich hochschrauben und mir die Haare schneiden. Wenn's ans Bezahlen ging, hatte ich statt der geforderten 30 Pfennige stets nur 25 bei mir. Was blieb dem Barbier anderes übrig, als *Hau ab!* zu zischen. Ich hatte einen Fünfer gespart und zog nach drei Wochen die gleiche Nummer beim nächsten Friseur ab. Ich gebe zu, nach einer gewissen Zeit wurde es in meinem Kiez schwierig mit dem Haareschneiden, für mich arbeitete man nur noch gegen Vorkasse.
Nun, der lange Hebel wurde von Benaim höchstpersönlich geliefert. Er hatte im französischen Fernsehen zur besten Sendezeit eine erste Begegnung Scholz/Humez arrangiert, eine wirkungsvolle Promotion, die für ein ausverkauftes Haus sorgen sollte. Als Benaim mich im Hotel abholen wollte, ließ ich ihn wissen, daß ich in meinem Vertrag keine Vereinbarung über einen Fernsehtermin finden könne. Dort stünde nur etwas über meine Box-Verpflichtungen. Ich ließ mich erst dazu erweichen mitzukommen, nachdem der RIAS seine kostenlose Sendeerlaubnis hatte und die Frage der Freikarten zufriedenstellend geregelt war. – Eine Anekdote, das Ganze. Aber auch ein wenig Genugtuung gegenüber einem Mann, der zuviel Geld an mir verdient hat. Und auch ein gemeinsames Erlebnis, das mich bis heute mit einigen Journalisten freundschaftlich verbindet.
Den meisten Spaß in Paris hatte ich mit einem deutschen Korrespondenten. August Kageneck, in Hamburg Guschi und in Paris Gusti gerufen, ist ein Reichsgraf mit ellenlangem Stammbaum, einer aus der Kiste, die bei Bismarck-Hochzeiten im Sachsenwald den Brautführer abgibt. Gusti arbeitet für die

Springer-Blätter in der französischen Hauptstadt, und er kennt die Seine-Metropole wirklich – er zeigte sie mir, nach dem Kampf.
Der begann schon auf der Waage, die im Verlagshaus der französischen Sportgazette L'Equipe aufgestellt war. Als Gewichtslimit waren 73 Kilogramm vereinbart, und jedes angefangene Kilo Übergewicht wurde mit 1000 DM Konventionalstrafe belegt. Als man mich um zwölf Uhr wog, wurde ich als 300 Gramm zu schwer befunden. Aber noch waren die tausend Mark nicht verloren. Von einem Berliner Fan, der mit nach Paris gekommen war, lieh ich mir einen warmen Pulli aus und begab mich in den sehr warmen Rotationssaal der Druckerei. Dort sprang ich 15 Minuten lang Seil. Beim Nachwiegen, das nach dem Reglement innerhalb von dreißig Minuten möglich war, erwies ich mich als 350 Gramm leichter als vorher. Der Tausender war gespart. Schnell verdientes Geld.
Doch das blieb auch so ziemlich die einzige Freude, die ich an dem Kampf fand. Den Palais des Sports füllten über 15000 Zuschauer, unter ihnen Hildegard Knef und Nadja Tiller, und sie sahen einen wild angreifenden Humez, der eisern entschlossen war, mich k.o. zu schlagen. Vielleicht hatten ihn die Berichte in den Zeitungen doch nicht so unberührt gelassen, wie man das bei einem hartgesottenen Profi erwarten sollte.
Humez brachte mich zweimal ernsthaft in Verlegenheit. Zum ersten Male schon in der zweiten Runde, als ich einfach zu leichtsinnig war und mir einen rechten Haken auf die Nase einfing. Dann, weit unangenehmer, bohrte er mir in der siebenten Runde noch einen linken Haken in die Nierengegend.
Das sind Treffer, die den besttrainierten Mann schmerzen, ihn für Augenblicke nach Atem ringen lassen, aber manche Heimringrichter kümmern sich keinen Deut darum, daß Nierenschläge nach dem Reglement verboten sind. Man steckt so ein Ding ein, und man muß sehen, wie man damit fertig wird.

Ich wurde damit auf den Knien fertig, und ich war froh, als ich bei *neun* wieder auf den Beinen stand und über die Runde kam. In der Pause erholte ich mich ganz gut, und was übrig blieb, war mehr oder weniger kalte Wut.
Die letzten drei Runden habe ich Charles Humez zur Schießscheibe gemacht. Ich ließ mich zwar auf nichts mehr ein, was ein Risiko barg, aber ich nutzte jede Chance mit äußerster Konzentration, um selbst zum Treffer zu kommen. Für Humez wurden diese drei Runden mit die bittersten seiner Laufbahn. Auf wackelnden Beinen erreichte der Mann, den seine Landsleute den Löwen nannten, den Schlußgong, das Gesicht zerschunden, verschwollen und blutend.
Den Sieg gaben die Kampfrichter an Charles Humez. Ich hatte meine erste Niederlage weg, und es hilft mir auch heute noch nichts, daß ich sie nicht verstanden habe – der Presse gelang das übrigens ebensowenig.
Eine der größten Pariser Zeitungen druckte den fast zerstörten Humez auf der ersten Seite und überschrieb das Foto mit der sarkastischen Schlagzeile *Der Sieger!* Die französischen Blattmacher, die man sicherlich nicht der Parteilichkeit zugunsten eines Berliners bezichtigen kann, spiegelten damit die Eindrücke wieder, die man an der Ringseite haben mußte: es war kein korrektes Urteil!
Paris aber nahm mich auch als Verlierer in seine Arme. Wo immer ich nach dem Kampf, begleitet von Gusti Kageneck, auch erschien, ob Schauspielerinnen der berühmten Theater und Revuehäuser, Modemacher oder nur einfach Nachtschwärmer, alle wollten mir Freundlichkeiten sagen oder ein Autogramm haben.
Wenn ich nicht so ein eingefleischter Berliner wäre – dieses Paris hätte auch meine Stadt werden können!
Ich blieb nach dem Kampf noch in Paris. Ich kaufte tüchtig ein und kochte bei einer Kollegin Kagenecks erst einmal einen

kräftigen Gemüseeintopf. (Steaks hingen mir nämlich meilenweit zum Hals heraus.) Von dem Eintopf hat mir noch 20 Jahre später Jürgen Juckel vorgeschwärmt, der für BILD nach Paris gekommen war und mit Gusti und mir hinterher durch das Dorf zog.

Mein Aufenthalt dauerte unfreiwillig sogar noch einen Tag länger als vorgesehen, weil ich mein Flugzeug verpaßte. Die Geschichte hat Helga mir heute noch nicht hundertprozentig abgenommen, obwohl sie wahr ist.

Auf dem Wege zum Flughafen übersetzte Graf Kageneck mir die französischen Zeitungen, und wir kümmerten uns nicht um den Weg, den das Taxi nahm. Wir landeten auf dem nationalen Flughafen *Le Bourget,* und auch die Hetzjagd zum internationalen Airport *Orly* brachte nichts mehr ein: ich sah die Maschine nach Deutschland nicht einmal mehr, obwohl sie 20 Minuten auf mich gewartet und mein Gepäck mitgenommen hatte.

Auf diese Weise blieb ich einen Tag länger, und Gusti Kageneck fand Zeit, mir weitere Artikel zu übersetzen. Unvergeßlich wird mir davon die mehrseitige Story eines Homophilen-Magazins bleiben, in der es kaum um das Boxen, aber in glühenden Farben um die ephebenhafte Schönheit dieses Boxers Scholz ging, der sich – Schande! – an einen so grauenhaften Beruf verschwendete.

An dem Abend müssen alle Leser dieses Blattes vor Schmerz und Entzugserscheinungen in ihre seidenen Kissen gebissen und sich mit manikürten Fingern die Brust zerkratzt haben.

Am nächsten Tag fuhr Gusti mich mit seinem eigenen Wagen zum Flughafen. Wir waren wieder spät dran – die Nacht war lang geworden –, und die Eile kostete einen Kotflügel. Aber ich erreichte meine Maschine.

In Berlin erwartete mich eine unangenehme Überraschung. Der Humez-Kampf war doch nicht so ganz spurlos an mir vorübergegangen. Ich hatte mir eine Rippe gebrochen, eine zweite war bei dem Haken in die Nierenpartie angeknackst worden. Und das ausgerechnet vor der Verteidigung meines Mittelgewichts-Meistertitels gegen Max Resch. Sie war für den 3. Mai in der Dortmunder Westfalen-Halle bereits terminiert, und wir hatten Mitte März. Für einen Zwölf-Rundenkampf aber sind sechs Wochen Vorbereitung ohnehin nicht allzuviel.

21.

Ich mußte mir wieder einmal äußerste Mäßigung und Zurückhaltung beim Training auferlegen. Ich war geröntgt worden, und der Vertrauensarzt Dr. Frey bestätigte die Verletzungen.
Bei der zweiten Untersuchung nach vierzehn Tagen zeigte sich, daß der Heilungsprozeß gute Fortschritte machte. Über Schmerzen, sagte Dr. Frey, solle ich mich nicht wundern, die müsse ich eben ertragen. Gefahr für meine Gesundheit bestünde jedenfalls nicht mehr. Halb verletzt, halb gesund, befand ich mich in einer fatalen Situation.
Ich wünschte eine Verschiebung des Meisterschaftskampfes. Aber mein Manager Fritz Gretzschel erklärte mir unmißverständlich: »Der Englert droht mit Titelaberkennung. Der macht ernst!« Hinter dieser Drohung standen wohl vor allem die finanziellen Interessen des Promoter-Gespanns Göttert/Englert. Walter Englert, die graue Eminenz des Berufsboxsports, der die Ausschüsse dominierte und auf den die Ringrichter und Manager hörten, war die treibende Kraft. Er war auch der Manager Reschs, hatte also doppeltes Interesse. Das alte Spiel: Veranstalter Englert verdiente an 15000 Zuschauern in einer ausverkauften Westfalen-Halle, und er erhielt als Manager Englert seine Prozente von der Resch-Gage. Er war an einem großen Zahltag interessiert und nicht an einer Verschiebung.
Zum vereinbarten Termin nicht anzutreten, hätte bedeutet: Resch wäre mir zunächst erspart geblieben. Aber mir wäre der Titel aberkannt worden. Und wollte ich ihn wiederhaben, mußte ich doch gegen Resch boxen, da er anerkannter Herausforderer war. Im Boxen ist es aber nun einmal so, daß der Meister, der den Titel riskiert, den Löwenanteil der Gage mitnimmt. Ist keiner Titelhalter, die Meisterschaft also vakant, wird gewöhnlich halbe-halbe gemacht.
Das paßte mir, rechnen hatte ich gelernt, auch nicht. Außer-

dem störte es mein Gerechtigkeitsempfinden, daß ich die Halle vollziehen und Resch den Vorteil haben würde. Er war in Dortmund, das hatte sich bei anderer Gelegenheit gezeigt, für beachtliche 7000 oder 8000 Zuschauer gut. Bei Bubi Scholz dagegen konnte man in einem Allerweltskampf mit drei- oder viertausend mehr rechnen, eine Meisterschaft aber bedeutete *Full House!*

Auch mein Manager machte mir diese Rechnung auf. Inzwischen weiß ich: im Dschungel des Boxgeschäftes war Gretzschel längst bei Göttert/Englert-Veranstaltungen, zu denen er den Hauptkämpfer Scholz lieferte, zum stillen Teilhaber geworden. Er sah sich in bester Harmonie mit Walter Englert.

Das Hauptproblem war, die Form von Paris zu halten. Da ich, gehandicapt durch den erst frisch verheilten Rippenbruch, das Risiko schwerer Sparringskämpfe nicht eingehen wollte, konnte ich durch Training mein Gewicht nicht regulieren. Die Alternative hieß fasten.

Mit allen Mitteln versuchte ich, mein Gewicht auf 72,5 kg zu drücken. Während der letzten zwei bis drei Tage vor dem Kampf habe ich unentwegt Abführmittel genommen und ließ mir schließlich sogar eine Spritze mit einem Quecksilberpräparat geben, um eine Harnflut auszulösen. Damit wurde dem Gewebe Flüssigkeit entzogen. Jedes Salatblatt habe ich mir damals einzeln vorgezählt und Flüssigkeiten gewissermaßen mit dem Fingerhut abgemessen.

Ich konnte kaum etwas in den Magen würgen, weil meine Zunge und mein Gaumen so trocken waren und sich wie ein Reibeisen anfühlten. Die leicht angebratenen Steaks konnte ich nur noch auskauen. Schlucken ging nicht mehr. Traubenzucker, Eigelb und geringe Mengen konzentrierter Obstsäfte waren meine Ernährungsbasis.

Als es dann zum Wiegen ging, marschierte ich vorher noch einmal auf die Toilette. Ich versuchte, aus meinem Körper her-

auszupressen, was nur irgend ging, um ja kein Gramm zuviel auf die Waage zu bringen.
Das Wiegelokal war überfüllt, alle warteten darauf, was geschehen würde. Würde ich schon auf der Waage den Titel und viel Geld verlieren? Ich kam herein, wünschte allen einen fröhlichen guten Morgen und sagte: »Nach einem so hervorragenden Frühstück kann man eigentlich nur guter Laune sein.« Ich versuchte, meine Gewichtsprobleme als PR-Gag zu bagatellisieren. Dennoch machten alle Anwesenden skeptische Gesichter.
Bei der Meisterschaft ist es so, daß der Titelverteidiger zuerst gewogen wird. Die Funktionäre begannen mit dem Wiegeritual, prüften das Gerät, stellten es auf Null. Hätte ich das erforderliche Kampfgewicht nicht gebracht, dann wäre der Kampf zwar ausgetragen worden, aber nicht als Meisterschaftskampf. Der Titel wäre vakant gewesen. Außerdem hätte ich eine Konventionalstrafe bezahlen müssen, da das Publikum für eine Meisterschaftsbegegnung Eintritt bezahlt und nun keine zu sehen bekommen hätte.
Ich war sehr erleichtert, als die Waage tatsächlich korrektes Mittelgewicht anzeigte und tönte natürlich in die überraschte Menge, zu den Journalisten und vor allem zur gegnerischen Ecke, daß ich es ja gewußt hätte und daß ich ganz sicher gewesen sei, das Kampfgewicht zu bringen. Innerlich frohlockte ich. Den ersten Etappen-Sieg hatte ich bereits in der Tasche.
In mir aufgestaut saß fürchterliche Wut, etwas, was sonst in keinem anderen Kampf so zum Ausdruck gekommen ist. Ich wollte mich jetzt für die Schinderei und das Intrigenspiel der vergangenen Wochen revanchieren. Manager Englert hatte seinem Schützling einen schlechten Dienst erwiesen. Und Resch ahnte wohl kaum, was er während des Kampfes alles mit ausbaden mußte.
Noch waren fast zwölf Stunden Zeit. Da sollte, konnte und

mußte noch eine Menge passieren. Ich kannte mich, ich befand mich momentan in der physisch schlechtesten Verfassung, die ich je vor einem Kampf hatte. Vor allem nach meiner ersten Niederlage, dem Pariser Humez-Fight, und die Manager des Gegners hatten als Zugabe alles getan, mich psychologisch ins Hintertreffen geraten zu lassen.

Aber der glatte Verlauf des Wiegens war genau das richtige Stimulans . . .

Die Zeit vor dem Kampf habe ich mit einem vollen Regenerationsprogramm angefüllt. Nach der ärztlichen Untersuchung, die nach dem Wiegen stattfand, habe ich in einem abgeteilten Umkleideraum eine erste Kalorienbombe in Form von sechs Eigelb, Traubenzucker und einigen Tropfen Rotwein zu mir genommen.

Im Auto auf der Fahrt ins Hotel trank ich Mohrrübensaft mit Honig. Ich konnte fühlen, wie meine gespielte Stimmung, meine gute Laune Wirklichkeit wurden.

Im Hotel gab es geraspelte Mohrrüben mit geraspelten Äpfeln und Zitronensaft. Danach leicht angebratenes Tatar, innen roh und phantastisch saftig. Schluckweise trank ich dazu Reformhaussäfte.

In meinem Zimmer legte ich mich aufs Bett, zog mir ein Kissen über den Kopf und schlief eine Stunde. Danach aß ich ein kleines Steak mit jungen Möhren und schlief neuerlich. Auf dem Nachttisch stand dabei immer ein Glas mit Traubensaft, und zwischendurch nahm ich immer einmal wieder einen kleinen Schluck.

Dann ging ich eine Stunde allein spazieren und machte Atemübungen, zwischendurch legte ich 30- oder 40-Meter-Sprints ein. Inzwischen war es 15 Uhr 30 geworden, ich hatte wieder Appetit, mehr als das: Heißhunger, konstatierte ich.

Ich aß einen Berg Salat mit gehobelten Mohrrüben und nochmal leicht angebratenes Tatar. Schließlich mixte ich mir auf

meinem Zimmer noch einen Rotwein-Eigelb-Traubenzukker-Cocktail, packte meine Sachen und legte mich schlafen. Als ich aufwachte und von einem Hamburger Freund in die Westfalen-Halle gefahren wurde, fühlte ich mich viel besser.
Vor dem Kampf kam Walter Englert zu mir in die Garderobe und wollte wissen, ob ich mit *harten Bandagen* einverstanden wäre.
»Soweit ich weiß, werden in Deutschland Bandagen im Ring angelegt. Länge und Stärke dieser Bandagen sind in den Satzungen des Boxverbandes vorgeschrieben. Aber wenn Sie meinen, daß Ihr Schützling *harte Bandagen* braucht, ich habe nichts dagegen.« Ich demonstrierte Selbstsicherheit. »Im übrigen«, sagte ich, »nehmen Sie, wie ich höre, noch Wetten auf den Kampf an!« Das gefiel Englert gar nicht. »Mit Ihnen wette ich nicht!« fauchte er, machte auf dem Absatz kehrt und ging. (Bei sogenannten *harten Bandagen* wird die gesamte Faust samt Knöchel und Gelenk mit mehreren Metern Leukoplast so fest bandagiert, daß die natürlichen Funktionen optimal verstärkt werden und die Faust steinhart ist.)
Für den Abend bereitete ich mich sorgfältig auf einen Nervenkrieg vor. Ich wußte, wie schwach das Nervenkostüm meines Gegners war.
Resch war darauf programmiert, in den Ring zu steigen und sofort zu fighten. Als ich in die Westfalenhalle kam, herrschte dort eine tolle Atmosphäre. Die Stimmung war fast auf dem Siedepunkt. Es knisterte. Ich wurde dabei immer kälter, vielleicht aus dem Bewußtsein heraus, doch nicht optimal vorbereitet, nicht in bester physischer Verfassung zu sein. Aber psychisch hatte ich etwas zu bieten.
Plötzlich brauchte ich dreimal so lange wie sonst, um meine Bandagen richtig zu wickeln. Immer wieder stimmte etwas mit der Blutzirkulation in den Händen nicht. Resch hatte zu jenem Zeitpunkt längst die ausgelosten Handschuhe an, machte

Schattenboxen. Aber an diesem Abend saßen selbst meine Handschuhe nicht richtig. Zweimal ließ ich sie binden, dann endlich war ich zufrieden. Die Zuschauer begannen bereits, meine Vorbereitungen als zu pedantisch zu empfinden. Sie wurden unruhig, erste Buh-Rufe waren zu hören.
Aber was wußten die Zuschauer von den Nerven meines Gegners?
Endlich stimmte alles. Meine Bandagen saßen, Handschuhe hatte ich an, und der Ringrichter wollte wissen, ob ich nun allmählich bereit sei. Da fiel mir auf dem Weg zur Ringmitte der Meistergürtel ein, den ich noch immer um die Hüften trug. Also ging ich an den Seilen entlang, bis ich einen Delegierten der Boxkommission fand, dem ich den Gürtel auf den Tisch flattern ließ.
»Wären Sie so freundlich, bis nach dem Kampf darauf achtzugeben, damit ich ihn mir nachher wieder abholen kann? Ich hänge an dem Ding!« bat ich den Herrn. Ich sagte es laut. Resch sollte es hören.
Und immer noch war bis zum ersten Gong für mich gute Weile. Ich hatte den Bademantel noch an, und – es war aber auch wirklich ein verhexter Tag – mein Mundschutz fehlte. Max Resch, der wie ein übersensibler Vollblüter in der Ringmitte wartete, tat mir beinahe leid. Aber es machte mir Spaß, sein Nervengewand noch weiter zu durchlöchern. Ich wollte, daß er Taktik und Konzept völlig vergaß.
Wer so nervös ist, wie Resch es an jenem Abend war, kann sich wirklich nur außerordentlich schlecht konzentrieren. Ich weiß nicht, was für diesen Kampf entscheidender war, die fünfzehn Minuten davor oder die erste Runde. Wir sind beide Rechtsausleger, wobei ich ziemlich frontal boxe. Wir begannen den Schlagabtausch mit der rechten Führungshand, und beim zweiten Abtausch deutete ich nur an und schlug mit der Linken über seine Rechte. Ich habe beim zweiten Mal seine Rechte ausge-

ritten und mit der linken Hand gecrosst und traf Resch voll am Kopf. Der Treffer erschütterte ihn bis in die Beine, und das wiederholte sich.
Bis zur dritten Runde hatte ich ihn sieben- oder achtmal am Boden. Ich hoffte jedesmal, daß er nicht mehr hochkommen und weiterkämpfen würde. Ich hatte von der ersten Runde an schnell gekämpft, entgegen meinem Konzept und entgegen meinem physischen Zustand. Wenn der nochmal aufsteht, fällst du hin, dachte ich.
Resch war so gut austrainiert, daß er immer wieder aufstand und fast im Unterbewußtsein weiterkämpfte. Ich wartete auf eine günstige Gelegenheit, ihn mit der Linken voll abschießen zu können. Da ich von ihm kaum noch Gegenwehr erwartete, wurde ich von einer plötzlichen Attacke überrascht. Ich duckte voll hinein in eine der Linken, mit denen er schon so viele seiner Gegner k.o. geschlagen hatte.
Es traf mich genau an der Kinnspitze, und im Augenblick des Getroffenwerdens rutschten mir die Beine weg. Dennoch kam ich sofort wieder hoch, zu schnell und zu früh. Obwohl ich schon wieder völlig klar war oder auch gerade deshalb, stellte ich mich mit dem Rücken zum Ring an die Seile, hielt mich daran fest und sagte zum Ringrichter: »Weiterzählen«. Ich überprüfte meinen Körper, kontrollierte meine Reaktionen und signalisierte der Ecke: *Alles okay*.
Bei *acht* nahm ich den Kampf wieder auf. Resch witterte seine Chance und kam auf mich losgestürzt. Ich hatte die linke Hand noch am Seil und fintierte mit der Rechten. Der Schwabe blieb einen Moment stehen, da traf ihn meine Linke voll. Von diesem Schlag erholte er sich nicht mehr.
In der vierten Runde, nach dem 14. Niederschlag, wurde das Handtuch geworfen. Resch war geschlagen, nicht nur an diesem Abend, eigentlich für alle Zeiten. Er war so demoralisiert, daß er später keine großen Kämpfe mehr gemacht hat.

Heute werden Kämpfer nach dem dritten Niederschlag in einer Runde, spätestens jedoch nach dem fünften in einem Kampf aus dem Ring genommen.
Ich weiß längst, daß ich etliche Gegner so deprimierend geschlagen habe, daß sie anschließend nicht mehr boxten. Grötsch gehört dazu, Hans Häfner, Ronald Franke, Schneider, Armstrong, André Drille, Jesse Bowdry. Auch Charles Humez hat nach seiner Niederlage im zweiten Kampf gegen mich nie wieder geboxt.

Zu dem Kampf in die Westfalen-Halle hatte mich Hänschen Rosenthal mit meinem Auto gefahren, da ich vor einem Fight nur sehr selten ein Auto steuerte. Wir übernachteten in einem Hotel und hatten beschlossen, am nächsten Tag das Ausscheidungsspiel um die Deutsche Meisterschaft, Tennis Borussia Berlin, damals Berliner Meister, gegen Schalke 04 anzusehen. Wir fuhren ins Gelsenkirchener Stadion und setzten uns auf die Tribüne. Der Stadionsprecher stellte die Spieler beider Mannschaften vor, anschließend begrüßte er auch mich als den alten und neuen Deutschen Meister im Mittelgewicht. Die Kumpels klatschten, als der Stadionsprecher meinen Namen genannt hatte.
Sie jubelten indes noch mehr, als in der Glückauf-Kampfbahn Schalke 04 sich in einen Torrausch steigerte und in schöner Regelmäßigkeit ein um das andere Mal den Berliner Schlußmann bezwang. Und nach jedem Tor drehten sich Hunderte von Köpfen nach mir um und grinsten mitleidig. Einige Zuschauer machten auch schon Bemerkungen wie: »Boxen könnt Ihr ja in Berlin, aber Fußball ist wohl nicht so stark?«
Als es 7:0 für Schalke stand, sind wir dann aufgestanden und haben uns aus dem Stadion geschlichen, weil wir der Ansicht waren, diesem Trauerspiel nicht länger zusehen zu können. (Es sind noch mehr Tore gefallen!) Schließlich waren Hänschen

Rosenthal und ich nicht nur Tennis-Borussia-Fans. Wir trainierten auch noch beide in diesem Verein.
Zusammen mit meinem Trainer Lado Taubeneck fuhren wir dann in Richtung Zonengrenze nach Helmstedt und gerieten etwa zehn Kilometer vor der Grenze in eine doppelreihige Autoschlange. Um bis zur Kontrollstelle zu kommen, hätten wir mindestens sechs oder acht Stunden warten müssen. Um diesem Stau zu entgehen, hatte ich eine fabelhafte Idee.
»Laßt uns nach Wolfsburg fahren, ich hab' da einen guten Freund, der hat ein Riesengrundstück, ein Haus mit Swimmingpool, und bei diesem heißen Wetter ist das ideal. Bei dem können wir essen und abwarten, bis sich der Stau aufgelöst hat«, schlug ich den beiden vor.
Also machten wir kehrt, fuhren nach Wolfsburg. Aber es war Wochenende, und mein Freund war natürlich nicht zu Hause.
»Macht nichts, in Braunschweig habe ich noch einen Freund«, erklärte ich großspurig. Doch in der Welfen-Stadt angekommen, mußten wir feststellen, daß auch der nicht daheim war. Auch meine Bekannten in Hannover waren nicht da, wir hatten einfach Pech.
Aber da wir nun schon fast in Hamburg waren, schlug ich vor, doch einen Bummel durch St. Pauli zu machen. Ich rannte bei meinen Freunden offene Türen ein.
Es war schon ziemlich spät, und um auf alle Fälle einen Treffpunkt zu haben und einen Abstellplatz für die Koffer, mußten wir uns eine Unterkunft besorgen. Wir fuhren zum Hotel Bellevue an der Alster. Das war damals das Stammlokal der NDR-Leute, es gab eine Kellerbar, und es herrschte fast immer Gaudistimmung. Im Vorraum bei der Rezeption stand ein ziemlich hoher Tresen, und der Empfangschef stand dahinter wie hinter einem Stehpult. Wir verlangten ein Doppelzimmer, brachten unsere Sachen nach oben und waren uns einig: sollten

wir uns auf der Sause trennen, dann würden wir um acht Uhr frühstücken, und zwar gemeinsam im Hotel.

Allerdings gingen wir uns in dieser Nacht nicht verloren und marschierten im Morgengrauen reichlich in Stimmung an der Rezeption vorbei, drückten dabei Taubenecks Kopf runter, und mit Lado als eine Art Haustier in der Mitte marschierten wir zu dritt zum Aufzug.

Lado verbrachte den Rest der Nacht auf der unbequemen Couch, die im Zimmer stand. Umsonst hätte er überall nur schlechter übernachten können. Der Ober, der drei Frühstücke brachte, machte am Morgen ein äußerst merkwürdiges Gesicht. Drei Herren, keine Damen, das war er nicht gewohnt. Allein das war schon ein Riesenspaß und den Umweg wert.

Am nächsten Tag fuhren wir dann über Lauenburg zurück nach Berlin. Als wir ankamen, erfuhren wir von den Zöllnern, daß es am Vortag Wartezeiten von über zehn Stunden gegeben hatte. Wir wären also auch nicht früher angekommen, wenn wir die Umwege über Wolfsburg, Braunschweig, Hannover und Hamburg gespart hätten.

Mein Leben, das fand ich vor allem immer nach Kämpfen wie dem gegen Max Resch, war an sich schon hart genug. Da war es geradezu lebensnotwendig, verrückte Dinge auf die Beine zu stellen, die Spaß und Vergnügen bereiteten. – Das ist wohl auch der Grund dafür, daß ich mit Albernheiten wie der von Hamburg ein ganzes Buch füllen könnte. Aber ich tu's nicht, Helga zuliebe.

22.

Was das Boxen als nächstes für mich bereit hielt, war die Revanche gegen Charles Humez. Ich habe sie ausführlich beschrieben, es war einer der Kämpfe, die ich nie vergessen kann. Es ist auch der Kampf gewesen, der für mich den internationalen Durchbruch brachte. Er verhalf den Verheißungen, die der alternde Arthur Bülow damals nach meinem *Prater*-Kampf im Wohnzimmer meiner Eltern mit seinen aus Traum und Wirklichkeit komponierten Erzählungen hervorzauberte, zur Realität.

Als ich Humez geschlagen hatte, als 28jähriger endlich Europameister geworden war, erfüllte sich an mir eines der wenigen Sprichworte aus dem Boxen, die eine positive Melodie haben: *Alles schenkt sich dem, der warten kann!*

Ich hatte weiß Gott lange genug, geduldig, entschlossen, diszipliniert und so weiter gewartet!

Vielleicht hätte ich noch einen Gedanken daran verschwenden können, ob ich, wenn die Krankheit mich nicht bis *neun* auf die Bretter geworfen hätte, das alles nicht schon viel früher hätte haben dürfen. Aber das wäre eine bittere Überlegung gewesen, und mit Tristesse wollte ich mich nicht mehr aufhalten.

Ich war Europameister und mit Leuten wie Fritz Walter, dem Sprinter Manfred Germar und dem Reiter-Duo Winkler/Thiedemann sicherlich der populärste Sportler Deutschlands. Und es kamen:

– ganz automatisch das Geld, an dem mir zugegebenerweise einiges lag;
– viele neue, wertvolle und gute Freundschaften, die mich durch mein Leben begleitet haben;
– der Film, die Schallplatten-Industrie, das Show-Gewerbe.

Die Puristen des Sports, die alle Arenen dieser Erde mit schneeweißen Idealisten und Amateuren besetzt sehen wie in einer Konditorei die Auslage mit Sahnebaisers, haben gerade über meine Ausflüge in die Vergnügungs-Branche gemault: »Mußte das denn sein, konnte er sich das nicht verkneifen?« Man glaubte, es sei mit dem Image des Boxsportlers Scholz nicht zu vereinbaren. Vielen Sportlern ist ja auch der Ausflug ins Show-Geschäft nicht gut bekommen. Vielleicht deshalb die Ressentiments.

Zu den Schallplatten, mit den *Blue Jeans* ging es los, und vier wurden es insgesamt, kann ich nur sagen: da gab es eine Abstimmung an der Ladenkasse. Kein Mensch brauchte sich die Dinger zu kaufen, wenn sie ihm nicht gefielen. Daß sie bei vielen Leuten ankamen, beweist die Zahl *vier*: gerade in der Haifisch-Branche hätte man die Scholz-Abenteuer nicht dreimal wiederholt, wenn man dabei Geld verloren hätte.

Zum Film will ich ausführlicher werden. Ich habe zwei Streifen gedreht, einen bei Atze Brauner, dem Besitzer der treuherzigsten braunen Augen, hinter denen sich jemals ein berechnendes Gehirn verborgen hat. Die Filme liefen beide hervorragend, und es hätte sicherlich noch mehr Zelluloid mit Bubi Scholz belichtet werden können, wenn da nicht Probleme entstanden wären, auch Zeitprobleme.

Aber zunächst einmal zu der Verwandtschaft zwischen erfolgreichen Sportlern und dem Film:

Daß Johnny Weissmüller, ein Schwimm-Olympiasieger, Filmstar wurde, und zwar Tarzan, weiß noch heute jedes Kind. Ich will nur ein paar Boxer aufzählen, die nichts anderes gemacht haben als ich: die Reihe beginnt mit Max Schmeling (gesungen hat der auch!), setzt sich fort mit Joe Louis, Jack Dempsey, Gene Tunney, Georges Carpentier, Jersey Joe Walcott, Marcel Cerdan und sie wird bestimmt noch nicht mit Muhammad Ali enden.

So ist das also mit Sport und Show, wobei ich betonen möchte, daß diese Reihe nur eine Anriß ist. Es ist auch nicht gesagt, daß Boxer immer nur Boxer, Schläger oder Raufbolde spielen. Max

Baer beispielsweise war zwei Jahrzehnte lang in den USA einer der beliebtesten Komiker.
Lange bevor ich mich mit meiner Hauptrolle in dem Streifen *Marina* in die Annalen der Filmgeschichte (ist das vielleicht nichts?) eintrug, pflegte ich schon lebhaften Kontakt mit Filmstars. Und das kam so:
Ich war neun oder zehn Jahre alt und brauchte Geld für einen Fußball. Einnahmequellen mußten erschlossen werden, und zwar möglichst ergiebige. Fündig wurde ich in der Schule. Dort standen Autogramme von Filmschauspielern hoch im Kurs. Es wurde schwunghaft gehandelt, die Nachfrage war groß. Sie brauchte nur genutzt zu werden.
Meine Strategie war einfach, fast genial. Während die Schulkameraden tauschten, Filmstars anschrieben, Geld für Porto ausgaben, handelten, machten und taten, schrieb ich mir aus Filmzeitschriften die Adressen der in Berlin lebenden Filmgrößen ab. Über ein Produktionsmittel, ein Fahrrad, verfügte ich auch. Also strampelte ich quer durch die Stadt in die vornehmen Villenviertel und suchte die mir am lukrativsten erscheinenden Autogrammgeber persönlich auf. Meistens öffneten Dienstmädchen, und die fanden den keine Mühen scheuenden, schmächtigen Autogrammjäger süß, nett oder rührend. Fast überall erhielt ich mein Autogrammfoto und für meine *drei Geschwister* noch je eines dazu.
Die Autogramme wurden tags darauf zu Höchstpreisen abgesetzt, und so kam es, daß Johannes Heesters, Fita Benkhoff, Erich Ponto, Victor Staal, Ilse Werner, Rudolf Fernau und Maria Cebotari mir einen Fußball finanzierten.
Ich machte aber auch mit der Unberechenbarkeit der Stars Bekanntschaft. Zusammen mit meinem Freund Horst Schellhammer war ich vor die Tür der beliebten Jungschauspielerin Adelheid Seeck geraten. Wir wußten nicht so recht, ob ein Autogramm viel bringen würde, aber es lag am Weg.

Was selten passierte, die Künstlerin öffnete selbst die Tür – und sie war hingerissen von ihren kleinen Verehrern. Wir mußten mit in die Wohnung kommen und wurden dort einem elegant gekleideten Herrn vorgeführt. Offensichtlich kamen wir der Seeck gerade zupaß. Sie wollte ihren Besucher ein bißchen beeindrucken: Schau her, so populär bin ich!
Aus einer Schachtel durften wir uns Fotos heraussuchen, und während Adelheid Seeck die Autogramme schrieb, mußten Horst und ich jeder ein Stück Streuselkuchen essen, dick belegt und mit viel Puderzucker drauf. Mit zwei Bildern in zwei Briefumschlägen wurden wir schließlich entlassen.
Gustav Scholz zur freundlichen Erinnerung an einen Wochentagsbesuch herzlichst gewidmet – Adelheid Seeck stand auf meinem Foto. Das war natürlich sehr nett gemeint. Nur – das Bild war absolut unverkäuflich. Mit *der* Widmung! So kann man hereinfallen mit Filmstars.
Glücklicherweise hatte sich der elegante Herr generös gezeigt und jedem von uns eine Mark geschenkt, so daß sich der Reinfall in Grenzen hielt.
Aber zurück zu *Marina*. In diesem, meinem Opus 1, spielte ich einen mittellosen Studenten, der sich ärmlich, aber ehrbar mit einem Zweitjob in einem Leihhaus durchs Leben hangelt. Die Filmstory ist nicht weiter interessant, für mich wichtiger ist die Story meiner Filmerei: Nicht nur, daß ich wochenlang mit bekannten Schauspielerinnen und Schauspielern zusammenarbeitete, mit ihnen ein Team bildete, es entstanden auch Freundschaften. Man profitierte viel voneinander. Kameramann, Regisseur, Produktionsleiter, Aufnahmeleiter waren für mich interessante Gesprächspartner. Sie haben mir, ohne es zu wissen, viel für meinen späteren Beruf gegeben. Ich spielte zwar die Hauptrolle, aber eigentlich fühlte ich mich mehr als gutbezahlter Edelvolontär aller Bereiche der Filmproduktion. Welcher Lehrling wird schon mit 70000 DM bezahlt!

Ich denke heute noch ohne Reue an die Filmerei zurück, und es stört mich gar nicht, wenn manche Leute die Meinung vertreten, am Wiener Burgtheater oder dem Hamburger Schauspielhaus gäbe es bessere Darsteller als Bubi Scholz.
Der finanzielle Hintergrund wird von mir auch gar nicht verleugnet. Wer sein Geld wie ich bis dahin mit körperlicher Schinderei, mit Verletzungen und einem ständigen hochkarätigen Unfall-Risiko verdienen mußte, der war für jede *friedliche Mark* dankbar. Beim Filmen konnte mir eine Jupiterlampe auf den Schädel fallen, aber es schlug niemand pausenlos nach mir. Bei den Schallplatten hätte ich mir höchstens die Stimmbänder zerren können.
Das Jahr 1959 war, betrachtet man diese Aspekte, eine richtige Wohltat. Immerhin flossen zum ersten Male rund 150000 DM auf mein Bankkonto, die nichts mit dem Boxen zu schaffen hatten.
Atze Brauner hatte an seinem Darsteller Scholz künstlerisch auch nichts zu bemängeln. Was ihn störte, war nur dessen »Geldgier«. Die Geschichte passierte im April 1960.
Kurz vor Drehbeginn war ich mit Fritz Gretzschel nach Bozeman in Montana geflogen, um mir die Mittelgewichts-Weltmeisterschaft zwischen dem Mormonen Gene Fullmer und Joey Giardello anzusehen. Damals schielten wir, wie sollte es anders sein, selbstverständlich nach dem Welttitel.
Auf dem Rückflug hatten wir zwei Tage Zeit in New York, und ich kam auf die Idee, meine in Miami verheiratete Schwester Hilde zu besuchen. Alles klappte vorzüglich und die Freude war groß, nur – mit der Rückbuchung ging etwas schief. Ich hatte nicht wissen können, daß am Monatsende die reichen Rentner aus Florida in großen Scharen zu ihren Brokern nach New York flogen.
Ich kam zwei Tage verspätet nach Berlin und dachte an nichts Böses, weil das Drehbuch ohnehin noch nicht fertig war – was

Bücher so an sich haben! Für Atze Brauner, die Rechenmaschine auf Beinen, war das jedoch eine günstige Gelegenheit, mir etwas von der Gage abzukappen.
Es war bereits die Zeit der Gagenstops in der Filmindustrie. 70000 oder 80000 DM waren Höchstbeträge für die deutschen Stars. In meinem Vertrag waren 50000 DM festgeschrieben, dazu weitere 30000 DM aus dem Einspielergebnis beim Erreichen der Gewinnzone.
Brauner hatte mich im Atelier zwar nicht vermißt, weil da noch gar nichts stattfand, aber aus der Zeitung hatte er entnommen, daß Fritz Gretzschel ohne mich in Tempelhof gelandet war. Nun reklamierte er meine Verspätung, kündigte den Vertrag und schwang Worte wie *Regreß* und *sechsstellige Konventionalstrafe* wie eine Keule.
»Schöner Mist, den du da veranstaltet hast! Nur, weil du plötzlich Familiensinn in dir entdeckst«, empfing mich Gretzschel.
Wie ich schnell herausfand, handelte es sich um einen neuen Vertrag zu neuen Konditionen. Plötzlich war nur noch von 20000 oder 30000 DM Gage die Rede. Ich ließ Gretzschel verhandeln, aber ich untersagte ihm, ein Schriftstück zu unterzeichnen. Drehbeginn war nun, genau eine Woche später als vorgesehen, an einem Montag.
Am Freitag vorher verschwand ich aus Berlin in Richtung München, für Gretzschel und Brauner mit unbekanntem Ziel. Erst mit der Spätmaschine kam ich zurück, am Sonntagabend selbstverständlich. Um 7 Uhr saß ich Montagmorgen in der Maske, um 8 Uhr stand ich vor der Kamera. Dienstag drehte ich auch, und am Abend dieses zweiten Drehtages kassierte ich, wie im ursprünglichen Vertrag vereinbart, die erste 10000-DM-Rate meiner Gage.
Gezahlt wurde anstandslos, denn der Leiter der Honorarabteilung kannte nur die Klauseln des Ur-Vertrages. Der aber war

nun einfach wieder in Kraft gesetzt, denn ein zweites Schriftstück existierte ja nicht. Brauner war stinksauer, aber das half alles nichts. Eine zweite Blöße gab ich mir nicht.
Außer den 50000 DM Garantie habe ich später auch noch, nach gewaltigem Feilschen, von Brauner 25000 DM aus dem Einspiel-Gewinn kassiert. Und so kommt es, daß ich in seiner persönlichen Kartei in dem Fach *geldgierig* abgelegt bin.
Bei meinem zweiten Film, er hieß *Gehen Sie nie allein nach Haus* und wurde mit Vivi Bach, Renate Evert und Klaus Löwitsch im November/Dezember 1960 in München hergestellt, hat mich mein Instinkt vor Schaden bewahrt. Gleichzeitig habe ich wohl ein weiteres Steinchen in das Mosaik gefügt, das den Mitmenschen den angeblichen *Schotten* McScholz zeigt.
Ich hatte 1960 mit dem Boxen gutes Geld verdient, obwohl ich nur fünfmal zwischen den Seilen war. Aber es wurden jedesmal ausverkaufte Häuser, und ich war stets prozentual beteiligt. Um in der Steuerprogression nicht zu hoch zu klettern, hatte ich mit der Film-Gesellschaft abgemacht: täglich die laufenden Kosten und Spesen; die Gage wird bei der Premiere 1961 überwiesen.
Es war die Zeit, in der die Filmindustrie zu wackeln begann. Mir war darum noch die Idee gekommen, eine zusätzliche Sicherung einzubauen, falls die Firma pleite gehen sollte. Auf der anderen Seite war der Vertrag, nach unseren Besprechungen korrekt formuliert, zur Unterschrift eingetroffen.
Mir fiel nur noch der alte Trick mit dem Tintenfaß ein, der in der Schulzeit Rettung in höchster Not gewesen war. Jeder schrieb längst mit dem Kugelschreiber, und ich mußte mir die Tinte erst mühsam besorgen. Aber dann schüttete ich frohgemut die Tinte über das Dokument...
Mit einem bedauernden Brief und der Bitte, in die neu zu erstellende Vereinbarung doch bitte noch den Zusatz *Die Bild- und Tonrechte des Hauptdarstellers gehen erst dann in den end-*

gültigen Besitz des Produzenten oder des Verleihers über, wenn die gesamte Gage bezahlt ist aufzunehmen, schickte ich den Vertrag noch einmal nach München. Im übrigen nochmals Entschuldigung wegen des Tinten-Malheurs.

Das Wunder geschah: die Klausel wurde anstandslos akzeptiert! Und der zweite Fall von Metaphysik: meine Befürchtungen mit dem Konkurs der Firma bewahrheiteten sich leider! Ich mußte mir mein Geld tatsächlich von den Verleihern holen. Die haben sehr mürrisch gezahlt, aber sie haben oder besser sie mußten, wenn sie überhaupt noch etwas retten wollten.

So kann ich also fröhlich sagen, daß ich meine beiden Ausflüge vor die Kameras der Filmstudios zumindest finanziell unverletzt überstanden habe.

Fernsehen habe ich auch gemacht. Mit dem urwüchsigen Willy Millowitsch, einem wirklich fabelhaften Volksschauspieler, entstand *Der Meisterboxer*. Der Sketch mit Peter Frankenfeld hieß *Der Angelschein*. Mit Peter, der viel zu früh gestorben ist, verband mich eine der raren Freundschaften, die weit über das übliche Maß hinausreichten.

Peter bin ich nicht beim Boxen begegnet, sondern merkwürdigerweise beim Schach. Ich besuchte in München meinen Freund Gerhard Wendland, den »Troubadour der Liebe«, und wir saßen vor dem Brett, als Frankenfeld kam. Ich hatte den Mann mit der großkarierten Jacke, der für mich die erste wirklich telegerechte Show im deutschen Fernsehen ablieferte, oft bewundert.

Peter rannte sofort nach der Begrüßung ans Telefon und rief einen Fernsehgewaltigen an, mit dem er verabredet war. Ohne zu stocken sprudelte er die hanebüchensten Entschuldigungen und Ausreden hervor, um den Termin abzusagen. Dann forderte er mich zu einer Partie Schach heraus.

Vielleicht hatte er einen schlechten Tag und ich einen besonders guten: er verlor jedenfalls. Auch die sofort anschließende

Revanche brachte für ihn ein Waterloo. Es verstörte ihn sehr.
Später hat mir Peter einmal erzählt, was er sich alles von dieser ersten Schachpartie erhofft hatte. In seiner nächsten Sendung hatte er es sich als Einlage sehr wirkungsvoll vorgestellt, zu erzählen, wie er einen Europameister in die Katastrophe getrieben hätte: mit Schweiß auf der Stirn, ratlos und keiner Mittel mehr mächtig, hätte dieser Scholz aufgeben müssen – beim Schach, sollte die Pointe sein.
Die Revanche bereitete Peter Frankenfeld sehr sorgfältig vor. Er suchte sie in Berlin, zu seinem Pech in einem Billardsalon.
Nun spiele ich recht gut Billard, wie ich überhaupt ein gut entwickeltes Ballgefühl habe: beim Fußball, beim Tennis und beim Golf. Es ist doch so, daß Menschen, die Talent für ein Ballspiel haben, meistens spielend in verwandte Disziplinen eindringen. Das beste Beispiel sind dafür Fußballspieler, die fast ausnahmslos excellente Tennisspieler sind.
Kurz – Peter Frankenfeld verlor auch die Billard-Schlacht. Das ließ ihn nun überhaupt nicht mehr ruhen. Jetzt lud er Helga und mich ein, ihn im Anschluß an einen Urlaub in seinem Haus in Wedel zu besuchen. Freunde erzählten uns, das Riesenhaus sei noch nicht ganz fertig, und viele seiner Kollegen nahmen ihn auf den Arm, indem sie behaupteten, in seinem Haus gäbe es zwar keine Türen, aber immerhin bereits einen erstklassigen Durchzug. Als Helga und ich von Sylt aus ankamen, war das Haus in bestem Zustand. Von Durchzug keine Spur, und Peter und Lonny ließen uns eine Woche lang nicht weg.
Er hatte ein regelrechtes Programm zusammengestellt, und Peter war eben ein richtiges Spiel-Kind mit grau werdendem Haar: wenn es nicht um Schach ging, dann war Tischtennis angesagt. Wenn wir genug vom Billard hatten, dann wurde geschossen. Und am Abend kamen Karten auf den Tisch und es wurde gepokert.

Unter dem Haus in Wedel muß eine böse Ader gewesen sein. Peter verlor beim Billard, beim Schach, beim Tischtennis, ich schoß zielgenauer als er und hatte auch noch die besseren Karten. Schließlich blamierten ihn auch noch die Hasen.
»Wir brauchen uns nur auf den Balkon zu setzen, dann können wir unter Garantie Lonnys Speisezettel anreichern«, schwor er. Die Hasen dachten gar nicht daran zu erscheinen.
Mich selbst hatte nun aber auch der Ehrgeiz gepackt. Ich verließ, es muß am letzten Abend gewesen sein, den Balkon-Anstand und pirschte über Frankenfelds riesiges Grundstück. Weitab vom Haus entdeckte und erlegte ich schließlich ein Kaninchen.
Ich legte das Tier still und leise vor Peters Schlafzimmertür und ging mit dem wohltuenden Gedanken, ihn auch als Jäger geschafft zu haben, in mein Bett. Aber Peter konnte nicht nur nehmen, er keilte auch zurück.
Er hatte meinen Hasen gefunden, in die Küche getragen und ihm ein Preisschild an die Läufe gebunden – so, als wäre er gerade in einer Wildbret-Handlung erstanden.
Dafür verabschiedete ich mich mittags mit dem dankbaren Satz: »Alles war hervorragend bei dir, mein lieber Peter, nur beim Poker hätte es etwas reichlicher sein können!«
Peter liebte Gags. Ich kann auch keinen auslassen. Das ist sicher neben manchen anderen Dingen ein Teil unserer Gemeinsamkeit gewesen.
Und Gags erlaubten wir uns ständig miteinander, die ganze Clique von Schauspielern, Sängern, Musikern, eben Freiberuflern, die sich überall trafen und die sich gegenseitig weiterreichten: Komm doch mit, das sind witzige Leute – und schon war man dabei.
Ich weiß noch, daß wir einem Freund, der fast noch sparsamer war als ich, in einem erstklassigen Feinkost-Geschäft für erstklassiges Geld ein Kaltes Büffet bestellt haben, bevor wir bei

ihm einfielen. Er bedauerte schrecklich, nichts anbieten zu können, aber damit muß unerwarteter Besuch schließlich rechnen. Um so größer war der Jubel, als Minuten nach uns die Feinkost-Lieferung eintraf – nun war unser Gastgeber gottlob aus seiner Not befreit.

Mit dem Ehepaar Buhlan und dem Ehepaar Budde, das einen Musikverlag besaß (Rolf Budde ist tot und seine Frau führt den Verlag weiter), sind Helga und ich einmal in einem Striptease-Lokal gewesen. Der distinguierte Rolf Budde, der soviel wohlhabender als ich oder selbst Bully Buhlan aussah, wurde bald das bevorzugte Ziel des Lächelns aller leichtgekleideten Damen. Stripperinnen ziehen innere Werte ja häufig der Jugend vor.

Annemarie Budde, die ein vulkanisches Gemüt hat, wurde immer unruhiger und eifersüchtiger. »Ihr seid wohl hier Stammgäste!« stichelte sie. Keiner von uns hatte bis zur Stunde jemals den Laden betreten.

Bully (*Hab'n Sie nicht, hab'n Sie nicht, hab'n Sie nicht 'ne Braut für mich?* – Sie erinnern sich!?) und ich verschwanden unauffällig in Richtung Garderobe. Für 20 DM lernte eine der Damen ganz fix einen ganz kurzen Text: »Hallo, Rolf, wie schön dich zu sehen. Aber entschuldige, du bist in Begleitung!« lautete er.

Der Erfolg war sensationell. Annemarie ging wie eine Furie auf Rolf los. Als wir die Schuld auf uns nahmen, fuhr sie uns über den Mund: »Ihr Männer seid doch alle gleich und deckt euch gegenseitig.« Armer Rolf!

Wie das in jeder richtigen Freundschaft ist, war ich auch häufig das Objekt dieser Späße. So schloß Rolf Budde anläßlich eines meiner Geburtstage eine Allianz mit Bully Buhlan. Die beiden erschienen mit einem riesigen Karton, der die Neugier der anderen Gäste geradezu herausfordern mußte.

Ich kam um das Auspacken nicht herum. Ich wühlte und wikkelte, die Wohnung füllte sich mit Papierfetzen und Holzwolle. Zum Vorschein kam schließlich ein bunt bemaltes Schäfer-Paar aus Porzellan, das auf einer Schaukel saß. Es war wirklich eine neckische Scheußlichkeit, und sie erweckte prompt mein Mißtrauen.

Die beiden Gauner warfen sich in die Brust. Sie erzählten von der Entdeckungsreise durch die Berliner Kunst-Tempel, in denen sie eine zu mir passende Kostbarkeit gesucht hätten. Einen *echten, alten Rosenthal* hätten sie ausgegraben, behaupteten sie, und sie reichten großartig eine Expertise herum. Es war rührend, meine Gäste wurden immer ergriffener und ich immer mißtrauischer. Zu guter Letzt war der Kunstverstand fast aller Anwesenden dermaßen außer Kraft gesetzt, daß es peinlich gewesen wäre, die Infamie aufzudecken. »*Sechsmarkfünfzig*«, raunte mir Bully heimlich zu, und wir feixten uns eins. Die Kunstenthusiasten aber blamierten wir nicht.

Entscheidend für unser Vergnügen war eigentlich immer das Verkaufen unserer Hinterhältigkeiten, und das war auch hier hervorragend gelungen. Natürlich hatten die beiden unbeschreiblichen Kitsch angeschleppt, aber wer hat nicht doch gewisse Zweifel am eigenen sicheren Geschmack? Auf dem schmalen Grat zwischen der Sorge, eigene Ahnungslosigkeit einzugestehen und dem Mut, zu Kitsch auch laut und deutlich Kitsch zu sagen, haben die beiden uns an diesem Abend jedenfalls virtuos unterhalten.

Diese Freunde und Bekannten, ich könnte ein Telefonbuch mit Namen füllen, die mein Leben durchlaufen haben, ließen sich nach Möglichkeit keinen meiner Boxkämpfe entgehen. Selbst einige Damen, die die edle Kunst der Selbstverteidigung im Gespräch unbekümmert als blutige Schlächterei zu bezeichnen pflegten, kamen zu den Veranstaltungen: nicht so sehr aus Vergnügen am Boxen, sondern lediglich aus Anteilnahme an Bubi Scholz. Entschädigt wurden sie durch die Genugtuung,

elegante Roben und interessante Leute am Ring zu entdekken.
Viele von ihnen zähle ich zu meinen Bekannten, manche sind meine Freunde geworden. Ich fand zu ihnen Kontakt, weil sie, oft von weit her, zu meinen Kämpfen kamen, weil sie meine Art zu boxen ästhetisch fanden, und weil sie mir (womit habe ich das verdient?) Sympathie entgegenbrachten. Eine der mir wertvollsten Freundschaften entstand auf diese Weise mit Quandts.

23.

Wenn ich von den Quandts rede, dann meine ich immer Harald, der neun Jahre älter war als ich, und seine Frau Inge. Die Quandts, das ist eine erstklassige Adresse aus der deutschen Großindustrie, hinter der sich, als wir uns kennenlernten, 90000 Beschäftigte, eine Milliarde Eigenkapital und sechseinhalb Milliarden Umsatz versteckten.
All die Firmen und Beteiligungen aufzuzählen, die zur Quandt-Gruppe gehörten, würde mehrere Seiten dieses Buches füllen. Kontrolliert wurde das Imperium von Harald und seinem älteren Bruder Herbert. Das mit modernster Technik ausgestattete Gebäude, in dem später der Braintrust der Gruppe untergebracht wurde, befand sich noch im Bau. Es wurde in Bad Homburg vor der Höhe errichtet, *Am Zollstock,* ganz in der Nähe von Haralds Anwesen.
Bereits Ende der 50fer Jahre existierte dort eine riesige Computerwand, die auf Abruf alle Kontrolldaten der einzelnen Unternehmen und Unternehmensbeteiligungen bereithielt.
Den Großindustriellen, den zu treffen sich gestandene Männer mit akademischen Diplomen einen kleinen Finger hätten kosten lassen, lernte ich durch Rainer Günzler kennen, den verstorbenen ZDF-Moderator. Rainer wollte – es fing eben alles so richtig mit der Europameisterschaft an! – die Quandts mit zur Siegesfeier in meine Wohnung in die Bayerische Straße bringen.
Rainer kam mit Inge Quandt, einer lebensvollen, aufgeschlossenen Blondine, Harald hatte noch eine Besprechung, die sich außerordentlich in die Länge zog. Er rief schließlich an und sagte ab. Dafür lud er Helga und mich ein, ihn doch demnächst einmal in seinem Haus in Bad Homburg zu besuchen.
Ich hatte im Laufe der Jahre viele Einladungen erhalten, die spontan ausgesprochen und im Augenblick ernst gemeint waren, die aber im Grunde doch nur unverbindlichen Charakter

trugen. Ich antwortete darauf ebenso spontan wie unverbindlich. Damit war der Fall in der Regel erledigt und vergessen. Daß es diesmal die Ausnahme wurde, die die Regel bestätigt, habe ich Rainer Günzler zu verdanken.

Durch Zufall hatten Helga und ich wenige Tage später eine geschäftliche Ballverpflichtung in Frankfurt. Die Zeitungen ließen sich das nicht entgehen und berichteten in ihren Klatschspalten über den Berliner Besuch. Wir wohnten im *Frankfurter Hof,* dem altehrwürdigen Firstclass-Hotel der Mainmetropole, dem seinerzeit noch nicht von den Hochhausgiganten der internationalen Hotelketten Konkurrenz gemacht wurde. Wir machten uns gerade für den Ball fertig, als Rainer, dem unsere Anwesenheit per Zeitungslektüre bekannt war, anrief.

»Müßt ihr denn überhaupt zu diesem komischen Ball?« wollte er wissen. »Kommt doch lieber raus nach Homburg. Ich hol' euch ab.«

»Das geht nicht, Rainer. Wir können hier nicht einfach weg. Wir sind mehr oder weniger geschäftlich auf dieser Festivität«, sagte ich, und Helga ließ mich durch Gesten wissen, daß sie lieber im Hotel bleiben wollte.

Aber Rainer ließ nicht locker. »Inge und Harald freuen sich riesig, wenn ihr kommt. Wie lange müßt ihr denn auf der Veranstaltung bleiben, damit eurem Pflichtgefühl Genüge getan ist?« fragte er. Ich druckste ein bißchen herum und sagte ihm, anderthalb bis zwei Stunden müßten es schon sein.

»Okay«, sagte er und riß die Situation vollends an sich, »um zehn bin ich im Hotel. Um euer Gepäck et cetera braucht ihr euch nicht zu kümmern. Das organisiere ich schon. Ihr braucht euch gar nicht erst umzuziehen. Wir fahren dann gleich raus.«

Gegen soviel Eloquenz, Beharrlichkeit und Herzlichkeit gab es keine Argumente. Zur verabredeten Zeit wurden wir aus dem Saal gebeten, von Rainer ins startbereite, bereits mit unseren

Koffern beladene Auto verfrachtet, mit sträflich überhöhter Geschwindigkeit nach Homburg kutschiert und kurz darauf im engsten Kreis der Familie Quandt willkommen geheißen. Es wurde ein langer, ein vergnügter Abend.
Seit jenem ersten Treffen blieb im Gästehaus der Quandts das Appartement 42 stets für Helga und mich reserviert, ganz egal, welche Hausgäste sonst noch angesagt waren. Es wurde unser Stammquartier für viele Aufenthalte im *Haus am Tümpel.* Die Bezeichnung *Haus am Tümpel* war in ihrem Understatement typisch für Harald; für mich war es ein Haus der Superlative. Aber Harald, der inmitten der weitläufigen Auffahrt einen kleinen, mit hoch aufschießenden Wasserpflanzen bestückten See hatte anlegen lassen, nannte diesen stattlichen Teich Tümpel und das breit hingelagerte Anwesen war für ihn – folgerichtig – das *Haus am Tümpel.*
Harald war Diplomingenieur, und der Villa merkte man seinen Hang zu technischen Spielereien an. So war es zum Beispiel möglich, per Knopfdruck ganze Fensterfronten zu versenken, Vorhänge zu bewegen oder gar Wände aus dem Fußboden zu heben. Es war an alles und jedes gedacht. Ob einer saunen, schwimmen, kegeln oder Billard spielen wollte, ob er sich am Schießstand, beim Fernsehen oder mit einem Breitwandfilm verlustieren wollte oder ob sich jemand im riesigen Eisenbahnzimmer mit zig Zügen, Autobussen, Straßenbahnen, Signalen, Schranken, Bahnhöfen und einer ganzen Miniaturstadt samt Umgebung Kindheitsträume zu erfüllen wünschte, in Haralds (Super-)*Haus am Tümpel* war es möglich. Probleme stellten höchstens die vielen kleinen Knöpfe dar. Die mußte man beherrschen, um Spaß ohne Ende und wenig Arbeit zu haben. Kegel stellten sich automatisch auf, Zielkarten kamen herangesaust, versteckte Leinwände schoben sich aus der Wandverkleidung, Liegesessel glitten in die optimale Stellung und ... und ... und ...

Auf die Knöpfe war Verlaß, selbst bei Stromausfall, weil sich dann – diesmal nicht per Knopfdruck, sondern vollautomatisch – das Notstromaggregat einschaltete. Harald war eben ein Perfektionist, wo es ihm angebracht schien. Aber nicht nur. Im Livingroom zum Beispiel stand die Ausrüstung für eine ganze Combo: Gelegenheit für musikalische Improvisationskünste aller Art.
Das *Haus am Tümpel* steckte voll von Haralds Ideen, die er, mit seiner Kenntnis von den Möglichkeiten der Technik, Realität werden lassen konnte. Es war sein Haus, trug seine unverwechselbare Handschrift. Als er starb, trennte sich Inge Quandt von dem Anwesen – vielleicht, weil es seine Seele verloren hatte.

In Quandts Villa *Aix Marine* an der Côte d'Azur verlebten wir im Laufe der Jahre gemeinsam wohl die unbeschwertesten Wochen unseres Lebens. Harald und ich schafften es spielend, uns Stunden und Tage mit dem sinnreichsten Unsinn zu beschäftigen. So hatten wir uns einmal in den Kopf gesetzt, genauestens zu errechnen, wieviel Sprit wir verbrauchen würden, wenn wir bei optimaler Energieausnutzung mit Haralds Motorjacht nach Elba führen. Mehr als zwanzigmal sind wir eine bestimmte Strecke im Meer abgefahren, jedesmal mit einer anderen Drehzahl. Das Benzin wurde nicht aus dem Tank, sondern mit Hilfe eines Schlauchs aus einem 20-Liter-Kanister in den Motor gepumpt. So konnten wir den jeweiligen Verbrauch exakt feststellen.
Fast einen ganzen Tag verbrachten wir auf unserer Teststrecke. Alle anderen lachten uns aus, weil sie es für hirnrissig hielten, bei so schönem Wetter die Zeit mit dem Abmessen von Benzin zu vergeuden, anstatt am Strand in der Sonne zu liegen, Wasserski zu fahren oder zu schwimmen. Uns war das egal. Wir hatten unseren Spaß, und braun wurden wir auf dem Boot genauso

wie die anderen. Schließlich und endlich stellten wir fest, daß der Motor bei 4000 Touren sein optimales Verbrauchs-/Leistungsverhältnis hatte.
Leider mußte ich bereits tags darauf nach Berlin zurückfliegen. Aber Harald rief mich eine Woche später an, um mir mitzuteilen, daß wir aufs i-Tüpfelchen genau gerechnet hatten. Daß wir uns nicht einmal um einen Viertelliter verrechnet hatten; das war es, was den Pedanten Harald faszinierte.

Nach einem gemeinsamen Urlaub, wir kannten uns bald 10 Jahre, hatte ich in Frankfurt fürs Fernsehen den Kampf Mildenberger gegen Oscar Bonavena zu kommentieren. Und wie üblich, gab ich zwei Kommentare ab, einen als Prognose und einen nach dem Kampf.
Der Argentinier Bonavena sah aus wie ein kanadischer Holzfäller mit deutschen O-Beinen. Er war ein Urschläger mit Plattfüßen, hatte Schultern wie ein Schrank und einen Schädel wie ein Pferd. Wenn man gegen einen derartigen Gegner boxt, hat man nur dann eine echte Chance, wenn es einem gelingt, allen seinen Schlägen auszuweichen. Denn wenn der einmal trifft, ist man verloren. Man muß ihn fünf oder sechs Runden lang so strapazieren, daß er danach ausgepumpt und müde ist und seinen Schlägen die vernichtende Kraft fehlt. Das alles sagte ich auch vor dem Kampf.
Offenbar war Mildenberger aber anderer Meinung. Der stürmte schon in der ersten Runde aus seiner Ecke und ließ sich auf einen Schlagabtausch ein. Er traf auch ein paarmal, wurde allerdings auch selbst getroffen. Der einzige, der dabei umfiel, war leider Karl Mildenberger.
Ich hatte Harald eingeladen, und wir fuhren in meinem Wagen zur Veranstaltung. Wir waren ziemlich knapp mit der Zeit, glaubten aber, noch vor Kampfbeginn am Ring zu sein, weil wir ein Durchfahrtschild besaßen. Leider gerieten wir aber in einen

Stau, sodaß wir nur noch schrittweise vorwärtsschlichen. Als das Auto wieder einmal stand, sagte Harald: »Los Alter (Ich war sein *Alter,* obwohl ich nun wirklich ein ganzes Ende jünger war als er. Aber es handelte sich eben um eine Freundschaftsbezeichnung, und die schloß Pingeligkeit ganz einfach aus.) hau ab! Ich fahre den Wagen auf den Parkplatz. Für mich ist es nicht so wichtig, ob ich eine oder zwei Runden später komme. Schau, daß du rechtzeitig am Ring bist.«
Ich rannte los und schaffte es tatsächlich. Harald kam gleich darauf, Mildenberger sah leider schon etwas lädiert aus. – Ich erzähle dies, um deutlich zu machen, welche Kumpelbeziehung zwischen uns bestand.
Ich kannte Harald als einen sehr umsichtigen, vorsichtigen Menschen, und mir ist es auch heute noch mehr als rätselhaft, wie das mit dem Flugzeugunglück geschehen konnte. Einfach, weil ich mir einen Unfall bei Haralds Sicherheitsfanatismus nicht erklären kann.
Wenn es darum ging, etwas Neues auszuprobieren, war er ungeheuer pedantisch. Ich erinnere mich daran, wie er mir das Tauchen mit einem Sauerstoffgerät beibrachte. Von seiner Sorgfalt war ich ungeheuer angetan. Ich empfand es als liebenswert, wie genau und eindringlich er mir die Funktionen des Gerätes und die Gefahren beim Tauchen erklärte. Wir übten gut zwei Stunden im Swimming-pool, probten alle Details mehrfach und verständigten uns in der von mir gerade frisch erlernten Taucherzeichensprache. Als ich nach Haralds Ansicht endlich genügend Anfänger-Routine besaß, begannen wir im Meer zu tauchen. Es geschah überlegt. Er führte mich mit größter Behutsamkeit in die Tiefe, in diese stille Welt der berauschenden Farben und bizarren Formen. Es war meine erste Entdeckungsreise unter Wasser – gut vorbereitet und deshalb wohl doppelt schön und eindrucksvoll.
Bei allem, was er tat, plante Harald stets so weit wie möglich

voraus, suchte sich gegen alle Unwägbarkeiten zu wappnen. Es gab nichts, woran er nicht dachte. Auch auf seinem Boot war das so. Es gab jede erdenkliche Sicherheitseinrichtung. Angefangen von so etwas Banalem wie Schwimmwesten, bis hin zu zusätzlichen Batterien an Bord und natürlich auch einer Signalpistole, mit der wir im Notfall Leuchtraketen abschießen konnten.
Mit der gleichen Umsicht verstand es Harald, Überraschungen vorzubereiten. (Er setzte zum Beispiel alles daran, den Lieblingsfilm eines Hausgastes aus Amerika zu besorgen und das Gespräch darauf zu bringen. Genau im richtigen Augenblick entfernte Harald zwei Steine aus der Kaminwand, hinter der ein Vorführraum mit zwei Filmprojektoren verborgen lag. Auf Knopfdruck fuhr die Breitleinwand auf, gleichzeitig wurde die Beleuchtung gedämpft und ab ging der Film. Die Wohnhalle hatte sich in ein Luxuskino verwandelt. Auf dem Programm: die Filmüberraschung für einen Freund.
Ein Triumph liebevoller wie minutiöser Planung wurde das Fest zu Haralds vierzigstem Geburtstag. Etwa hundert Gäste aus ganz Europa waren geladen. Gunter Sachs stand vor Bubi Scholz auf der Gästeliste. (Mein Schicksal, das Alphabet will es so.) Jeder hatte – und das machte neugierig – auf der Antwortkarte zur Einladung eine achtstellige Glückszahl einzutragen. Darunter stand vorgedruckt: *Neckermann macht's möglich.*
Es wurde ein rauschendes Fest, eingeleitet durch eine lange, lustige Nacht, und gefolgt von einer wunderbar verrückten Überraschung am nächsten Tag.
Nachmittags, als alle ausgeschlafen waren, versammelte sich die Gesellschaft, die größtenteils in Ritters Parkhotel genächtigt hatte, wieder bei Quandts. Und nun sollte sich herausstellen, was es mit den achtstelligen Nummern auf sich hatte. Harald rief die Gästenamen auf und verlas die zugehörigen Glückszahlen. Herr Jacob, sein Privatsekretär, brachte einen

Nach den Anstrengungen der wichtigen Kämpfe ist endlich einmal Zeit für die Familie. Bubis Eltern besuchen den berühmten Sohn und seine Frau.

Die Berliner drängten sich, als Gustav scholz im Olympia-Stadion 1962 gegen Johnson um die Weltmeisterschaft boxte.

Maria Schell sieht sich dem derben Charme Peter Müllers ausgesetzt, der den ehemaligen Besieger auch gewinnen sehen möchte.

Beim Weltmeisterschafts-Kampf gegen Harold Johnson im Olympia-Stadion hatte sich, wie bei allen Scholz-Kämpfen, die Prominenz eingefunden: Curd Jürgens mit Frau Simone neben Max Schmeling. Daneben Helga Scholz und die persönlichen Freunde Harald und Inge Quandt und Rainer Günzler. In der zweiten Reihe Berlins »Regierender« Willy Brandt.

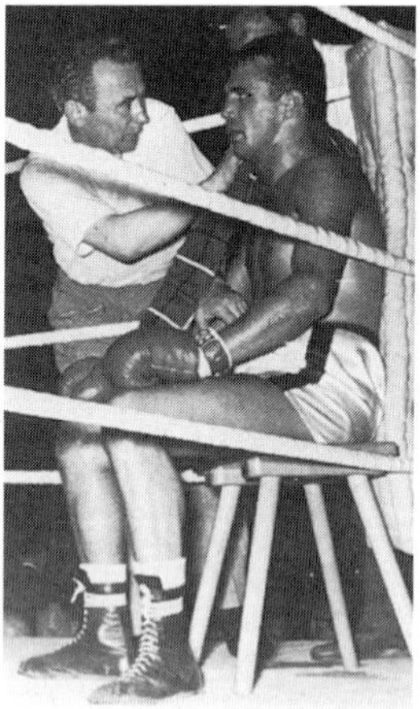

Tief in sich selbst versunken, auf der Suche nach der optimalen Konzentration, wartet Gustav Scholz auf den nächsten Gong.

Diese Rechte konnte der Weltmeister nicht vermeiden, sie durchschlug die Deckung wie ein Geschoß. Für den nach einem schweren Wirkungstreffer gleich zu Beginn betont vorsichtig boxenden Johnson gab es nach 15 Runden ein schmeichelhaftes Unentschieden, das ihm den Titel ließ.

Symbol-Fotos, zu denen der Meister die Reporter immer wieder anregte: die übermächtige Faust, die am Ende einer langen Vorbereitungszeit auf die Halbschwergewichts-Europameisterschaft gegen den Italiener Rinaldi Zuversicht demonstrieren soll.

Gustav Scholz in den Seilen. Ein Foto von absoluter Seltenheit. In seinem letzten Kampf im April 1964 wurde der Berliner, uneinholbar nach Punkten führend, durch einen Tiefschlag und einen Kniestoß in die Nieren durch den Italiener Guilio Rinaldi in diese ungewohnte Situation gebracht. Der Römer, der Scholz auch noch aus dem Ring stoßen wollte, wurde in der neunten Runde disqualifiziert. Ein trauriger Sieg in der Europameisterschaft im Halbschwergewicht.

Das Boxen stand fast 20 Jahre im Mittelpunkt des Lebens von Gustav Scholz. Aber der Berliner ist nie einseitig gewesen.

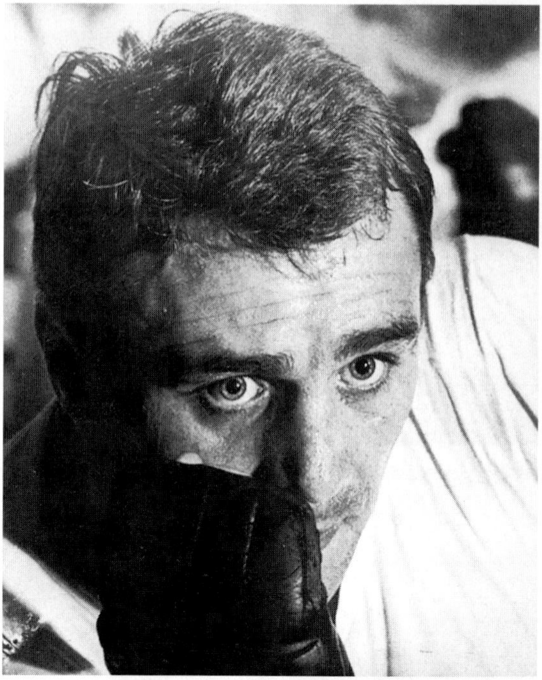

Eislaufen ist immer ein herrlicher Spaß gewesen, und für den unbekümmert-jungenhaften Hallodri eine phantastische Gelegenheit, neue Bekanntschaften zu schließen.

Spaß im Schnee muß jedes Jahr sein. Vor Kabinettstückchen wie hier mit dem Ski-Weltmeister Roger Staub halten ihn auch die bösen Erinnerungen an Verletzungen nicht ab.

Die glänzenden Reaktionen und das Ballgefühl machen Bubi Scholz zu einem begehrten und gefürchteten Tennis-Partner.

Bubis unsterbliche Liebe ist das Fußballspiel. Die Wettkämpfe als Pimpf, die den Schlaf raubenden Begegnungen in den Auswahlteams der Kinderlandverschickung, sie lebten alle wieder auf, wenn der Berliner auf Sylt oder bei anderen Gelegenheiten an sogenannten Prominenten-Spielen teilnahm. Bubi konnte keinen Ball liegen sehen, ohne dagegenzutreten.

Im Sattel eines Pferdes machte Gustav Scholz auch eine ansprechende Figur. Reiten war ein Vergnügen seiner »späten Jahre«. Dem Boxer Scholz wurde von den Managern vor seinen Kämpfen sogar das Autofahren durch strenge Vertragsklauseln als zu gefährlich untersagt.

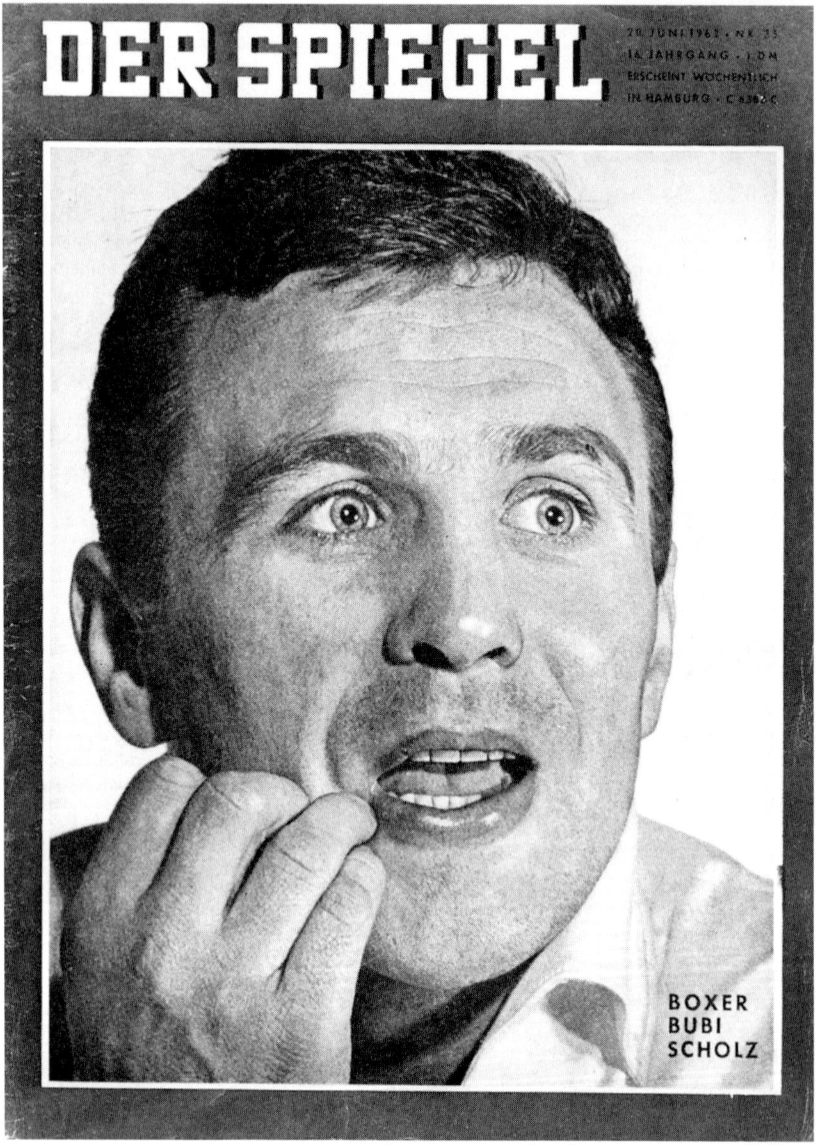

Der Weltmeisterschafts-Kampf gegen den Amerikaner Harold Johnson 1962 in Berlin machte Bubi Scholz automatisch zur Titelgeschichte des Magazins »Der Spiegel«. Es war nicht nur der Umstand, daß nach Max Schmeling zum ersten Male wieder ein Deutscher zu einer internationalen Potenz des Boxsports geworden war. Bubi Scholz, der »Boxer mit dem Filmgesicht« war so weit entfernt vom Klischee des zerbeulten Haudegens der Ringe, daß er darum eine Figur öffentlichen Interesses sein mußte. Er war außerdem endlich wieder ein »Smoking-Boxer«: zu seinen Kämpfen, die schon künstlerische Vorstellungen waren, traf sich die Gesellschaft.

Als Scholz Europameister geworden war, meldete sich die Schallplatten-Branche. Vier Scheiben hat Bubi besungen, »Sie trägt Blue Jeans« war die bekannteste.

Mit Peter Frankenfeld produzierte Gustav Scholz einige Sketche für das Fernsehen. Es war eine Arbeit, die aus den beiden Männern Freunde werden ließ.

Auch der Film wollte bei der »Scholz-Welle« nicht fehlen. Für Bubi gab es eine Lederjacken-Rolle, die Ähnlichkeit mit dem unvergessenen James Dean wurde unterstrichen. Hier mit Renate Ewert und Klaus Löwitsch.

Die Lehrzeit bei Aschinger war doch nicht vergebens: in der Küche kennt sich Bubi immer noch hervorragend aus.

Beim Bau seines ersten Hauses in Berlin griff Bubi Scholz kräftig mit zu.

Aber Bubi war auch Besitzer eines der ersten Tonband-Aufnahmegeräte, die in Deutschland nach dem Kriege auf den Markt kamen. Das Mikrofon, das er Helga auffordernd hinhält, darf man getrost bereits als »antik« bezeichnen.

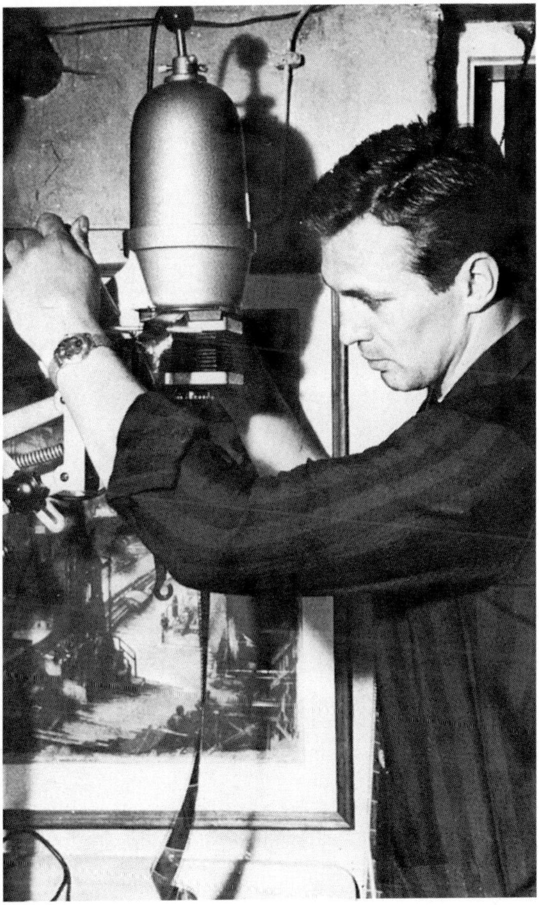

Seine Filme bearbeitet Gustav Scholz routiniert wie ein Profi.

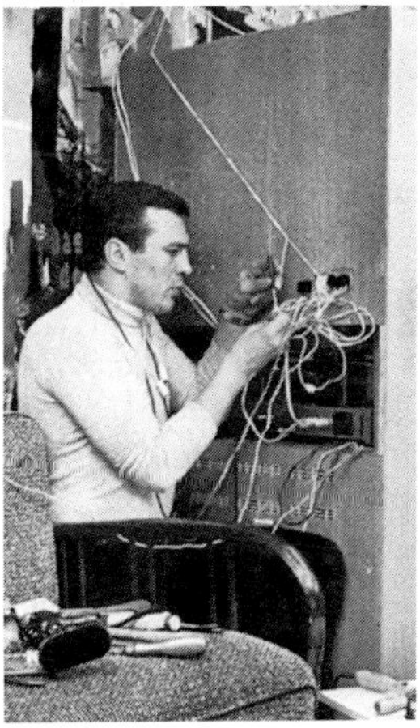

Die Bastelleidenschaft, mit der der 12jährige Bubi schon die Nachbarn verstörte, flammt sporadisch noch auf. Die Lautsprecheranlage im Keller ist selbst entworfen.

Als Bubi diese kleine Schreibmaschine anschaffte, dachte er eigentlich nur an private Post und vielleicht einmal an eine Steuererklärung. Inzwischen ist darauf ein ganzes Buch geschrieben worden – Sie lesen es gerade.

Es war nur ein Scherz der Deutschen Presse-Agentur zum 1. April 1956, aber es sagt doch eine Menge aus über die Popularität, die Gustav Scholz auch noch genoß, als die Krankheit seine Karriere beendet zu haben schien: man wählte ihn zusammen mit dem Reiter-As H.G. Winkler, dem Sprint-Doppeleuropameister Heinz Fütterer und dem Fußball-Idol Fritz Walter.

Bubi Scholz hat viele prominente Freunde: in seinem Haus empfing er Peter Frankenfeld und Olaf Bienert als Gäste.

Bubi mit Filmstar Hannelore Schroth in der legendären »Badewanne«.

Besuch aus einer anderen Branche, in der man auch schnell fallen kann: Maxi und Ernst Baier, Eislauf-Olympiasieger von 1936, die schon längst eine eigene Eisrevue haben, beim Scholz-Training.

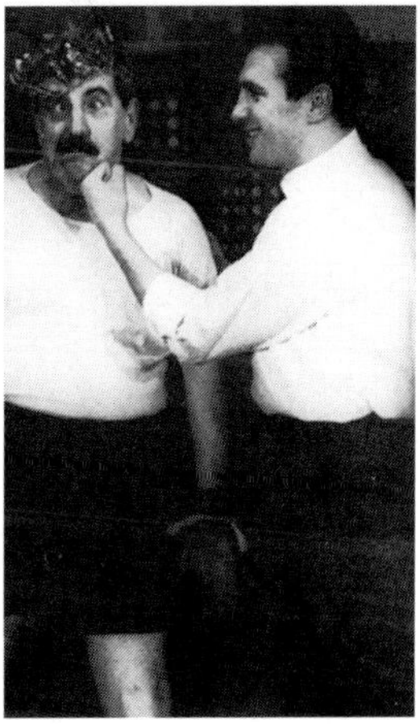

In der Fernseh-Komödie »Der Meisterboxer«, die live ausgestrahlt wurde, war Gustav Scholz der Partner des großen rheinischen Volksschauspielers Willy Millowitsch.

Etwas ernster ging es beim Treffen mit dem Ring-Methusalem Archie Moore zu, wenn die beiden Herren hier auch nur Kaffee trinken: in Essen sparrte Bubi mit dem über 40jährigen Weltmeister.

»Irma la Douce« begeisterte 1962 die Berliner, die Musical-Star Paul Esser, Harald Juhnke und Violetta Ferrari begeisterten sich für Bubi. Die Ferrari hatte auch ihren Sohn Peter mitgebracht.

Eine Schubkarre Kabarettisten hat sich Scholz eingeladen: Dieter Hildebrandt von der Münchner Lach- und Schießgesellschaft und Wolfgang Gruner aus der Crew der Berliner Stachelschweine.

Herzlich Willkommen, wie es auf der Torte steht, waren Bubi Künstler immer. Hier besuchten ihn Michael Jary, Bully Buhlan und Fritz Schultz-Reichel.

Nach dem Punktsieg über den späteren italienischen Schwergewichts-Meister Rocco Mazzola (1961) lud Blacky Fuchsberger seinen Freund Bubi zu einem Rundflug ein.

Willy Birgel, schon zu Zeiten der alten UFA ein großer Star (Reitet für Deutschland) und unvergessen bei der Generation der Mütter, begrüßt beim Filmball seinen Lieblingsboxer.

Tony Curtis plus Bubi Scholz – bei einer so geballten Ladung Charme muß es einer Dame schwer fallen, sich zu entscheiden. Helga Scholz strahlt den amerikanischen Star an.

Begegnung mit Cassius Clay. Beide waren nicht nur im Ring schlagfertig, sondern sind auch Konterkünstler mit dem Mundwerk. Ali »Du scheinst genauso smart wie ich zu sein!«

Bubi mit dem großen Mimen Ernst Deutsch.

Helga wird von Wolfgang Preiss liebevoll mit einem Küßchen begrüßt.

Blumen für Catarina Valente, mit der Bubi nicht nur eine alte Bekanntschaft verbindet, sondern auch der Name Scholz, Catarinas bürgerlicher Name.

Mit Maximilian Schell verbindet Bubi Scholz mehr als Leidenschaft für den Fußball – obwohl sie beide das Prominenten-Spiel vor 80 000 Zuschauern im Olympiastadion ungeheuer wichtig nahmen.

Für den unverwüstlichen einstigen »Otto Normalverbraucher« Gert Fröbe Freundlichkeiten unter Gentlemen: der Junge vom Prenzlauer Berg ist längst ein Weltmann geworden.

Das auch Berlin ein Paradies für Wassersportler ist, bewies Bubi Scholz 1971 seinem Gast Udo Jürgens mit einer Bootsfahrt auf der Havel. Die beiden hatten sich anläßlich der Internationalen Funkausstellung verabredet.

Der Großverleger Axel C. Springer und Frau Friede unterhalten sich änläßlich eines Empfanges mit dem Ehepaar Scholz.

Hildchen Knef und Bubi Scholz, das ist die Begegnung zweier typischer Berliner, die sich immer etwas zu sagen haben.

Neckermann-Katalog an und begann ihn zu wälzen. Er eruierte die mit der Glücksnummer identische Artikelnummer des Versandhauses, und ein anderer Angestellter brachte die so ermittelten Gewinne gravitätischen Schrittes zu Harald, der wiederum die glücklichen Gewinner damit beschenkte. Der Zufall erwies sich als ein hervorragender Gagmaster, die Gaudi war enorm: So kam ein zauberhaftes Mädchen zu wollenen Herren-Unterhosen, eine reifere Dame – wie galant! – zu einem Rasierapparat, ein Generaldirektor zu einer Kittelschürze und als ein vollschlanker Herr einen Bikini übereicht erhielt, brandete ihm sofort der Chor »Vorführen! Vorführen!« entgegen.

Ich selbst habe damals einen Wintermantel für ältere Damen gezogen. Er hatte einen weißen Kaninchenkragen. Ich sah darin ausgesprochen putzig aus. An meiner Mutter wirkte die Paßform allerdings seriöser. Sie fand den Mantel schön und trotzte in ihm einen Winter lang Schnee und Kälte.

Zu jener Zeit hatte ich noch häufig Kontakt zu Gunter Sachs. Und jetzt beim Erzählen fällt mir eine Geschichte ein, die ein paar Jahre früher spielt. Wir wohnten in München im selben Appartement-Hotel. Gunter hatte sich dort eine luxuriöse Suite einrichten lassen. Hänschen Rosenthal arbeitete auch gerade in der *Weltstadt mit Herz,* und wir beiden hatten plötzlich den Einschuß, zusammen mit Dr. Jedele von der Bavaria-Film nach Bad Wiessee ins Casino zu fahren.

Natürlich trug ich für einen überraschenden Spielbankbesuch nicht genügend Bares in der Tasche herum. Die Banken hatten aber bereits geschlossen. Da war es das Nächstliegende, eine Treppe höher zu gehen, – denn ein Sachs muß immer Geld bei sich haben! Ich läutete bei ihm, und nachdem er durch den Spion an der Tür gesehen hatte, öffnete er. Ich muß sagen, er wurde seinem Playboy-Ruf gerecht: Er war nicht allein und nur mit ein paar eleganten Pantinen bekleidet. Er ließ mich ein,

schlüpfte sofort wieder in sein weitläufiges Bett, wo ein äußerst appetitlicher Inhalt auf ihn wartete, und hieß mich auf dem Bettrand Platz nehmen.
»Um Gottes willen, ich will euch nicht stören«, sagte ich. Gunter winkte nur ab und meinte: »Du wirst ja wohl nicht den ganzen Abend bleiben wollen. Was ist denn los?«
Ich erklärte ihm den Sachverhalt. »Wieviel brauchst du?« fragte Gunter. »Fünfhundert reichen«, sagte ich. Während er mir die Scheine zuschob, wollte er wissen, welche Zahlen ich spiele. Meine Absichten schienen ihm zu gefallen, denn er bestand darauf, an Risiko und Gewinn mit fünfzig Prozent beteiligt zu werden. Ich akzeptierte und zog mich diskret zurück.
Am späten Abend trafen wir uns *bei Heinz,* einer Bar, die gerade *in* war, wieder. Sie lag dem Hotel Königshof gegenüber. Ich wollte Gunter seinen Anteil zurückgeben; ich hatte alles in allem achthundert Mark gewonnen.
»Wie lief's denn?« fragte Gunter.
»Müde«, antwortete ich. »Du kannst von Glück sagen, daß mir Hänschen Rosenthal nochmal mit 300 Mark ausgeholfen hat, denn anfangs kamen meine Zahlen einfach nicht. Ich habe sie nur weitergespielt, weil sie einfach überfällig waren. Na ja, sie kamen dann ja auch prompt.«
»Dann bekomme ich keinen Pfennig von dir«, sagte Gunter.
»Wieso nicht?« fragte ich perplex.
»Ist doch logisch«, sagte er, »als du unseren Einsatz verspielt hattest, hätte ich dir keinen roten Heller mehr gegeben. Ergo habe ich kein Anrecht auf deinen Gewinn.«
»Ja, aber trotzdem ...«
»Kommt gar nicht in Frage«, wehrte er ab. »Du hast mit dem Geld von Rosenthal gewonnen. Ich habe damit nichts zu schaffen.«
Behaupte noch einer, Gunter Sachs, der spontane, kreative Playboy, könne nicht logisch denken.

Aber ich muß die Geschichte meiner Freundschaft mit Quandts noch zu Ende erzählen, und ich tue das traurig, denn beide, Harald und Inge Quandt, leben nicht mehr.
Harald Quandt verunglückte mit seinem Privat-Flugzeug, einer King Air, am 22. September 1967 an einem öden Felsgipfel in der Nähe von Turin. Harald hatte mich und Helga am Tag nach dem Mildenberger-Kampf eingeladen, mit ihm das Wochenende in seiner Villa am Kap Antibes zu verbringen. Ich wäre gern mitgeflogen, aber Helga mochte ganz und gar nicht. Es gibt zwischen uns die stillschweigende Übereinkunft, wenn irgend möglich, wenigstens an den Wochenenden in Berlin zusammen zu sein. In der Woche bin ich häufig geschäftlich unterwegs, und Helga hat in den Parfümerien zu tun, sodaß wir uns seltener sehen als uns lieb ist. Nun hatte ich bereits am letzten Samstag mit Harald gesumpft und war erst am Sonntagnachmittag nach Hause gekommen. Helga wollte nicht schon wieder Aktion und Hektik haben. Sie scheute auch ein wenig die Anstrengungen der Reise, zumal sie kein begeisterter Flugpassagier ist.
»Macht was ihr wollt!« sagte sie. »Mir ist das zu anstrengend. Ich bleibe in Berlin, schwimmen kann ich auch im eigenen Pool, dafür muß ich nicht um die halbe Welt fliegen.« Da war nichts zu machen. Auch Harald, der Helga extra noch einmal anrief, kriegt sie diesmal nicht rum.
Meiner Frau zuliebe, aber auch der Vernunft gehorchend, sagte ich Harald ab. »Na macht nichts, Alter«, tröstete er mich, »fliegen wir eben das nächste Mal wieder zusammen.«
Ich hatte seine Worte noch im Ohr, als mich in meinem Büro in der Tauentzienstraße die Nachricht von seinem Tod erreichte. Zunächst kam es mir gar nicht in den Sinn, daß ich nur zufällig nicht selbst zwischen den Trümmern lag. Ich sah Harald ganz deutlich vor mir, und mir war klar wie nie zuvor, wieviel wir einander bedeutet haben. Ich weiß nicht, wie oft man im Leben

echte Freundschaft schließen kann. Eines aber weiß ich genau: In Harald habe ich einen wirklichen Freund verloren. Ich habe geheult damals. –

Am 2. Januar 1979 habe ich am Grab von Inge Quandt gestanden, als sie gemeinsam mit ihrem zweiten Mann, Hans Hillmann von Halem, beigesetzt wurde. Unsere Beziehung war nach dem Tod Haralds lockerer geworden, aber sie hatte nie aufgehört, freundschaftlich und familiär zu sein. Die Bande blieben spätestens seit jenem Tag im Herbst 1962 eng geknüpft, als Inge und Harald Helga und mich baten, die Patenschaft für ihre vierte Tochter, Bettina, zu übernehmen. Ich habe dies immer als Zeichen gegenseitigen Respekts empfunden, und wir haben die Patenrolle gern übernommen. Mir stand sie offenbar so wohl an, daß ich im Laufe der Zeit – natürlich nur im Scherz – zum Universal-Paten auch der anderen Töchter avancierte.

Wenige Wochen vor ihrem Tod hatte ich Inge noch einmal besucht. Wegen des Buchs, in dem Sie gerade lesen, war ich nach Frankfurt geflogen, um einige Recherchen anzustellen und Gespräche zu führen. Ich hatte mich bei Inge angesagt und mir einen Leihwagen gemietet, um beweglich zu sein. Kurz bevor ich mich zu ihr auf den Weg machen wollte, ließ mir Inge via Berlin durch Helga ausrichten, sie litte wieder an einem dieser lähmenden Migräneanfälle. Ich solle nicht böse sein, sie könne mich nicht empfangen.

Ich kannte Inges Leiden. Genauso schnell wie die Migräne sie überfiel, war das Übel oft wieder verflogen. Drum ließ ich mich nicht aus dem Konzept bringen, und ich hatte Glück. Inge war bereits wieder guter Dinge, als ich ankam. Wir unterhielten uns prächtig, sprachen über die alten Zeiten, und schließlich überredeten mich Inge und ihre Töchter dazu, über Nacht zu bleiben.

Am anderen Tag kriegten wir uns fast nicht ein vor Lachen, als ich mit Inges Assistenz meinen Leihwagen knackte. Der Schlüssel hatte sich im Türschloß des Autos verklemmt und ließ sich nicht mehr bewegen. Ich rief die Leihwagenfirma an, und nach einigem Hin und Her erhielt ich Anweisungen, die einem versierten Autoknacker Ehre gemacht hätten. Mit einem Schraubenzieher, einem Stück Draht und unter Anwendung der guten Ratschläge des Verleihers öffneten wir das Gefährt im Nu und freuten uns diebisch über unser *kriminelles* Erfolgserlebnis; wir waren ja vordem blutige Laien auf diesem Gebiet!

Heiligabend rief *Katze,* so wird die mit einem Hamburger Photographen verheiratete Quandt-Tochter Katharina im Freundeskreis genannt, bei mir in Berlin an. »Mammi ist tot«, sagte sie tonlos. Ich war wie vor den Kopf geschlagen. – Vierzig Stunden später erschoß sich Baron Halem. Alles nahm seinen Lauf wie in einer Tragödie der Antike.

Das ist die Geschichte meiner Beziehung zu Harald und Inge Quandt. Vor allem meiner Freundschaft mit Harald, der mir bei meiner *House-warming-Party* am Rupenhorn in Berlin den Kopf zurechtrückte, als ich stolz und kleinmütig zugleich sagte: »So toll wie dein Haus ist es natürlich nicht!«

»Was soll das?« fragt er mich. »Das ist wunderbar hier, und du hast es dir selbst geschaffen. Ich bin kein Vergleich, ich bin ein Erbe.«

Daß er ein genialer Unternehmer war, mochte er nicht hören. Noch weniger hätte er es je von sich behauptet. Harald Quandt war ein Mensch, den man bewundern und gern haben mußte. Zu beidem hatte ich Gelegenheit, und ich bin dankbar dafür.

24.

Es existierten selbstverständlich nicht nur Freundschaften, Feste, Film-Projekte und Schallplatten in diesen Jahren: mein Hauptgeschäft war unverändert das Boxen, und da wurden die Kontrahenten immer schwerer! Sowohl von der Klasse her, als auch vom Gewicht.

Gegner wurden knapp für mich in Europa, vor allem solche, die bei den gestiegenen Ansprüchen der Box-Anhänger auch ein volles Haus versprachen. Nach der Europameisterschaft mit Humez hatte ich in München einen Blitz-K.o. über Portuguez aus Costa Rica errungen, und in Paris hatte ich den letzten Gretzschel-Wechsel gegenüber Monsieur Benaim eingelöst, indem ich den Halbschwergewichtler Germinal Ballarin mehrmals zu Boden schlug und auspunktete.

Ballarin übrigens dürfte mein Verhalten vor dem Kampf für höchst verwunderlich gehalten haben. Ich gebärdete mich wie eine hypersensible Primaballerina. Die Schuhe mußten mehrfach geschnürt werden, die Bandagen bereiteten endlose Schwierigkeiten, den Mundschutz wies ich angeekelt von mir – mein Betreuer mußte einen anderen herbeischaffen und so weiter. Den Grund für diese Mätzchen hatte der übereifrige Französische Meister im Bantamgewicht geliefert. Er schickte im Vorkampf seinen Gegner frühzeitig auf die Bretter. Mit dem Deutschen Fernsehen hatten wir aber eine Live-Übertragung meines Kampfes vereinbart, und so mußte ich mein ganzes schauspielerisches Können aufbieten, um den Kampfbeginn bis zur geplanten Sendezeit hinauszuzögern. Gut zwanzig Minuten vermochte ich zu schinden, dann ertönte der erste Gong. Das Fernsehen blendete sich im Verlauf der ersten Runde ein. Der Sendetermin war gerettet. – Schade eigentlich, daß den Millionen Fernsehzuschauern das theatralische Vorspiel entgangen ist.

Daß es gut war, wird Nadja Tiller jedem bestätigen, der es genau wissen will. Sie und ihr Mann Walter Giller gehören zu den Menschen, die ich gerne mag, die immer zu einem verrückten Spaß aufgelegt sind. Nadja hielt sich in Paris auf, warum weiß ich nicht mehr, und ließ sich selbstverständlich *Bübiie le boxeur* im Palais des Sports nicht entgehen. Sie war gerade ganz oben, hatte die Rolle der Nitribitt in dem High-Society-Prostituierten-Film *Das Mädchen Rosemarie* gespielt, zusammen mit Carl Raddatz, der bei mir übern Damm wohnt und – vor allem als seine Frau noch lebte – kein seltener Gast bei mir zu Hause war. Zur Starbesetzung des Rolf Thiele-Films gehörten noch Peter van Eyck, der vor einigen Jahren den Krebstod starb, Mario Adorf, Karin Baal und Jo Herbst, alles Schauspieler, die ich kenne, die ich hin und wieder treffe, die zu einer Sause selten nein sagen und die sich zu meinen Kämpfen, wenn möglich, regelmäßig einstellten.

In München fand ich nicht nur Portuguez vor, den ich relativ problemlos ausknocken konnte, sondern auch einen Bekannten, den ich nicht zu den *guten* zählen würde. Es war der Sportjournalist Rolf Gonther, der als *Revisor* in der vielgelesenen *Abendzeitung* eine ständige Kolumne schrieb.
Anfang der fünfziger Jahre mußte sich Gonther mit Fotografieren noch etwas hinzuverdienen, um sich über Wasser zu halten. Eines Tages erschien er mit seinem Apparat in der Boxschule, als mich Gerhard Wendland dort gerade besuchte. Gonther bat Wendland und mich, für ihn eine Boxszene zu türken. Wir wollten keine Unmenschen sein und taten ihm den Gefallen. Wir produzierten eine meisterliche Aktion. Gonther brauchte nur zu knipsen.
Dieses Foto wurde auf Jahre zum Dauerbrenner in der deutschen Presse. Die Unterschriften wechselten, das Bild blieb. Mal war vom boxenden Troubadour die Rede, dann wieder vom singenden Boxer. Was beliebte, war auch erlaubt. Und je-

der Abdruck brachte Gonther kleine, aber bare Münze. Unser Foto war ein richtiger kleiner Geldscheißer. Schön für Gonther und so weit so gut ...

Als ich mich in Berlin stillschweigend und psychologisch in einer ungemein instabilen Verfassung auf meine Rückkehr in den Ring vorbereitete, tauchte Gonther plötzlich freundlich lächelnd wieder vor mir auf. »Sagen Sie, wollen Sie wirklich wieder in den Ring? Ist das überhaupt noch möglich?« fragte er ein wenig süffisant.

Ich sagte kurz angebunden, er könne ja in die Sportschule kommen und sich von meiner körperlichen Verfassung überzeugen. Das war's für mich.

Gonther kam nicht in die Boxschule. Dafür schrieb er einen Artikel, dessen Überschrift etwa wie folgt lautete: *Scholz kommt nie wieder!* In seinem Elaborat mutmaßte Gonther, mit meinem Damen- und Herren-Salon am Kurfürstendamm müsse es wohl schlecht bestellt sein. Von meiner Rückkehr in den Ring könne keine Rede sein. Er behauptete, ich suchte nichts weiter als ein bißchen PR, um mein Geschäft zu beleben.

Ich kann mich an keine Kritik erinnern, auch die ungerechtfertigtste nicht, die mich jemals so in Harnisch gebracht hätte wie dieser Artikel eines Menschen, dem ich nun wirklich nichts Böses angetan hatte. Er war einer der wenigen unfairen Journalisten, denen ich begegnet bin.

Als Gonther sich wie selbstverständlich auf der Pressekonferenz anläßlich des Europameisterschaftskampfes gegen Humez einstellte, ließ ich ihn kurzerhand vor die Tür weisen. Das war ich mir damals schuldig.

Jetzt in München bat mich der Veranstalter Franz Leidmann darum, die alte Geschichte zu vergessen. Die Abendzeitung war für ihn wichtig, und ich machte Leidmann zuliebe mit Gonther Shakehands. Gonther bedankte sich auf seine Art.

War der Kampf ein Betrug am Publikum? lautete diesmal die Headline seines Kampfkommentars. – Gonther bleibt eben Gonther.
Mein Freund Sammy Drechsel war über diese Hinterhältigkeit so ungehalten, daß er am Abend anhand der Fernsehaufzeichnung den Zuschauern in allen Einzelheiten bewies, daß ich Portuguez mit einer vollen Linken genau auf den Punkt (Kinnspitze) getroffen hatte. Durch einen solchen Schlag wäre jeder Boxer gefallen. Die Zeitlupe hatte meinen schreibenden Widersacher der Manipulation überführt. – Eine trübe Geschichte; forget it!

Wer Europameister ist, muß den Titel verteidigen. Das verlangen die Regeln, die über sich nur eine letzte Instanz haben: die Interessen der Veranstalter. Ich habe 1959 meinen Titel sogar dreimal aufs Spiel gesetzt, ich war wirklich ein kämpfender Meister.
Der blonde Hamburger Buttje Wohlers, richtig hieß er Hans-Werner, war in Berlin der erste Aspirant. Mit ihm mußte ich mich auf eine lange Reise einlassen: Wohlers war einer der elegantesten und besten Techniker in deutschen Ringen, ein richtiger Florettfechter mit den flinken Beinen, die zu dieser Kampfart gehören. Er hatte nur eine Schwäche: er konnte keine Fensterscheibe einschlagen!
Der Kampf in der Deutschland-Halle gegen einen so cleveren Mann, der von der Technik und der Konzentration lebte, wurde zu einer Schachpartie. Die Zuschauer der oberen Ränge hat das sicherlich nicht so sehr fasziniert. Wer den Fight aus der Nähe beobachten und auch die kaum sichtbaren technischen Raffinessen in den Aktionen verfolgen konnte, kam allerdings voll auf seine Kosten.
Für mich waren es fünfzehn Runden harter Arbeit. Der Punktsieg war klar. Nur der Gong rettete Wohlers vor einem K.o.

Buttje war total erschöpft und brach bei Schluß des Kampfes in die Knie. Ich hatte keine Schramme davongetragen, aber ich wußte, was ich getan hatte.
Zehn Runden mußte ich auch gegen Johnny Halafihi gehen. Der kam von den Tonga-Inseln und war als Siebenter in der Weltrangliste verzeichnet – aber im Halbschwergewicht. Die Brocken wurden eben dicker.
Als ich anschließend Peter Müller in einer Revanche schon in der ersten Runde für die Zeit auf die Bretter schlug, war es den Berlinern aber auch wieder nicht recht. Etwas mehr Scholz hätte es doch sein dürfen, meinten sie. Und ganz entschieden dieser Ansicht waren die Schauspieler Eva Kerbler, Harry Meyen und Hans Putz, die in der Berliner Komödie mit dem Drei-Personen-Stück *Ein klarer Fall* ganz hoch in der Publikumsgunst standen. Sie wollten den Kampf unbedingt sehen, hatten sich Ring-Plätze besorgt und spielten am Kampfabend ihr Stück in unbeschreiblicher Geschwindigkeit herunter. Bis zur Pause hatten sie bereits zwölf Minuten geschunden. Sie mußten bei offener Bühne abgehen, weil die Bühnenarbeiter noch beim Bier saßen und überhaupt nicht mitbekommen hatten, wie rasant diesmal geschauspielert wurde. Zwanzig Minuten früher als üblich fiel der letzte Vorhang. Das Dreiergespann hetzte in die Deutschlandhalle, nahm seine Plätze ein, der Gong zur ersten Runde ertönte und boing! – Müller lag, aus. – Daß ich der Schnellvorstellung der Drei meine Blitzvorstellung folgen ließ, entsprach nicht voll ihren Wünschen. Verständlich.
Auf mich wartete, nur drei Wochen später, mit dem Franzosen André Drille der dritte Konkurrent, der auf den EBU-Gürtel scharf war. Diesmal wurde das Publikum bestens bedient. Es erlebte gleich zwei K.o.s in einem Europameisterschaftskampf. Ende der achten Runde zählte der Ringrichter Drille aus. Das *Aus* und der Gong folgten ganz dicht aufeinander. Beide gin-

gen im Jubel der Berliner Zuschauer unter. Drilles Betreuer reagierten blitzschnell und selbstbewußt. Sie behaupteten steif und fest, bei *neun* sei der Gong bereits zu hören gewesen. Der Ringrichter beugte sich diesem Protest und gab den Kampf zur neunten Runde wieder frei. Nach mehreren Niederschlägen ging Drille in der vierzehnten Runde ein zweites Mal k.o. Er schlug auf die Bretter, der Gong schlug nicht. – In diesem Jahr war Drille der Kämpfer, der mir am meisten abverlangte. Er war ein harter, schlagstarker und aggressiver – ein fast perfekter Boxer.

Im europäischen Mittelgewicht herrschte nach dem Dreierschlag von 1959 eine Art Grabesstille. Es gab eine Ausnahme, einen ernsthaften Gegner: Laszlo Papp. Gretzschel hatte bereits einen Kampfvertrag mit ihm abgeschlossen und Papp stellte sich vor dem Drille-Kampf im Ring als mein kommender Gegner vor. Der Kampf fand nie statt. Vor dem in Aussicht genommenen Termin schickte Papps Manager ein Attest. Ich nehme an, die ungarischen Sportfunktionäre sahen den Ruf ihres Boxidols und mehrmaligen Olympiasiegers gefährdet und untersagten das Duell des einzigen Profis aus einem sozialistischen Land mit dem kapitalistischen Insulaner Bubi Scholz.

Einen anderen Herausforderer hatte die Europäische Box-Union nicht mehr für mich, und mir war es, ehrlich gestanden, nur lieb. Ich war mir, bald dreißig Jahre alt, klar darüber, daß ich die 145 Pfund des Mittelgewichts kaum noch bringen konnte.

Meine fünf Gegner im Olympischen Jahr 1960, in dem Armin Hary als erster Mensch die hundert Meter in blanken zehn Sekunden lief, waren Halbschwere: Rocco Mazzola, der spätere italienische Schwergewichtsmeister, Mike Holt, Weltranglistenboxer aus Südafrika, der Österreicher Köhler, der Amerikaner Don Fullmer; lediglich der Empiremeister McCormack boxte im Mittelgewicht. Mit Ausnahme von Don Fullmer, der

mir in Frankfurt ein Unentschieden abtrotzte, schlug ich sie alle.
Ein Unentschieden läutete das Jahr 1961 ein. Mein alter Gegner Buttje Wohlers erhielt es in Wien nach einem Zehn-Runden-Kampf. Das Urteil war wohl eher charmant als gerecht. Ich hatte Hans-Werner Wohlers ziemlich hergenommen und ihn gegen Ende des Kampfes schwer getroffen. Das Wiener Publikum feierte mich bereits als Sieger, und Wohlers gratulierte mir noch vor der Urteilsverkündung, indem er als Anerkenntnis meines Sieges meinen rechten Arm in die Höhe hob. Vielleicht rührte das die Boxgewaltigen von der Donau so sehr, daß sie deshalb auf ein Remis erkannten.
Nach diesem Kampf habe ich den Titel des Mittelgewichts-Europameisters unbesiegt zurückgegeben. Ich wollte meinem Körper, dessen Idealgewicht sich bei 78 Kilogramm eingependelt hatte, keine mörderischen Fastenkuren mehr zumuten.
Ich bestritt noch drei weitere Kämpfe in diesem Jahr, und denkwürdig gestaltete sich der gegen den Franzosen Paul Roux: Zwei Tage vor der Abreise der aus Journalisten, Betreuern, Manager und mir bestehenden Karawane nach Paris wachte ich von meinem Mittagsschläfchen auf und konnte meinen Kopf nicht mehr bewegen. Völlig verzogen stieg ich aus meinem Bett. Mit zusammengebissenen Zähnen versuchte ich eine Kopfdrehung zustandezubringen. Es ging nicht, schmerzte nur höllisch.
Ich sah mich genötigt, in reichlich grotesker Haltung vor die Öffentlichkeit zu treten, und die lachte und glaubte mir nichts. »Ist ja gut!« sagten die alten Hasen unter den Sportjournalisten nach einer Weile, »aber laß doch jetzt dieses Theater.« Alle hielten den eingeklemmten Nerv, das nämlich war die Ursache der leidigen Geschichte, für eines meiner Show-Stückchen, die ich zugegebenermaßen ab und an zum besten gab.
Es dauerte eine Weile, bis man den Ernst der Lage akzeptierte,

und der Sportarzt und der Chiropraktiker mühten sich reichlich vier Wochen, um den Nerv aus der schmerzhaften Klemme zu befreien. Der Kampf mußte natürlich verschoben werden und fand drei Monate später in Frankfurt statt, wo er mit einem Punktsieg für Scholz endete.
In Paris leistete mir derweil Romy Schneider einen Freundschaftsdienst. Sie nahm stellvertretend für mich den von *L'Equipe* verliehenen *Oscar* für den besten und beliebtesten europäischen Boxer in Empfang und brachte ihn mir mit nach Berlin. Die Auszeichnung sollte mir eigentlich vor dem Roux-Kampf im Palais des Sports überreicht werden.
Und weil ich gerade bei denkwürdigen Ereignissen bin, will ich auch gleich die letzte Talk Show mit Dietmar Schönherr als Gastgeber (*Je später der Abend* hieß sie) erwähnen. Es war, wie selbst die ehrwürdige alte Tante FAZ konstatierte, die aufregendste Talk Show, die bis dato, dem 30. Oktober 1974, im Deutschen Fernsehen zu bewundern war. Schönherr hatte Romy Schneider, den sich ziemlich wild gebärdenden, gerade aus dem Gefängnis entlassenen Schriftsteller Burkard Driest und mich eingeladen. Es funkte zwischen uns dreien heftig und Dietmar war zeitweise absolut out, was bei einer Live-Sendung auch dem besten Talkmaster passieren kann. Hinterher gab es jede Menge Spekulationen darüber, ob es in der Nacht noch zu Liaisons gekommen ist. »Meine Verehrtesten, das nein!« kann ich dazu nur sagen, wenn Sie mir erlauben, die Worte des braven Soldaten Schwejk zu gebrauchen. Ich war schließlich dabei ...

Ich boxte weniger. Ich wußte, daß es an der Zeit war, das Haus zu richten, so, daß es auch den Rest meines Lebens nicht durch das Dach regnen würde. Es war inzwischen das eigene. Ich hatte gute Freunde, ein bißchen Geld, und Wasser war auch im Pool. Und ein wenig mehr vom Leben sollte es auch sein.

Es ist von mir verschiedentlich schon angeschnitten worden, und es ist eine Erfahrung, die jeder Mensch in schwächerer oder stärkerer Form gemacht hat: man kann sich, wenn man einen sehr guten oder einen sehr miserablen Charakter hat, lange Zeit selbst weh tun – aber nicht unbegrenzte Zeit! Es gibt da gewisse Korrosions-Punkte am Menschen wie an einem Dampfer, und es fängt gewöhnlich ganz unmerklich an.

1960 war die Zeit der heldischen Filme vorüber. Federico Fellini drehte mit Anita Ekberg und Marcello Mastroianni *La dolce vita.* Die Zeit war nämlich einfach reif für das süße Leben nach den 15 Jahren Wiederaufbau, der Schwielen an den Händen und an den Seelen hinterlassen hatte. Süßes Leben wurde ein Schlagwort. Vielleicht war es auch nur eine notwendige Reaktion, eine Sache der Besinnung auf sich selbst.

In Dachau wurde die unheimliche Vergangenheit mit der Einweihung der *Todesangst-Christi-Kapelle* auf dem Gelände des ehemaligen Konzentrationslagers zitiert. Aber in der Berliner Waldbühne, in der sich Boxer große Ringschlachten geliefert hatten, stand auch die verlorene Vergangenheit beim *Tag der Heimat* wieder auf, einer Demonstration der Vertriebenen.

Ein Problem unserer Gegenwart, das uns noch viele Jahre beschäftigen wird, befand sich erst im embryonalen Zustande: in unsere Fabriken strömten die ersten Gastarbeiter, durchaus begrüßt, weil sie den arbeitsirren Deutschen den Weg zum ersehnten süßen Leben erleichtern würden – meinte man jedenfalls.

Etwas, es stammt allerdings bereits aus dem Jahre 1959, darf auch nicht vergessen werden, weil es zunächst beachtliche Tiefenwirkung bewies und inzwischen von unserer Ungeduld fast schon zum alten Eisen degradiert ist: im November beschloß die SPD ihr *Godesberger Programm,* gab die Ballonmützen ab und verstand sich von da an als Volkspartei.

In Deutschland war Aufbruch- und Umbruch-Stimmung. Trendwende ist das neudeutsche Wort dafür, und ich war dreißig Jahre alt. Das mußte etwas zu bedeuten haben.
Ich bin niemals, nicht als aus dem KLV-Lager türmender Pimpf, nicht als Familien-Ernährer auf dem schwarzen Markt, und auch nicht als boxender Geschäftsmann (so sah ich mich längst) ein schwankendes Rohr gewesen – aber so ein bißchen ins Wehen konnte man als Dreißigjähriger damals schon kommen. Da war die Askese, und die begegnete der Versuchung. Da war die Entbehrung, die sich dem Prozeß des beginnenden Wohlstandes ausgesetzt sah. Da waren die richtig reichen Freunde, die eine Bestandsaufnahme der eigenen wirtschaftlichen Lage herausforderten. Und eine langsam verblassende Jugend – nichts anderes glaubt man doch mit dreißig Jahren! –, die längst nicht alle Wünsche erfüllt hatte.
Mir fällt eine kleine Episode aus einem Skiurlaub in Arosa ein. Ich war mit einem Diplomaten ins Gespräch gekommen, der sehnsüchtig auf die Ankunft einer, wie er meinte, bemerkenswerten Frau wartete.
Eines Abends war die Gespielin da, und der Bekannte holte mich sofort an seinen Tisch, zu Champagner und zum Small Talk. Der Champagner war in Ordnung, die äußerlich appetitliche Dame nicht so sehr: sie mißfiel mir durch eine unerträgliche Arroganz. Mir reichte es schließlich.
»Für das Glas Champagner habe ich mir nun genügend Unfug angehört«, sagte ich abrupt und stand auf. Mein Ski-Kumpel war entsetzt.
»Im Ärger geht man nicht auseinander«, redete er auf mich ein. »Tanz doch wenigstens einmal mit ihr, dann kannst du ja gehen.«
Es wurde ein kurzer Tanz. Immerhin stellte die Dame mir, wahrscheinlich weil ich Boxer war, eine ziemlich dumme Frage: »Haben Sie in Hotels Angst?« wollte sie nämlich wissen.

»Wovor soll ich Angst haben?« fragte ich zurück.
»Dann schließen Sie sich bestimmt auch nicht ein«, stellte sie fest. Warum sollte ich!
Begriffen habe ich die Frage, als mich mitten in der Nacht ein Tier weckte, das sich in meinem Bett zu schaffen machte. Das Tier war ein Dark-Nerz, und darin befand sich die Dame vom Tanzparkett, unbekleidet. – Wen hätten Sie genommen?
Das sind so Spritzer süßen Lebens gewesen, die mich gestreift haben. Die Gischt des Dolce Vita ist mir allerdings niemals zu stürmisch ins Ponim geflogen. Da war Helga vor...
Zu den großen Lockungen gehörten – vielleicht sogar an erster Stelle – Autos. Große Autos, chromblitzende Autos – vor allem schnelle Autos. Die Sehnsucht wurde bereits in den frühen fünfziger Jahren mit den James-Dean-Filmen in uns geweckt. Später sahen wir dann *Hotte* Buchholz lässig am Volant sitzend über die Kinoleinwand flitzen. Dean starb in einem Porsche, aber wir träumten weiter. Wir wußten, es gibt diese schnittigen Renner, nur leider kannten wir sie zunächst nur von außen.
Das sollte sich ändern. Ich war, wie fast jeder in unserer vollmotorisierten Nation, total auf dem Autotrip – nur etwas früher als die meisten, weil es meine Gagen erlaubten. Zuerst fuhr ich gebrauchte Gurken, die mir betuchtere Freunde oder boxbegeisterte Garagenbesitzer ausliehen. Dann kamen die fabrikneuen Fords: 12M, 15M und 17M. Schließlich realisierte ich ein Stück Traumwelt, ich kaufte einen Thunderbird. Es war ein tolles Gefühl, durch die Straßen und über die Autobahnen zu rauschen. Die *Plastikbomber,* die der alte Borgward unter dem Namen *Lloyd Limousine* verkaufen ließ, die *Isettas,* die *Kabinenroller* von Messerschmitt, die dreirädrigen *Goliath*-Lieferwägelchen, die Mopeds und Motorroller fleuchten zur Seite, wenn ein schnelles, ein richtiges Auto angezischt kam. Den Begriff *Stau* kannte man bis dato nur in Zusammenhang

mit *See*. Und der Liter Benzin kostete weniger als sechzig Pfennig.
Sieben Porsche haben mir im Laufe der Jahre schnelle Dienste geleistet, und ich fahre auch heute noch gerne rasant, wo es gefahrlos ist. Da bin ich auch mit fünfzig Jahren *noch kein bißchen weiser,* um mit Curd Jürgens zu reden (der, das fällt mir gerade ein, mich im Filmatelier einmal leutselig-jovial und lautstark mit »Guten Tag, Herr Kollege!« begrüßte und damit Gelächter bei den Umstehenden erntete. Ich mimte den Erstaunten und fragte mit Kinderaugen: »Wieso, boxen Sie jetzt auch?« Die Wirkung war sensationell, was die Lautstärke des Gelächters anging. Der souveräne Jürgens trug's selbstverständlich mit Fassung).
Mein kürzestes Porsche-Verhältnis währte nur drei Wochen. Ein ungeschickter Fahrer rammte mein nagelneues Schmuckstück, das ich am Straßenrand angehalten hatte. Ich werde die Gesichter im Verkaufsbüro des Porsche-Händlers nie vergessen, als ich einen neuen Wagen zur möglichst sofortigen Lieferung in Auftrag gab.
»Aber Sie haben doch gerade erst den neuen Wagen zugelassen«, sagte der Verkaufsdirektor. Worauf ich todernst behauptete, der Aschenbecher sei voll, und deshalb benötige ich sofort ein neues Auto. – Auf Kosten der Versicherung fallen derlei Scherze – ich geb's zu – relativ leicht.
Zu meinem ersten Mercedes bin ich mehr aus Zufall gekommen. Und weil die Geschichte mein Verhältnis zu Helga, wie ich finde, höchst zutreffend illustriert, will ich sie mit der gebührenden Weitschweifigkeit erzählen:
Wie jedes Jahr waren Helga und ich zum Berliner Presseball eingeladen. Und wie es sich gehörte, hatte jeder von uns ein Dutzend Lose für die Tombola gekauft. Das ist so etwas wie eine rituelle Handlung. Die Verlosung wirkt allerdings mitunter störend, besonders wenn sie, wie an diesem Abend, eine

steil ansteigende Stimmungskurve zu unterbrechen droht. Als Sepp Maier und Franz Beckenbauer, die Ehrengäste des Balls, sich in der Rolle Fortunas zu üben begannen, zog unsere Clique sich an die Bar zurück. Dort kamen wir fein über die Runden und blieben von der Losglück-Hektik unberührt. Es wurde eine lange lustige Nacht und am folgenden Sonntag trafen wir uns zum Brunch bei mir zu Hause wieder, hechelten die Ereignisse des Vorabends und die zahlreichen Wer-mit-wems in aller Ausführlichkeit durch und ließen das Fest allmählich und privatim ausklingen.

Natürlich fordern derlei Festivitäten ihren Tribut. Auch ein ehedem trainingsfleißiger Mensch wie ich fällt schließlich geschafft ins Bett und schläft zwölf Stunden an einem Stück. Ich tat's.

Der Montag stand unter der Devise: Neuer Tag, neues Glück, oder besser: Viel Arbeit und jede Menge Termine. Immerhin reichte es noch zum gemeinsamen Frühstück mit Helga. Sie hatte – ein bißchen eitel ist man eben doch im Hause Scholz – die Fotoseiten über den Presseball in den Zeitungen inspiziert. Wir waren nicht zu kurz gekommen. Okay! (Später im Büro darauf angesprochen, zeigt man sich selbstverständlich uninformiert: Zeitung? Noch keine Zeit gehabt heute . . .)

Worüber sich die Zeitungen unisono echauffierten, war, daß der Hauptgewinn der Tombola liegengeblieben, oder richtiger, stehengeblieben war: Ein Mercedes 350 SL. »Der Gewinner wird so ein Großkotz wie wir sein, der es nicht nötig hat, seine Losnummern mit den Gewinn-Nummern zu vergleichen«, kommentierte Helga diese Neuigkeit selbstironisch. »Recht hast du«, sagte ich geistesabwesend, weil ich in Gedanken schon in der Besprechung war, die mich erwartete. Das Business hielt mich denn auch den Tag über in Atem. Keine Abschweifungen, keine ruhige Kaffeepause, nichts.

In Helgas Parfümerien nahmen indessen große Ereignisse ih-

ren Lauf. Angestellte und Kundinnen stellten Spekulationen über den Hauptgewinner an. War jemand inkognito auf dem Ball? Wenn ja, wer? Undsoweiter. Angeheizt wurde das Tagesgespräch durch die Veröffentlichung der Gewinnzahl in der Nachmittagszeitung. Helga wurde sofort aktiv. Sie ließ ihre weggeworfenen Lose aus dem Schminkeimer kramen. Die Glücksnummer war nicht dabei. Dann beauftragte sie telefonisch unserer Haushälterin, meine Smokingweste zu durchsuchen, weil ich Losröllchen oder Visitenkarten meistens in die Westentasche stecke und dort schlummern lasse. Die Haushälterin wurde fündig und gab Helga die Nummern durch.
Daraufhin ruft Helga in der Agentur an, läßt mich aus einer Konferenz trommeln und verkündet mit Pomp: »Wenn du stehst, setz' dich bitte erst hin. Sitzt du auch fest!? – Du hast den Mercedes vom Presseball gewonnen, Dicker. Das Los war in deiner Weste. Was sagste nun?« Ich glaubte erst einmal kein Wort und tat absolut cool: »Was du nicht sagst. Das ist aber wirklich schön für mich.«
Die Geschichte stank verdächtig zum Himmel. Ein typisches Bubi-Reinlegspiel von Helga. Gut ausgedacht, durchaus glaubwürdig vorgetragen. Ich rief zu Hause an, ließ mir die Losnummer vorlesen und fragte so eindringlich wie ein altgedienter Großinquisitor, ob das Los auch wirklich und wahrhaftig vorhanden wäre. »Ja, ganz sicher, Herr Scholz, ich lüge Sie doch nicht an«, kam die Antwort.
Ich war noch immer nicht sicher. Helga ist raffiniert, wenn sie mich drankriegen will. Ich drängelte ein wenig, um die Konferenz schnell beenden zu können. Betont lässig bemerkte ich, ich ginge mal eben rasch den Mercedes vom Presseball abholen. Alle lachten über diesen Spruch und dachten sonstwas. Ich raste in die Wohnung.
Diesmal war ich als der ungläubige Thomas auf Helga hereingefallen. Sie hatte die Wahrheit und nichts als die Wahrheit ge-

sagt und mir das billigste Auto meines Lebens aus der Westentasche fummeln lassen. Ganze 90 Losmärker hat es gekostet. Die Firma Daimler-Benz konnte sich auch freuen. Denn dermaßen viel Aufregung und Presseresonanz um ein gespendetes Auto hat es so bald nicht wieder gegeben. Helga und Bubi Scholz lächelten tags darauf auf zahlreichen Zeitungsfotos aus ihrem neuen Wagen. PR-Manager, was willst du noch mehr! So läuft das also zwischen Helga und mir: Spannend, abwechslungs- und trickreich. Es knistert in jeder Beziehung, immer noch.

Das *sogenannte* Prominentendasein hat unbestreitbare Vorzüge, die mitunter bis in den familiären Bereich hineinreichen, und einem die spaßigsten Triumphe bescheren. Der weit zurückliegende Besuch des *Resi* mit Hilde und Peter Alexander und Helga – wir waren damals noch nicht verheiratet – mag als Beweis dafür dienen. Das *Resi,* Haus der berühmten Wasserspiele, war Mitte der fünfziger Jahre *die* Sensation in Berlin. In dem Riesenlokal wurde mit Beleuchtungseffekten nicht gespart, die Wasserfontänen spritzten Figuren in allen Formen und Farben. Man saß in Logen, die wie in einem Amphitheater übereinander versetzt angeordnet waren, im Mittelpunkt die Wasserspiele. In jeder Loge gab es Tischtelefon und einen Rohrpostanschluß. Jede Loge war von jeder Loge aus einzusehen, und um Verwechslungen vorzubeugen, hatte man die Tische gut sichtbar numeriert. Dort placierten sich die Schönen beiderlei Geschlechts, nahmen einander ins Visier und versuchten anzubandeln. Das geschah in der Regel telefonisch, und wer ein Meister der Briefkunst war, bediente sich der Rohrpost. (Die Billetts unterlagen allerdings der Zensur. An der Verteilerstelle wurden die Rohrpostkapseln geöffnet. Allzu wüste Anträge wanderten in den Papierkorb, und wurde der Urheber eines ausgesprochen beleidigenden Machwerks ausfindig gemacht, konnte es passieren, daß er Hausverbot erhielt und aus dem *Resi* entfernt wurde. Das Renommee mußte schließlich gewahrt werden.)

Hilde und Helga, die es uns Männern einmal tüchtig zeigen wollten, bestanden, als wir das Resi betraten, darauf, eine eigene Loge zu beziehen. Wir sollten ruhig einmal sehen, wie sie umschwärmt würden. Die beiden hatten leider unseren Prominentenbonus unterschätzt. Kaum daß Peter und ich uns niedergelassen hatten, lief unser Tischtelefon heiß und die Rohrpost spuckte mehr Hülsen aus, als wir öffnen konnten. Helga und Hilde konnten von ihrem Platz aus alles sehr gut beobachten. So hatten sie sich das nicht vorgestellt! Es dauerte nicht lange, da erreichte uns ein reichlich frustriert wirkendes Rohrpostbriefchen. *In zehn Minuten verlassen wir das Haus. Helga.* wurde uns darin mitgeteilt.

Das sind also die kleinen Vorteile, die das Prominentsein mit sich bringt. Natürlich gibt es auch ernstere, bedeutsamere: Man kann kürzere Wege gehen, um sein Ziel zu erreichen, die Vorzimmer öffnen sich schneller, und die Telefon-Verbindungen sind seltener besetzt. Aber es gibt auch unausrottbare Nachteile. Man wird unnachsichtiger beobachtet und kontrolliert. Der Verdacht läuft einem nach wie ein dressierter Pudel, und die Gerüchteküche dampft würziger.

Außerdem hat Helga tausend Augen und Ohren, und die Erfindung des Telefons ist keineswegs eine reine Wohltat. Aus so einer Muschel zwitschert es manchmal unglaublich, was das Stakkato und die Ausdauer angeht, die Vermutungen und Halbwahrheiten.

Diese Übertreibungen haben allerdings auch ihr Gutes. Manches verfängliche Abenteuer, bei dem ich angeblich beobachtet wurde, konnte gar nicht stattgefunden haben, weil ich zum nämlichen Zeitpunkt seelenruhig oder quicklebendig an Helgas Seite war. Auf gut Dreiviertel der Gerüchte traf dies wohl

zu, und das restliche Viertel ging in diesem Gestrüpp aus Spekulationen meistens gnädig unter.
Helga konnte das Geschwätz schon nicht mehr hören und erstickte den Redefluß oft mit guter Wirkung durch die trockene Bemerkung: »Wie aufregend! Dann muß ich wohl mit einem fremden Mann geschlafen haben. Ich dachte, Bubi hätte die ganze Nacht neben mir gelegen!«
Dennoch habe ich ein unbestimmtes Ahnen in der Brust, daß solche smarten Konter schwerer fallen, je häufiger sie angebracht werden müssen. Aber das kann man, da ist wieder die Bürde der Prominenz, auch bei gutem Willen nicht steuern.
Auch die Sorge anderer Menschen um mich hat mir schon Kummer bereitet. Geld gekostet hat sie mich auch: Nach einer geschäftliche Besprechung mit dem SDR-Fernsehdirektor Horst Jaedicke in Stuttgart hatte ich einen inoffiziellen Abstecher nach München eingeplant. Die Verhandlungen in Stuttgart verliefen wie geplant reibungslos, und so stand meiner Verabredung an der Isar nichts mehr im Wege.
Das Taxi zum Flughafen war schon bestellt, als mich ein Anruf aus Berlin erreichte. Helga war am Apparat.
»Ich wollte nur Bescheid geben, daß die Sabena streikt«, sagte sie triefend vor Liebenswürdigkeit. Mir fiel vor Schreck beinahe der Hörer aus der Hand.
»Das ist doch nicht mein Problem. Ich bin an der Sabena nicht beteiligt«, versuchte ich schlagfertig zu sein.
»Doch, mein Schatz, du hast nämlich da gebucht«, tröstete mich Helga. »Aber mach dir keine Sorgen. Ich habe einen Zug nach München herausgesucht, den kannst du mit etwas Eile noch erreichen. Du kommst allerdings eine gute Stunde später an. Mußt halt deine Verabredung zum Bahnhof umdirigieren. Mach's gut, mein Liebling, viel Spaß in München.« Klick, war das Gespräch zu Ende. Zum Glück. Denn ich wäre um eine Antwort verlegen gewesen.

Ich habe, welcher Ehemann hat noch nicht mit dem Fuß aufgestampft, wenn die Gemahlin es nicht sehen konnte, selbstverständlich den Münchner Zug genommen. Und das Rendezvous fand natürlich statt. Aber richtig Spaß hat mir der Abend in München nicht gemacht.
Des Rätsels Lösung: die Dame vom Reisebüro hatte mir einen guten Service bieten wollen und meine Sekretärin sofort informiert. Aber manchmal kann der Service auch zu weit gehen! Die Dame vom Reisebüro rief nämlich sicherheitshalber auch noch meine Frau an. Und das war zuviel des Guten.
Ach so, vom Geld habe ich auch gesprochen. Ein Münchner Modehaus verzeichnete am nächsten Tag eine respektable Umsatzsteigerung – mein schlechtes Gewissen! Helga kommentierte trocken: »Solche für mich lukrativen Umwege solltest du häufiger machen.«

Je seltener ich boxte und je mehr Zeit der allmähliche Aufbau einer bürgerlichen Existenz in Anspruch nahm, wozu ich auch alle Film-, Fernseh- und PR-Aktivitäten rechnete, desto kühler wurde mein Verhältnis zu Fritz Gretzschel, der immer noch mein Manager war. Gretzschel begann so etwas ähnliches wie einen Absprung aus Deutschland zu planen, er reiste immer häufiger nach Spanien. Sein Geschäftssinn ist immer hochentwickelt gewesen, und er witterte irgend etwas Lukratives in dem sich lawinenartig entwickelnden Spanien-Tourismus.
Nebenbei betrieb er aber bereits etwas, was die Krönung seiner Karriere als Box-Gewaltiger werden sollte: er wollte eine Weltmeisterschaft in Berlin veranstalten, und nach Möglichkeit mit mir einen Titel nach Deutschland holen – die einzige Weltmeisterschaft eines Deutschen hatte aus Max Schmeling eine Art Evergreen gemacht, und das wollte Gretzschel wiederholen.

Die Korrespondenz lief mit New York, wo man in dem glatzköpfigen, wie ein Henker aussehenden Harold Johnson einen ausgezeichneten, aber ungeliebten Halbschwergewichts-Weltmeister hatte: der Farbige aus Philadelphia war ein Mann, der wenig riskierte und gewöhnlich mit Hilfe seiner boxerischen Fähigkeiten zurecht kam. Obwohl er auch die Weltspitze im Schwergewicht geschlagen hatte, mochten die Amerikaner, bei denen nach Möglichkeit die Fetzen fliegen sollen, für Johnson-Kämpfe kein Geld ausgeben. Harold Johnson ist einer der am schlechtesten bezahlten Meister aller Zeiten gewesen, und so einen Mann konnte man zur Reise nach Deutschland bewegen.

Mich stellte Gretzschel, was nicht ungeschickt war, zum *Aufwärmen* erst einmal gegen zwei andere farbige Amerikaner. In Berlin schlug ich im Mai 1962 Jesse Bowdry vorzeitig in der sechsten Runde. Das war der Mann, der Johnson im WM-Kampf acht Runden lang Widerstand geleistet hatte. Einen Monat später fiel in Dortmund Neal Rivers in der fünften Runde.

Es war kein ganz großer Fight, aber danach durfte ich einmal mehr den *Scholz-Effekt* genießen. Harald Quandt hatte mir sein Flugzeug geschickt, wir wollten uns am Abend noch treffen. Als der Pilot starten wollte, erhielt er vom Düsseldorfer Tower keine Starterlaubnis. Es war schon nach 22 Uhr: Flugverbot. *Auch für Herrn Quandt!* quäkte es aus dem Funkgerät.

»Aber ich hab' den Bubi Scholz an Bord«, sagte mein Pilot eher resigniert in sein Mikrophon, »der muß zu Verhandlungen wegen der Weltmeisterschaft.« Diese Bemerkung änderte die Situation schlagartig. »Ja wenn das so ist. Da erteilen wir Sondergenehmigung. Und Toitoitoi für Herrn Scholz!« Ab ging die Post. Popularität hatte Sturheit ausgestochen. Danke, Control Tower!

Mit den beiden Siegen hatte ich, der für den sportlichen Teil Verantwortliche, alle Vorbedingungen erfüllt. Gretzschel war an der Reihe: Für eine Garantie von 200000 DM wollte Harold Johnson am 23. Juni im Berliner Olympiastadion gegen mich boxen.

Das liest sich jetzt so schlicht und selbstverständlich, aber was spielten sich damals, bevor der Kampf stattfand, täglich für mittlere Naturkatastrophen ab? Gretzschel brauchte offenbar diese wohldosierten Schicksalsschläge, um sich wohl zu fühlen.

Mein Manager, der nicht eben sprachbegabt war, hat in seinen Auslandsgeschäften immer einen sogenannten *Vertrauensmann* benötigt. In Frankreich war das der gute Stadtlander, im Fall der Weltmeisterschaft wurde das der aus Köln in die USA ausgewanderte Freddie Sommers, der mich seinerzeit in Amerika mit dem Werbevertrag des Krawatten-Fabrikanten beglückt hatte.

Freddie war eine der unterhaltsamsten und witzigsten, aber auch eine der offenkundig zwielichtig-schillernden Typen im Boxgeschäft. Jedenfalls saß Sommers, der seit 1951 schon in Deutschland mitzumischen versuchte, und über dessen Rolle in Amerika sich niemand so recht im klaren war, entweder im Kölner Klingelpütz oder er wurde von der Ausländer-Polizei gerade wieder ausgewiesen. Nur langweilig war das Leben mit ihm niemals. Sommers, der für die Veranstalter und Manager im Deutschland-Geschäft nichts anderes als ein Botenjunge war (was auch dauernd zu finanziellem Ärger führte, weil getroffene Absprachen immer wieder zu seinem Nachteil interpretiert wurden), stellte einen Kontakt zu Johnson-Manager Pat Oliveri her. Der wußte nur: Berlin liegt in Europa, die Heimatstadt meiner Eltern, Neapel, ist da auch irgendwo zu finden, da wollte ich schon immer einmal hin, und wenn ich dabei Geld verdienen kann, um so besser.

Also war Oliveri grundsätzlich schon einmal gewonnen. Aber Oliveri hatte einen Partner: mit in der Partie hing der uns gut bekannte George Gainford, der einmal Robinson gemanagt hatte und der in New York den Versuch unternommen hatte, mir die Andrews-Börse abzunehmen.
Dauernd wurden neue Namen genannt, und immer gingen auch neue Spekulationen los: ist das gut fürs Geschäft, legt der sich etwa quer bei Vertrags-Schluß, was hat der überhaupt zu sagen?
Es war eine Irrsinns-Besatzung, die aus lauter selbsternannten Managern bestand. Als Berufsbeschreibung hätten die wahrscheinlich alle gesagt: ein Manager ist ein Mensch, der soviel Wirbel wie möglich veranstaltet und seine Geschäftspartner schädigt und verunsichert, wo er nur kann.
Als schon alles klar schien, warfen die deutschen Konkurrenten Göttert/Englert auch noch Kiesel in den Teich, der sich gerade beruhigt hatte. Sie wollten Gretzschel den Titelfight abkaufen: für einen Abstand von 100000 DM hätten sie gern die ganze Angelegenheit in die *Kampfbahn Rote Erde* in Dortmund übernommen.
Fritz Gretzschel hat das abgelehnt, und man muß sich wirklich einmal überlegen, warum er risikolos 100000 DM laufen ließ und sich nicht die Arbeit ersparte, die mit der Organisation einer Riesen-Veranstaltung nun einmal unausweichlich verbunden ist. Das Gemunkel, die Berliner Weltmeisterschaft sei ein müdes Geschäft gewesen, halte ich noch heute für absoluten Unsinn. Zu überlegen ist dagegen wieder einmal, ob ich in der Kampfbahn Rote Erde mit dem riesigen, glänzend verdienenden Einzugsgebiet des Kohlenpotts nicht selbst finanziell besser abgeschnitten hätte. Aber für Gretzschel war die WM mit Johnson nicht nur ein Tagesgeschäft. Sie half ihm, das eigene Image zu modellieren. Er wollte, und davon versprach er sich auch für seine Generalvertretung guten und dauerhaften Pro-

fit, eben der deutsche Macher sein. Der, dem es gelungen war, den ersten Weltmeisterschaftsfight nach Deutschland zu bringen.
So spazierte Harold Johnson mit seiner zierlichen Frau Mildred in Berlin über den Kurfürstendamm, drei Wochen vor dem Kampf zu Vorbereitungen nach Deutschland gekommen. Seine Umgebung mit Sommers als *Deutschland-Kenner* und Sprecher hatte sich eine Art Rundreise durch die Bundesrepublik mit öffentlichem, bezahltem Sparring in allen möglichen Arenen vorgenommen.
Aber das wurde nichts. Zahlreiche lokale Boxfunktionäre blockierten diese Pläne, und wo es doch ein öffentliches Training gab, stellten die geschäftstüchtigen Amerikaner fest: für Training will in Deutschland kein Mensch etwas bezahlen.
Da Beschäftigung aber sein muß, kaufte das Ehepaar Johnson am Ku-Damm jeden Tag neue Geschäfte aus, und George Gainford stritt sich mit der Illustrierten *Revue*: die hatte irgendetwas publiziert, was die empfindliche Manager-Ehre kränkte.
Ich trainierte jeden Tag, und so hatte jeder etwas zu tun. Denn Fritz Gretzschel hatte auch seine – deutschsprechende – Spielwiese gefunden: er ließ die Fernseh-Nation im Unklaren, ob er für die ein Raunen auslösende Summe von 120000 DM die Fernseh-Kameras live an den Ring lassen würde oder nicht (er ließ nicht).
Neben den Kampfvorbereitungen gab es in der Abgeschiedenheit meines Trainingscamps noch Vorbereitungen anderer Art. Es liefen ernsthafte Gespräche, die zur Gründung der Werbeagentur *Delta Werbung GmbH & Co. KG* führen sollten. Mit Entschiedenheit arbeitete ich am Fundament meiner bürgerlichen Zukunft und natürlich an meiner Kondition. Die Klausur teilte diesmal nicht Freddy Teichmann mit mir, sondern der Münchner Veranstalter Franz Leidmann, ein stets gut ge-

launter Begleiter. Und gute Laune konnte ich aus aktuellem Anlaß gebrauchen.
In jenen Wochen nämlich war der farbige Weltklasse-Boxer Kid Paret einer schweren Ringverletzung erlegen. Der Umstand, daß selbst ein so hocheinzuschätzender Boxer wie Paret diesem Schicksal nicht entgehen konnte, hatte mir wieder einmal deutlich gemacht, wie schnell man in meinem Beruf unwiderruflich abstürzen kann.
Junge Burschen gehen über solche Meldungen vielleicht mit einem Schulterzucken hinweg. Ich war inzwischen 32 Jahre alt, ein gestandener Mann mit vierzehn Jahren Ringpraxis – abzüglich 21 verlorener Tbc-Monate, die auch eine gute Gelegenheit waren, um nachdenklich zu werden.
Ich war froh, als der 23. Juni da war. Es war ein Tag, an dem mittags noch Gewitterwolken schwarz und drohend in der Luft hingen. Aber Gretzschel hatte ja stets, seit seinen Tagen in der Waldbühne, zum Wettergott ein gutes Verhältnis gehabt. Als der erste Rahmenkampf begann, brach prompt rotgolden die Abendsonne durch die Wolkenbänke.
Die Reihen um den Ring waren wieder gepackt voll mit Prominenz: in Berlin fanden die XII. Film-Festspiele statt. Und so war es nicht verwunderlich, daß neben der Riege der alten Box-Helden mit Max Schmeling als Vormann das gemischte Ballett der Leinwand-Wunder saß: unumstrittener und unübersehbarer Mittelpunkt Curd Jürgens mit seiner Frau Simone, aber auch Maria und Maximilian Schell, die aufregende Nadja Tiller und das Porzellan-Püppchen Nancy Kwan. Freundlichkeiten wurden ausgetauscht, und sicherlich auch Geistreiches, wenn man den vor Laune sprühenden Gustaf Gründgens betrachtete.
In der Kabine, in meiner Kabine, ging es weder geistreich noch liebenswürdig zu. Die Amerikaner hatten noch einmal eine Lücke im Flechtwerk ihrer Paragraphen und Vorsorgen für

Harold Johnson gefunden: diesmal ging es um die Bedingungen eines Rückkampfes mit Harold, der in den USA stattfinden sollte.
Mit einer kleinen Brigade von Rechtsanwälten waren Oliveri und Gainford dem nur ein Achtelchen verstehenden Gretzschel auf den Hals gerückt. Der wiederum hatte seine Advokaten herbeischaffen lassen, und da Gretzschel mich höchstwahrscheinlich noch für eine Unterschrift brauchte und auch zu meinen Dolmetscher-Fähigkeiten das größte Vertrauen hatte, stand die gesamte Horde in meiner Kabine – und das, als ich erade begann, mir die Hände zu bandagieren.
Auf dem Höhepunkt der Auseinandersetzung drohten die Amerikaner, sofort das Olympia-Stadion zu verlassen. Es war eine richtige politische Krise, und die Amerikaner zogen sich auf eine Kanonenboot-Strategie brutalster Art zurück. Ich mußte einen Rückkampf-Vertrag unterschreiben, der uns gar nicht gefiel.
Aber Gretzschel war guter Dinge, notfalls durch das Hintertürchen *Nötigung* wieder aus der Verpflichtung herauszugelangen. Genügend Zeugen für die stattgehabte massive Erpressung hatte er schließlich bei dem zeitraubenden Gezeter zusammengetrommelt. Daß ich, der Hauptdarsteller der Tragikomödie, vor diesem wichtigsten Kampf meines Lebens etwas mehr Ruhe, etwas mehr Gelegenheit zur Konzentration gebraucht hätte – das ist die Kehrseite der Medaille. Psychologisch lagen wir praktisch schon vor dem Kampf nach Punkten zurück. Gretzschel hatte klein beigegeben und sein Hausrecht nicht genutzt.
Den Johnson-Kampf habe ich nach fünfzehn Runden nach Punkten verloren, *knapp*, sagen viele Leute. *Überhaupt nicht, es war eher ein Unentschieden*, meinen andere. Über diesen Kampf ist viel geschrieben worden, nicht nur die gewöhnlichen Reportagen *linker Haken-rechte Gerade*. Ich meine aus psy-

chologischer Sicht, so wie eben Beobachter sich mit der Psychologie des Boxers vertraut glauben. Ich habe den Kampf abendfüllend als Film, und ich habe ihn mir in meinem Hobby-Keller oft angesehen.

Abgesehen von dem Umstand, daß ich diesen Kampf selbst geboxt habe, möchte ich behaupten: kein Mensch kennt ihn so gut wie ich.

Ich will mich in meinem Urteil Max Schmeling anschließen, der sofort nach dem letzten Gong erklärt hat: »Als Kenner hat mich dieser Kampf fasziniert und begeistert. Als Zuschauer erkläre ich mich ein bißchen enttäuscht.« Das ist es, genau das.

Daß Zuschauer, durch Berichterstattung in ihrer Erwartung hochgepeitscht, sich ein Helden-Epos wünschen, in dem nach dramatischen Verstrickungen und Enttäuschungen der Gute – das heißt der eigene Mann! – siegt, das ist mir klar. Diese Epen, die sich für den Farbfilm hervorragend als Stoff eignen, hat es im Boxen gegeben, so lange Fäuste gestoßen werden.

In anderen Sportarten gibt es das auch. Der Ritt des Freiherrn von Wangenheim mit gebrochenem Schlüsselbein zum Military-Gold bei den Olympischen Spielen 1936, H. G. Winklers Leistenverletzung und die traumhafte Rettung des fast hilflosen Reiters durch die großartige Halla, die Elfmeter-Katastrophe des Uli Hoeness beim Europameisterschafts-Endspiel im Fußball 1976 gegen die Tschechen, das sind die Stoffe, aus denen man Drehbücher macht.

Nur, wer sich einbildet, mit dem Kauf einer wie auch immer teuren Eintrittskarte zu einer Sport-Veranstaltung gleichzeitig auch das Anrecht auf eine dramatische Selbstaufopferung der Kämpfer erworben zu haben, der liegt absolut schief. Und er hat unrecht, wenn er anschließend enttäuscht reklamiert.

Die Weltmeisterschaft Johnson-Scholz ist kein Drama geworden. Das konnte sie, nüchtern in einer fachlichen Prognose betrachtet, auch kaum werden, das versprach sie nach dem Cha-

rakter und den bis dahin gezeigten Leistungen der Hauptdarsteller nicht.
»Johnson-Scholz war mehr eine Box-Novelle. Das ist etwas sehr Seltenes, Kostbares und ungewöhnlich Fremdes.« Das ist ein Zitat, und der Mann, von dem es stammt, hat mich keineswegs trösten wollen. Er war, ähnlich wie Schmeling, als Kenner fasziniert.
Das Gemeinsame aller Novellen ist die in vielfältiger Form angewandte Verkürzungs-Technik (das fiel meinem Lektor ein, als er das Zitat las): alles Unwesentliche wird abgestreift, Personen und Handlungen sind auf den Kern abgeschält, sie sind purer Extrakt.
Diese Weltmeisterschaft war die Begegnung zweier Boxer, die ihr (Kunst)handwerk durchschaut hatten, deren Denken und Wissen keine Unsicherheit mehr trübte. Ich hatte, 32 Jahre alt, seit 1948 in Zehntausenden von Runden im Kampf oder im Sparring alles erfahren, was ich wissen mußte. Harold Johnson, zwei Jahre älter als ich und mindestens genauso routiniert, wußte vom Boxen eigentlich alles, was überhaupt Wert hat für diesen Sport.
Es wurde ein Kampf mit einer, hätte man meinen können, phantastisch entworfenen Choreographie. Jeder Schritt war überlegt, jeder Zentimeter Raum in dem Seilgeviert ist genutzt worden. Eine Offensiv-Absicht des Gegners konterte der andere oft bereits mit den Füßen, mit einem winzigen Auspendeln der Hüften, einem unmerklichen Zurücknehmen des Kinns.
Ganz am Anfang, nach 120 oder 130 Sekunden, habe ich Harold Johnson mit zwei linken Haken schwer am Kopf getroffen. Der Mann aus Philadelphia war beeindruckt, irritiert und sogar angeschlagen. Aber er war eben ein Weltmeister.
Seine Klugheit und seine Erfahrung halfen ihm, seine prächtige Konstitution rettete ihn. Johnson war ein Modell-Athlet,

eigentlich ein in das Halbschwergewicht heruntertrainierter Schwergewichtler.
Kritiker haben mir zum Vorwurf gemacht, ich hätte in dieser ersten Runde bedingungslos und entschlossen angreifen und alles auf eine Karte setzen müssen. Ich sehe das ganz anders. Auf mich warteten noch 14 Runden, und das ist unendlich viel Zeit. Ich durfte hoffen, noch eine weitere, vielleicht sogar bessere Chance zu finden. Und ich konnte mir auch, immer diese 14 Runden vor Augen, die zu einem Marsch ohne Wasser durch eine Wüste werden können, einen leichtsinnigen Kräfteverschleiß nicht leisten. Dazu war Johnson einfach zu gut, zu stark und zu clever. Er gab sich im weiteren Verlauf des Kampfes keine Blöße mehr.
Harold Johnson fand allerdings auch keine wirkliche Chance, mich in Verlegenheit zu bringen.
Gegen Ende des Kampfes war ich recht optimistisch. Die vierzehnte Runde ging knapp an mich. Meine Betreuer sahen mich nach Punkten vorn und warnten mich davor, in der letzten Runde zu viel zu riskieren. Auch diese Runde beendete ich mit einigen guten Treffern. Aber die allerletzten Kräfte mobilisierten wir beide nicht mehr, Johnson nicht und ich nicht. Die Schlußoffensive mit offenem Schlagabtausch entsprach weder unserem Stil noch unserem Temperament.
Der englische Ringrichter gab Harold Johnson einen Punktsieg. Die Meinungen der Journalisten liefen weit auseinander. Ein beredtes Beispiel sind die drei Berliner Rundfunkstationen. Der SFB sagte, *Scholz gebührt der Sieg,* RIAS sagte, *Johnsons Sieg geht in Ordnung* und der AFN war für *Unentschieden*.
Und ich – ich bin mit dem Gefühl aus dem Ring gegangen, dem Spitzen-Halbschwergewichtler meiner Epoche ebenbürtig gewesen zu sein. So sehe ich diese Weltmeisterschaft noch heute.

25.

Für mich war mit dem Johnson-Fight die Saison erst einmal zu Ende. Ich machte Urlaub auf dem in der Nähe des Bodensees gelegenen Anwesen meines Freundes Hermann Brunner-Schwer. Er war mein bevorzugter Gesprächspartner in Fragen, die sich um die Gestaltung meiner bürgerlichen Zukunft drehten. Ihm konnte ich vertrauen, er hatte Ahnung, und ich spürte, welches Vergnügen es ihm bereitete, Zukunftsperspektiven zu entwerfen. Hermann war geschäftsführender Inhaber der SABA-Werke, die in Villingen im Schwarzwald Fernseh-, Rundfunk- und Phonogeräte herstellten (sie tun's noch heute, sind allerdings in amerikanischen Besitz übergegangen), und er wurde der Teilhaber meiner im Juli ins Berliner Handelsregister eingetragenen Firma. Er half mir, die Anfangsschwierigkeiten des Agenturgeschäftes zu überwinden, die in mancher Hinsicht geringer gewesen wären, wenn ich als Nobody begonnen hätte. Bei Kontaktgesprächen mit potentiellen Kunden stand häufig die unausgesprochene Frage im Raum: »Boxen kann er ja, der Scholz. Aber Werbung?« Es wurde ein hartes Stück Arbeit, diese Vorurteile abzubauen. Es gelang einmal durch überzeugende Leistungen bei Präsentationen in Konkurrenz mit anderen Agenturen und zum anderen durch Brunner-Schwers guten Ruf als Geschäftsmann.

Brunner-Schwer war, wie sollte es anders sein, Box- und ganz besonders Scholz-Fan. In Kontakt mit ihm kam ich auf geschäftlicher Ebene. Anläßlich der Berliner Funkausstellung bat er mich um eine Unterredung und lud Helga und mich ins gerade neu eröffnete *Hilton* ein. Er plante eine Signierstunde mit Fritz Walter, Wolfgang Graf Berghe von Trips und mir am SABA-Ausstellungsstand. Es gab einen gewaltigen Andrang, als wir drei unsere Autogramm-Kugelschreiber zückten.

Und es wurde die längste Autogrammstunde meines Lebens. Wolfgang, Ursula von Manescul, Günter Jändrich, Fritz Walter und Hermann Brunner-Schwer fuhren mit mir nach Hause, und wir feierten spontan nichts anderes als unser mehr oder weniger zufälliges Zusammensein. Es ging hoch her und wir verstanden uns prächtig. Besonders zwischen Wolfgang und mir gab es – wir kannten uns vorher nur flüchtig – sofort einen intensiven Konnex. Ich führe das auf das Ausgesetztsein zurück, dem wir als aktive Berufssportler in unserem Metier ständig begegneten. Die absoluten Gefahrenmomente hinterlassen Spuren, die man bei einem Menschen mit verwandten Erfahrungen sofort und rein gefühlsmäßig entdeckt. Sie äußern sich in der Neigung, dem Bestreben, intensiv zu leben: jetzt! hier und heute!

Man respektiert einander, weil man Leistung und Risiko besser einschätzen kann als Außenstehende. Nicht zuletzt nimmt man Anteil am Schicksal des anderen, der sich – wie man selbst – in Grenzbereichen bewegt, weil man irgendwann einmal am eigenen Leib die Oberflächlichkeit der lautstarken Bewunderer zu spüren bekommen hat. – Ich sage das hier an dieser Stelle, weil Wolfgang Graf Berghe von Trips knapp eine Woche später während eines Formel I-Rennens tödlich verunglückte. Empfunden habe ich diese enge Verbundenheit aber auch bei Begegnungen mit anderen Menschen mit gefährlicher Profession. Da gibt es ein Erkennungszeichen, das nicht zu sehen ist!

Die Gründungswehen meiner bürgerlichen Existenz hatten sich, wie ich schon andeutete, gelegentlich mit meinem Johnson-Training überschnitten. Jene Kritiker, die mir im nachhinein den Vorwurf machten, ich hätte *mein Herz nicht in die Fäuste* genommen, haben mir das auch angekreidet. Ich halte dagegen – auch heute noch – daß es besser und richtiger ist, das Herz am rechten Fleck zu belassen.

Ich bin, wenn ich mich körperlich ausarbeitete, so wie man das

bei einem verantwortungsbewußten Training tut, immer der Mensch gewesen, der zur Körperlichkeit einen geistigen Ausgleich suchte. Da ich nicht der von weitem erkennbare Schöngeist mit literarischen Interessen bin, mußte ich die geistige Anregung in der Praxis des Alltaglebens finden.
Und ich meine, die erste Firmen-Gründung, nicht die des Frisiersalons mit überschaubaren Dimensionen, sondern die einer Firma mit einem anspruchsvollen Kundenkreis, ist eine Herausforderung im intellektuellen Bereich.
Meine Boxer-Karriere hatte keine langfristigen Perspektiven mehr. Das lag nicht einmal so sehr an meinem Körper. Meine Reflexe waren immer noch hervorragend. Das lag auf gar keinen Fall an einem nachlassenden Publikums- oder Veranstalter-Interesse an dem Hauptkämpfer Bubi Scholz. Es lag allein in mir.
Ich spürte die ganz starke Herausforderung nicht mehr, die mich in meinem ersten Jahrzehnt wie ein Motor angetrieben hatte: Damals wollte ich anderen etwas beweisen – und mir selbst. Aber jetzt, was gab es da im Boxring, das ich noch nicht ertastet und geschmeckt hätte? Es war frappierend: ich hatte keinen Titel, aber ich war unverrückbar Deutschlands populärster Boxer. Und mit meinem Namen versuchte man unermüdlich, andere Leute ins Gespräch zu bringen. Besonders Erich Schöppner.
Der Wittener Halbschwergewichtsmeister war der Star des Stalles von Walter Englert. Was Resch nicht erreicht hatte, woran Wohlers gescheitert war, das wollte der unermüdliche Englert nun mit dem rundschädeligen Westfalen vollbringen, der immerhin gut genug war, gegen Albert Westphal zusätzlich auch noch Deutscher Schwergewichts-Meister zu werden, und den Titel gegen den Hagener Gladiatoren Hans Kalbfell zu behaupten.
Scholz-Schöppner war für jeden Box-Veranstalter die Fata

Morgana, die der Sechser im Lotto für Millionen Mitbürger ist. An diesem Fight wurde, liest man Zeitungen aus diesen Jahren, hektisch und rastlos gearbeitet.
Es hat diesen Kampf niemals gegeben. Ich glaube, Erich Schöppner und ich wollten zu viel Geld. Jeder wollte den größeren Anteil. Er war, nach vielen guten Gagen in der Dortmunder Westfalen-Halle, deren Besucher ihn zugleich liebten und haßten, zu vorsichtig, um gegen mich eine erste Niederlage im Profilager zu riskieren, die ihm nicht wenigstens durch eine Spitzengage vergoldet wurde. Denn Schöppner, mit Glacéhandschuhen gemanagt, ist sieben Jahre ungeschlagen geblieben.
Mir hat man, es war nach dem Johnson-Kampf, damals aufgerechnet, ich hätte bereits eineinhalb Millionen DM im Ring verdient. Ich lasse die Zahl hier einmal undebattiert stehen, obwohl sie falsch ist. Aber Schöppner hat unter Garantie nicht annähernd soviel verdient wie ich – doch ihm genügte das. Die Erklärung ist einfach. Erichs Bedürfnisse und Ansprüche waren andere. Seine Idee von der bürgerlichen Existenz, vorher war er Feuerwehrmann gewesen, gipfelte in einem Spirituosen- und Tabakwaren-Großhandel.
Schöppner war vermutlich leichter zufriedenzustellen als ich. Andere sind noch weitaus bescheidener gewesen als Schöppner. Fast alle haben, egal was in die Kasse floß, leichtsinniger Geld ausgegeben als ich.
Dabei ist es für einen aufgeweckten Jungen nicht schwer, beim Boxen Maßstäbe zu finden. Um den Faustkampf ranken sich Geschichtchen und Anekdoten. Sie sind nicht alle wahr, aber plastisch und leicht zu merken.
Joe Louis, der ein Vermögen von 20 Millionen Mark verdiente, und das zum Teil bereits in den goldenen Jahren vor dem zweiten Weltkrieg, war einer der bedenkenlosesten und gutmütigsten *spender*. Ihm hat der amerikanische Fiskus vier Millionen

bis in alle Ewigkeiten gestundet, weil nichts mehr zu holen war vom braven Joe, der immer für einen Benefiz-Kampf zugunsten eines Fonds gut war.
Joe Louis ist als Bürger niemals richtig auf die Beine gekommen. Nur seine unglaubliche Popularität hat ihn vor dem Verhungern geschützt.
Einer der von Louis schwer K.o.-Geschlagenen, der spätere Schauspieler Max Baer, hat sich Zeit seines Lebens nachsagen lassen müssen, er hätte gegen Louis noch einmal aufstehen können. Von ihm stammt ein weises Zitat: »Die Leute, die mir für so eine sinnlose Dummheit – ich war geschlagen! – zugejubelt hätten, wären ein Jahr später nicht bereit gewesen, mir einen Cent in den Hut zu werfen, wenn ich als Invalide an einer Ecke gesessen hätte.«
Max Baer hat seinen gesunden Verstand vor den Fäusten des *braunen Bombers* in Sicherheit gebracht. Er hat niemals von der Wohlfahrt gelebt, er konnte den Spendensammlern einen gedeckten Scheck in die Hand drücken.
Das sind alles Kapitel, die das Boxen neben den fast unglaublichen Geschichten von 42 Niederschlägen in einem Kampf, den längsten Fights und den schnellsten K.o.s schrieb. Aber man muß diese Kapitel für sich selbst in der richtigen Reihenfolge lesen: Wer bist du, was willst du?
Ich habe nach der Weltmeisterschaft neun Monate pausiert, mich um die Firma gekümmert und wollte eigentlich nicht mehr boxen. Die Argumente gegen diese Entscheidung, die Freunde und Journalisten vorbrachten, klangen jedoch zu überzeugend, als daß ich sie hätte überhören können. Mein Rücktritt hätte in der Öffentlichkeit wie eine Trotzreaktion gewirkt. Und dagegen hätten auch die nachdrücklichsten Dementis nichts ausrichten können. Also folgten im Jahre 1963 zwei Kämpfe mit Punktsiegen über die Halbschwergewichtler Yvan Prebeg und Chic Calderwood, die beide zur ersten Garni-

tur Europas gehörten. Im Jahre 1964, eine Woche vor meinem 34. Geburtstag, bin ich in Dortmund noch einmal Europameister geworden, diesmal im Halbschwergewicht.
Titelverteidiger war der Italiener Giulio Rinaldi, ein bärenstarker Fischer aus Anzio. Rinaldi hatte zwei Jahre zuvor nur hauchdünn in einer Weltmeisterschaft gegen den legendären Archie Moore verloren. Dafür hatte er inzwischen Erich Schöppner die erste Niederlage beigebracht. Aber das war nicht alles.
Rinaldi war ein Rauhbein. Selbst in Rom, in heimischer Umgebung, wurde er wegen Nachschlagens disqualifiziert. Mit ihm hatten die Ringrichter gewöhnlich genauso viel Arbeit wie die Gegner. Er schlug erst einmal und kümmerte sich auch hinterher nicht darum, wo der Schlag gelandet war.
Ich stand mit Rinaldi acht Runden im Ring. Daß ich boxerisch deutlich dominierte, machte ihn von Runde zu Runde unbeherrschter. Der Punktvorsprung, den ich unaufhaltsam ausbaute, ließ ihn, den drohenden Titelverlust vor Augen, in Panik geraten.
Ich bin von Humez bei unserem ersten Tanz in Paris schwer und schmerzhaft in die Nieren geschlagen worden. Ich glaubte den stechenden Schmerz zu kennen, den diese Treffer auslösen. Ich konnte mich an die Hilflosigkeit erinnern, der man ausgeliefert ist, wenn die in die Beine führenden Nerven plötzlich den Dienst aufkündigen und man nicht mehr von der Stelle kommt.
Rinaldi traf mich auch in die Nieren. Aber er war ein Mann von animalischer Kraft, der zwölf Pfund mehr Gewicht hinter seine Schläge setzen konnte als der gewiß nicht zimperliche Humez. Ich hing in Dortmund in den Seilen, und ich brauchte zum ersten Male, unfähig mich zu bewegen, den Ringrichter zu meinem Schutz, um von Rinaldi nicht aus dem Ring gestoßen und mit dem angewinkelten Knie attackiert zu werden. Rinaldi ist

in der achten Runde disqualifiziert worden. Ich war, anders zwar, als ich es mir gewünscht hatte, wieder Europameister. Den Titel habe ich im Februar 1965 kampflos zurückgegeben. Ich hatte mir alles gut überlegt: wo waren in Europa die Gegner für mich, lohnende Gegner? Sollte ich, wozu ich überhaupt keinen Drang verspürte, mir in den USA Kämpfe suchen?
Es gab noch eine tolle Offerte. Die Dortmunder Veranstalter Göttert und Englert boten mir für eine Revanche mit Rinaldi runde 120000 DM!
»Ich weiß nicht«, quengelte Fritz Gretzschel herum, als Englert ihn anrief, »ich glaube, der Bubi will das alles nicht mehr, und wenn, nur mit einer 30prozentigen Beteiligung an den Einnahmen.«
Zum ersten und einzigen Mal in meiner sechzehnjährigen Karriere fühlte sich die *Graue Eminenz* des deutschen Berufsboxsports, Walter Englert, bemüßigt, persönlich Kontakt zu mir aufzunehmen und mich sogar zu Hause zu besuchen. Das war ein absolutes Novum (denn wofür hat ein Boxer einen Manager, wenn nicht für die Verhandlungen mit den Veranstaltern). Englert brachte so viele mir wohlbekannte Argumente für die Rinaldi-Revanche vor, daß ich fast annehmen mußte, Gretzschel schickt ihn vor. Ich blieb aber – jetzt erst recht – bei meinen Forderungen: Entweder 30 Prozent, oder es gibt überhaupt keinen Kampf Scholz/Rinaldi.
Englert glaubte zu diesem Zeitpunkt sein Pulver noch trocken und meinte: »Ich habe in meinem ganzen Leben noch keinen Boxer kennengelernt, der eine Börse von 120000 DM ausschlägt«, und er sah dabei amüsiert und siegesgewiß aus. Für ihn war es gar keine Frage, daß ich, der *Schotte*, mir eine solche Gage letztendlich nicht entgehen lassen würde.
»Vielleicht bin ich dann der erste, den Sie zu Gesicht bekommen haben«, gab ich Walter Englert zur Antwort. Er hielt das höchstwahrscheinlich noch immer für Bluff.

Aber es blieb dabei. In einem sorgfältig vorbereiteten Fernsehauftritt gab ich meinen Abschied vom Ring bekannt. Anfang Februar hatte mich der Süddeutsche Rundfunk zu einer aktuellen Fernsehdiskussion über die Lage des Berufsboxsports gebeten. Die Gesprächsrunde bestand aus fachkundigen Journalisten (Alfred Eggert, Jürgen Juckel, Artur Kohlberger, Sepp Scherbauer), dem Verbandsarzt Dr. Hoffmann und dem Aktiven Gustav Scholz. Die Gesprächsleitung hatte Jörg Stokinger. Die Sendung begann unmittelbar nach der Tagesschau, und ich gab gleich zu Beginn meine Erklärung ab. Daraufhin entwikkelte sich eine derart spannende Debatte, daß die sonst so pingelige ARD-Sendeleitung ihren Zeitplan über den Haufen warf und uns weit mehr Sendezeit einräumte, als ursprünglich vorgesehen.

Fritz Gretzschel, der auch eine Einladung erhalten hatte, war nicht mit von der Partie. Er brachte es nicht fertig, sich mit meiner Entscheidung abzufinden. Er wollte die von mir geschaffene Realität einfach nicht wahrhaben. Während sich alle Teilnehmer an der Gesprächsrunde mit einer Aufwandsentschädigung einverstanden erklärt hatten, verschanzte sich Gretzschel hinter einer inakzeptablen Honorarforderung. So verpaßte er die Chance, als souveräner, verständnisvoller Manager den Abgang seines *Schützlings* zu begleiten.

Ganz im Gegenteil versuchte er noch im letzten Augenblick meinen Entschluß durch eine Indiskretion ins Wanken zu bringen. Am Tag vor der geplanten Rücktrittserklärung – ich hatte ihn natürlich über meine Absichten unterrichtet und ihn um Verschwiegenheit gebeten – informierte er Erich Naucke, einen alten Bekannten bei der Deutschen Presseagentur. Verbindliches konnte Gretzschel natürlich nicht mitteilen. Naucke reagierte, da ich für ihn nicht zu erreichen war, so, wie es sein Journalistenethos gebot: Er konnte diese heiße Meldung nicht unter den Tisch fallen lassen. Also kleidete er sie in die Frage:

Wird Bubi Scholz seinen Rücktritt erklären? und ließ die Meldung über den Ticker laufen.
Wahrscheinlich hoffte Gretzschel, mich durch diesen Schachzug umzustimmen, mir die Show zu vermasseln. Daß er das genaue Gegenteil erreichte, konnte er nicht wissen. Die Tageszeitungen nahmen Nauckes Meldung nämlich begierig auf und veröffentlichten sie an hervorragender Stelle. Das heizte das Interesse der Öffentlichkeit enorm an. Die abendliche Einschaltquote schnellte entsprechend in die Höhe.
So kam es, daß ich allein und selbständig, wie ich als Achtzehnjähriger 1948 auf der Bühne des Berufsboxens erschienen bin, 1965 als nun fast Fünfunddreißigjähriger von ihr abtrat. Einziger Unterschied: Diesmal waren Millionen Zuschauer Zeuge der Ereignisse.

Ich habe mich die nächsten Jahre auch ohne Boxen niemals gelangweilt. Der Aufbau der Firma kostete Zeit und Anstrengungen, andere allerdings, als sie mir das Kämpfen im Ring abgefordert hatte. Und gewisse sporadische Bezüge zum Boxsport sind mir immer geblieben, schon durch die Bemühungen von Fernsehanstalten und Zeitungen, mich bei Groß-Ereignissen als Kommentator zu verpflichten.
Ich habe in diesem Metier immer darauf bestanden, *vor* und *nach* dem Kampf zu Wort zu kommen. In meiner Vorschau und Prognose erläuterte ich die stilistischen, boxerischen und psychischen Voraussetzungen der Kämpfer und versuchte deren Bedeutung für den Fight zu bewerten. Nach der Begegnung analysierte ich den Kampf und das Ergebnis. Den Kampfverlauf zu kennen und hinterher Beckmesserei zu treiben, halte ich für läppisch. Ich finde, es ist nur fair, sich vorher mit Pro und Contra geäußert zu haben, auch auf die Gefahr hin, später schief zu liegen.
Meinen Ausflügen in die Presselandschaft verdanke ich übri-

gens die Bekanntschaft mit Muhammad Ali, vormals Cassius Clay. Sie begann in Frankfurt am Main, wo Ali gegen Karl Mildenberger antrat. Damals war er noch mehr Cassius Clay, das fröhlich-reimende Großmaul aus Louisville in Kentucky, als der spätere Prediger des Islam.
»Was halten Sie von Cassius?« fragten mich einige amerikanische Reporter, die in Clays Nähe postiert waren. »Oh, ich glaube, daß er eine optimale Kondition hat«, antwortete ich und fügte hinzu: »Jedenfalls habe ich den Eindruck.«
Cassius Clay hörte das und fragte mich ziemlich erstaunt, in seiner leicht aggressiven Art: »Was willst du denn von meiner Kondition wissen? Du hast mich doch noch nicht einmal beim Training gesehen?«
»Stimmt«, sagte ich, »aber ich habe dich eben fünf Minuten lang reden hören, ohne daß du auch nur einmal Luft geholt hättest.« Das Mienenspiel des Langen wechselte mehrmals. Dann entschloß er sich zum Lachen: »You are as smart as I am«, gab er großzügig zu. So begann eine Bekanntschaft, die wir an anderen Orten und bei anderen Kämpfen (Mildenberger ging in der zwölften Runde k.o.) ausgebaut haben.
Vor allem waren es die Freundschaften, die man jetzt genießen und pflegen konnte. Ich muß nur an Harald Juhnke denken, unter vielen wilden Jungen in Berlin einer der verrücktesten.
Juhnke hat immer, man kann heute ruhig etwas davon erzählen, Probleme mit der Flasche gehabt. Alkoholismus ist inzwischen ja keine Abartigkeit mehr, die in die Abstellkammer gehört, er ist längst als Zeitkrankheit erkannt. Bekannt ist wohl auch, daß Harald Juhnke nicht nur den Führerschein los wurde, sondern auch einmal *einsitzen* mußte.
Harald Junke, der damals schon ein beliebter Schauspieler war, wurde im Knastologen-Milieu natürlich nicht für voll genommen. Dort kannte ihn keiner, und er führte hinter Gittern ein

ziemlich tristes Dasein. Der Mensch, der sich gegen Schläger, Zuhälter und reifere Ganoven behaupten kann, ist er wohl nicht so ganz.
Dem Harald habe ich eine Riesenüberraschung mit Folgen bereitet, als ich ihn unangemeldet und ohne Besuchserlaubnis im Gefängnis besuchte. Ich klingelte an der Pforte, woraufhin mich eine Krächzstimme aus der Gegensprechanlage fragte: »Wer da?«
»Bubi Scholz«, sagte ich. Gleich darauf öffnete sich – rrumms – die schwere Tür, und man erlaubte mir Harald zu sehen, ganz und gar unbürokratisch. Wiedermal der *Scholz-Effekt.*
Weil nun aber die Wände in jedem anständigen Gefängnis Ohren haben und deshalb sofort publik war, wer da zu Besuch kam, strömten die Einsitzenden nahezu vollzählig in die Korridore und reckten die Hälse.
Ich grüßte laut und deutlich: »Guten Tag.«
Das Echo klang wie Donnerhall. Man konnte meinen, die Häftlinge hätten die Begrüßung im Chor einstudiert.
Ich durfte mit Harald Juhnke eine Viertelstunde ungestört in einem Wachzimmer reden. Als ich mich verabschiedete, ertönte erneut der Chor der Gefangenen. Diesmal mit: »Auf Wie-der-sehn!« Von der Straße aus bekam ich sie nochmals vollzählig zu Gesicht. Kopf an Kopf und Kopf über Kopf besetzten sie die schmalen Zellenfenster und schauten und winkten mir nach.
Nach dieser Intervention schnellte Haralds Lebensqualität in der Haftanstalt unverzüglich in die Höhe. Er war nun V.I.P. Nummer eins – mit Sonderservice vom Kalfaktor.
Unbeabsichtigten Wertzuwachs habe ich auch den *Stachelschweinen* verschafft, einfach durch zwei oder drei Telefonate. Als ein mir flüchtig bekannter Mann bei mir anrief und sich als der Sekretär von Helmut Horten vorstellte, und mich fragte, ob ich ihm für seinen Chef eventuell zwei Karten für eine Vorstel-

lung der *Stachelschweine* in der Rankestraße besorgen könnte, sagte ich einfach: »Mal sehen, was sich machen läßt.«

Das Berliner Kabarett stritt sich damals wie eigentlich auch heute noch mit dem *Kom(m)ödchen* in Düsseldorf und Sammy Drechsels Münchner *Lach- und Schießgesellschaft* um die Spitze der Kleinbrett-Bundesliga, und es war immer ausverkauft. Inge Wolffberg, Achim Strietzel, Wolfgang Gruner, Edith Hanke, Jo Herbst und Günter Pfitzmann gehörten zu meinen Freunden aus der *Badewannen*-Zeit, und so bekam ich für die Herren aus Westdeutschland zwei Karten – und vergaß alles.

Später haben mir die Stachelschweinchen erzählt, daß der Herr an diesem Tag sehr gestört habe. Er lachte wohl immer etwas zu laut oder lang oder tat etwas anderes Schreckliches, was die sensiblen Kabarettisten irritierte.

Da ich sie ziemlich gut kenne, kann ich mir genau vorstellen, wie sie auf Herrn Horten reagiert haben, als der auch noch in ihre Garderobe eindrang, um sie zu belobigen. 10000 Mark hat er ihnen auch versprochen, und da müssen sie ihn endgültig in dem Ordner Spinner abgeheftet haben.

Aber Wunder passieren selbst Kabarettisten! Der Scheck des Warenhaus-Königs kam tatsächlich, und die Stachelschweine haben sich davon die *Ewige Lampe* gekauft.

Ich habe den spendablen Helmut Horten leider nie kennengelernt, und die undankbaren (Stachel)schweine haben mich nicht an ihrem Eigentum beteiligt. So kann ich also nur nach dem alten Grundsatz handeln: Tue Gutes und rede darüber!

Außer unserem Berliner Kreis hat sich auch noch eine eigene Ferien-Kolonie auf Sylt gebildet, die *Buhne 16*. Dazu gehörten natürlich wieder Schauspieler, Journalisten und Autoren wie Wolfgang Menge oder Henry Kolarz, der Mann, der mit dem Posträuber-Stück *Die Gentlemen bitten zur Kasse* einmal die Straßen leerfegte.

Buhne 16 war der Lagerplatz der Prominenz aus allen Bereichen des öffentlichen Lebens. Das Bierdepot beispielsweise hielt, wenn er da war, Werner Schneider (der vom ZDF) vorbildlich in Schuß. Er vergrub die Bierreserven tief in seiner Strandburg. Wer durstig war, durfte sich gebührenfrei in seiner Festung als Bierarchäologe betätigen.
Einen großen Auftritt hatte ich zusammen mit Wolfgang Müller, dem einstigen Neuss-Partner, vor der Clique der *Buhne 16:*
Mit ihm habe ich in den Kampener Dünen eine richtige artistische Catcher-Nummer einstudiert. Es waren harte, hin und her wogende Szenen, in denen ich Wolfgang durch meine akrobatischen Fallkünste überraschend gut aussehen ließ. Einen Sommer lang haben wir das Stück gespielt, vor einem hingerissenen Publikum am Strand.
Die letzte Vorstellung gaben wir im Haus von Walter Gross, und da es sich um ein auserlesenes Auditorium handelte – Brigritte Grothum, Wolfgang Preiß und Peter Frankenfeld waren unter anderem dabei –, bauten wir noch einen verbalen Abtausch mit ein.
»Daß Boxer aber auch immer so dümmlich sein müssen«, grämte sich zunächst Müller.
»Dümmer als Schauspieler sind sie bestimmt nicht«, zahlte ich schon etwas lauter zurück.
»Halt den Mund, sonst kriegst du was auf die Nase, und es ist vorbei mit deiner gepflegten Visage.« Da hörten die ersten schon erschreckt hin und die Gespräche verstummten.
»Du wirst ja sehen, welche Nase mehr aushält!« Ende der Redeschlacht, nun machten wir ernst.
Wir fielen übereinander her. Versuche, einen der Tobsüchtigen festzuhalten, vereitelte der andere sofort. Damen flüchteten mit hocherhobenen Weingläsern, Herren wußten nicht so richtig, ob es schon an der Zeit für einen polizeilichen Notruf

wäre, eine Vase ging zu Bruch. Es war reines Chaos. Zuletzt trafen wir uns gleichtzeitig entscheidend und gingen gemeinsam k.o.
Die Versteinerung löste sich erst, als wir nicht mehr ernst bleiben konnten und wie die Wahnsinnigen loslachten. Die Lorbeeren wurden gerecht zwischen Wolfgang Müller und mir verteilt: er bekam den Preis für körperliche, ich den für schauspielerische Darstellung. Natürlich! Schließlich hatte ich bereits in zwei Filmen mitgewirkt, und das Boxen hatte mich auch gelehrt, mich gut zu verkaufen und mein Showtalent zu entwickeln.
Und weil ich gerade bei verrückten Geschichten bin, will ich schnell noch – das Buch ist, wie Sie zweifellos bemerkt haben, gleich zu Ende – von meinem Besuch bei Teddy Stauffer in Acapulco erzählen, der ja bekanntlich in dem grandiosen Filmwerk *Marina* mitgewirkt hatte.
Teddy, gebürtiger Schweizer, dessen *Tiger-rag* der große und verbotene Hit der Kriegsjahre geworden war, hatte mir bei den Filmaufnahmen so ganz beiläufig gesagt: »Und wenn du einmal in der Gegend bis, schau einfach herein.« Nun ja, von seinem Ferien-Paradies Villa Vera hatte ich schon gehört, aber ein Abstecher nach Acapulco stand damals nicht auf meinem Programm.
Viele Jahre später führte mich eine Geschäftsreise mit einem Freund und Kunden, Paul Schnur, nach Mexiko. Wir mieteten uns im Hotel *El Presidente* ein, noch bevor ich mich des Stauffer-Wortes erinnerte. Wir besuchten Teddy.
Stolz zeigte er uns seine Anlage: ein Riesenstück Land (Stauffer ist so etwas wie der Erfinder von Acapulco), locker bebaut mit luxuriösen Bungalows für schöne Stunden oder Wochen, jedes mit eigenem kleinen Swimmingpool, und im Zentrum ein Riesenbecken, in das eine vorzügliche Bar hineinragte. Man konnte auf der einen Seite im Smoking sitzen und sich zur

anderen Seite hinüber mit einer Dame im Bikini unterhalten.

Teddy hatte gerade Besuch von einer sehr attraktiven blonden Frau, die etwa Anfang Dreißig sein mochte. Er machte uns bekannt, und dann bat er seine Freundin, mit uns einen Drink an der Bar zu nehmen. Die Blonde war bis dahin ziemlich still gewesen. Nun sagte sie, plötzlich lebhafter: »You are Bubi Scholz, the german fighter?« Als ich nickte, fuhr sie in reinem akzentfreien Deutsch fort: »Für Sie habe ich mich einmal heiser gebrüllt!«

»Unmöglich! Ich boxe doch seit Jahren nicht mehr«, sagte ich erstaunt. »Wo war das denn?«

»In New York, im Madison Square Garden!«

Jetzt ging mir der Seifensieder auf: »52th Ecke Fifth Avenue? Sie waren damals Stewardess bei der Pan American?« fragte ich.

Als sie nun auch noch das Siezen aufgab, war mir alles klar: »Du erinnerst dich noch?«

»Und ob!« Ich hatte sogar den Namen aus der Erinnerung hervorgekramt. »Hildegard, richtig?«

Wir fielen uns lachend um den Hals und ich amüsierte mich ganz besonders bei dem Gedanken, dem Großvater aller Playboys, Teddy Stauffer, mit seinen zahlreichen Hollywood-Ehen wenigstens bei der blonden Hildegard ein Dutzend Jahre voraus zu sein. – Dem lieben Teddy, in dessen Bungalows mein Freund und ich zu selbstverständlich ermäßigten Preisen einzogen, haben wir unsere alte Bekanntschaft diskret verschwiegen.

Ohne jede Hemmung habe ich dagegen bei vielen Gelegenheiten von meiner Mini-Redeschlacht mit dem damaligen Bundeskanzler Ludwig Erhard erzählt. Er tafelte nach einer Fraktionssitzung der CDU im Reichstagsgebäude in einem Restaurant, das ich auch ab und zu frequentierte. Als Erhard mich erkannte, ließ er sich von seiner aus Fraktionskollegen bestehenden Runde etwas kurzatmig und mit rollender Stimme vernehmen: »Herrr Scholz«, dabei winkte er jovial, »Sie täten mir einen grroßen Gefallen, wenn Sie die Opposition einmal tüchtig mit Ihrer gefürchteten Linken trraktierten!« Das nachfolgende Gelächter galt einerseits dem Humor des Kanzlers, andererseits ging es aber auch wieder mal auf meine Kosten. Also antwortete ich: »Verehrter Herr Bundeskanzler, das ist eine reine Preisfrage. Ich schaff's auch mit der Rechten.« Die Retourkutsche kam an, und der rechtschaffene Kanzler, nun wirklich Humor beweisend, dröhnte beim allgemeinen Gelache am lautesten.

Wenn ich heute manchmal Bilanz ziehe über mein Verhältnis zu Prominenten und mein Verhalten ihnen gegenüber, dann gelange ich zu merkwürdigen Ergebnissen. Überall auf der Welt habe ich Bekannte oder wenigstens ein paar Telefonnummern, um problemlos Kontakte zu knüpfen. Echte Freunde habe ich deshalb sicherlich auch nicht mehr als andere Menschen. Das hängt wahrscheinlich damit zusammen, daß Freundschaften zarte Pflänzchen sind, die man sorgfältig pflegen muß. Das braucht Zeit, fordert Zuwendung. Beides, habe ich lernen müssen, steht uns nur begrenzt zur Verfügung.
Mit den Jahren wächst einem eine Haut wie einem Elefanten. Das ist ein Prozeß des Selbstschutzes, weil man am Übermaß der Bekanntschaften – wie an jeder Übertreibung – kaputt gehen kann: es bleiben einem nicht einmal die wenigen Minuten für den wichtigsten Freund, das eigene Ich.
So gibt es ein Einheitsbild der Prominenten-Treffen rund um den Erdball: Küßchen rechts, Küßchen links, eine schnelle Umarmung. Wenn der oder die andere angenehm und sympathisch ist, freut man sich unverhohlen und kann ein Gespräch da fortsetzen, wo es vor drei oder vier Jahren – beim letzten

Küßchen rechts, Küßchen links – unterbrochen werden mußte. Dann gibt es natürlich noch *Beziehungen besonderer Qualität,* wie es im Diplomatendeutsch heißen würde. Sie verbinden mich, und das gehört noch hierher, mit Catarina Valente. Wo auch immer sich unsere Wege kreuzen, versäumen wir es nie, uns wenigstens einen Gruß zukommen zu lassen: Herr und Frau Scholz grüßen einander.
Das hängt damit zusammen, daß Catarina Valente, als sie noch mit Eric von Arco verheiratet war, eine Frau Scholz gewesen ist. Arco heißt richtig Scholz.
Vor allem aber hat es damit zu tun, daß die Catarina ein richtiger Schatz ist. So etwas gibt es, der Himmel sei gepriesen, auch noch.

26.

Angeblich habe ich, so verraten es die Archive, meine Gegner wie die Schlange das Kaninchen hypnotisiert. Mit gletscherblauen Augen und einem kalten, stechenden Blick. Peter Müller und Max Resch, die ich k.o. geschlagen habe, nannten es *Dompteursblick*. Auch der amerikanische Weltklasse-Mann Jesse Bowdry soll geklagt haben: »Warum hat er mich nur immer so angeschaut? Sogar in den Pausen hat er versucht, mich willenlos zu machen.«

Das ist Blödsinn. Ich war überaus stark konzentriert, und es mag sein, daß davon etwas in meinen Augen zu lesen war. Meine Konzentrationsfähigkeit war zweifellos Ursache meiner Reaktionsschnelligkeit. Sie potenzierte die mir von der Natur mitgegebenen guten Reflexe. Ich glaube aber auch, daß meine Fähigkeit zur Konzentration mir dazu verholfen hat, genußfähig zu sein und (hoffentlich noch lange) zu bleiben. Die schönen Momente im Leben intensiv auszukosten, bin ich immer bereit gewesen, dafür lohnt es, hellwach und aufmerksam, eben konzentriert zu sein!

Schon als Kind haben mich die Möglichkeiten, mit Einfallsreichtum und Energie den Weg aus bedrückenden Umständen zu finden, gelockt und angetrieben. Ich erinnere mich, manchmal ganz intensiv gewünscht zu haben, aus der Enge und Eintönigkeit des Prenzlauer Bergs herauszukommen. Zuerst ahnte ich es, später sah ich, daß es etwas anderes gab als unsere graue Welt. Ich wollte mich nie damit abfinden, daß ich dort in mein Schicksal ergeben leben sollte. Ich wollte da raus – und später nie zurück.

Inzwischen bin ich ein gutsituierter Geschäftsmann, Musterbeispiel eines Aufsteigers. Von meiner Sorte und aus meiner Generation gibt es Hunderttausende in der Bundesrepublik. Wenn ich noch den Mut zum Größenwahn der ganz Jungen hätte, würde ich behaupten: Wir sind die Republik!

Ich gebe ohne Bedenken zu: Ich habe es gern komfortabel. – Wer nicht? (Der lügt!) Ich genieße die Annehmlichkeiten des Lebens mit der Leidenschaft, die einer so wohl nur entwickeln kann, wenn er erst aus Zwang und später aus Disziplin dermaßen gehungert hat, daß ihm noch heute eine Garnierung aus grünem Salat wie eine Vergeudung vorkommt. Wenn ich an heißen Tagen voll Behagen einen Wodka Tonic trinke, dann fallen mir die Wochen ein, in denen ich mir die Flüssigkeit sparsam mit dem Eßlöffel zugeteilt habe. Nachholbedarf? – Selbstverständlich!

Aber es gibt da noch etwas anderes: Verantwortungsgefühl, Verpflichtungen. Den Mitarbeitern, den Kunden gegenüber. Vielleicht spielt auch mein guter alter Ehrgeiz noch immer ein wenig mit. Sei's drum. Bei allem Stöhnen über natürlich vorhandene Belastungen und sporadisch auftauchende Sorgen bleibe ich dabei: Mir macht das Leben ungeheuren Spaß, ich möchte es nicht anders haben. Ich möchte weiter mit Freunden diskutieren und auch einmal tüchtig blödeln, mir immer wieder neue Ziele stecken, Probleme entwirren und Erfolg haben – vor allem aber möchte ich mein Leben weiterhin auf *meine* Art leben. Denn genau das ist es, was ich mir in den sechzehn Jahren meiner Karriere erboxt habe: die Freiheit, so zu leben und zu handeln wie ich es für richtig halte.

Geschafft? Ich weiß es nicht. Ich habe von einem geschrieben, der in der Kriegs- und Nachkriegszeit erwachsen wurde. Von mir. Kindheit und Entwicklungsjahre waren nicht das, was man *behütet* nennt. Es war nicht die Zeit, die Umwelt differenziert sehen zu lernen. Zu oft ging es auf Leben und Tod. Die Alternativen hießen mitmachen oder hängen, fressen oder sterben. Gültig waren die Gesetze des Überlebens, sonst nichts. Was heute einen Orden einbrachte, kostete morgen den Kopf. Vom einen auf den anderen Tag verkehrte sich Recht in Unrecht und umgekehrt. Ruiniert ein derartiges Chaos den heranreifenden

Menschen? Oder birgt es die Chance, einen unbeugsamen Charakter zu entwickeln?
Unleugbar lernte ich in jenen Jahren das Wesentliche vom Unwesentlichen zu trennen. Der Instinkt für das Machbare bildete sich heraus, und der Wunsch, das allgemeine Elend hinter mir zu lassen wurde dringender. Dazu mußten die Sinne geschärft, Grenzen verschoben, neue gesetzt, und diese wiederum respektiert werden.
Die junge Republik setzte ihre Normen, bot zivile Leitbilder und normale Maßstäbe. Von den Zeitläuften zum Autodidakten par excellence herangebildet, fiel es mir nicht schwer, mich zurechtzufinden. So etwas wie Sicherheit hielt Einzug in unser Land und eröffnete längerfristige Zukunftsperspektiven, die es zu nutzen galt.
Nach sieben Jahren harter Arbeit kamen Erfolge, Popularität. Es eröffnete sich mir eine andere Welt, plötzlich stand ich im Mittelpunkt, wurde herumgereicht, vorgezeigt. In dieser Umgebung mußte ich mich behaupten, an mir arbeiten, die gesellschaftliche Herausforderung annehmen. Internationale sportliche Erfolge stellten sich ein, und die Anerkennung von Menschen aus allen Bereichen des öffentlichen Lebens wurde mir zuteil. Ich hatte mein Ziel erreicht. Fast.
Dann die Krankheit. Alles Erarbeitete und Erlernte war plötzlich wertlos, zu nichts zu gebrauchen. Wo waren die Freunde von gestern?
Was keiner erwartete, ich fing alles wieder von vorn an, verzweifelter, auch wissender. Ich war ja schon beleckt von Ruhm und Erfolg. Auch etwas verwöhnt, vielleicht sogar verdorben. Alles begann aufs neue, nur die Prioritäten waren anders gesetzt. Jetzt verfolgte ich meine Ziele konsequent und ohne jeden Schnörkel. Mein Kampfstil wurde noch erfolgsbetonter, vielleicht auch rücksichtsloser – natürlich nicht mir gegenüber. Ich wollte zurück zur Sonnenseite, aber diesmal mit einem

Minimum an Risiko und einem Maximum an Effekt. *Schläge vermeiden*, hieß meine Maxime, nicht weil sie weh tun, sondern weil sie irreparable Schäden anrichten können. *Schläge austeilen*, kam erst an zweiter Stelle.

Kein unkalkulierbares Risiko eingehen, wurde zu meiner Philosophie. Und der Erfolg gab mir recht, auch in dem Weltmeisterschaftskampf gegen Harold Johnson, in dem einige Kritiker Draufgängertum von mir erwarteten. Ich habe die Auseinandersetzung heil überstanden, und ich bin mir selber treu geblieben. Das zählt mehr, mehr als ein Titel.

Wenn ich mich frage: *Was wäre gewesen wenn . . .?* bin ich aus heutiger Sicht ganz zufrieden mit der Wertung des Johnson-Kampfes. Rummel und Kommerzialisierung der Weltmeisterschaftsrevanche hätten mir zwar viel Geld gebracht, sie hätten mich aber auch Zeit gekostet. Ich hätte mich von meinem Ziel entfernt, wäre vermutlich in meiner persönlichen Entwicklung stehengeblieben. Ich hätte den Aufbau meiner bürgerlichen Existenz zunächst nicht vorantreiben können. Hätte ich es später, nach weiteren schweren körperlichen und psychischen Belastungen noch gekonnt? Wahrscheinlich wäre mein weiteres Leben ganz anders verlaufen. An meinen damaligen Gegner mag ich in diesem Zusammenhang gar nicht denken. Er ist Drummer einer zweitklassigen Bar-Combo.

Heute, mit fünfzig Jahren, kann ich nur sagen: es geht mir körperlich, materiell und in den menschlich-seelischen Etagen rundherum gut. Ich bin zufrieden. Oder?

Da meldet sich der Skeptiker, der Realist und der Treiber zu Wort: Wem geht es schon wirklich gut? Vor allem, wenn er so veranlagt ist, daß er auf jede Herausforderung wie ein Seismograph reagiert und immer wieder Lust hat, sich zu beweisen oder sich mit Konkurrenten zu messen?

Irgendwie habe ich mich in den ganzen Jahren doch nicht geändert. Denn – ich habe da schon wieder eine Idee . . .

Kampf-Rekord Gustav Scholz

Datum		*Ort*	*Gegner*	*Ergebnis*	*Gage*
1948	08.10.	Berlin	H. Eichler, Berlin	gew. P. 4 Rd.	*200*
	31.10.	Querfurt	Bernsee, Berlin	gew. P. 4 Rd.	*300*
	12.11.	Berlin	Löbnitz, Halle	gew. P. 6 Rd.	*250*
	19.11.	Berlin	Wertke, Berlin	gew. P. 4 Rd.	*250*
	10.12.	Berlin	Pörtner, Berlin	gew. P. 4 Rd.	*300*
1949	29.01.	Berlin	Halte, Berlin	gew. P. 4 Rd.	*300*
	03.04.	Berlin	Saalbach, Berlin	gew. k.o. 5. Rd.	*000*
	23.04.	Berlin	Hintze, Berlin	gew. P. 6 Rd.	*56*
	14.05.	Berlin	Hörauf, Berlin	gew. k.o. 1. Rd.	*80*
	26.05.	Berlin	Pregla, Magdeburg	unentsch. 4 Rd.	*400*
	05.06.	Berlin	Glink, Leipzig	gew. P. 4 Rd.	500
	24.07.	Berlin	Völker, Berlin	gew. P. 6 Rd.	300
	04.09.	Berlin	Grötsch, Augsburg	gew. k.o. 6. Rd.	400
	26.10.	Berlin	Langer, Berlin	gew. P. 6 Rd.	300
	05.11.	Berlin	Tauber, Berlin	gew. P. 6 Rd.	500
	10.12.	Berlin	Georgi, Bremerhaven	gew. k.o. 1. Rd.	300
1950	14.01.	Berlin	Dieckmann, Hannover	gew. k.o. 2. Rd.	300
	10.02.	Nürnberg	Lücker, Traunstein	gew. k.o. 1. Rd.	300
	25.02.	Berlin	Spitzkopf, Hamburg	gew. P. 6 Rd.	400
	01.04.	Berlin	Pregla, Magdeburg	gew. k.o. 2. Rd.	400
	18.05.	Berlin	Franke, Hettstedt	gew. k.o. 2. Rd.	500
	04.06	Berlin	Häfner, Bamberg	gew. P. 6 Rd.	500
	08.07.	Erlangen	Rodewald, Dortmund	gew. k.o. 2. Rd.	300
	30.07.	Berlin	Spitzkopf, Hamburg	gew. P. 8 Rd.	500
	10.09.	Berlin	Minnich, Österreich	gew. k.o. 4. Rd.	700
	07.10.	Bielefeld	Blumenthal, Hildesheim	gew. k.o. 3. Rd.	500
	17.11.	Berlin	Sänger, Celle	gew. P. 8 Rd.	1500
	25.12.	Frankfurt	Stock, Frankreich	gew. P. 8 Rd.	2000
1951	15.04.	Berlin	Fiatalia, Italien	gew. P. 8 Rd.	800
	19.05.	Berlin	Schneider, Celle	gew. P. 12 Rd.	1500
		(Deutsche Weltergewichts-Meisterschaft)			
	04.08.	Garmisch-Partenkirchen	Kroner, Rumänien	gew. k.o. 3. Rd.	1000
	17.08.	München	Schneider, Celle	gew. P. 12 Rd.	4000
		(Deutsche Weltergewichts-Meisterschaft)			
	01.09.	San Sebastian	Lopez, Spanien	gew. P. 10 Rd.	1500
1952	01.02.	Stuttgart	Walter, Österreich	gew. k.o. 2. Rd.	750

gew. P. = Punktsieg, gew. k.o. = gewonnen durch k.o., unentsch. = unentschieden, verl. n. P. = verloren nach Punkten, gew. Disq. = gewonnen durch Disqualifikation.
Die in kursiv gesetzten Gagen wurden in »Ostmark« ausgezahlt.

	Datum	*Ort*	*Gegner*	*Ergebnis*	*Gage*
1952	23.02.	Berlin	Kid Marcel, Frankreich	gew. k.o. 5. Rd.	2500
	08.03.	Gießen	Escher, Bonn	gew. k.o. 2. Rd.	1000
	04.04.	Hamburg	Garz, Magdeburg	gew. k.o. 1. Rd.	1000
	26.04.	Berlin	Clavel, Frankreich	gew. P. 8 Rd.	2200
	02.05.	München	Öchsle, München	gew. P. 12 Rd.	5000
		(Deutsche Weltergewichts-Meisterschaft)			
	07.06.	Köln	Luyten, Rheinhausen	gew. k.o. 2. Rd.	2200
	15.06.	Essen	Starosch, Essen	gew. P. 12 Rd.	5000
		(Deutsche Weltergewichts-Meisterschaft)			
	18.09.	Kopenhagen	Christensen, Dänemark	unentsch. 10 Rd.	4500
		(Scholz gab den Weltergewichts-Titel wegen Gewichts-Schwierigkeiten ungeschlagen zurück)			
	21.11.	München	Degouve, Frankreich	gew. k.o. 7. Rd.	4000
	26.12.	Berlin	Roger Crecy, Frankreich	gew. k.o. 4. Rd.	2000
1953	01.03.	Berlin	Christensen, Dänemark	gew. k.o. 10. Rd.	4000
	05.07	Berlin	Navarro, Spanien	gew. k.o. 5. Rd.	2500
	28.08.	Berlin	Szüzina, Bremen	gew. k.o. 10. Rd.	14000
	04.12.	Berlin	Day, USA	gew. k.o. 3. Rd.	10000
	27.12.	Berlin	D'Haes, Belgien	gew. k.o. 3. Rd.	10000
1954	15.01.	Hamburg	Allotey, Goldküste	gew. k.o. 2. Rd.	12000
	11.02.	Berlin	Snoek, Holland	gew. P. 10 Rd.	17000
	26.03.	New York	Andrews, USA	gew. P. 10 Rd.	$7000
	10.06.	Berlin	Delmine, Belgien	gew. k.o. 4. Rd.	12000
	11.07.	Dortmund	Milazzo, Frankreich	unentsch. 10 Rd.	12000
	08.10.	Berlin	Armstrong, Schottland	gew. k.o. 8. Rd.	14000
	10.12.	Berlin	Milazzo, Frankreich	gew. P. 10 Rd.	20000
1955	21.01.	Hamburg	Buxton, England	gew. P. 10 Rd.	19000
	25.03.	Berlin	Fontana, Italien	gew. k.o. 5. Rd.	21000
	20.05.	Berlin	Portuguez, Costa Rica	gew. P. 10 Rd.	19000
	(Kampfpause wegen Erkrankung und Sanatorium-Aufenthaltes)				
1957	02.03.	Oldenburg	Frances, Spanien	gew. k.o. 4. Rd.	4500
	29.03.	Berlin	Correa, Spanien	gew. k.o. 5. Rd.	7000
	17.05.	Berlin	Albanese, Italien	gew. k.o. 1. Rd.	9800
	02.06.	Stuttgart	Gamero, Spanien	gew. k.o. 3. Rd.	12000
	29.06.	Berlin	Peter Müller, Köln	gew. k.o. 3. Rd.	20000
		(Deutsche Mittelgewichts-Meisterschaft)			
	14.09.	Stuttgart	Ruellet, Frankreich	gew. k.o. 8. Rd.	12000
	08.11.	Berlin	Martinez, USA	unentsch. 10 Rd.	24000
	30.11.	Stuttgart	Buxton, England	gew. P. 10 Rd.	15000
1958	08.02.	Oldenburg	Masson, Frankreich	gew. k.o. 7. Rd.	6650
	10.03.	Paris	Charles Humez, Frankr.	verl. n. P. 10 Rd.	15000
	03.05.	Dortmund	Resch, Stuttgart	gew. k.o. 4. Rd.	34150
		(Deutsche Mittelgewichts-Meisterschaft)			
	23.08.	Oldenburg	Mena, Spanien	gew. k.o. 4. Rd.	5000
	04.10.	Berlin	Charles Humez, Frankr.	gew. k.o. 12. Rd.	20000
		(Europameisterschaft im Mittelgewicht)			

Datum		*Ort*	*Gegner*	*Ergebnis*	*Gage*
1958	05.12.	München	Portuguez, Costa Rica	gew. k.o. 1. Rd.	11200
	15.12	Paris	Ballarin, Frankreich	gew. P. 10 Rd.	23000
1959	08.05.	Berlin	Calzavara, Italien	gew. P. 10 Rd.	30000
	05.06.	Hamburg	Farhat, Tunesien	gew. k.o. 9. Rd.	16000
	04.07.	Berlin	Wohlers, Hamburg	gew. P. 15 Rd.	37500
		(Europameisterschaft und Deutsche Meisterschaft im Mittelgewicht)			
	04.09.	Berlin	Halafihi, Tonga	gew. P. 10 Rd.	30000
	14.11.	Berlin	P. Müller, Köln	gew. k.o. 1. Rd.	40000
		(Europameisterschaft und Deutsche Meisterschaft im Mittelgewicht)			
	05.12.	Berlin	Drille, Frankreich	gew. k.o. 14. Rd.	40000
1960	11.03.	Wien	Köhler, Österreich	gew. k.o. 2. Rd.	9000
	19.03.	Berlin	Holt, Südafrika	gew. P. 10 Rd.	30000
	02.04.	München	Mazzola, Italien	gew. P. 10 Rd.	15000
	19.08.	Berlin	McCormack, Schottland	gew. P. 10 Rd.	30000
	14.09.	Frankfurt	Don Fullmer, USA	unentsch. 10 Rd.	25000
1961	08.04.	Wien	Wohlers, Hamburg	unentsch. 10 Rd.	10000
		(Scholz gab Europa- und Deutsche Meisterschaft im Mittelgewicht wegen Gewichtsschwierigkeiten ungeschlagen zurück)			
	11.08.	Hamburg	Andina, Uruguay	gew. P. 10 Rd.	20000
	27.09.	Frankfurt	Roux, Frankreich	gew. P. 10 Rd.	24000
	02.12.	Köln	van Oostrum, Holland	gew. k.o. 6. Rd.	27750
1962	02.02.	Hamburg	Diouf, Frankreich	gew. P. 10 Rd.	25500
	07.04.	Berlin	Bowdry, USA	gew. k.o. 6. Rd.	40300
	05.05.	Dortmund	Rivers, USA	gew. k.o. 5. Rd.	23600
	23.06.	Berlin	H. Johnson, USA	verl. P. 15 Rd.	100000
		(Weltmeisterschaft im Halbschwergewicht)			
1963	09.03.	Köln	Prebeg, Jugoslawien	gew. P. 10 Rd.	18300
	16.11.	Dortmund	Calderwood, Schottland	gew. P. 10 Rd.	46550
1964	04.04.	Dortmund	G. Rinaldi, Italien	gew. Disq. 8 Rd.	82400
		(Europameisterschaft im Halbschwergewicht, Scholz gab auch diesen Titel ungeschlagen zurück)			
1948–1964		96 Kämpfe	46 K.o.-Siege		
			41 Punktsiege		
			1 Sieg durch Disqualifikation		
			6 Unentschieden		
			2 Punktniederlagen		

Personenregister

(B = Bildteil)